Jörg E. Allgäuer

Die linke und die rechte Hand: Motive der Gründung einer Stiftung

Nomos

Die vorliegende Arbeit wurde am 08. Februar 2006 von der Kulturwissenschaftlichen Fakultät der Universität Bayreuth als Dissertation angenommen.
Gutachter waren Prof. Dr. Michael Zöller und Prof. Dr. Arnold Zingerle.

Die Deutsche Bibliothek verzeichnet diese Publikation in der Deutschen Nationalbibliografie; detaillierte bibliografische Daten sind im Internet über http://dnb.ddb.de abrufbar.

Zugl.: Bayreuth, Univ., Diss., 2005

ISBN 978-3-8329-3068-4

1. Auflage 2008

Vorwort

Der Titel der vorliegenden Arbeit bezieht sich auf ein bekanntes Bibelzitat aus dem Matthäus-Evangelium, dessen Bedeutung und Zusammenhang zunächst durch eine von Martin Buber überlieferte Anekdote aus dem 18. Jahrhundert näher illustriert sei:

„Ein Mann in Rabbi Sussjas Stadt sah, dass dieser sehr arm war, und legte ihm deshalb jeden Tag im Bethaus einen Zwanziger in den Tefillinbeutel, damit er sein Leben zu fristen vermöge. Seither wuchs der Wohlstand des Spenders von Mal zu Mal. Je mehr er besaß, umso mehr gab er an Sussja, und je mehr er ihm gab, umso mehr besaß er. Einmal besann er sich aber, dass Sussja ein Jünger des großen Maggids Bär von Mesritsch war, und es geriet ihm in den Sinn: Wenn sich schon die Gabe an den Schüler so sehr lohnt, welch ein Reichtum würde entstehen, wenn er den Meister selbst beschenkte? – So fuhr er nach Mesritsch und erwirkte vom Rabbi Bär mit vielen Bitten, dass er eine ansehnliche Gabe von ihm annahm. Von diesem Augenblick an schwand der Wohlstand des spendablen Mannes. Da kam er betrübt zu Rabbi Sussja und wollte wissen, woran dies liege. Sussja antwortete ihm: ‚Sieh, solange du gabst und nicht hinsahst, wem du gibst, sondern Sussja dir recht war wie ein anderer, so lange gab auch Gott dir und sah nicht hin. Als du aber begannst, dir edle und auserlesene Empfänger zu suchen, tat Gott desgleichen.'" [1]

Hier zeigt sich ein Zwiespalt, dessen beide Seiten bereits in der Bibel angesprochen werden. In der Bergpredigt verkündet Jesus:

„Ihr seid das Licht der Welt. Eine Stadt, die auf einem Berg liegt, kann nicht verborgen bleiben. Man zündet auch nicht ein Licht an und stülpt ein Gefäß darüber, sondern stellt es auf den Leuchter; dann leuchtet es allen im Haus. So soll euer Licht vor den Menschen leuchten, damit sie eure guten Werke sehen und euren Vater im Himmel preisen." (Matth. 5, 14-16)

Bezogen auf den Menschen heißt das, er habe die Pflicht, sich selbst zur Geltung zu bringen, denn er wird nur so weit beachtet und anerkannt, wie er auf sich aufmerksam macht; nicht nur sich selbst soll er zeigen, sondern auch sein Tun und Wirken sichtbar machen. – Ein Kapitel später schon scheint jedoch genau das Gegenteil behauptet zu werden:

„Hütet euch, eure Gerechtigkeit vor den Menschen zur Schau zu stellen; sonst habt ihr keinen Lohn von eurem Vater im Himmel zu erwarten. Wenn du Almosen gibst, laß es also nicht vor dir herposaunen, wie es die Heuchler auf den Gassen tun, um von den Leuten gelobt zu werden. Das sage ich euch: Sie haben ihren Lohn bereits erhalten. Wenn du Almosen gibst, soll deine linke Hand nicht wissen, was deine rechte tut. Dein Almosen soll verborgen bleiben, und dein Vater, der auch das Verborgene sieht, wird es dir vergelten." (Matth. 6, 1-4)

1 Buber, Martin, Die Erzählungen der Chassidim, Zürich 1949, S. 377f.

Hier findet sich also ein Aufruf zur Bescheidenheit im Hinblick auf gute Taten. Sind beide Hände mit am Werk, so zeigen sich auch die zwei Seiten in ihrer Dialektik und Ambivalenz:[2] In Matthäus 5 wird man dazu angehalten, seine Werke zu zeigen, damit Gott gepriesen sei. Wenn man aber – wie in Matthäus 6 – seine guten Taten zeigt, um selbst gepriesen zu werden, so ist der Lohn dahin. Es kommt also auf die Motivation an, derenthalben man sie zeigt. Der scheinbare Widerspruch löst sich auf.

Soll man sich zeigen oder verbergen? Das war bereits in der Antike eine der Grundfragen im Hinblick auf die richtige Lebensführung: „Lebe im Verborgenen“ (Epikur), man solle sich also nicht um sein Wirken und dessen Ruhm sorgen; oder „Zeige dich am Licht“ (Plutarch), wonach es die Bestimmung des Menschen ist, sich in der Gesellschaft zu engagieren und dafür auch Anerkennung zu erfahren.

Bezogen auf das Stiftungswesen aber hat der weise Rabbi Bär von Mesritsch die Synthese bereits vorgedacht: „Wenn der Lohn erst abgeschafft ist, dann wohlan, kann ich wahrhaft zu dienen beginnen.“[3]

---

2 Vgl. Starobinski, Jean, Gute Gaben, schlimme Gaben. Die Ambivalenz sozialer Gesten, Frankfurt am Main 1994.

3 Buber, Martin, Die Erzählungen der Chassidim, Zürich 1949, S. 195.

Inhalt

Darstellungsverzeichnis

1 Einleitung

„Es ist keine Schande, reich zu werden, aber eine Schande, reich zu sterben.“ – Abgesehen von ihrer Relativität scheint diese Aussage dennoch einen Wahrheitsgehalt aufzuweisen, der vermögende Menschen motiviert, sich zu Lebzeiten zu überlegen, was sie mit ihrem Geld machen sollen. Mit anderen Worten: Wenn jemand sein Geld in eine Stiftung fließen lässt, so tut er dies noch aus anderen Beweggründen, als der Schande zu entgehen.

Warum also stiftet man? Ein Drittel aller Stiftungen in Deutschland sind beispielsweise jünger als zehn Jahre; 96 Prozent aller Stiftungen dienen gemeinnützigen Zwecken. Lediglich zwei Prozent sind reine Familienstiftungen, weitere zwei Prozent dienen Betriebsangehörigen.[4] Ist Gemeinnützigkeit also ein zeitloser, tugendgeleiteter Impetus, und ist es darüber hinaus wirklich der Wunsch nach Gemeinnützigkeit, der den Stifter antreibt? Ein amerikanisches Sprichwort kontrastiert dieses Ideal mit Realismus: „Behind every altruistic gesture lies a reason. Behind every decision lies a passion.“

1.1 Historische Wurzeln

Stiftungen kennen wir seit der Antike. Platon vererbte sein Vermögen seiner Akademie, damit sie sich, finanzieller Sorge ledig, ganz der Philosophie widmen konnte; die so entstandene Stiftung hatte fast 900 Jahre Bestand, bis Kaiser Justinian I. sie 529 n. Chr. auflöste. Von römischen Kaisern ist jedoch auch belegt, dass sie selbst stifteten, so etwa für die Erziehung von Knaben und Mädchen in einer Provinzstadt. Im Christentum schließlich entstand früh der Begriff der pia causa, der man sein Vermögen auf Dauer widmen konnte; die Stiftung war gleichsam ein Geschenk an Gott selbst. Kirchengebäude entstanden und bestehen bis heute aus Stiftungen. Aber auch ein Hospital und seine Ausschmückung als Kunstwerk galten als ein Stück Gottesverehrung. Erst im Spätmittelalter entstanden, evoziert durch das ins Bewusstsein dringende römische Recht, wieder weltliche Stiftungen. Das eigentümerlose oder treuhänderisch gehaltene gebundene Vermögen, Kern des Stiftungsgedankens, bildete sich als eigenständiger Teil einer Gesellschaft heraus und blieb es, bis im 18. Jahrhundert in einer dann schon zwei Jahrhunderte alten, immer absoluter werdenden Staatsauffassung die Verhältnisse beengender wurden.

Denn war bis dahin jede Stiftungseinrichtung ein Akt eigener Rechtsetzung gewesen, der sich in vielen Einzelheiten von jedem anderen unterscheiden konnte, beanspruchte nunmehr der Staat mit seinem Machtmonopol die Kontrollbefugnis über alle Aspekte des Lebens, auch über diesen. Während die kirchlichen, vor allem klösterlichen Stifte in ganz Europa von der Säkularisation bedroht waren, beseitigte erstmals

4 Brummer, Elisabeth / Ruprecht, Sylvia (Hg.), Statistiken zum deutschen Stiftungswesen, München 1998.

Ludwig XV. von Frankreich im Jahr 1769 durch Gesetz die zahlreichen unabhängigen Stiftungen. Zwischen Bürger und Staat dürfe es, so sollte es zwanzig Jahre später die Französische Revolution zuspitzen, nichts geben, schon gar nicht Organismen, die weder institutionell noch finanziell vom Staat abhängig waren, sondern diesem selbstbewusst gegenübertreten konnten.

Die deutsche Kleinstaatenwelt hat zu einem durchdringenden Nationen- und Souveränitätsbegriff nicht finden können. Zu verwirrend waren die Positionen, zu unklar die Gegner. So kämpfte man im Vormärz für die deutsche Nation und für die Vereinigungsfreiheit, später dann für die Subsidiarität ganz im staatsphilosophischen Sinne, das Prinzip, das eine größere gesellschaftliche oder staatliche Einheit zur Erfüllung einer Aufgabe heranzieht, wenn die Aufgabe nicht durch die kleinere, sachnähere Einheit erfüllt werden kann.

Welchen Platz die Stiftung einzunehmen habe, blieb lange Zeit unklar. Erst Friedrich Karl v. Savigny, der die Gesetzgebung des entstehenden Verfassungsstaates in Deutschland wie kaum ein anderer beeinflusst hat, trat für die Stiftung ein – allerdings unter staatlicher Aufsicht.

Nach vielen Generationen erscheint der Zweck einer Stiftung inzwischen oft als altmodisch. Allein schon das Alter – auch das Alter der Vorstände, Administratoren, Kuratoren oder Stiftungsräte, die ihr Amt in 85 Prozent aller Stiftungen ehrenamtlich versehen – kann naheliegenderweise zu einer konservativen Sicht der Dinge führen. Nicht zuletzt gehört zudem die Treue zum Stifterwillen zu den Grundprinzipien einer Stiftung. Dennoch sind die Stiftungen heute zu etwas aufgerufen, das sie noch nie haben leisten müssen: Lehrmodell der gesellschaftlichen Institution überhaupt zu sein.

1.2 Die Stiftung als Instrument bürgerschaftlichen Handelns

Mohammed Rassem, der die Definition des „institutionellen Lehrmodells" entwickelte, erläutert, dass Stiften zunächst nicht ursächlich mit Geld oder Vermögen zu tun hat. Stiften heißt, etwas von sich in die Gesellschaft hineinzutragen, es ihr zu schenken, vielleicht auch an sie zurückzugeben. Das kann Zeit sein, Ideen, Engagement oder eben auch Vermögen. Entscheidend ist der gewollte Stiftungsakt im Bewusstsein des Sich-Lösens. Erst dann beginnen seiner Auffassung zufolge die Unterschiede: Die Stiftung als eines der Ergebnisse des Stifters hat ein Element des Ereignishaften und Unabänderlichen, während die Vereinigung aus dem Stiften von Zeit und Ideen den Gewinn des ständigen kreativen Prozesses zieht. Aber es bleibt eine enge Verwandtschaft zu den anderen Formen und Instrumenten bürgerschaftlichen Handelns; ebenso bleibt der durch die augenfällige Manifestation des Stiftungsaktes begründete Modellcharakter.[5]

Ganz in diesem Sinne wies Bundeskanzler Gerhard Schröder in seiner Rede zum 60. Jahrestag des Bundesverbands Deutscher Stiftungen in Trier am 14. Mai 2004 auf

5 Rassem, Mohammed, Stiftung und Leistung. Essay zur Kultursoziologie, Mittenwald 1979.

die Notwendigkeit bürgerschaftlichen Handelns in Form von Stiftungen hin: „Die Erkenntnis, dass ein Staat die Bürger nicht rundherum versorgen kann und versorgen will, ist inzwischen – Gott sei Dank – Allgemeingut geworden.“ Deshalb hob Schröder in seiner Rede die Stiftungen in ihrer Bedeutung als auf Eigeninitiative beruhende Ergänzung zu sozialstaatlichem Handeln hervor: „Wir betrachten Stiftungen und Stifter als sinnvolle, wesentliche und wirkungsvolle Ergänzungen eines im Übrigen sicher reformbedürftigen und zu reformierenden Sozialstaates, aber nicht als die Alternative dazu.“ So sprach Schröder denjenigen seinen Respekt aus, „die das, was sie selber aufgebaut haben, nicht nur für sich behalten wollen (…), sondern, weil sie es in diesem Land haben erwerben können, auch bereit sind, ein Stück an das Land und seine Menschen zurückzugeben.“[6]

Schröder weist mit seinem Appell auf ein neues Selbstverständnis der Gesellschaft hin, welches Michael Zöller bereits vier Jahre zuvor in dem Diktum von der „Entstaatlichung des öffentlichen Lebens“[7] komprimiert zum Ausdruck brachte, das heißt, Transparenz, Flexibilität, Realisierung von privaten Interessen führen zur Unabhängigkeit der Bürger von „hierarchisch durchgeformten Großorganisationen“[8].

Eine Tatsache scheint somit festzustehen: Ohne private Stiftungen, die teils gemeinnützige Vereine sind und teils die Form einer Stiftung des bürgerlichen Rechts haben, wären viele gesellschaftliche Aktivitäten unmöglich. Private Stiftungen sind Bestandteil der Bürgergesellschaft. In weiten Teilen von Kunst und Kultur, Wissenschaft und Forschung, Jugend- und Altenhilfe sind die Grenzen steuerfinanzierter Förderung erreicht. Staat und Gesellschaft sind darauf angewiesen, dass private Geldgeber die Tätigkeit der öffentlichen Hand ergänzen.

Helmut Lölhöffel wies schon 1998 darauf hin, dass „der Bundesverband Deutscher Stiftungen und der Verband Deutscher Wohltätigkeitsstiftungen besorgt sind, weil gesetzliche Regelungen zugunsten eines stiftungsfreundlichen Klimas auf sich warten lassen. Trotz zahlreicher Ankündigungen (…), vielfältiger Ansätze (…) und besonderer Aktionen (…) blieben Fortschritte im Stiftungs- und Steuerrecht aus.“[9]

Ein erweiterter Blick auf den öffentlichen Diskurs bis heute bestätigt diese Stimmung: Die politisch-wirtschaftliche Bewegungsfreiheit von Stiftungen und damit die Voraussetzungen zum Stiften müssen verbessert werden.

Peter Rawert diagnostizierte ebenfalls 1998, dass „das Thema Stiftung immer populärer wird. Vor dem Hintergrund des großen wirtschaftlichen Erfolgs der Nachkriegsgeneration und dem wachsenden Wohlstand ihrer Erben hat es schon seit einigen Jahren Konjunktur.“[10] Im Zentrum stand dabei die Reform des Stiftungsrechts.

---

6 Schröder, Gerhard, Rede zum 60. Jahrestag des Bundesverbands Deutscher Stiftungen in Trier am 14. Mai 2004, in: Maecenata Actuell, Das Informationsmedium des Maecenata Instituts für Philanthropie und Zivilgesellschaft, Nr. 46/Juni 2004.

7 Zöller, Michael, Vom Parteienkartell zur Repolitisierung der Politik. Plädoyer für die Entstaatlichung des öffentlichen Lebens, in: Frankfurter Allgemeine Zeitung vom 27.03.2000.

8 Ibid.

9 Lölhöffel, Helmut, Die deutschen Stiftungen darben, in: Frankfurter Rundschau vom 03.01.1998.

10 Rawert, Peter, Das Stiftungsrecht muß liberalisiert werden, in: Die Welt vom 12.02.1998.

Rawert verwies in diesem Kontext auf den Vorschlag der Grünen, die bisher erforderliche staatliche Genehmigung für die Errichtung einer Stiftung abzuschaffen. Diese sei ein Relikt des 19. Jahrhunderts, das in einer liberalen Privatrechtsordnung keinen Platz mehr habe. Ähnlich dem Handelsregister solle ein bundeseinheitliches Stiftungsregister eingeführt werden; auf die Eintragung in dieses Register könne ein Rechtsanspruch erhoben werden, wenn die künftig bundeseinheitlich geregelten Voraussetzungen für die Verfassung einer Stiftung erfüllt seien. In der Sache solle es dabei bleiben, dass Stiftungen zu jedem rechtlich zulässigen Zwecke errichtet werden dürften. Rawert stellte fest, dass durch eine Reform „nur für so genannte unternehmensverbundene Stiftungen und Familienstiftungen bestehende Widersprüche zu den Wertungen des Gesellschafts- und Erbrechts beseitigt werden. Damit ist jedoch bei weitem kein Verbot solcher Stiftungen ausgesprochen. Vielmehr sollen lediglich Missbrauchsfälle erfasst werden – eine Forderung, die vor allem von Stiftungsrechtlern seit langem erhoben wird.“[11]

Rainer Funke, rechtspolitischer Sprecher der F.D.P. im Bundestag, hob im gleichen Jahr ebenfalls die Rückständigkeit und Reformbedürftigkeit der Stifterfreiheit hervor, indem er im Hinblick auf das Stiftungsprivatrecht zu bedenken gab, dass sich der genannte Entwurf auf die Reformforderungen des 44. Deutschen Juristentages aus dem Jahr 1962 (sic) stützte. Diese wurden in den siebziger Jahren in einer interministeriellen Arbeitsgruppe „Stiftungsrecht“ unter der Federführung des Bundesministeriums der Justiz und breiter Beteiligung der Stiftungspraxis intensiv geprüft. Die Arbeitsgruppe kam 1976 zu dem Ergebnis, dass eine Reform des Stiftungsprivatrechts nicht notwendig sei. Spätere Versuche, die Diskussion neu zu beleben, endeten stets mit dem gleichen Resultat.[12]

Hier ist inzwischen eine Veränderung eingetreten, da es seit dem Jahr 2000 zwei steuerliche Begünstigungen für Stiftungen gibt. Zudem wird nach der Modernisierung des Stiftungszivilrechts auf Bundesebene im Jahr 2002 das Stiften auch auf Länderebene einfacher.

Auch die europäischen Nachbarn modernisieren ihr Stiftungsrecht, wie beispielsweise Frankreich, Österreich und Spanien. Dennoch fehlt eine gesamteuropäische Perspektive. Zur Zeit wird ein europäisches Engagement der Bürger behindert, weil das Stiftungs- und Gemeinnützigkeitsrecht nicht Schritt hält mit der europäischen Integration. Damit wird sowohl Stiftungen als auch Stiftern ein erheblicher Verwaltungsaufwand aufgebürdet. Spenden an ausländische Stiftungen etwa sind nicht abzugsfähig.[13]
Wo nun liegen die Einflussfaktoren, die die gegenwärtige Situation verändern beziehungsweise bereits verändert haben und die ein Umdenken sowie vor allem neues Handeln erfordern?

---

11 Ibid.

12 Funke, Rainer, Die Stifterfreiheit soll eingeengt werden, in: Die Welt vom 04.02.1998. Vgl. dazu auch: Das Stiftungsrecht ist reformbedürftig, in: Frankfurter Allgemeine Zeitung vom 13.02.1998 (o.V.).

13 Vgl. Meffert, Heribert, Europa braucht ein eigenes Stiftungswesen. Veraltete Gesetze stehen der Integration im Wege, in: Financial Times Deutschland, Sonderbeilage Stiftungen, vom 23.04.2004.

1.3 Aktuelle Entwicklungen

Wer gründet wo und wozu in Deutschland eine Stiftung? Antworten auf diese Fragen lassen sich dem StiftungsReport 2007 entnehmen, herausgegeben vom Bundesverband Deutscher Stiftungen.[14]

Der größte Teil der deutschen Stiftungen – fast 80 Prozent – wurde zu Lebzeiten der Stifterin oder des Stifters gegründet, von den seit 1990 ins Leben gerufenen Stiftungen sind es sogar 87 Prozent. Nachlassstiftungen, mit denen die Menschen erst nach ihrem Tode Gutes für die Gemeinschaft tun wollen, verlieren somit immer mehr an Bedeutung. Der Trend, sich selbst noch aktiv in der eigenen Stiftung engagieren zu wollen, ist ein deutlicher Hinweis darauf, dass Stifterinnen und Stifter die Gründung ihrer Stiftung als Ausdruck ihrer Persönlichkeit betrachten.

36 Prozent aller Stifterinnen und Stifter haben einen Hochschulabschluss, zwei Drittel bezeichnen sich als gläubig. Ein religiöses Bekenntnis scheint sich also positiv auf die Bereitschaft auszuwirken, der Gesellschaft etwas vom eigenen Vermögen zurückzugeben. Keine eigenen Kinder zu haben, motiviert Stiftende offensichtlich besonders: 42 Prozent sind ohne Nachwuchs, in der Gesamtbevölkerung sind es lediglich 30 Prozent. Die meisten Menschen entscheiden sich zwischen ihrem 60. und 69. Lebensjahr, eine Stiftung zu gründen.

Bis in die 1990er Jahre war die überwiegende Mehrzahl der deutschen Stifter männlich, denn auch das Unternehmertum war damals klar von Männern geprägt. Mit der Entwicklung der Gleichberechtigung hat sich das Profil der Stifter allerdings langsam geändert. Während auch früher schon ein Fünftel aller Stiftungen von Paaren ins Leben gerufen wurde, treten heute zunehmend mehr Stifterinnen in Erscheinung. Bemerkenswert an dieser Entwicklung ist: Obwohl es keine Rollenzuschreibung in dem Sinne ‚Männer sind besonders sozial und fürsorglich' gibt, errichteten sehr viel mehr Männer Stiftungen mit sozialer Zwecksetzung, als Männer im sozialen Bereich arbeiten.

Um die Wende vom 19. zum 20. Jahrhundert gab es in Deutschland rund 100.000 Stiftungen, gegenwärtig sind es knapp 13.000.

Der größte Teil der heute in der Datenbank des Bundesverbandes Deutscher Stiftungen vorhandenen rechtsfähigen Stiftungen bürgerlichen Rechts wurde in den letzten zwanzig Jahren gegründet. Vor allem in Westdeutschland zeigt sich seit 1980 ein ungebrochener Stiftungsboom. Im Osten Deutschlands hat der Zusammenbruch des DDR-Regimes zwar zunächst zu einigen Stiftungsgründungen geführt, danach konnten die neuen Bundesländer jedoch nicht mit der Dynamik im Westen Schritt halten. Dies liegt ebenso in der schleppenden wirtschaftlichen Entwicklung begründet wie in der durch mehr als fünfzig Jahre NSDAP- sowie SED-Herrschaft unterdrückten bürgerschaftlichen Tradition: Die Stiftungsvermögen waren vom Staat einkassiert worden. Mit der Ablösung des Bürgerlichen Gesetzbuches durch das Zivilgesetzbuch der DDR wurde dem Stiftungswesen anschließend auch rechtlich der Boden entzogen.

---

14 Bundesverband Deutscher Stiftungen e.V. (Hg.), StiftungsReport 2007, Berlin 2007, S. 10-35.

Die meisten Stiftungen Deutschlands finden sich in den Großstädten, in den Metropolregionen des Ruhrgebiets, im Raum Köln/Bonn und im Rhein-Main-Gebiet. In keinem Bundesland existieren jedoch mehr Stiftungen als in Bayern. Obwohl in Nordrhein-Westfalen mit 18 Millionen Einwohnern deutlich mehr Menschen leben, liegt das bevölkerungsreichste Bundesland nur auf Platz zwei.

Die Stiftungsdichte ist in Frankfurt am Main mit 64 Stiftungen je 100.000 Einwohner am höchsten. In Bayern zeichnen sich neben München einige regionale Zentren mit hoher Stiftungsdichte ab, wie Bayreuth, Bamberg, Regensburg oder Würzburg. Zu den stiftungsreichen Hansestädten Hamburg, Bremen und Lübeck kommen im Osten die Städte Stralsund, Rostock, Greifswald und Wismar hinzu. Im Süden der Republik fallen Freiburg im Breisgau, Baden-Baden sowie der Kreis Lindau auf, Letztere sind beliebte Refugien wohlhabender Pensionäre. In Nordrhein-Westfalen ragen lediglich Münster und Bonn heraus.

Stiftungshochburg unter den deutschen Städten ist Hamburg mit der höchsten absoluten Zahl an Stiftungen. Die Stiftungslandschaft der großen Städte spiegelt die Bedeutung der Bürgerschaft und ihr Selbstverständnis in Vergangenheit und Gegenwart wider.

Im gesamtdeutschen Durchschnitt gibt es 13,7 Stiftungen je 100.000 Einwohner; dies entspricht beispielsweise der Stiftungsdichte von Bremerhaven. Die führende ostdeutsche Stadt ist Potsdam auf Platz 32, mit einer Dichte von 21,7 Stiftungen je 100.000 Einwohner.

Bei den Stiftungsneugründungen bauen die Hansestädte Hamburg und Bremen ihren ohnehin bestehenden Vorsprung aus. Der Osten Deutschlands kann dagegen bei dem bundesweiten Stiftungsboom nicht mithalten. Im Gegenteil: Der Abstand zwischen Ost und West vergrößert sich weiter, selbst Berlin kann sich nur knapp vor dem Saarland positionieren. Von den bundesweit 4.332 Neugründungen zwischen 1990 und 2000 entfallen nur knapp sieben Prozent auf die neuen Bundesländer; im deutschen Osten kamen in diesem Zeitraum also kaum mehr Stiftungen neu hinzu.

Die Stiftungen verfügen insgesamt über ein Vermögen von ca. 50 Milliarden Euro und investieren jährlich 18 Milliarden Euro.[15] Dem steht die Tatsache gegenüber, dass in den kommenden Jahren in Deutschland rund 2,25 Billionen Euro vererbt werden. Gerne spricht man deshalb von der Erbengeneration. Wie kontrovers dieser Prozess des Erbens und seine Generation aufgefasst werden, zeigt ein Blick in die Presse:

„Die Erbengeneration gibt es nicht. Sehr viele erben sehr wenig – und sehr wenige sehr viel. Rund fünfzig Milliarden Euro werden in Deutschland jedes Jahr weitergegeben, als Schenkung oder Erbschaft. Allerdings: Fast die Hälfte dieser Transfers fallen geringer als 20.000 Euro aus, zwei Prozent höher als 500.000 Euro. Schon heute kontrollieren in Deutschland die reichsten 20 Prozent der Bevölkerung rund 60 Prozent des Privatvermögens, und das Erben vergrößert diese Unterschiede weiter. Viele Ökonomen plädieren daher für eine höhere Erbschaftsteuer. ‚Wenn man durch Steuern umverteilen will, ist die Erbschaftsteuer das am wenigsten schädliche Instrument',

15 Vgl. Krüger, Anja, Geld geben für die Ewigkeit, in: Financial Times Deutschland, Sonderbeilage Stiftungen, vom 23.04.2004.

sagt Bert Rürup, der Vorsitzende der Wirtschaftsweisen. Amerika macht es vor. Ausgerechnet die marktliberalen USA haben in den vergangenen Jahren – gemessen am Bruttoinlandsprodukt – ein Drittel mehr Erbschaftsteuer erhoben als Deutschland. Es ist angelsächsische Tradition, nicht die Gnade der richtigen Geburt zu belohnen, sondern die Leistung des Einzelnen im Leben. Also wird die Lohnarbeit niedrig besteuert und das Erbe relativ hoch. Viele Reiche können damit gut leben. Der Investorenkönig Warren Buffet, der im Sommer 2006 die gigantische Summe von 30 Milliarden Dollar an die Gates-Stiftung spendete, sagt: ‚Es gibt keinen Grund, warum künftige Generationen kleiner Buffets das Land beherrschen sollen, nur weil sie aus der richtigen Gebärmutter kommen.'"[16]

Was geschieht beziehungsweise was könnte mit dem Geld derer geschehen, die über größere Summen verfügen?

Die Zwecke der Stiftungen orientieren sich an den Vorlieben der Stifterinnen und Stifter sowie an den gesellschaftlichen Bedürfnissen. So hat sich zum Beispiel der Umweltschutz seit den 1980er Jahren einen festen Platz in der Stiftungswelt gesichert. Dies war auch eine Folge schwerer Unglücke wie des Chemieunfalls von Seveso, der Reaktorkatastrophe von Tschernobyl oder des Sandoz-Unfalls[17]. Nachdem 1983 die Grünen zum ersten Mal in den Deutschen Bundestag einzogen und 1986 die Bundesregierung ein Ministerium für Umwelt, Naturschutz und Reaktorsicherheit einrichtete, wurde 1989 mit Staatsmitteln die Deutsche Bundesstiftung Umwelt gegründet.

Der traditionell wichtigste Stiftungszweck Soziales verliert seit dem Ausbau des Sozialstaates in der Bundesrepublik in den 1970er Jahren an Einfluss. In dem Maße, in dem sich die öffentliche Hand in Zeiten leerer Kassen aus der Kulturförderung zurückzieht, gewinnt dagegen die Kultur als Stiftungszweck an Bedeutung. 2002 kam in diesem Bereich zum Beispiel die Kulturstiftung des Bundes hinzu.

Die relativ zahlreichsten Stiftungen mit dem Zweck Wissenschaft und Forschung haben sich in den Regierungsbezirken Darmstadt und Karlsruhe sowie im Saarland angesiedelt. Im Osten hebt sich das Bundesland Thüringen heraus. Dieser Stiftungszweck gedeiht dort, wo auch die Grundlagen für Forschung gelegt werden. Tendenziell haben sich Stiftungen mit diesem Zweck – gemessen an der Einwohnerdichte und der Verkehrsfläche – in Ballungszentren angesiedelt, wo auch Universitäten und Fachhochschulen existieren.

Wofür die Institutionen ihre Einnahmen verwenden, hängt auch von ihrer Satzung und von ihrem Status ab. So genannte Familienstiftungen dienen den Angehörigen der Stifter: Sie versorgen die Familienmitglieder mit Einkommen, stellen ihnen Wohnhäuser zur Verfügung oder bezahlen ihre Ausbildung.

Viele der Stifter erkennen allerdings, dass ihr Besitz mehr ist als reines Privatvermögen, sondern auch eine Verantwortung für den Bestand des Unternehmens sowie für die Allgemeinheit mit sich bringt. Die Alfried Krupp von Bohlen und Halbach-

16 Brost, Marc / Niejahr, Elisabeth, Der deutsche Widerspruch. Leistung muss sich lohnen, sagen die Politiker. Doch im Land geht es unfair zu, in: Die Zeit vom 03.05.2007.

17 Vgl. Behr, Nikolai A., Die Entwicklung des Rheinschutz-Regimes unter besonderer Berücksichtigung des Sandoz-Unfalls vom 1. November 1986, München 2002.

Stiftung zum Beispiel betreibt in Essen ein Krankenhaus mit rund 120 Mitarbeitern. Sie vergibt außerdem Stipendien für polnische Studenten an der Europa-Universität Viadrina in Frankfurt (Oder) und hatte vor einigen Jahren sogar einen eigenen Seenotrettungskreuzer im Einsatz.

Ein anderes Beispiel ist die Bertelsmann Stiftung; sie unterstützt unter anderem Projekte zur Schlichtung von Minderheitenkonflikten auf dem Balkan, schreibt einen internationalen Gesangswettbewerb aus und betreibt Programme zur Leseförderung.

Stiftungen sind aber nicht nur eine Möglichkeit für kapitalkräftige Unternehmen und reiche Bürger, ihre Ideen in das Gemeinwesen einzubringen. Durch Modelle wie Sammelstiftungen können sich viele Bürger engagieren. Es gilt daher, mit Erleichterungen für Stiftungen und Stifter um jenes Geldvermögen zu werben, das sonst im Zuge der Globalisierung in andere Anlageformen, etwa Aktienspekulationen, abwandert. Eine besondere Schwierigkeit liegt jedoch darin, dass „im Versorgungsstaat Deutschland (...) Spendenkultur und Eigeninitiative unterentwickelt [sind]“,[18] so die Einschätzung von Thomas Gauly, Vorstandsmitglied der Herbert-Quandt-Stiftung. Es bedarf also Rahmen- und Anregungsbedingungen, die nicht nur den potenziellen Stiftern geeignete Möglichkeiten schaffen, sondern das Stiften als solches sinnvoll erscheinen lassen.

Wenn man nun das Stiften erleichtern und Innovationen realisieren möchte, muss man die Motive der Stifter kennen. Als wichtigste Motive für die Übertragung galten bislang das Fehlen geeigneter Erben sowie das Streben nach Zusammenhalt des Unternehmens und Bewahrung des Vermögens. Zur Zeit stehen Schätzungen zufolge rund 500.000 Unternehmensübergaben an, bei rund 140.000 von ihnen fehlt ein Nachfolger aus der Familie des Unternehmers, könnte theoretisch also durch eine Stiftung ersetzt werden.[19] Die Einrichtung einer gemeinnützigen Unternehmensstiftung – eines Sonderfalls – folgt zumeist einer sozialen Verantwortung, verbessert das Bild des Unternehmens nach innen wie auch nach außen und bietet zudem steuerliche Vorteile: Da bei der Errichtung keine Erbschaft- oder Schenkungssteuern anfallen, kann auf diese Weise einem Liquiditätsverlust und einer möglichen Gefährdung der Kapitalbasis des Unternehmens vorgebeugt werden.

Fast jede dritte Stiftung hat in der Satzung festgelegt, dass sie sozialen Aufgaben dienen soll. Wohin fließt das Geld der Stiftungen unter anderem? 18 Prozent fördern die Bildung und Ausbildung, 16 Prozent Wissenschaft und Forschung, 12 Prozent Kunst und Kultur. 6 Prozent widmen sich der Gesundheit, 3 Prozent der Umwelt, etwa genauso viele der Religion. Weitere 3 Prozent geben als Stiftungszweck an, einer Familie oder einem Unternehmen zugute kommen zu wollen.[20]

Den Stiftungsmotiven liegen niemals nur egoistische oder nur altruistische Interessen zugrunde; in ihnen zeigt sich vielmehr der Versuch, den unternehmerischen und den gesellschaftspolitischen Nutzen miteinander zu verbinden. Da die Stiftungen dabei zumeist erfolgreich agieren, kommt ihnen zweifellos auch eine politische Bedeutung zu.

---

18 Gauly, Thomas, zit. n. Friese, Ulrich, Turner setzt Maßstäbe, in: Capital vom 01.11.1997.

19 Vgl. Geinitz, Christian, Das großzügige Lächeln des Kapitalismus, in: Frankfurter Allgemeine Zeitung vom 08.07.1997.

20 Vgl. ibid.

Wenn Unternehmer ihr Vermögen auf eine Stiftung übertragen, so ist das also nicht als Misstrauen gegenüber den Erben zu verstehen, vielmehr entspringt dieses Handeln dem Wunsch nach Kontinuität, welchem sich individuelle Interessen unterzuordnen haben. Dass viele Stifter auch ihren Namen bewahrt wissen wollen und damit eine Art Unsterblichkeit anstreben, ist keineswegs als verwerflich anzusehen.

Es ist an der Zeit, dass Stiftungen und Stifter über eine uralte Sache neu nachdenken. Nicht die Stiftung schlechthin erscheint als neuer Weg, sondern jede Stiftung muss sich vielmehr ihren eigenen neuen Weg suchen. An dessen Anfang wiederum besteht der erste Schritt darin, dass der Stifter sich der Bedeutung seines Tuns mehr denn je bewusst sein, das heißt seine Motive reflektieren muss. Es genügt nicht, nach alten Mustern vorgefertigte Lösungen zu Papier zu bringen. Die moderne Stiftung bedarf eines langfristig zukunftsorientierten, also sorgfältig ausgearbeiteten Konzepts, in das die Ideen des Stifters ebenso einfließen müssen wie Erfahrungen und Know-how aus Theorie und Praxis.

1.4 Aufbau der Arbeit

Theorie und Praxis versucht auch die vorliegende Arbeit zu verbinden. Ihr erkenntnisleitendes Interesse besteht darin, zu klären, wie gut Stiftermotive erforscht sind, sowie zu eruieren, worin die Stiftermotive heute bestehen. Um dies leisten zu können, sind Abgrenzungen vorzunehmen, indem die wichtigsten Werke zu den jeweiligen Themengebieten herangezogen werden, welche auch dazu beitragen, die gesamte Thematik abzudecken und die Relevanz für das Stiftungswesen zu begründen. Dabei sind Ratgeber zur Errichtung einer Stiftung genauso bedeutsam wie Darstellungen zum Erb- und Schenkungsteuerrecht, weil sie Rückschlüsse über mögliche Stiftermotive zulassen. So sind für die Gebiete des Erb- und Schenkungsrechts sowie für die Erbschaft- und Schenkungsteuer Werke von Bedeutung, die auch einen Überblick mit Bezügen zum Grundgesetz und zum Bürgerlichen Gesetzbuch bieten,[21] ebenso wie aktuelle Darstellungen, die den Bereich von Erbschaft, Schenkung und Steuerrecht berücksichtigen.[22] Aufgrund der Einblicke in das Erbschafts- und Schenkungsteuerrecht kann erst ermessen werden, welche Vor- oder Nachteile eine Stiftungsgründung gegenüber einer Schenkung oder einer Erbschaft aufweist.[23]

21 Lange, Heinrich / Kuchinke, Kurt, Lehrbuch des Erbrechts, München [4]1995.

22 Handzik, Peter, Erbschaft- und Schenkungssteuer, Gesamtdarstellung mit den Änderungen des Bewertungsgesetzes zum 1. Januar 2002, Bielefeld [5]2002; Landsittel, Ralph, Gestaltungsmöglichkeiten von Erbfällen und Schenkungen, Voraussetzungen und Realisierungen nach Bürgerlichem, Gesellschafts- und Steuerrecht, Freiburg / Berlin 2000; Hollender, Reiner / Kussmann, Manfred, Erbfall und Schenkung im Zivil- und Steuerrecht, Köln 1999.

23 Grundlage dazu liefern die empirischen Erhebungen und Auswertungen von Braun, Reiner / Burger, Florian / Miegel, Meinhard / Pfeiffer, Ulrich / Schulte, Karsten, Erben in Deutschland, Volumen, Psychologie und gesamtwirtschaftliche Auswirkungen, Köln 2002; Braun, Reiner / Miegel, Meinhard / Pfeiffer, Ulrich, Vermögensbildung unter neuen Rahmenbedingungen, Bonn / Berlin 2000; Braun, Reiner, Vermögensbildung privater Haushalte – empirische Auswertungen und Modellrechnungen, Frankfurt am Main 2000. Diese Werke werden auch später für die eigenen empirischen Erhebungen hinsichtlich der Stiftungsgründungen relevant.

Das Standardwerk über die Geschichte des Stiftungswesens von Hans Liermann ist besonders hervorzuheben.[24] Ein großer Teil der Publikationen, die einen geschichtlichen Teil aufweisen, referiert diese Darstellung. Dabei ist auffällig, dass kaum ein Autor Kritik an Liermanns Definition des Stiftungsbegriffs anmeldet. Dies überrascht, denn er fasst das Stiftungswesen sehr weit: Unter den Begriff der Stiftung wird beispielsweise alles subsumiert, was einer religiösen Institution geschenkt wurde. Schon aus historischen Gründen ist es allerdings wichtig, zwischen Erbschaft, Schenkung und Stiftung begrifflich klar trennen zu können. Weil Liermann diese Unterscheidungen nicht getroffen hat, muss zur Ergänzung und Korrektur auf weitere Untersuchungen eingegangen werden.[25]

Die Bedeutung des Stiftungsrechts als Grundlage des Stiftungswesens wurde bereits angesprochen und ist neu zu bewerten.[26]

Die Handbücher und vergleichenden Untersuchungen ergeben ein Bild der vielfältigen Möglichkeiten, eine Stiftung zu gründen. Es gibt zwar eine einzige Stiftungsidee, aber nicht die eine Stiftung. Vielmehr existiert eine Vielheit von Stiftungsformen, die deutlich konturiert werden müssen. Im anschließenden Schritt rücken sodann die Stifter ins Blickfeld. Dazu gibt es keine einheitliche Stifterliteratur; das Stifterportrait speist sich vielmehr aus höchst unterschiedlichen Quellen.[27]

---

24 Liermann, Hans, Handbuch des Stiftungsrechts, Bd. I: Geschichte des Stiftungsrechts, Tübingen 1963.

25 Laum, Bernhard, Stiftung in der griechischen und römischen Antike, 2 Bände, Leipzig / Berlin 1914; Marx, Friedrich, Zur Geschichte der Barmherzigkeit im Abendlande, Bonn 1917; Hagemann, Hans Rudolf, Die Stellung der Piae Causae nach Justinianischem Recht, Basel 1953; Hattenhauer, Hans, Europäische Rechtsgeschichte, Heidelberg 1994; Bruck, Eberhard Friedrich, Die Schenkung auf den Todesfall im griechischen und römischen Recht, Breslau 1909; ders., Totenteil und Seelgerät im griechischen Recht. Eine entwicklungsgeschichtliche Untersuchung zum Verhältnis von Recht und Religion mit Beiträgen zur Geschichte des Eigentums und des Erbrechts, München 1926; Cohn Jr., Samuel K., Death and Property in Siena 1205-1800, Strategies for the Afterlife, Baltimore / London 1988; Buchholzer, Josef, Die Säkularisationen katholischer Kirchengüter während des 18. und 19. Jahrhunderts, Luzern 1921.

26 Folgende Werke dienen dazu als Grundlage: Seifart, Werner / Campenhausen, Axel Frhr. v. (Hg.), Handbuch des Stiftungsrechts, München 1999; Strickrodt, Georg, Stiftungsrecht, Geltende Vorschriften und rechtspolitische Vorschläge, Baden-Baden 1977; Wachter, Thomas, Stiftungen, Zivil- und Steuerrecht in der Praxis, Köln 2001; Hopt, Klaus J. / Reuter, Dieter (Hg.), Stiftungsrecht in Europa, Köln 2001; Herfurth, Rudolf / Dehesselles, Thomas, Stiftung – Verein – Verband, Frankfurt am Main 2001.

27 Zu nennen sind: Bundesverband Deutscher Stiftungen e.V. (Hg.), Lebensbilder Deutscher Stiftungen aus Vergangenheit und Gegenwart, 6 Bde., Tübingen / Bonn 1971ff.; Berkel, Ute / Neuhoff, Klaus / Schindler, Ambros / Steinsdörfer, Erich (Hg.), Stiftungshandbuch, Baden-Baden [3]1989; Berndt, Hans, Stiftung und Unternehmen, Rechtsvorschriften, Besteuerung, Zweckmäßigkeit, Herne / Berlin [5]1995, [6]1998; Arbeitsgemeinschaft Deutscher Stiftungen (Hg.), Deutsches Stiftungswesen 1948-1966, Tübingen 1968; dies., Die Fritz Thyssen Stiftung, 1960-1970, Tübingen 1971; Anheier, Helmut K. (Hg.), Stiftungen für eine zukunftsfähige Bürgergesellschaft: Gedanken für eine Generation von Erben, München 1998; Abbe, Ernst, Gesammelte Abhandlungen, Jena 1921; Schomerus, Friedrich, Werden und Wesen der Carl-Zeiss-Stiftung, Stuttgart 1955; Andrews, Frank Emerson, Attitudes Toward Giving, New York 1953; ders., Philantropic Foundations, New York 1956; Neuhoff, Klaus, Amerikanische Stiftungen, Baden-Baden 1968; ders., Neuere Entwicklungen im amerikanischen Stiftungswesen, Essen 1975; Fest, Joachim (Hg.), Die großen Stifter, Berlin 1997; Chernow, Ron, Titan, The Life of John D. Rockefeller, Sr., New York

Besonderer Erwähnung bedürfen die praktischen Stiftungsratgeber, denn sie thematisieren auch die Risiken, die mit einer Stiftungsgründung verbunden sind. Letztere werden vor allem bei den unternehmensverbundenen Stiftungen deutlich.

In der Auseinandersetzung mit dem Stiftungswesen wird schnell klar, dass das politische Terrain sich über das Stiftungsrecht, das Steuerrecht sowie die Wirtschafts- und Sozialgeschichte erstreckt. Um sich aber wiederum in diesen Bereichen zu orientieren, ist es notwendig, von dem Zusammenhang auszugehen, in den das Stiftungswesen eingelassen ist. Somit liegt folgender Aufbau des Textes nahe:

Die Arbeit besteht aus elf Kapiteln, die aufeinander aufbauen. In den ersten beiden Kapiteln nach der Einleitung wird dargelegt, was dem Stiftungswesen voransteht. Die Grundlage ist das Erben, dann das Schenken, ist doch Stiften einerseits eine Form der Erbschaft oder der Vermögensübergabe von Todes wegen, andererseits aber auch eine Schenkung, also eine Übergabe zu Lebzeiten. Die Stiftungserrichtung kann das eine oder das andere sein, auch die Verbindung beider Arten der Vermögensübergabe ist möglich. Nach der Verdeutlichung dieser Grundlagen, ihrer Verankerung in der Lebenswelt sowie im Erbschaft- und Schenkungsteuerrecht, thematisiert das vierte Kapitel das Stiftungswesen. Dabei werden das Stiftungsrecht, das Grundmodell der Stiftung und andere Stiftungsformen erörtert. Damit sind die theoretischen Grundlagen und Rahmenbedingungen vorgestellt.

Im darauf folgenden Schritt (Kapitel 5) werden die rechtlichen Aspekte des Stiftungswesens und dessen Formen ins Zentrum der Betrachtung gestellt. Der Stifter errichtet nicht nur eine Stiftung, er übergibt sein Vermögen einer juristischen Person. Somit wird unter anderem der Zusammenhang hergestellt von Stiftung und iustitia protectiva sowie iustitia distributiva und deren Unterscheidung deutlich gemacht. Neben der rechtlichen Seite werden die notwendigen Elemente thematisiert, die eine Stiftung erst zu einer selbstständigen Stiftung privaten Rechts machen.

Der nächste Abschnitt (Kapitel 6) analysiert die Wirklichkeit des Stifters; dabei wird unterschieden zwischen dem Stifterwillen und dem Stiftermotiv im Hinblick auf die Optimierung der Gestaltungsmöglichkeiten. Hier kann gezeigt werden, dass beziehungsweise wie idealistische Motive in den Hintergrund treten.

Um das Gleichbleibende und das sich Wandelnde aufzuzeigen, ist danach zu fragen: Was waren die Motive der Stifter damals? Woraus bestehen sie heute? So widmet sich das siebte Kapitel der Geschichte des Stiftungswesens. Es wird erkennbar, dass eine Stiftung nicht nur eine private Angelegenheit ist, sondern dass sie in einem Spannungsfeld von Kirche, Staat und Gesellschaft steht. Dadurch wird – im Rück-

---

1998; Nielsen, Waldemar A., Inside American Philanthropy, The Dramas of Donorship, Norman / London 1996; ders., The Golden Donors, A New Anatomy of the Great Foundations, New York 1989; Schick, Stefan / Schmidt, Oliver / Ries, Gerhard / Walbröl, Hans-Robert, Praxis-Handbuch Stiftungen, Regensburg / Berlin 2001; Schlinkert, Hans-Jürgen, Unternehmensstiftung und Konzernleitung, Berlin / Baden-Baden 1995; Schmidt, Karsten, Stiftungswesen – Stiftungsrecht – Stiftungspolitik, Bergisch Gladbach / Köln 1987; Hennerkes, Brun-Hagen, Unternehmenshandbuch Familiengesellschaften – Sicherung von Unternehmen, Vermögen und Familie, Köln 1995; Rawert, Peter, Die Genehmigungsfähigkeit der unternehmensverbundenen Stiftung, Frankfurt am Main 1990.

blick auf die vorherigen Kapitel – klar, dass Stiftungsgeschichte auch Rechtsgeschichte ist, sich der Kampf um die Stiftung also auf dem Gebiet des Rechts abspielt.

Geschichte ist jedoch nicht nur etwas Vergangenes, sie wirkt weiter und beeinflusst die Gegenwart. Viele Probleme aus der Vergangenheit sind noch immer aktuell. Aus diesem Blickwinkel heraus rückt im achten Kapitel das amerikanische Stiftungswesen in den Mittelpunkt der Betrachtung, insbesondere die großen Stifter, die immer wieder als Vorbilder präsentiert werden. Hier wird die Modellierung unterschiedlicher Stifterporträts vorgenommen. Die Auswahl ist nicht willkürlich, sie richtet sich nach jenen ökonomischen Sphären, in denen die Stifter wirkten: ein Bankier, ein Kaufmann und ein Fabrikant. Daraus ergeben sich erste Stiftermotive.

Der anschließende Abschnitt (Kapitel 9) hat zum Ziel, vor dem Hintergrund des dargestellten historischen Kontextes deutsche Stifterpersönlichkeiten zu untersuchen. Dabei bietet sich die Auswahl von selbst an. Ernst Abbe und Robert Bosch gelten für die nachfolgenden Stifter als Vorbilder; die weiteren Stifter sind Repräsentanten des demokratischen Deutschland nach 1945.

Das zehnte Kapitel ist eine erste Zusammenfassung der bisherigen Darstellung. Hier wird das Verhältnis von Stiftungen und Stiftermotiven in einen Zusammenhang gestellt und beleuchtet, nicht ohne dabei das Stiftungswesen unter kritischen Aspekten zu betrachten. Damit ist das Fundament des Stiftungswesens freigelegt, aber auch die Problematik, also die Licht- und Schattenseiten, wird vollständig sichtbar.

Das abschließende Kapitel elf ist der Wirklichkeit der Stiftungen gewidmet. Es geht um eine Befragung der bestehenden Stiftungen zu Vermögen, Ausgaben und Steuern, es sollen Informationen über die Interessen und Motive der Stifter sowie über die Stiftung selbst zusammengetragen und im Hinblick auf die aktuelle gesellschaftliche Entwicklung diskutiert werden.

Um zu solchen Informationen zu gelangen, wurde ein Fragebogen erstellt, der in der Weise angelegt ist, dass nicht nur quantitative, also abzählbare Daten, sondern vielmehr qualitative Aussagen über die Stifter und ihre Stiftungen zu erhalten sind. Diesem Forschungsansatz entsprechen Aufbau und Zweck des Fragebogens, die Ergebnisse kommen ausführlich zur Darstellung.

Diese qualitative Befragung ergibt ein genaueres Bild des Stifters, der eine Stiftung für soziale Zwecke errichtet. Es ist ein anderes Bild als dasjenige, welches gerne in der Öffentlichkeit präsentiert wird.

Der Stifter, der „homo absconditus“[28] in Vergangenheit und Gegenwart, erhält damit sichtbare Konturen; indem der Stifter und seine Motive deutlicher hervortreten, wird ein Beitrag zu einer umfassenderen und vertiefteren Kenntnis der Stiftermotive geleistet, die laut Wissenschaftlern in der Literatur bislang unzureichend dokumentiert war.

---

28 Vgl. Plessner, Helmuth, Die Frage nach der conditio humana, Frankfurt am Main 1976. Helmuth Plessner charakterisiert darin den Menschen unter anderem als den homo absconditus: den Mensch, der sich verbirgt und sich auch nie ganz in seinen Taten erkennen kann und lässt. Homo absconditus besagt auch, dass es im Menschen einen Gegenpol gibt zu der Tendenz, sich zu exponieren, öffentlich wirken zu wollen – also sich zu verbergen, sich zu verschließen.

2 Die Erbschaft

2.1 Vererben – Schenken – Stiften

Die Frage der Stiftungsgründung hat das Erbschaftsrecht ebenso wie die Schenkung zur Grundlage, gilt doch die Stiftung als Erbschaft oder als Schenkung, während die Schenkung wiederum als vorweggenommene Erbfolge definiert wird.

Diese Arbeit beschränkt sich auf natürliche Personen; juristische Personen oder Vereine werden nicht thematisiert. Ebenso liegt eine sinnvolle Einschränkung vor, indem sie sich nur auf Stiftungen bezieht, die mildtätige oder karitative Ziele verfolgen.

Die zunehmende Anzahl von Stiftungsgründungen bei geringerem Vermögen sagt noch wenig über Motiv und Zweck der Stiftung aus; diese rein empirische Tatsache liefert Informationen oder Daten, aber auch nicht mehr. Deshalb erscheint es angebracht, zunächst grundsätzlich vom Tatbestand der Stiftungsgründung auf die Frage des Erbfalls zu rekurrieren, also auf den einfachsten Sachverhalt. Dieses Vorgehen hat den Vorzug, bei den späteren Ausführungen und Erklärungen nicht immer wieder zum Ausgangspunkt zurückkehren zu müssen.

Die Darstellung des Erbfalls muss auf die rechtliche, also bestimmende Basis zurückgehen; die rechtliche Regelung durch das Bürgerliche Gesetzbuch schreibt die gesellschaftliche vor. Dabei geht es nicht darum, sich in juristischen Detailfragen und Feinheiten zu verlieren. Die rechtliche Grundlage wird vielmehr mit soziologischem Blick und im Hinblick auf das eigentliche Thema untersucht, so kann es sich äußerstenfalls um die Konturen des Erb-, Schenkungs- und Stiftungsrechts handeln. Alles, was nicht in der Horizontlinie der Stiftungsproblematik liegt, wird nach Möglichkeit vernachlässigt. Diese Einschränkung ist notwendig, denn sonst verliert sich das soziologische Interesse im Dickicht des Rechts.

2.2 Der Erbfall in der Lebenswelt

Ein soziologischer Ansatz besteht darin, den Erbfall mit Hilfe der Lebenswelt oder aus der Perspektive des Alltagsverständnisses zu beschreiben.

In der Lebenswelt[29] ist der Tod die absolute Grenze des menschlichen Lebens, selbst wenn er für den Christen nur eine Schranke darstellt. Im Laufe seines Lebens umgibt sich der Mensch mit Dingen, sammelt Gegenstände, häuft Besitztümer an. Im

29 Der heute in der Soziologie verwendete Begriff der Lebenswelt geht auf Edmund Husserl zurück. Husserl geht davon aus, dass jeder Mensch seine konkrete Umwelt bzw. seine Kultur als gestaltende und gestaltete Gemeinschaft versteht. Diese Gemeinschaften bezeichnet er als „kulturelle Umwelten, als konkrete Lebenswelten"; Husserl, Edmund, Cartesianische Meditationen, Hamburg ²1987, S. 136. Vgl. auch Husserl, Edmund, Die Krisis der europäischen Wissenschaften und die transzendentale Phänomenologie, Hamburg 1982, S. 45f., sowie Schütz, Alfred / Luckmann, Thomas, Strukturen der Lebenswelt, Frankfurt am Main 1979.

Gegensatz zu Lebensmitteln, die sich verbrauchen, addieren sich Gegenstände von bleibendem Wert. Diese fallen nicht der Vergänglichkeit anheim wie der menschliche Leib. Der Mensch stirbt, aber diese Dinge muss er zurücklassen. Die Frage ist nun, was mit den dann herrenlosen Aneignungen geschieht. Der Mensch könnte sie zerstören, den Dingen also das nehmen, was sie einmal auszeichnete. Oder er könnte sie einfach liegen lassen, wie und wo sie sind. Damit verlieren sie ihren Zugehörigkeitscharakter: Sie werden freigegeben, und jeder kann sich ihrer bedienen.

Eine weitere Möglichkeit besteht darin, die Besitztümer an die Lebenden weiterzugeben, sie wandern nun von einem zum andern; diesen Vorgang könnte man als weiterschenken bezeichnen. Die Gegenstände erhalten also einen neuen Besitzer. Da dies kein Tausch ist, verändern sie sich zu einer Gabe, und das Wechseln des Besitzers stellt eine Schenkung dar. Der Grund dafür, dass eine Schenkung vorliegt und kein Tausch, ist darin zu sehen, dass der Geber die Handlung freiwillig tätigt und dafür kein materielles Äquivalent erhält. Diese Schenkung kann immer und zu jeder Zeit geschehen; ob der Geber sie im Hinblick auf sein Ableben vornimmt, spielt für den Akt der Schenkung selbst keine Rolle.

Tritt die Schenkung erst mit dem Tod des Menschen in Kraft, das heißt, bleiben die Gegenstände noch bis zu seinem Tod unter seiner Obhut, so wird dieser Akt des Weitergebens als Vererben bezeichnet. Im Erbfall wechseln also durch den Tod eines Menschen bleibende Gegenstände, Dinge, materielle Werte den Besitzer. Was der Tote hinterlässt, kommt einem anderen zugute.

Diese erste Beschreibung des Erbfalls in lebensweltlichem Zusammenhang – ohne die Lebenswelt selbst zu thematisieren – als schlichte unmittelbare Beobachtung, die noch keine objektive Gültigkeit beansprucht, zeigt bereits erste bedeutende Merkmale, die nicht unterschlagen werden sollen, vor allem weil sich die Menschen in der Lebenswelt und nicht in der Wissenswelt objektiver Gültigkeit aufhalten. Sie schenken oder vererben gemäß ihrem Alltagsverständnis. Das Weitergeben oder die Übergabe von Dingen ist eine in der Lebenswelt stattfindende Handlung.

Das Schenken oder Vererben ist keine einfache Ortsveränderung vom Geber zum Empfänger; sie lässt sich aufschlüsseln. Es sind Voraussetzungen und Bedingungen zu beachten, die überhaupt erst die einfache Übergabe oder den Empfang ermöglichen, damit vom Erbfall gesprochen werden kann.

Zunächst sollen an dieser Stelle die Voraussetzungen benannt werden. Damit ein menschliches Wesen etwas weitergeben kann, muss es zuerst das Bewusstsein von seiner Personalität besitzen; es ist nicht nur Mitglied einer Gemeinschaft, die wiederum über es bestimmt. Der Mensch versteht sich als Einzelner gegenüber anderen. Als solcher kann er etwas verursachen, er ist personale Ursache einer Wirkung. Um etwas weitergeben zu können, muss dieses Etwas zudem ihm gehören. Hierher gehört der Begriff des Eigentums; das, was zu vererben ist, gilt als Eigentum, genauer: als Privateigentum. Es ist garantierter Besitz, über den der Mensch verfügen kann. Diese Verfügungsgewalt geht über den Tod hinaus.

Das Privateigentum definiert sich über materielle Dinge. Geistiges Eigentum fällt nicht darunter, höchstens Rechte auf geistiges Eigentum. Dann stellen diese Dinge Werte dar, und zwar wiederum materielle, nicht geistige Werte. Das zu vererbende Eigentum hat dann einen materiellen Wert, wenn es sich schätzen lässt, also in einem anderen, aber äquivalenten Wert ausgedrückt werden kann, im Geldwert.

Das Erbe ist somit Privateigentum von materiellem Wert, über welches der Besitzer über den Tod hinaus Verfügungsgewalt ausübt. Damit der Erbfall eintreten und der Erbe die Erbschaft als sein Privateigentum betrachten kann, muss die Unwiderruflichkeit einen Bestandteil des Erbens darstellen – unwiderruflich in dem Sinne, dass der Geber in einem einmaligen Akt dem Erben sein Eigentum überlassen hat. Wenn es anerkannt wird, dass der Erbe der neue Besitzer ist, gilt dies unwiderruflich für die Zukunft. Erbstreiter stellen nicht die Unwiderruflichkeit in Frage, sondern möchten den einmaligen Akt, der die Weitergabe regelt, in Zweifel ziehen.

In einem folgenden Schritt sind nunmehr die Bedingungen des Erbens zu betrachten. Diese sind teilweise schon an den Voraussetzungen abzulesen. Damit es zu einer Weitergabe von Privateigentum von Todes wegen kommen kann, bedarf es einer Ordnung, die diese Weitergabe garantiert; der Begriff „garantieren“ bedeutet in diesem Zusammenhang, alltagsverständlich gesprochen, regeln und schützen. Diese Ordnung ist der Staat, und geregelt wird der Erbfall durch Gesetze.

Der Staat ist somit die Bedingung der Voraussetzung, damit der Erbfall eintreten kann; oder: Der Staat bedingt den Erbfall – vorausgesetzt, es ist etwas zu erben vorhanden. Er schafft die Voraussetzungen, er ist also Bedingung und nicht selbst Voraussetzung. Aber dadurch, dass er eine Bedingung ist, gibt er nicht nur einen Rahmen ab, innerhalb dessen sich der Erbfall zuträgt. Er bedingt den Erbfall insofern, als er das Weitergeben regelt. Ausdruck der Regelung ist das Recht.

Aufgrund dieser Gegebenheiten ist der Erbfall nicht willkürlich, sondern zugleich eine Rechtssache. Als Rechtsangelegenheit werden im Erbfall andere Maßstäbe angelegt. Diese ergeben sich aus der Rechtsordnung insgesamt, der Verfassung und dem Bürgerlichen Gesetzbuch; der Einzelne, der nach seinem Tode etwas weitergeben möchte, kann sich unter Vererben vorstellen und wünschen, was er will, kann aber auf objektive Geltung keinen Anspruch erheben. Objektive Geltung hat das Gesetz, an dessen Vorgabe er sich zu halten hat. Äußerstenfalls wird ihm zugestanden, seine persönlichen Vorstellungen den Gesetzen anzupassen und die Möglichkeiten, die das Erbrecht bereithält, in seinem Sinne auszuschöpfen.

Erben ist somit keine Naturgegebenheit, kein Verhältnis in einem Naturzustand, das dann der Staat ordentlich regelt. Ein Erben von Natur aus gibt es nicht. Der Erbfall ist eine gesellschaftliche Handlung rechtlicher Natur, denn um eine Handlung als Erben oder Vererben definieren zu können, sind rechtliche Begriffe nötig. Vererben im idealen Naturzustand wäre kein Vererben, da die Rechtsform dazu fehlt, es wäre ein Schenken. Ob im Naturzustand allerdings überhaupt Tauschen und Weitergeben stattfände, würde von der Voraussetzung abhängen, dass es im Naturzustand schon ein Bewusstsein von Besitz gibt.

Dieser Nebengedanke über den Naturzustand soll deutlich machen, dass das lebensweltliche Bewusstsein nicht auf einer wie auch immer gearteten natürlichen Erkenntnis gründen kann. Das lebensweltliche Verständnis des Schenkens und Vererbens ist bereits vom gesellschaftlich-staatlichen Denken durchsetzt; das heißt, die Tatsache, dass staatsrechtliche Begriffe wie Eigentum und Person bewusst oder unbewusst in der Lebenswelt aufzufinden sind, indiziert, dass das lebensweltliche Verständnis vom Vererben und Schenken sich nicht auf einen möglichen idealen Naturzustand bezieht.

2.3 Der Erbfall im Erbrecht

Das lebensweltliche Verstehen kann in die Irre gehen. Mag sich der Einzelne auf Einsicht berufen, auf Tradition oder auf eine höhere Vernunft, auf eine Sitte, eine Ethik oder irgendeine überlieferte Rechtsvorstellung, dies alles ist nicht entscheidend. Maßgeblich ist in Deutschland das Bürgerliche Gesetzbuch, es regelt die Erbschaft. Ob der Regelung Richtigkeit, Vernünftigkeit, gar so etwas wie Wahrheit zukommt, ist hier irrelevant; das Recht besitzt objektive Geltung, und daran hat sich jeder Staatsbürger zu halten.

Das Erbrecht ist das fünfte und letzte Buch im „Bürgerlichen Gesetzbuch“[30]. Ihm voraus geht das „Familienrecht“, dem wiederum das „Sachenrecht“ und das „Recht der Schuldenverhältnisse“. Von der äußeren Anlage her gesehen entsteht der Eindruck, als habe das Bürgerliche Gesetzbuch folgenden Aufbau: Zunächst wird festgestellt, wer überhaupt rechtsfähig ist, nämlich der Mensch als „natürliche Person“, deren „Rechtsfähigkeit mit der Vollendung der Geburt beginnt“, und die „juristische Person“ als „rechtstechnische Zusammenfassung von Personen oder Gegenständen zu einer rechtlich geordneten, rechtsfähigen Organisation“.[31]

Sind die Personen juristisch definiert, werden nun die Verhältnisse, welche sie eingehen oder in denen sie zueinander stehen, thematisch beschrieben, nämlich als Schuldenverhältnisse, die sich als Verträge, Kauf und Tausch äußern.[32] Das Sachenrecht[33] widmet sich Besitz und Eigentum, also dem, was, bedingt durch das Verhältnis der Personen zueinander, von einer Person zur anderen übergehen kann.

Das Familienrecht[34] als Recht der kleinsten Einheit oder Zelle in Form von zwei Personen, die in ein Verhältnis zueinander treten, regelt die eheliche Lebensgemeinschaft und die daraus resultierenden Folgen. Konsequenterweise folgt darauf das Erbrecht[35]: „Der Mensch wird als einzelner geboren; er wächst in der Familie auf, betätigt sich im Rechtsverkehr, gründet meist eine eigene Familie, lebt und wirkt in ihr und stirbt wiederum als einzelner. So spannt das BGB seinen Bogen von der Geburt bis zum Tod.“[36] Das Erbrecht beginnt mit folgenden Paragraphen:

„§ 1922, 1 Mit dem Tode einer Person (Erbfall) geht deren Vermögen (Erbschaft) als Ganzes auf eine oder mehrere andere Personen (Erben) über.“

---

30 Jauernig, Othmar (Hg.), Bürgerliches Gesetzbuch mit Gesetz zur Regelung des Rechts der Allgemeinen Geschäftsbedingungen, München [5]1990, S. 1625ff.

31 Ibid., S. 1ff.

32 Ibid., S. 152ff.

33 Ibid., S. 1016.

34 Ibid., S. 1293.

35 Ibid., S. 1825.

36 Lange, Heinrich / Kuchinke, Kurt, Lehrbuch des Erbrechts, München [4]1995, S. 11.

„§ 1923, 1 Erbe kann nur werden, wer zur Zeit des Erbfalls lebt."

„§ 1924, 1 Gesetzliche Erben der ersten Ordnung sind die Abkömmlinge des Erblassers."
Damit ist die Rangfolge angezeigt. Insgesamt gilt „das Blutsverwandtenerbrecht; d.h. gesetzlicher Erbe wird grundsätzlich nur, wer mit dem Erblasser i.S.d. § 1589 BGB verwandt ist. Hierbei richtet sich die Erbfolge nach Ordnungen. Es gilt das Prinzip, dass Verwandte einer höheren Ordnung Verwandte einer entfernteren von der Erbfolge ausschließen (§ 1930 BGB). Kinder schließen also Kindeskinder aus (§1924 Abs. 2 BGB); Eltern schließen Geschwister aus (§ 1925 Abs. 2 BGB), sog. Repräsentationsprinzip."[37]

Hinterlässt der Erblasser keine Erben, so erbt der Staat:
„§ 1936 Abs. 1 Ist zur Zeit des Erbfalls weder ein Verwandter noch ein Ehegatte des Erblassers vorhanden, so ist der Fiskus des Bundesstaats, dem der Erblasser zur Zeit des Todes angehört hat, gesetzlicher Erbe."

Damit ist das Weitergeben des Vermögens von natürlichen Personen beim Erbfall ohne äußere Zuwendung geregelt. Das Vermögen verbleibt innerhalb der Verwandtschaft; falls diese nicht mehr existiert, fällt es an den Staat. Der Erblasser muss nichts veranlassen, damit seine Erbschaft weitergegeben wird.

Diese rechtlichen Vorgaben bedeuten jedoch nicht, dass er für die Erbschaftsregelung keinen Spielraum hat. Sehr wohl kann der Erblasser in die Erbnachfolge eingreifen.

Die Kommentatoren des BGB weisen darauf hin, dass zwar das Grundgesetz das Erbrecht schützt: „GG 14 I schützt das Erbrecht neben dem Eigentum und legt damit den Zusammenhang zwischen Privateigentum beziehungsweise Privatautonomie einerseits und Privaterbrecht andererseits offen. (...) Der Gesetzgeber kann diese Grundprinzipien modifizieren, aber nicht gänzlich beseitigen",[38] aber es besteht keine automatische Erwartung einer Erbschaft: „Der Erblasser kann grundsätzlich die ges. Erbfolge und letztwillige Verfügungen ändern. Deshalb hat der Erbe keine rechtlich geschützte Anwartschaft, sondern nur die tatsächliche Aussicht des Erbschaftserwerbs."[39] Diese Änderungsmöglichkeit verwirklicht sich durch das Testament.

2.4 Das Testament

Um die Erbnachfolge selbst in die Hand zu nehmen, in seinem Sinne zu verändern, hat der Erblasser die Möglichkeit, den Erben selbst zu bestimmen. Dies geschieht durch das Testament: „§ 1937 Der Erblasser kann durch einseitige Verfügung von Todes wegen (Testament, letztwillige Verfügung) den Erben bestimmen."[40]

37 Bolz, Norbert, Erbrecht und Erbschaftsteuerrecht, Stuttgart / München / Hannover 1999, S. 6.
38 Jauernig, Othmar (Hg.), Bürgerliches Gesetzbuch, München ^{5}1990, S. 1625.
39 Ibid.
40 Ibid., S. 1640.

Dieses Recht der Selbstbestimmung schließt die Möglichkeit der Enterbung ein. Allerdings wird diese durch das Pflichtteilsrecht eingeschränkt:

„§ 2303 Ist ein Abkömmling des Erblassers durch Verfügung von Todes wegen von der Erbfolge ausgeschlossen, so kann er von dem Erben den Pflichtteil verlangen. Der Pflichtteil besteht in der Hälfte des Wertes des gesetzlichen Erbteils.“[41]

Mit der „letztwilligen Verfügung“ kann der Erblasser in dreifacher Weise seine Erbnachfolge regeln: als Vermächtnis, als Auflage und als Erbvertrag.

Für das Vermächtnis gilt:
„§ 1939 Der Erblasser kann durch Testament einem anderen, ohne ihn als Erben einzusetzen, einen Vermögensvorteil zuwenden.“[42]

Für die Auflage gilt:
„§ 1940 Der Erblasser kann durch Testament den Erben oder einen Vermächtnisnehmer zu einer Leistung verpflichten, ohne einem anderen ein Recht auf die Leistung zuzuwenden.“

Und schließlich der Erbvertrag:
„§ 1941 Der Erblasser kann durch Vertrag einen Erben einsetzen sowie Vermächtnisse und Auflagen anordnen.“[43]

Im Hinblick auf die soziale Dimension ist noch folgender Paragraph von Bedeutung:
„§ 2072 Hat der Erblasser die Armen ohne nähere Bestimmung bedacht, so ist im Zweifel anzunehmen, dass die öffentliche Armenkasse der Gemeinde, in deren Bezirk er seinen letzten Wohnsitz gehabt hat, unter der Auflage bedacht ist, das Zugewendete unter Arme zu verteilen.“[44]

Es muss noch hinzugefügt werden, dass die Auflage keine Kann-Bestimmung darstellt. Nach § 2194 BGB besteht ein Anspruch auf Vollziehung. Bei der „Unmöglichkeit der Vollziehung“ fällt nur bei „unverschuldeter Unmöglichkeit“, nicht bei „verschuldeter Unmöglichkeit“, und bei „Fehlschlagen der Vollstreckung“ die Zuwendung nicht weg (§§ 2195, 2196 BGB).[45]

Der Erbvertrag tritt nicht bei „Erbunwürdigkeit“ in Kraft. Ebenso gibt es die „Nichtigkeit und Unwirksamkeit der Verfügung von Todes wegen“.

Erbunwürdig ist nach § 2339: „wer den Erblasser vorsätzlich und widerrechtlich getötet oder zu töten versucht oder in einen Zustand versetzt hat, infolgedessen der Erblasser bis zu seinem Tode unfähig war, eine Verfügung von Todes wegen zu errichten oder aufzuheben;

1. wer den Erblasser vorsätzlich und widerrechtlich verhindert hat, eine Verfügung von Todes wegen zu errichten oder aufzuheben;

41 Ibid., S. 1822.
42 Ibid., S. 1641.
43 Ibid.
44 Ibid., S. 1709.
45 Ibid., S. 1762.

2. wer den Erblasser durch arglistige Täuschung oder widerrechtlich durch Drohung bestimmt hat, eine Verfügung von Todes wegen zu errichten oder aufzuheben;
3. wer sich in Ansehung einer Verfügung des Erblassers von Todes wegen einer Straftat nach §§ 267, 271 bis 274 des Strafgesetzbuches schuldig gemacht hat."[46] Die Straftat, auf die sich die Paragraphen beziehen, sind Fälschung, Falschbeurkundung und Gebrauchmachen einer Verfügung von Todes wegen sowie Urkundenvernichtung.

Hinsichtlich der Nichtigkeit des Testaments sind neben der Nichtigkeit in Bezug auf den Willensmangel des Erblassers – das betrifft das Problem seiner Zurechnungsfähigkeit – und der Nichtigkeit infolge von Form- und Normfehlern zwei Tatbestände hervorzuheben.

Das Testament ist nichtig, wenn es gegen das Verfassungsgebot der Gleichheit verstößt, und es ist nichtig wegen „Verstoßes gegen die guten Sitten": „In der Praxis stehen zunächst drei Hauptgruppen im Vordergrund: die Zuwendungen im Rahmen von außerehelichen, insbesondere ehebrecherischen Liebesverhältnissen, ferner die Fälle der Zurücksetzung naher Angehöriger aus missbilligenswerten Gründen und schließlich Zuwendungen an ein behindertes Kind in einer Rechtsform, die verhindern soll, dass der Sozialhilfeträger wegen erbrachter Leistungen auf die Erbschaft Zugriff nimmt."[47]

Das Testament respektiert den Willen des Erblassers, darin verwirklicht sich dessen Privatautonomie. Es ist somit der Kern für die zukünftige Gestaltung der Erbschaft durch den Erblasser. Folgt er nicht der gesetzlich geregelten Erbfolge, so kann er über seinen Tod hinaus, mit Ausnahme des Pflichtteils, sein Vermögen weitergeben. Mit den drei Möglichkeiten von Vermächtnis, Auflage und Erbvertrag ist ihm größtmögliche Freiheit gegeben.

Durch das Vermächtnis kann der Erblasser einen Teil des Erbes ausgliedern und einem Überlebenden zukommen lassen, sei dies etwa aus Dankbarkeit oder Freundschaft, wobei der Beweggrund nicht Bestandteil des Testaments sein muss. Beim Vermächtnis liegt somit ein zweckfreier Zweck vor.

Durch die Auflage bezieht der Erbe ein Vermögen, das ihn zu etwas verpflichtet. Dies könnte als verpflichtender Zweck bezeichnet werden, so beispielsweise, wenn sich der Erbe verpflichtet, sich um die Grabpflege oder um Haustiere zu kümmern.

Durch den Erbvertrag artikuliert sich die Entscheidungsfreiheit des Erblassers. Sie könnte als freie Zwecksetzung der Erbnachfolge definiert werden.

Er kann sein Vermögen geben, wem er will, vorausgesetzt, es handelt sich juristisch um eine natürliche Person, wobei sittliche Ermahnungen, Willensbekundungen im Sinne von Wunschvorstellungen oder ethische Vorstellungen gegenstandslos sind.[48]

An dieser Stelle ist allerdings auf die Rolle des Staates hinzuweisen. Aus den bisherigen Ausführungen könnte geschlossen werden, dass er nur die Ordnung darstellt,

46 Ibid., S. 1846.
47 Lange, Heinrich / Kuchinke, Kurt, Lehrbuch des Erbrechts, München [4]1995, S. 773ff.
48 Drewes, Theodor / Hollender, Reiner, Testament und Erbschaft, Niedernhausen 1983, S. 44.

die die Rechtmäßigkeit garantiert, also nur als Moderator oder Vermittler fungiert. Diese Aufgabenzuweisung traf bis zum Ersten Weltkrieg auch tatsächlich zu; damals war der Staat „auch als gesetzlicher Erbe mehr Abwickler als Gewinner“[49].

Nun aber ist das „Erbsteuerrecht für die Verteilung des Vermögens und ihre Regelung durch den Erblasser von erheblicher Bedeutung. (...) Der Wunsch, die Erbschaftsteuer möglichst gering zu halten, kann den rechtsberatenen Erblasser bei der Gestaltung seiner Verfügung von Todes wegen mehr beeinflussen als die eigene Vorstellung von einer gerechten Verteilung seines Vermögens“, heißt es mehr als vorsichtig im „Lehrbuch des Erbrechts“[50]. Diese Tatsache bedeutet nichts anderes, als dass der Staat als Miterbe an der Erbschaft berücksichtigt werden muss; der Erblasser muss immer bedenken, was angesichts des Staats von der Erbschaft noch bleibt.

2.5 Erbrecht und Grundgesetz

Das geltende Erbrecht ist vom Grundgesetz nicht abgekoppelt, es steht mit ihm „in Einklang“[51]. Das Erbrecht ist intentional ein formales oder formalisiertes Recht. Das Grundgesetz hingegen geht über das formale Recht hinaus oder bleibt, je nach Perspektive, dahinter zurück. Es gilt als Wertsystem: „Das Grundgesetz hat die Grundrechte zu Idealen des staatlichen und gesellschaftlichen Zusammenlebens ausgestaltet und darum hinter seinen Einzelgrundsätzen und durch sie ein Wertsystem aufgebaut.“

Die Grundrechte binden nicht nur die Gesetzgebung, Verwaltung und Rechtsprechung als unmittelbares Recht (Art. 1 Abs. 3 GG), sondern wirken unmittelbar oder mittelbar auch auf die Wertung und Regelung des Zusammenlebens ein, sind zumindest Leitbilder, auch rechtliche Ordnungsprinzipien.

In diesem Zusammenhang muss jedoch der Bedeutungsgehalt des Ausdrucks „in Einklang stehen“ umrissen werden. Formal gesehen, beinhaltet er, dass das Erbrecht nicht mit dem Grundgesetz kollidiert, dass also im Erbrecht und im Erbrechtsvorgang keine Werte, offen oder versteckt, an die Oberfläche kommen, die den „Idealen“ des Grundgesetzes widersprechen.

Die Werte, die sich im Erbrecht artikulieren, sollen sich auf das Grundgesetz zurückführen lassen, wie umgekehrt die des Grundgesetzes das nachgeordnete Erbrecht bestimmen. Das Erbrecht selbst kennt also keine autonomen Werte oder Ideale, die ausschließlich ihm zugehören.

Es werden keine neuen Werte gesetzt, die im Widerspruch zum Grundgesetz stehen. Im Gegenteil, die Werte sind im Grundgesetz niedergelegt und verwirklichen sich auch im Erbrecht.

Des Weiteren muss an dieser Stelle der Bezugswert des Erbrechts benannt werden. „Das Wertsystem des GG geht von der Würde des Menschen und der Entfaltungsfreiheit der Persönlichkeit aus (Art. 1 Abs. 1, 2 Abs. 1 GG). Die wesentlichen Grundlagen dieser Entfaltungsmöglichkeit bilden die Familie, die Arbeitskraft und das Eigentum.

49 Lange, Heinrich / Kuchinke, Kurt, Lehrbuch des Erbrechts, München ^{4}1995, S. 8.
50 Ibid., S. 9.
51 Ibid., S. 27.

Die Wirkung des Eigentums aber ist von seiner Vererblichkeit abhängig."[52] Aus dieser Garantie der Entfaltungsfreiheit folgt somit zum einen die Freiheit des Erblassers, die Testierfreiheit – die Freiheit, von der gesetzlichen Erbfolge abzuweichen und anderen sein Erbe zukommen zu lassen, zum anderen aber auch, dass dem Erbe der Erwerb dessen, was ihm testamentarisch zugedacht wird, auch garantiert wird. Damit das Vermögen vom Erblasser zum Erben übergehen kann, muss zudem selbstverständlich auch das geschützt werden, was den Besitzer wechselt.

Die Bildung von Eigentum, das dann als Vermögen vererbt werden kann, gehört ebenfalls zur Entfaltungsfreiheit der Persönlichkeit; das Eigentum ist somit ein Wert, der dem Menschen zugehört. Das Vermögen ist mit dem Eigentum identisch. Diese Gegebenheiten bedeuten wiederum, dass das Erbrecht zugleich auch ein Recht zur Regelung von Eigentumsverhältnissen ist: „Indem die Gewährleistung des Eigentums auf das gesamte Vermögen ausgedehnt wurde, ist der Herrschaftsbereich von Eigentum und Erbrecht identisch."[53]

Im Vorgang des Erbens wechselt somit Eigentum von einer Person zur anderen. Dieser Vorgang wird vom Grundgesetz als Ausdruck der Entfaltungsfreiheit reguliert. Ebendiese Freiheit zeigt sich also dreifach:

1. als Freiheit des Erblassers
2. als Freiheit zum Eigentum
3. als Freiheit zum Erwerb

Allerdings gilt diese Freiheitsgarantie nicht unbeschränkt. Sie wird eingeschränkt durch die Familie, die nicht zu umgehen ist, weil auch ihre Entfaltungsfreiheit beachtet werden muss. Sie wird mit dem Pflichtteil angemessen berücksichtigt. Ebenso werden die Freiheiten zum Eigentum und zum Erwerb – dass das Eigentum so erworben werden kann, wie es der Erblasser testamentarisch verfügte – durch den Staat begrenzt, nämlich durch die Erbschaftsteuer.

Diese Situation bedeutet nichts anderes, als dass das Grundgesetz das Erbrecht garantiert, aber die Regelung der „Durchführung durch das Erbrecht" eine eigene inhaltliche Ausgestaltung bedingt. Die Erbschaftsteuer lässt sich nicht als Wert oder Ideal des Grundgesetzes verifizieren, sie stützt sich auf den Gesetzesvorbehalt Art. 14 Abs. 1 Satz 2 GG: „Eigentum verpflichtet. Sein Gebrauch soll zugleich dem Wohle der Allgemeinheit dienen."[54]

Jedoch gilt auch in diesem Zusammenhang, dass im Kern das Eigentum nicht angetastet wird: „Veränderte wirtschaftliche Verhältnisse und Notlagen können scharfe Einschränkungen der Eigentums- und Erbrechtsfreiheit rechtfertigen, etwa zu einem Erbschaftsteuerrecht führen, das auch schon bei nahen Angehörigen einen größeren Teil des Erbgutes an den Staat zieht; sie können jedoch die grundlegenden Wertvorstellungen über das Eigentum und das Erbrecht nicht beseitigen, solange das GG gilt."[55]

52 Ibid., S. 23f.
53 Ibid.
54 Ibid., S. 25.
55 Ibid., S. 26.

Insgesamt lässt sich, wenn das Erbrecht nicht isoliert, vielmehr im Zusammenhang mit dem Grundgesetz begriffen wird, Folgendes festhalten: Das Erbrecht ist auch Eigentumsrecht. Es geht über das Eigentumsrecht hinaus, sofern es den Besitzwechsel über den Tod hinaus regelt. Das Erbrecht hat seine Basis im Wertsystem des Grundgesetzes, es lässt sich auf die Entfaltungsfreiheit der Persönlichkeit zurückführen.

Entsprechend lässt sich formulieren: Das Erbrecht beschäftigt sich mit Eigentum und Freiheit, oder auch: Zur Entfaltungsfreiheit der Persönlichkeit gehört die Aneignung von Gütern, die als Privateigentum definiert werden. Wie sich Eigentum und Entfaltungsfreiheit zueinander verhalten oder inwieweit sie sich bedingen, ist hier nicht Gegenstand der Betrachtung.

Heinrich Lange und Kurt Kuchinke leiten ihr „Lehrbuch des Erbrechts" damit ein, dass sie das Idealbild des Erbrechts und seine Schattenseiten zur Sprache bringen: „Durch Weitergabe seines Vermögens wahrt und mehrt der Erblasser sein Ansehen über den Tod hinaus. (…) Erst durch die Möglichkeit der Weitergabe in der Familie werden die Bildung, Erhaltung und Vermehrung des Vermögens gefördert und tiefer gerechtfertigt, kann die Sorge für nahe Angehörige über den Tod hinaus wirken und den Lebensweg der Hinterbliebenen erleichtern."

Demgegenüber seien als Schattenseiten hervorzuheben: „Der Erblasser gönnt seinen Angehörigen, die ihre Bedürfnisse mit dem erhofften Anteil nachhaltiger befriedigen könnten, das Erbgut nicht. Erben werden enttäuscht. Durch Bevorzugung einzelner bricht der Familienzusammenhalt auseinander oder der Erblasser weckt aus eigennützigen Motiven Erberwartungen, die er nicht erfüllt, nützt seine Macht aus, unterlässt es, vorsorgende Regelungen zu treffen. Diese Umstände führen nicht selten zu erbitternden Rechtsstreitigkeiten, trüben das Gedenken an den Erblasser und sind geeignet, lebenslange Feindschaften zu begründen."[56] Statt Erfüllung des Lebens also Leere in den Gesichtern der Erben, statt Dankbarkeit Neid, statt erhoffter Zuwendung unverhoffter Ausschluss. Der Erblasser spart und vermehrt das Vermögen, den Erben ist es zu wenig.

Jedoch Erwartung und Enttäuschung liegen auf Seiten der Empfänger. Festzuhalten ist, dass das Erbe materielle Erscheinung der Würde des Menschen und der Entfaltungsfreiheit der Persönlichkeit ist. Bei jedem Erbvorgang verwirklicht sich das Wertsystem des Grundgesetzes. Für den Erblasser kann das Erbe zudem auch eine Bilanz seiner Lebensgestaltung sein, die ihm das Grundgesetz garantiert und die im Testament ihren materiellen Ausdruck findet.

Das Erbrecht regelt nur das, was materiell fassbar ist, alles andere ist keine Angelegenheit des Rechts, vielmehr der Menschen, die mehr sind als nur natürliche Personen.

Das letzte Hemd hat keine Taschen, sagt der Volksmund, der Tod ist die absolute Grenze des materiellen Eigentums, dies ist die eine Seite. Es gilt aber auch: Der Mensch ist keine Sache, er setzt dem Tod seine Würde und Freiheit entgegen.

56 Ibid., S. 1.

3 Die Schenkung

3.1 Das Schenkungsrecht

Gemeinhin werden Schenkung und Erbschaft in einem Zusammenhang gesehen. Die Schenkung scheint eine Alternative zum Vererben zu sein, obwohl im Bürgerlichen Gesetzbuch Erben und Schenken nicht aufeinander folgen. Das Erbrecht markiert den Schlussstein des Gesetzbuchs, ihm geht das Familienrecht voraus.

Diese Rangordnung ist auch konsequent, denn das Erbe ist eine familiäre Errungenschaft, die auch nach der Regelung der Universalsukzession innerhalb der Familie verbleibt.

Das Schenkungsrecht gehört in das zweite Buch des Gesetzbuchs, das Recht der „Schuldenverhältnisse" (§§ 241 – 853), also das Verhältnis von Schuldner und Gläubiger. Innerhalb des Bereichs der „Schuldenverhältnisse" rangiert die „Schenkung" (§§ 516 – 534) zwischen dem „Tausch" (§§ 433 – 515) und der „Miete, Pacht" (§§ 535 – 597). Die Schenkung ist zunächst eine Tauschhandlung, also ein gegenseitiger Vertrag zum „Austausch von Sachen, Vermögenswerten oder Rechten"[57]. Sie ist jedoch kein Mietvertrag, denn der Mietvertrag „ist ein entgeltlicher Gebrauchsüberlassungsvertrag"[58].

Nach § 516 ist Schenkung „eine Zuwendung, durch die jemand aus seinem Vermögen einen anderen bereichert, wenn beide Teile darüber einig sind, dass die Zuwendung unentgeltlich erfolgt"[59].

Die Schenkung kann auch mit einer Auflage verknüpft sein: „§ 525 Wer eine Schenkung unter einer Auflage macht, kann die Vollziehung der Auflage verlangen, wenn er seinerseits geleistet hat." Wird die Auflage nicht vollzogen, so hat der Schenker das Recht, die „Herausgabe des Geschenks zu fordern (§ 527)"[60].

Es ist auch möglich, die Schenkung rückgängig zu machen, wenn nach § 528 der Schenker „außerstande ist, seinen angemessenen Unterhalt zu bestreiten und die ihm seinen Verwandten, seinem Ehegatten oder seinem früheren Ehegatten gegenüber gesetzlich obliegende Unterhaltspflicht zu erfüllen"[61].

Der Rückforderungsanspruch ist allerdings ausgeschlossen, „wenn der Schenker seine Bedürftigkeit vorsätzlich oder durch grobe Fahrlässigkeit herbeigeführt hat oder wenn zur Zeit des Eintritts seiner Bedürftigkeit seit der Leistung des geschenkten Gegenstandes zehn Jahre verstrichen sind". Wie der Schenker, so hat auch der Beschenkte das Recht des Ausschlusses des Rückforderungsanspruchs, wenn „der Beschenkte (…) außerstande ist, das Geschenk herauszugeben, ohne dass sein stan-

57 Jauernig, Othmar (Hg.), Bürgerliches Gesetzbuch, München [5]1990, S. 539.
58 Ibid., S. 553.
59 Ibid., S. 539.
60 Ibid., S. 547f.
61 Ibid., S. 549f.

desmäßiger Unterhalt oder die Erfüllung der ihm kraft Gesetzes obliegenden Unterhaltspflichten gefährdet wird (§ 529)“[62].

Ebenso kann die Schenkung widerrufen und der Widerruf ausgeschlossen werden, analog zum Rückforderungsrecht: „§ 530 Eine Schenkung kann widerrufen werden, wenn sich der Beschenkte durch eine schwere Verfehlung gegen den Schenker oder einen nahen Angehörigen des Schenkers groben Undanks schuldig macht.“[63]

Der Widerruf ist ausgeschlossen, wenn „der Schenker dem Beschenkten verziehen hat oder wenn seit dem Zeitpunkt, in welchem der Widerrufsberechtigte von dem Eintritte der Voraussetzungen seines Rechtes Kenntnis erlangt hat, ein Jahr verstrichen ist. Nach dem Tode des Beschenkten ist der Widerruf nicht mehr zulässig (§ 532)“[64].

Die Schenkung ist somit auch ein Weitergeben von Eigentum von einem zum anderen, von einem Geber zu einem Empfänger, vom Schenker zum Beschenkten. Die Schenkung ist weder eine Hinterlassenschaft noch eine Erbschaft, denn die Zuwendung geschieht zu Lebzeiten von Schenker und Empfänger.

Beim Schenkungsrecht ist gegenüber dem Erbrecht hinsichtlich der Folgen wie Rückforderung, Auflage, Annullierung eine weniger differenzierte Ausgestaltung notwendig, weil der Schenker als natürliche Person, im Gegensatz zum Erblasser, weiterhin rechtsfähig ist und bleibt. Es bleibt ihm vorbehalten, auch nach dem Schenkungsakt die Schenkung mit rechtlichen Mitteln zu erweitern oder gegen sie anzugehen.

Von dem Gegenstand, der von einem, vom Schenker, zu einem anderen, dem Beschenkten, übergeht, hängt es ab, ob die beiden tatsächlich Schenker und Beschenkte sind. Eine Schenkung liegt dann vor, wenn drei Tatbestände erfüllt sind:

1. es ist eine Zuwendung aus dem Vermögen des Schenkers,
2. es muss eine Bereicherung erfolgen zugunsten des Beschenkten,
3. es muss unentgeltlich sein.

Der Schenker besitzt also Eigentum und gibt einen Teil davon ab, ohne dass er dafür etwas erhält. Es liegt somit insoweit eine Bereicherung vor, als der Schenker etwas abgibt oder verliert und der Beschenkte etwas hinzubekommt oder zugewinnt, ohne dass er davon etwas an den Beschenkten zurückgeben muss. Es handelt sich um ein irreversibles Abfließen von Vermögen zugunsten des Beschenkten.

Das bedeutet weiter: Insgesamt ist der Schenkungsvertrag seinem Zweck nach auf eine unentgeltliche Vermögensverschiebung gerichtet. Nach der Vorstellung des Gesetzgebers soll es sich nicht um immaterielle Zuwendungen handeln, sondern um eine tatsächliche Umverteilung materieller Vermögensgüter, so dass Dienstleistungen als solche von vornherein ausscheiden.

Die Schenkung hat jedoch Grenzen. Die Bereicherung des Beschenkten darf nicht so weit gehen, dass der Schenker verarmt, gleichsam zum Opfer seiner eigenen Aktion wird: „Darüber hinaus tragen die §§ 519, 520 und 528 der Gefahr Rechnung, dass

62 Ibid., S. 550.
63 Ibid., S. 530.
64 Ibid., S. 551.

einseitige Vermögensopfer die materielle Lebensgrundlage des Freigiebigen ernsthaft beeinträchtigen können mit der Folge, dass sein Auskommen unter Umständen nicht mehr gewährleistet und er möglicherweise sogar auf die Unterstützung durch Angehörige oder die Allgemeinheit angewiesen wäre.“ [65]

Die Schenkung hat zwei wesentliche Merkmale: einerseits das der „Vermögensminderung“ des Schenkers und andererseits eine „Bereicherung“[66] dergestalt, dass die Zuwendung im Vermögen des Beschenkten verbleibt.

Die Schenkung ist somit eine einfache Weitergabe zwischen Schenker und Beschenktem zu Lebzeiten. Gegenüber dem Erbrecht ist ein höherer Grad an Gestaltungsmöglichkeit gegeben. Die Schenkung ist zwar irreversibel, aber nicht unwiderruflich wie beim Eintritt des Todes des Erblassers; bei eventuellen Gestaltungsfehlern kann der Erblasser noch immer qua Testament seine Entscheidungen korrigieren.

Der Erblasser hält die Gesetze des Handelns in seiner Hand. Der Beschenkte auf der anderen Seite bekommt schon einmal eine erste Zuwendung, um seine Entfaltungsfreiheit zu erhöhen; er braucht nicht auf den Tod des Erblassers zu warten, zumal die Menschen immer älter werden. Das heißt, wenn dann der Zeitpunkt der Erbschaft eintritt, ist mittlerweile der Erbe selbst mehr oder weniger gut bestallt. In dieser Hinsicht trägt die Erbschaft eher den Charakters eines Zubrots oder von Luxus als den einer Starthilfe für die zukünftige Lebensgestaltung, wie es wiederum bei der Schenkung der Fall sein kann. So verwandelt sich die Schenkung in eine Erbschaft zum richtigen Zeitpunkt für beide Betroffenen, kann sich doch der Schenker den Zeitrahmen aussuchen, auf der Höhe seines Bewusstseins und seiner Erkenntnisfähigkeit; mit der Schenkung ist es ihm möglich, bereits früh seine Erbschaft zu gestalten, und er kann beobachten, was aus seiner Zuwendung wird.

Vor allem wenn der Erblasser nicht der gesetzlichen Vorgabe der Universalsukzession folgt, bietet die Schenkung den Vorteil, dass sich die Frage des Pflichtteils nicht stellt. Ohne Abstriche geht die Bereicherung an den Beschenkten über. Damit ist der Anspruch auf den Pflichtteil allerdings nicht ausgehebelt, weil der Schenker eine Vermögensminderung in Kauf nimmt; denn das Vermögen darf nicht so vermindert werden, dass er selbst zum Schenkungsopfer wird. Der Pflichtteil bleibt von daher im verminderten Vermögen, das sich weiterhin erhöhen kann, erhalten.

Die Probleme der Schenkung sind wohl eher auf der psychologischen Ebene anzusiedeln: Beim Erblasser schränkt die Vermögensverminderung seine Möglichkeiten ein, und will er nicht von seinem Vermögen ablassen, bedarf es eventuell großen Durchsetzungsvermögens, um ihn schon zu Lebzeiten zur Schenkung zu bewegen. Auseinandersetzungen mit Familie und Verwandtschaft sind hier im Keim angelegt.

Auch der Beschenkte muss mit der Zuwendung fertig werden. Die erwartete Dankbarkeit kann sich zu einer Belastung entwickeln, zunächst gegenüber dem Schenker, dann gegenüber der Verwandtschaft, die über den Tod des Schenkers hinaus nun

65 Pruskowski, Wolfgang, Das Merkmal der Zuwendung im Tatbestand der Schenkung, Diss. Köln 1987, S. 88f.

66 Ibid., S. 200.

dessen Rolle übernimmt und ihm kritisch gegenübersteht. Ist die Zuwendung Grundlage von größerem Reichtum oder Wohlleben, wird der Beschenkte Neid auf sich ziehen, wird sie verschwendet, erntet er Vorwürfe. Die Schenkung schließt also keineswegs aus, dass die Schattenseiten des Erbrechts schon zu Lebzeiten die Welt des Schenkers verdunkeln.

3.2 Das Erbschaftsteuerrecht und die Schenkungsteuer

Das Erbe unterliegt der Besteuerung; das Vermögen wechselt nicht ohne steuerlichen Abzug den Besitzer. Die Erbrechtsgarantie gewährleistet jedoch den Bestand des Vermögens. Das Ziel der Verfassung besteht darin, das Privateigentum als Grundlage der eigenverantwortlichen Lebensgestaltung zu erhalten.

Die Erfüllung dieser Forderung ist durch das Gleichheitsgebot gewährleistet: „Das Gleichheitsgebot (Art 3 Abs. 1 GG) fordert eine gleichmäßige Belastung der Steuerpflichtigen, soweit nicht aus Gründen des Gemeinwohls im Hinblick auf sozialpolitische Ziele eine Minderung der Belastung in Betracht kommt." Die Erbschaftsteuer ist eine „Erbanfallsteuer (§ 10 Abs. 1 ErbStG)", das heißt, der Staat ist kein Miterbe, aber er partizipiert am Vermögen.

Der Staat hält sich von der Abwicklung des Nachlasses fern. Vielmehr macht er „als außenstehender Geldgläubiger seine Steuerforderungen geltend". Weil die Erbschaftsteuer keine Steuer ist, die vom Ertrag oder vom Erwerb ausgeht, sondern von der Substanz, kann sie „bei hohen Steuersätzen und schwer verwertbarem Nachlass zu dessen Verschleuderung führen" [67].

Letzteres gilt auch für Schenkungen, die als vorweggenommene Erbfolge betrachtet werden. Schenkungen werden der Erbschaft gleichgestellt. Diese Tatsache geht allerdings nicht auf das Bürgerliche Gesetzbuch zurück, sondern ergibt sich aus dem Erbschaftsteuerrecht; das entsprechende Gesetz trägt die Bezeichnung „Erbschaftsteuer- und Schenkungsteuergesetz"[68].

Das Schenkungsrecht dient auch der Regelung von Erbschaften, so im § 7 des Erbschaftsteuerrechts. Folgende Punkte sind im Begriff der Schenkung zugunsten des Erbfalls erweitert: Nach § 7 ErbStG gelten als Schenkungen unter Lebenden, neben den Abs. 1 – 4, die sich auf das Bürgerliche Gesetzbuch beziehen:

„Abs. 5 was als Abfindung für einen Erbverzicht gewährt wird;
Abs. 6 was durch vorzeitigen Erbausgleich erworben wird;
Abs. 7 was ein Vorerbe dem Nacherben mit Rücksicht auf die angeordnete Nacherbschaft vor ihrem Eintritt herausgibt."[69]

---

67 Lange, Heinrich / Kuchinke, Kurt, Lehrbuch des Erbrechts, München ^{4}1995, S. 1237.
68 Bolz, Norbert, Erbrecht und Erbschaftsteuerrecht, Stuttgart / München / Hannover 1999, S. 91.
69 Ibid.

Insgesamt sind steuerpflichtig im Rahmen der Erbschaftsteuer „der Erwerb von Todes wegen, die Schenkung unter Lebenden und die Zweckzuwendungen, das Vermögen einer Stiftung, sofern diese wesentlich im Interesse einer Familie oder bestimmter Familien errichtet ist, und das Vermögen eines Vereins, dessen Zweck wesentlich im Interesse einer Familie oder bestimmter Familien auf die Bindung von Vermögen gerichtet ist, in Zeitabständen von 30 Jahren."[70]

Durch die Erbschaftsteuer partizipiert der Erbe an der Substanz des Vermögens. Hier stellt sich jedoch die Frage nach dem Bedeutungsinhalt des Begriffs „Vermögen", ist doch der Staat wohl kaum an beweglichen Gegenständen und Andenken, die gemeinhin doch auch zur Substanz gehören, interessiert. Das Erbe wird durch ein Inventarverzeichnis festgestellt; damit ist das Eigentum des Erblassers erfasst. Vererbt jedoch wird Vermögen; dieses wechselt den Besitzer, es geht als Eigentum in den Besitz des Erben über. Der Begriff des Vermögens bleibt unbestimmt: „Das Bürgerliche Gesetzbuch verwendet den Begriff des Vermögens zwar verschiedentlich, zum Beispiel in §§ 253, 311, 419, 1085, 1365, 1413, 1577, 1822, 1922, definiert ihn jedoch nicht. Es erscheint auch zweifelhaft, ob ein auf alle Tatbestände gleichermaßen anwendbarer Vermögensbegriff denkbar ist, jedenfalls wäre er ohne konkreten Aussagewert."[71]

Deshalb kommt Wolfgang Pruskowski zu folgender Definition: „Somit ist auch vom Regelungszusammenhang des Gesetzes her das Vermögen als die Gesamtheit der materiellen, d.h. der in Geld bewertbaren Güter einer Person zu bezeichnen."[72]

Das Vermögen lässt dich demzufolge als die Gesamtheit dessen bezeichnen, was sich schätzen lässt, also das, was sich in der Äquivalentform des Geldes ausdrückt.

Nicht alles, was Eigentum ist, ist auch Vermögen. Vermögen ist jedoch alles, was sich mit Hilfe der Geldform bewerten lässt. Damit verliert das Eigentum als Vermögen seinen individuellen Charakter; Vermögen ist formalisiertes Eigentum. Die Form des Vermögens verwirklicht sich im Ausdruck des Wertes, und somit ist das, was sich nicht als Wert ausdrückt, kein Vermögen. Der Wert ist in reine Form transformiertes Eigentum. Letztlich ist die Vermögensform eine Wertform, die sich in Geld ausdrückt. Deshalb kann der Staat seine Steuer in Form von Geld erheben.

Die entstandene Steuerpflicht wird jedoch nicht von der Substanz des Vermögens abgezogen, sondern gegenüber dem Erwerber oder Beschenkten geltend gemacht. Der Staat hält sich an den neuen Besitzer oder Eigentümer, genauer: „Die Erbschaftsteuer wird von der Bereicherung des Erwerbers erhoben, soweit diese nicht steuerfrei ist (§ 10 Abs. 1 ErbStG)."[73]

Da beim Erwerber eine Vermögensbereicherung vorliegt, spielt es keine Rolle, in welchen wirtschaftlichen Verhältnissen er lebt. Die Besteuerung hängt vom Vermögen ab und hält sich als Substanzsteuer ans Vermögen. Allerdings kann die Steuerlast bei entsprechenden Verhältnissen zinslos gestundet werden (§ 25 Abs. 1 ErbStG).

70 Lange, Heinrich / Kuchinke, Kurt, Lehrbuch des Erbrechts, München [4]1995, S. 1238.
71 Pruskowski, Wolfgang, Das Merkmal der Zuwendung im Tatbestand der Schenkung, Diss. Köln 1987, S. 70.
72 Ibid., S. 72.
73 Lange, Heinrich / Kuchinke, Kurt, Lehrbuch des Erbrechts, München [4]1995, S. 1262.

Beim Vermögen fallen grundsätzlich Steuern an. Der Staat hält sich an den Erwerber, damit der Wert des Vermögens in hohem Maße erhalten bleibt. Selbstverständlich ist von Staats wegen garantiert, dass der Erwerber Möglichkeiten der Steuerminderung nutzen kann.

Zu einer Steuerminderung führen zunächst die Nachlassverbindlichkeiten; diese reduzieren den Vermögenswert. Zu ihnen gehören „Erbfalllasser- und Erbfallschulden, also auch Vermächtnisse, Auflagen, geltend gemachte Pflichtteilsansprüche, Erbersatzansprüche, ferner Steuern und Lastenausgleichsabgaben“, Kosten für Bestattung, Grabdenkmal, Grabpflege „sowie Kosten, die dem Erwerber unmittelbar mit der Abwicklung, Regelung oder Verteilung des Nachlasses oder sonst mit der Erlangung des Erwerbs entstehen“. Die Höhe der Erbschaftsteuer richtet sich „nach dem Verhältnis des Erwerbers zum Erblasser“[74]. Je näher der Erwerber im Verwandtschaftsgrad zum Erblasser steht, umso geringer ist die Höhe der Steuer; diese wiederum wird nach Steuerklassen eingeteilt. Hier liegt eine zweite Art der Steuerminderung vor.

Ebenso wirken Steuervergünstigungen steuermindernd. Steuervergünstigungen werden in Form von Freibeträgen gewährt; ist ein Freibetrag gegeben, so muss nur der Teil des Erwerbs versteuert werden, der diesen Freibetrag übersteigt. Dieser zu versteuernde Überhangbetrag wird nach den erwähnten Steuerklassen bewertet, die vom Verwandtschaftsverhältnis abhängig sind.

Hinzu kommen noch Versorgungsfreibeträge, so zum Beispiel für den überlebenden Ehegatten oder für die Kinder des Erblassers.[75]

Schließlich gibt es Steuerbefreiungen für besondere Gegenstände und Erwerbsarten wie Hausrat, Bücher, Kleidungsstücke, Münzen, aber auch Zuwendungen unter Lebenden zum Zwecke des angemessenen Unterhalts oder Zuwendungen an inländische Religionsgemeinschaften und wohltätige Vereine. Diese Regelungen sollen nicht weiter ausgeführt werden, weil sie, von der Gesamtbetrachtung her, von geringerem Gewicht sind. Die Möglichkeit der Steuerminderung ist jedoch auch ein Thema des Stiftungsrechts, insbesondere die steuermindernden Vergünstigungen, Befreiungen, die das öffentliche Interesse, die Wohlfahrt, den Gemeinnutz und die Mildtätigkeit betreffen.

Die Frage, was zum gegenwärtigen Zeitpunkt an Erbschaftsteuer abgeführt werden muss, soll genauer betrachtet werden, weil das Bewertungsgesetz geändert wurde und daraus resultierend zu untersuchen sein wird, ob die Zunahme der Stiftungsgründungen mit der neuen Situation zusammenhängt.

---

74 Ibid., S. 1251ff.

75 Ibid., S. 1256f.

Das gültige Steuerrecht ist also neu ausgestaltet worden,[76] indem es gegenüber früher jetzt drei Steuerklassen anstatt vier gibt:

Steuerklasse I:
1. der Ehegatte
2. die Kinder und Stiefkinder
3. die Abkömmlinge der in Nummer 2 genannten Kinder und Stiefkinder
4. die Eltern und Voreltern bei Erwerben von Todes wegen

Steuerklasse II:
1. die Eltern und Voreltern, soweit sie nicht zur Steuerklasse I gehören
2. die Geschwister
3. die Abkömmlinge ersten Grades von Geschwistern
4. die Stiefeltern
5. die Schwiegerkinder
6. die Schwiegereltern
7. der geschiedene Ehegatte

Steuerklasse III:
alle übrigen Erwerber und Zweckzuwendungen

Für diese Klassen gibt es Freibeträge:
1. des Ehegatten in Höhe von 307.000 Euro
2. der Kinder im Sinne der Steuerklasse I Nr. 2 und der Kinder verstorbener Kinder im Sinne der Steuerklasse I Nr. 2 in Höhe von 205.000 Euro
3. der übrigen Personen der Steuerklasse I in Höhe von 51.200 Euro
4. der Personen der Steuerklasse II in Höhe von 10.300 Euro
5. der Personen der Steuerklasse III in Höhe von 5.200 Euro

---

76 Vgl. Handzik, Peter, Erbschaft- und Schenkungsteuer, Bielefeld [5]2002, S. 179ff. – Die Anzahl der wissenschaftlichen Werke über Erbschaft- und Schenkungsteuer übertrifft bei weitem diejenigen, die sich um Erbfall und Schenkung im Zivilrecht kümmern. Anscheinend sind die Möglichkeiten des Kommentars und der Analyse sehr eingeschränkt. Die Autoren des Steuerrechts haben allerdings den Vorteil, auf unzählige Fallbeispiele und Varianten in praktischer Absicht zurückgreifen zu können. Als grundlegende Werke seien genannt: Hollender, Reiner / Kussmann, Manfred, Erbfall und Schenkung im Zivil- und Steuerrecht, Köln 1999; Bolz, Norbert, Erbrecht und Erbschaftsteuerrecht, Stuttgart / München / Hannover 1999, Landsittel, Ralph, Gestaltungsmöglichkeiten von Erbfällen und Schenkungen, Freiburg / Berlin 2000; Horschitz, Harald / Groß, Walter / Schnur, Peter, Bewertungsrecht, Grundsteuer, Erbschaft- und Schenkungsteuer, Stuttgart 1999; Wachenhausen, Manfred, Das neue Erbschaft- und Schenkungsteuerrecht, Bonn 1997; Diedenhofen, Hans / Troll, Max, Das ABC der Erbschaft- und Schenkungsteuer, Stuttgart 1987; Pohlmann, Hans-Richard, Erbschaft- und Schenkungsteuer, Bonn 1984; Degen, Herbert, Fallkommentar zum Erbschaft- und Schenkungsteuerrecht, Herne / Berlin 1983; Crezelius, Georg, Erbschaft- und Schenkungsteuer in zivilrechtlicher Sicht, Herne / Berlin 1979.

Die Versorgungsfreibeträge betreffen den überlebenden Ehegatten in Höhe von 256.000 Euro und die Kinder. Für Letztere reichen sie gestaffelt von 52.000 Euro bis zu 5 Jahren bis hin zu 10.300 Euro bis zum vollendeten 27. Lebensjahr.

Die Erbschaftsteuer wird nach Vomhundertsätzen erhoben:

	I	**II**	**III**
52.000	7	12	17
256.000	11	17	23
512.000	15	22	29
5.113.000	19	27	35
12.783.000	23	32	41
25.565.000	27	37	47
Über 25.565.000	30	40	50

Darst. 1: Vomhundertsatz der Erbschaftsteuer nach Steuerklassen
(Quelle: Handzik, Peter: Erbschaft- und Schenkungsteuer, Bielefeld ^{5}2002, S. 179ff.)

Die Steuerbefreiungen bleiben erhalten; die Befreiungen werden nur beschränkt, so beispielsweise der Hausrat bei Personen der Steuerklasse I bis 41.000 Euro.

Insgesamt gilt somit: Das Vermögen ist nicht steuerfrei. Der Vermögenswert als Bilanz der vom Grundgesetz garantierten Würde des Menschen und Entfaltungsfreiheit der Persönlichkeit in Bezug auf den Erwerb, der sich als Eigentum realisiert und als Vermögen den Besitzer wechselt – das sich wiederum als Vermögenswert in der Äquivalentform des Geldes ausdrückt –, unterliegt einer Substanzsteuer, der Erbanfallsteuer.

Die Besteuerung hat Grenzen, sie darf die „hälftige Teilung“ nicht überschreiten: „Der Spitzensteuersatz beträgt nunmehr 50 Prozent und ist damit m.E. verfassungsgemäß, wenn auch unklar ist, was das BVerfG (Bundesverfassungsgericht) mit dem Grundsatz der ‚hälftigen Teilung’ gemeint hat.“ Bei Familienangehörigen sollen „lediglich solche (maßvollen) Steuersätze anfallen, dass den Steuerpflichtigen zumindest der deutlich überwiegende Teil (bei kleineren Vermögen: alles) verbleibt“[77]. Die Höhe der Besteuerungssumme des Vermögenswerts kann durch Freibeträge, durch Versorgungsfreibeträge, Kosten und Zuwendungen vermindert werden.

Aber es gibt eine Möglichkeit, die zum Erlöschen der Steuer in besonderen Fällen führt. Im § 29 Abs. 4 des Erbschaftsteuer- und Schenkungsgesetzes vom 27. 2. 1997, geändert am 20. 12. 2001, heißt es: „Die Steuer erlischt mit Wirkung für die Vergangenheit, soweit Vermögensgegenstände, die von Todes wegen (§ 3) oder durch Schenkung unter Lebenden (§ 7) erworben worden sind, innerhalb von 24 Monaten nach dem Zeitpunkt der Entstehung der Steuer (§ 9) dem Bund, einem Land, einer inländischen Gemeinde (Gemeindeverband) oder einer inländischen Stiftung zugewendet werden, die nach der Satzung, dem Stiftungsgeschäft oder der sonstigen Verfassung

77 Handzik, Peter, Erbschaft- und Schenkungsteuer, Bielefeld ^{5}2002, S. 168.

und nach ihrer tatsächlichen Geschäftsführung ausschließlich und unmittelbar als gemeinnützig anzuerkennenden steuerbegünstigten Zwecken im Sinne der §§ 52 bis 54 der Abgabenordnung mit Ausnahme der Zwecke, die nach § 52 Abs. 2 Nr. 4 der Abgabenordnung gemeinnützig sind, dient.“[78] Dieser Paragraph ist für die Stiftungsproblematik wichtig.

Nun wird es zu einer Angelegenheit des Beschenkten oder Erben, wie nach Möglichkeit die größtmögliche Summe des Vermögens in seinem Eigentum verbleibt. Das Verhältnis von Erblasser und Erbe, von Schenker und Beschenktem verändert sich zu einem Verhältnis von Staat oder Fiskus zum Erben. Der Staat, der den natürlichen Personen die Entfaltungsfreiheit garantiert, den Vorgang der Übergabe des Vermögens abwickelt, möchte seinen Anteil; der Erbe dagegen und wahrscheinlich der Erblasser mit ihm möchte das, was als Vermögen erworben wurde, möglichst ohne Minderung erhalten. Der Staat geht nicht rigoros vor, es gibt Spielräume. Dafür stehen nun dem Erben Anwälte für Erbschaft und Erbschaftsteuer, Steuerberater und spezielle Ratgeberliteratur zur Verfügung, um die Erbschaft zu optimieren. So besteht eine Überlegung darin, die Steuerklasse durch Heirat oder Adoption zu wechseln oder zumindest die Freibeträge voll auszuschöpfen. Da die Erbschaftsteuer eine Substanzsteuer ist, also aus der Bewertung des Vermögens, nicht aber aus der des Ertrags entsteht, muss die Erbschaft durchaus nicht immer zum Vorteil des Erben gereichen.[79]

Die Schattenseiten des Erbens liegen somit nicht nur im Verhältnis von Erblasser und Erben oder im Streit der Erben untereinander, sondern auch im Verhältnis von Staat und Erben. Jedoch ist es durchaus möglich, dass sich der Staat zurücknimmt.

3.3 Erben und Schenken als gesellschaftlicher Vorgang

Beim Vererben und Schenken handelt es sich nicht nur um einen theoretischen Tatbestand. Täglich wandern Vermögenswerte mit hoher und niedriger Besteuerung, hohen und niedrigen Freibeträgen vom Erblasser zum Erben, vom Schenker zum Beschenkten. Dabei ist unabhängig von der Höhe des Vermögenswerts und jenseits der Fragen nach Gerechtigkeit wie auch Entfaltungsfreiheit zu prüfen. Ralph Landsittel nennt sieben relevante Zielvorgaben für eine Gestaltung der Vermögensübergabe. Diese lassen sich wie folgt zusammenfassen:

78 Ibid., S. 195.

79 Es genügt, nur einen extremen Fall zu konstruieren – konstruieren heißt hier, dass von allen lebensweltlichen Umständen abgesehen wird: Ein Erbe oder Beschenkter, der zur Steuerklasse III gehört, erbt ein Aktienpaket in nicht unbeträchtlicher Höhe und nimmt das Erbe an. Der Stichtag der börsennotierten Aktien ist der Todestag; dieser Kurswert ist für die Bewertung entscheidend. Trotz Freibeträge kann bei einem späteren drastischen Verfall des Kurses für den Erben die Situation eintreten, dass ihm vom Erbe nichts bleibt, sondern es ihm nur Kosten verursacht, nämlich die Erbschaftsteuer. – Ibid., S. 92.

1. Die Sicherung des Erblasserwillens
   a) Welche Situation soll sich nach dem Tod des Erblassers einstellen?
   b) Was ist der Wille des Mandanten?
   c) Regelmäßige Überprüfung der Lebensumstände des Erblassers

2. Die Absicherung der Angehörigen
   a) Einsetzung des Ehepartners als Alleinerbe bei minderjährigen Kindern
   b) Einsetzung der volljährigen Kinder als Erben
   c) Absicherung des Ehepartners in anderer Weise

3. Minimierung des Pflichtteilsrisikos
   a) Bewertung der Pflichtteilsrechte
   b) Mögliche Schenkungen unter Anrechnung auf den Pflichtteil
   c) Pflichtteilsverzicht zur Vermeidung von Erbschaftsteuerbelastungen
   d) Sicherung ausreichender Liquidität

4. Sicherung des Vermögens
   a) Vorsorgemaßnahmen im Hinblick auf Pflichtteilsansprüche
   b) Sicherung des Vermögens bei einem Unternehmen
   c) Sicherung des Vermögens bei Beteiligungen an Personen- und/oder Kapitalgesellschaften
   d) Mögliche Umwandlungen, um eine günstigere Bewertung für Vermögensnachfolge zu schaffen

5. Vermeidung von Streitigkeiten unter den Erben
   a) Einbeziehung der Erben in die Gestaltung der letztwilligen Verfügung
   b) Formulierung in die Fachsprache des Erbrechts
   c) Benennung des Testamentsvollstreckers

6. Vermeidung von dauerhaften Erbengemeinschaften ohne besondere Anordnungen
   a) Vermeidung von Erbengemeinschaften
   b) Beschränkung der Auseinandersetzung
   c) Bewahrung der Handlungsfähigkeit der Erbengemeinschaft

7. Sicherung des Schenkers und seines Ehepartners
   a) Schenkungen an Kinder im Zehnjahresrhythmus
   b) Irreversibilität der Schenkungen
   c) Vermeidung wirtschaftlicher Gefährdung.[80]

---

80 Vgl. Landsittel, Ralph, Gestaltungsmöglichkeiten von Erbfällen und Schenkungen, Freiburg / Berlin 2000, S. 32ff.

3.4 Die gegenwärtige Erbschaftswelle in Deutschland

Experten sehen Deutschland im ersten Stadium einer Erbschaftswelle. In ihrem Verlauf werden in den nächsten Jahren ca. „15,1 Millionen Haushalte mehr als zwei Billionen Euro" erben. „Die 37,5 Millionen Haushalte, die es derzeit in Deutschland gibt, haben Vermögen angesammelt, deren Gesamtwert nach Abzug aller Verbindlichkeiten gegenwärtig mit etwa 7,7 Billionen Euro beziffert werden kann". Hinzu kommen Ansprüche gegen gesetzliche Sicherungssysteme, wie Renten- und Pensionsansprüche, deren Wert sich nochmals auf schätzungsweise fünf Billionen Euro beläuft.[81]

Diese Erbschaftswelle dauert von 2001 bis 2010: „Bis 2010 erhalten die Haushalte 71 Prozent der Erbmasse – Vermögen im Wert von reichlich 1,4 Billionen Euro. Das übrige Vermögen der Erblasserhaushalte im Wert von 0,6 Billionen Euro erhalten sie später, wenn der überlebende Partner des ersten Erblassers verstirbt."[82] Diese und die kommenden 15 bis 20 Jahre „dürften einen Höhepunkt bei den Erbgängen darstellen"; danach, etwa ab 2020, wird mit schrumpfenden Erbschaftsvolumina gerechnet.[83] So weit die Prognosen.

Dieser gewaltige Vermögenstransfer weckt natürlich Begehrlichkeiten von Seiten dessen, der daran partizipiert, des Staats. Je geringer die Steuereinnahmen ausfallen, umso mehr erscheint es ihm angebracht, im Sinne der sozialen staatlichen Verantwortung und Fürsorge Überlegungen anzustellen, um sich einen höheren Anteil zu sichern.

Hinzu kommt, dass der Staat unter Zeitdruck steht; wenn er jetzt nicht handelt – später lohnt es sich nicht mehr in demselben Maße wie derzeit, weil die Erbschaftswelle abebbt –, werden substanzielle Vermögenswerte vor seinen Augen den Besitzer wechseln, ohne dass er in größerem Maße als sonst davon profitiert.

Mitarbeiter des „Instituts für Altersvorsorge" – Reiner Braun, Ulrich Pfeiffer, Meinhard Miegel, Florian Burger und Karsten Schulte – haben eine Studie zur Erbschaftsstruktur und zum Erbwechsel vorgelegt; in ihre Analyse bezogen sie auch Befragungen über Erwartungen von Erblasser und Erben ein. Den Bezugspunkt dieser Erhebungen stellt allerdings die Altersvorsorge dar. Die folgende Darstellung stützt sich auf diese neuesten Analysen und empirischen Daten der Repräsentativumfrage, klammert jedoch weitgehend den Bereich der Altersvorsorge und Rente aus. Auf diese Weise soll der Frage nachgegangen werden, ob sich in der Untersuchung Ansatzpunkte für die Motive von Stiftungsgründungen finden lassen.

Zunächst müssen die objektiven Daten betrachtet werden: Wer erbt? Wie hoch sind die Vermögen? Wie sieht die Verteilung der Erbschaften in Bezug auf die Einkommensklassen aus?

---

81 Braun, Reiner / Burger, Florian / Miegel, Meinhard / Pfeiffer, Ulrich / Schulte, Karsten, Erben in Deutschland, Köln 2002, S. 3.

82 Ibid.

83 Ibid., S. 4.

Von grundlegender Bedeutung ist die Zahl von Erben und Erbschaften in der gegenwärtigen Erbschaftswelle (2001 bis 2010):

Zahl der Erben-haushalte in Mio.	Anteil der Erben-haushalte in Prozent	Wert der Erbschaften in Euro
0,9	6	0
3,3	22	1-13.000
4,3	29	13.001-80.000
3,1	20	80.001-160.000
1,9	13	160.001-266.000
1,6	10	266.001 und mehr
Summe: 15,1	Summe: 100	

Darst. 2: Erben und Erbschaften von Haushalten mit Todesfällen in den Jahren 2001 bis 2010
(Quelle: Braun, Reiner / Burger, Florian / Miegel, Meinhard / Pfeiffer, Ulrich / Schulte, Karsten: Erben in Deutschland, Köln 2002, S. 5)

Knapp eine Million Haushalte (6 Prozent) erben praktisch nichts, 3,3 Millionen Haushalte (22 Prozent) sind als Kleinerben anzusehen, deren Geldanteil gering ist. 4,3 Millionen Haushalte (29 Prozent) erben bis zu 80.000 Euro, wobei deren Geldanteil bereits deutlich ansteigt. Die 3,1 Millionen Haushalte (20 Prozent), die bis 160.000 Euro erben, erhalten häufig eine Immobilie, und auch der Geldanteil ist beachtlich.

In den 1,9 Millionen Haushalten (13 Prozent), die bis zu 266.000 Euro erhalten, sind Immobilien die Regel, Betriebsvermögen ist vorhanden, der Geldanteil ist hoch. Bei den 1,6 Millionen Haushalten (10 Prozent) schließlich, die mehr als 266.000 Euro erben, sind vier Vermögensarten vertreten: Gebrauchs-, Geld-, Immobilien- und Betriebsvermögen.[84]

1998 besaßen die Haushalte in Westdeutschland ein liquides Bruttogeldvermögen in Höhe von durchschnittlich 25.000 Euro und ein Nettogeldvermögen von 24.000 Euro. Zwanzig Jahre zuvor standen ihnen in heutigen Preisen mit rund 16.000 Euro (netto 15.000 Euro) nur etwa zwei Drittel der heutigen finanziellen Ressourcen zur Verfügung.[85]

Die Struktur des Geldvermögens 1998 verteilt sich auf folgende Weise: Ein Viertel besteht aus Ansprüchen aus Lebensversicherungen, ein Viertel liegt auf Sparbüchern. Die verbleibende Hälfte verteilt sich auf Bausparverträge (8 Prozent) und Wertpapiere (42 Prozent).[86]

Die Vermögensstruktur verändert sich in Haushalten älterer Menschen; die Haushalte der über 70-jährigen Menschen besitzen kaum noch Ansprüche an Lebensver-

84 Ibid., S. 5.
85 Ibid., S. 12.
86 Ibid., S. 15.

sicherungen und an Bausparverträge. Das Geldvermögen ist in Sparbüchern und in Wertpapieren angelegt.[87]

Zwei Prozent der einkommensreichsten Haushalte, die so genannten Superreichen, erben sogar jeweils über 1,75 Millionen Euro, das sind 26 Prozent des Erbschaftsvolumens insgesamt. Diese 2 Prozent sowie die 26 Prozent werden in den Tabellen und Kommentaren nicht berücksichtigt; sie fallen bei den Berechnungen unter den Tisch. Dieser statistische Wert wäre im Rahmen dieser Arbeit auch deshalb interessant gewesen, weil in diesen Haushalten eine starke Konzentration von Geldvermögen auftritt.

Aber auch ohne die Superreichen ist das Erbschaftspotenzial ungleich verteilt. Vier von zehn Haushalten in den Jahren bis 2010 erben, in 6 Prozent der Fälle allerdings gehen die Erben leer aus. In etwas mehr als jedem fünften Haushalt wird etwas vererbt, aber weniger als 25.000 Euro. 29 Prozent hinterlassen 25.000 bis 150.000 Euro, weniger als jeder Zehnte mehr als 500.000 Euro.

Volumen	Tsd. Erbfälle	Anteil Erbfälle
0 Euro	495	6 %
0-25 Tsd. Euro	1.756	22 %
25-150 Tsd. Euro	2.319	29 %
150-300 Tsd. Euro	1.627	21 %
300-500 Tsd. Euro	1.031	13 %
über 500 Tsd. Euro	673	9 %

Darst. 3: Erbschaftsvolumen insgesamt (Immobilien-, Geld- und Gebrauchsvermögen) (Quelle: Braun, Reiner / Burger, Florian / Miegel, Meinhard / Pfeiffer, Ulrich / Schulte, Karsten: Erben in Deutschland, Köln 2002, S. 18)

Wird das Erbschaftsvolumen in Immobilien und Geldwert aufgespaltet, ergibt sich folgendes Bild:

Bei 36 Prozent aller Todesfälle ist Geldvermögen von bis zu 25.000 Euro vorhanden, bei 12 Prozent ist das Geldvermögen größer als 150.000 Euro. Immobilien sind fast in jedem Erblasserhaushalt vorhanden, aber nur in 9 Prozent aller Fälle mehr als 300.000 Euro wert.[88]

87 Ibid., S. 17.
88 Ibid., S. 20f.

Geldvermögen (in Tsd./Euro)			Immobilien (in Tsd./Euro)		
Tsd. Erbfälle	Volumen Erbfälle	Anteil	Tsd. Erbfälle	Volumen Erbfälle	Anteil
0	695	9 %	0	4.012	51 %
0-25	2.825	36 %	0-150	1.574	20 %
25-150	3.468	44 %	150-300	1.640	21 %
über 150	911	12 %	über 300	675	9 %

Darst. 4: Erbschaftsvolumen nach Geldvermögen und Immobilien
(Quelle: Braun, Reiner / Burger, Florian / Miegel, Meinhard / Pfeiffer, Ulrich / Schulte, Karsten: Erben in Deutschland, Köln 2002, S. 20f.)

Erbschaften sind kein Phänomen der Oberschicht, auch die breite Mittelschicht erbt. Zur Generation der Erblasser zählen Unternehmer genauso wie ihre Facharbeiter.

Die Erben sind inzwischen einkommensstärker als die Durchschnittsbürger. Sie sind aufgrund der steigenden Lebenserwartung der Erblasser auch älter und erben damit in einer Lebensphase, in der sie selbst zumeist schon beträchtliche Vermögen gebildet haben.

So ist das durchschnittliche Vermögen eines typischen Erben, der heute 50 bis 59 Jahre alt ist, rund doppelt so groß wie das eines heute über 70-jährigen Erblassers.[89]

Jede zweite Erbschaft betrifft Haushalte mit einem monatlichen Einkommen von mehr als 2.750 Euro. 21 Prozent aller Erbenhaushalte verdienen weniger als 1.750 Euro. Innerhalb der unteren Einkommensklassen (bis 3.750 Euro) unterscheiden sich die durchschnittlichen Erbsummen kaum voneinander. Die oberste Einkommensklasse erbt dagegen überdurchschnittliche Beträge:

Einkommen Euro/Monat	**Geldvermögen Mrd. Euro**	**Immobilien Mrd. Euro**	**Gebrauchs-vermögen Mrd. Euro**	**Summe Mrd. Euro**
bis 1750	105	157	29	291
1750-2750	153	229	43	425
2750-3750	102	153	29	284
über 3750	182	272	51	504
insgesamt	542	811	152	1.504

Darst. 5: Summe der Vermögenswerte (Geldvermögen, Immobilien und Gebrauchsvermögen) nach Einkommen
(Quelle: Braun, Reiner / Burger, Florian / Miegel, Meinhard / Pfeiffer, Ulrich / Schulte, Karsten: Erben in Deutschland, Köln 2002, S. 29)

89 Ibid., S. 26.

Jeder dritte Erblasser (31 Prozent) hat bereits zu Lebzeiten seinen Kindern Vermögenswerte übertragen; mehr als 30 Prozent der Erblasser wollen dies noch tun. 54 Prozent der Kinder erhalten von den Eltern keine Schenkungen zu Lebzeiten. Im Durchschnitt erhalten die Kinder knapp 5.000 Euro. Diese Vermögensübertragungen betragen jährlich rund 12 Milliarden Euro – dies entspricht reichlich einem Zehntel des Volumens der generationenübergreifenden Erbschaften in den nächsten zehn Jahren, d.h. bis 2010.

Der Grund für die geringe Neigung, größere Vermögensbestände zu übertragen, ist den Autoren zufolge in der „Angst vor einem Verlust der Risikoabsicherung und der Kontrolle über das eigene Vermögen“ sowie in den „Tabuisierungen bei den (potenziellen) Erben und auch bei den Erblassern“[90] zu suchen.

Festzuhalten bleibt also: Zu den 2 Prozent der einkommensstärksten Haushalte, die 26 Prozent des Erbschaftsvolumens vererben, kommen 9 Prozent hinzu, die jeweils über 500.000 Euro hinterlassen. Fast ein Drittel der Erblasser hinterlässt 25.000 bis 150.000 Euro, wiederum mehr als ein Drittel vererbt bis zu 25.000 Euro. Ostdeutsche vererben weniger, dies ergibt sich zwangsläufig aus ihrer historischen Situation. Unter den Westdeutschen erben die so genannten Besserverdiener mehr und häufiger.[91]

Zu diesen volkswirtschaftlichen Berechnungen kommen noch qualitative Tiefeninterviews mit 75 Erblassern, Erben sowie potenziellen Erben hinzu. Die Ergebnisse wurden „anhand einer Repräsentativbefragung von 500 Erben und 500 Erblassern quantifiziert, hinzu kamen Interviews mit 4 Finanz- beziehungsweise Rechtsberatern“[92].

	25 Erblasser	**25 potenzielle Erben**	**25 Erben**
Alter	59 bis 72 Jahre	35 bis 58 Jahre	31 bis 61 Jahre
Geschlecht	14 Männer, 11 Frauen	17 Männer, 8 Frauen	13 Männer, 11 Frauen
Immobilieneigentümer	17	13	23
Mittl. Erbvolumen	225 T/Euro	220 T/Euro	212,5 T/Euro
Mittl. Haushalts-einkommen	2.100 Euro/Monat	2.900 Euro/Monat	3.400 Euro/Monat

Darst. 6: Struktur der befragten Erblasser, potenziellen Erben und Erben im Rahmen der qualitativen Tiefeninterviews

(Quelle: Braun, Reiner / Burger, Florian / Miegel, Meinhard / Pfeiffer, Ulrich / Schulte, Karsten: Erben in Deutschland, Köln 2002, S. 35)

Die Erben antworteten hinsichtlich des Erblassers und der Erbschaft auf folgende Fragen:[93]

90 Ibid., S. 32.
91 Ibid., S. 24ff.
92 Ibid., S. 35.
93 Ibid., S. 38.

1. Der Tod des Erblassers war eine große Belastung: Ja/Nein – 44 Prozent/32 Prozent
2. Mit der Erbsituation war viel Organisationsaufwand verbunden: Ja/Nein – 29 Prozent/42 Prozent
3. Die Erbschaft war eine Überraschung: Ja/Nein – 14 Prozent/65 Prozent
4. Es gab Erbstreitigkeiten: Ja/Nein – 12 Prozent/77 Prozent
5. Ich hatte Schwierigkeiten, die Verwaltungsaufgaben zu bewältigen: Ja/Nein – 9 Prozent/68 Prozent

Die Erblasser wurden wie folgt befragt:[94]

1. Völlige Autonomie in der Entscheidung: Ja/Nein – 88 Prozent/4 Prozent
2. Exakte Regelung der Erbschaft: Ja/Nein – 58 Prozent/21 Prozent
3. Bevorzugung von Erben wegen besonderer Zuneigung: Ja/Nein – 17 Prozent/67 Prozent
4. Mögliche Erbstreitigkeiten: Ja/Nein – 4 Prozent/68 Prozent

Hinsichtlich der Erwartungen lagen den Erblassern folgende Fragen vor:[95]

1. Die Erben sollen nach eigenem Ermessen mit der Erbschaft umgehen: Ja/Nein – 84 Prozent/3 Prozent
2. Freude darüber, dass die Erben mit Hilfe der Erbschaft ihre Träume verwirklichen: Ja/Nein – 64 Prozent/11 Prozent
3. Das Erbe ist Familienbesitz. Es soll erhalten werden: Ja/Nein – 62 Prozent/14 Prozent
4. Das Erbe wird vom Erblasser selbst aufgebraucht, ohne Rücksicht auf Erben: Ja/Nein – 24 Prozent/35 Prozent
5. Das Erbe als Entschädigung dafür, dass der Erblasser den Kindern zur Last fällt: Ja/Nein – 9 Prozent/57 Prozent

Die Erben haben folgendes Verhältnis zur Erbschaft:[96]

1. Erhalt des Erbes als Familienbesitz, auch bei damit verbundenen Verpflichtungen: Ja/Nein – 45 Prozent/29 Prozent
2. Das Erbe wurde bisher nicht angetastet: Ja/Nein – 27 Prozent/49 Prozent
3. Das Erbe hob den Lebensstandard: Ja/Nein – 18 Prozent/39 Prozent
4. Das Erbe wird ohne Abstriche weitervererbt: Ja/Nein – 16 Prozent/60 Prozent
5. Mit der Erbschaft wurden eigene Träume verwirklicht: Ja/Nein – 15 Prozent/53 Prozent
6. Die Erbschaft dient der Altersvorsorge: Ja/Nein – 12 Prozent/54 Prozent
7. Ohne Erbschaft gäbe es Probleme, den Lebensunterhalt zu finanzieren: Ja/Nein – 6 Prozent/83 Prozent

94 Ibid., S. 41.
95 Ibid., S. 44.
96 Ibid., S. 63.

Zur Psychologie der Erbschaft merken die Autoren an, dass die Umfrage im Sinne einer psychologischen Relevanz repräsentativ ist und nicht etwa nur einer statistischen Repräsentativität. Das Erbvolumen liegt im Schnitt bei 225.000 Euro; es beträgt mindestens 75.000 Euro und höchstens 1 Million Euro bei den Erblassern und mindestens 25.000 Euro und höchstens 1 Million Euro bei den potenziellen Erben.

Die Autoren merken weiterhin an, dass es schwierig war, die Interviews durchzuführen: „Schnell steht man vor innerfamiliären Tabus." Das Tabu heiße „Tod und Sterben": Aussagen von Interviewpartnern zeigten deutlich, dass die Beschäftigung mit dem Thema starke Ängste auslöse, die man lieber verdränge, als sich aktiv damit auseinanderzusetzen. Dies gelte für Erblasser wie zukünftige Erben gleichermaßen. Für die Erbengeneration sei das Thema darüber hinaus in der Regel mit starken Verlustgefühlen verbunden."[97]

Die Erblasser, so die Autoren weiter, sehen nicht die Notwendigkeit, ein Testament zu verfassen, sie „schieben es auf die lange Bank", und wenn sie es tun, ist der Inhalt des Testaments „relativ simpel und banal". Es sei von daher „fraglich, inwieweit die getroffenen Regelungen tatsächlich das regeln, was beabsichtigt war".

Ein weiteres Ergebnis der Studie ist, dass die Erblasser das Erbe als Verpflichtung sehen, es weiterzugeben, und zwar in doppeltem Sinn: Der Familienzusammenhalt soll gestützt werden, und ideelle Werte und Lebenseinstellungen sollen weitergereicht werden.[98] Aber: „Unterm Strich bleibt festzustellen, dass die Erwartungen der Erblasser hinsichtlich des Umgangs mit dem Erbe alles in allem diffus sind und außerdem nur in Ausnahmefällen tatsächlich kommuniziert werden."[99]

Auf Seiten der Erben gibt es mehrere Erbtypen: zunächst den „pflichtbewussten Bewahrer" (17 Prozent); dieser legt auf die Familientradition Wert, er möchte das Vermögen im Sinne des Erblassers erhalten. Häufiger sind der „Selbstverwirklicher" (22 Prozent), der die Erbschaft ohne Hemmungen für seine Träume und Zwecke verwendet, und der „Managertyp" (20 Prozent), der in der Erbschaft einen Verwaltungsakt sieht – er integriert sie und plant langfristig, um das Vermögen zu vermehren. Es folgen schließlich der „Versorgte" (6 Prozent) und der „autonome Zwischenverwalter" (16 Prozent). Während der „Versorgte" durch die Erbschaft seinen Lebensstandard aufbessern kann, hat Letzterer ein distanziertes Verhältnis zur Erbschaft; da er finanziell und emotional von den Eltern unabhängig ist, trachtet er danach, sie nach Möglichkeit den Kindern und Enkeln weiterzugeben.[100]

Die Untersuchung „Erben in Deutschland" arbeitet das vorhandene Datenmaterial auf und gleicht es mit anderen Datenbeständen ab; damit stellt sie einen bedeutenden Beitrag innerhalb der öffentlichen Diskussion dar. Aber hinsichtlich der tiefenpsychologischen Methode lassen sich dennoch gewichtige Kritikpunkte anführen: Interviewt werden 75 Personen – je 25 Erblasser, Erben und mögliche Erben – gegenüber insgesamt über 15 Millionen Haushalten. Es muss bezweifelt werden, dass die statistische

97 Ibid., S. 36f.
98 Ibid., S. 40ff.
99 Ibid., S. 45.
100 Ibid., S. 50ff.

Erfassung der 500 Erben und 500 Erblasser per Telefon die Zuverlässigkeit der Daten gewährleistet; es bleibt die Vermutung, ob vielleicht nicht die Befragung der 75 Personen allein das Hauptgewicht der Resultate ausmacht.

Diese Frage wird nicht beantwortet, sondern bleibt offen – dies ungeachtet des Hinweises, dass die Umfrage nicht statistisch, sondern tiefenpsychologisch repräsentativ ist. Denn zu einer qualitativen Umfrage gehört auch die entsprechende Quantität; sie stellt gerade bei Umfragen wiederum ein qualitatives Merkmal dar. Dass die 2 Prozent der Haushalte der Superreichen grundsätzlich ausgeklammert werden, ist nachvollziehbar – da keine Auskunftspflicht besteht, ist es von vornherein wenig wahrscheinlich, dass diese Gruppe der Öffentlichkeit genaue Informationen zugänglich machen wird. Dennoch sollte sie in den Fragen der Gesamtgesellschaft und ihrer Zukunft nicht ausgenommen werden, gerade wegen der erheblichen volkswirtschaftlichen Dimension, die mit ihr verbunden ist.

Nach Angaben des Instituts wurden Steuer- und Finanzberater einbezogen. Von daher ist es zu bedauern, dass die in der wissenschaftlichen Literatur vorliegenden Zielvorgaben der Steuerberater und Juristen bei der Gestaltung der Erbnachfolge in der Struktur der Befragung überhaupt nicht thematisiert werden. So fehlt der ganze Themenkomplex der Erbschaft- und Schenkungsteuer, der doch eine nicht unerhebliche Rolle spielt.

4 Das Stiftungswesen

4.1 Das Stiftungsrecht

Stiftungen im Sinne des Bürgerlichen Gesetzbuches sind rechtlich zwischen dem Verein und der juristischen Person des öffentlichen Rechts angesiedelt. Insgesamt gilt auch die Stiftung als juristische Person, die so definiert wird: „Die juristische Person ist die rechtstechnische Zusammenfassung von Personen oder Gegenständen zu einer rechtlich geordneten, rechtsfähigen Organisation. Die Zuerkennung der Rechtsfähigkeit bedeutet rechtliche Verselbständigung der Organisation, insbes. gegenüber ihren Mitgliedern.“[101] Die Stiftung ist jedoch, ebenso wie der rechtsfähige Verein, eine juristische Person des Privatrechts. Der Verein wird gesetzlich als ein „auf Dauer angelegter Zusammenschluss von Personen zur Verwirklichung eines gemeinsamen Zwecks mit körperschaftlicher Verfassung (Vorstand, Mitgliederversammlung als Organe), Gesamtnamen, Auftreten nach außen als Einheit, Unabhängigkeit vom Mitgliederwechsel“[102] angesehen.

Stiftungen sind in der Regel rechtsfähige Stiftungen des Privatrechts: „Oberstes Prinzip des Stiftungsrechts ist der Stifterwille. (…) Begriffsmerkmale der Stiftung: eigene Rechtsfähigkeit, keine Mitglieder, Zweckbindung des gewidmeten Vermögens.“

Das Entstehen einer Stiftung ist in § 80 BGB geregelt: „Zur Entstehung einer rechtsfähigen Stiftung ist außer dem Stiftungsgeschäfte die Genehmigung des Bundesstaats erforderlich, in dessen Gebiete die Stiftung ihren Sitz haben soll.“

In § 81 wird dazu ergänzt: „Das Stiftungsgeschäft unter Lebenden bedarf der schriftlichen Form. (…) Bis zur Erteilung der Genehmigung ist der Stifter zum Widerrufe berechtigt.“ Der Erbe des Stifters kann die Stiftungsgründung nicht verhindern: „Der Erbe des Stifters ist zum Widerrufe nicht berechtigt, wenn der Stifter das Gesuch bei der zuständigen Behörde eingereicht oder im Falle der notariellen Beurkundung des Stiftungsgeschäfts den Notar bei oder nach der Beurkundung mit der Einreichung betraut hat.“

Das Stiftungsvermögen geht nach Genehmigung in die Stiftung über: „Wird die Stiftung genehmigt, so ist der Stifter verpflichtet, das in dem Stiftungsgeschäfte zugesicherte Vermögen auf die Stiftung zu übertragen (§ 82 BGB).“ Der Stifter kann auch per Testament eine Stiftung gründen: „Besteht das Stiftungsgeschäft in einer Verfügung von Todes wegen, so hat das Nachlassgericht die Genehmigung zu erteilen, sofern sie nicht von dem Erben oder dem Testamentsvollstrecker nachgesucht wird (§ 83 BGB).“ Auch wenn die Stiftung erst nach dem Tode genehmigt wird, „so gilt sie für die Zuwendungen des Stifters als schon vor dessen Tode entstanden (§ 84 BGB)“[103].

101 Jauernig, Othmar (Hg.), Bürgerliches Gesetzbuch, München [5]1990, S. 5.
102 Ibid., S. 6.
103 Ibid., S. 27f.

Das Stiftungsrecht im Bürgerlichen Gesetzbuch ist nur wenig ausdifferenziert, nicht einmal zehn Paragraphen (§§ 80-88) regeln das Stiftungsgeschäft. Im Vergleich zum Erbschafts- und Schenkungsrecht gibt es wenig Anhaltspunkte, um über die Rechtsregelung genauen Einblick in den Begriff der Stiftung zu gewinnen. Vor allem ohne Kenntnis der Modalitäten des Erbrechts bleibt das Stiftungsrecht eher unverständlich, letztlich setzt es die Kenntnis des Erbrechts voraus.

Dabei ist von folgenden grundlegenden Gegebenheiten auszugehen: Es gibt einen Stifter – im Erbrecht ist dies der Erblasser –, der den Willen artikuliert, eine Stiftung zu gründen; die Stiftung übernimmt damit die Rolle des Erben. Das Vermögen, das der Stifter weitergibt, bildet nun das Stiftungsvermögen. Das Stiftungsrecht folgt damit dem Erbrecht. Was im Erbrecht das Verhältnis von Erblasser – Vermögen oder Erbe – Erbe ist, wiederholt sich im Stiftungsrecht als Verhältnis von Stifter – Vermögen – Stiftung, mit der Erweiterung, dass die Stiftung auch eine Schenkung sein kann.

Der Stifter kann auch zu Lebzeiten eine Stiftung gründen; das bietet ihm den Vorteil, wie schon bei der Schenkung, dass er noch regulierend eingreifen kann. Der entscheidende Unterschied besteht jedoch darin, dass das Testament oder die Schenkung eine Angelegenheit von natürlichen Personen ist. Der Erblasser ist eine natürliche Person, die in der Regel ihr Vermögen wiederum an eine natürliche Person vererbt.

Bei der Stiftung übergibt eine natürliche Person das Vermögen einer juristischen Person. Deshalb müssen für die Stiftung als juristische Person selbst noch einmal Regelungen getroffen werden. Während der Erbe oder Beschenkte das Erbe oder die Schenkung in seinen Vermögensbestand eingliedert und dieses somit darin aufgeht, so ist das Stiftungsgeschäft eine Vermögensverwaltung, die entsprechend strukturiert sein muss, um von Dauer zu sein.

Allerdings haben Erblasser und Stifter eine gemeinsame Grundlage im Grundgesetz, für beide gleichermaßen gilt die Würde des Menschen, die Freiheit zum Erwerb als Ausdruck seiner Entfaltungsfreiheit, wie es in Art. 2 Abs. 1 GG garantiert und in Art. 14 GG geregelt wird.[104]

Entscheidend ist in diesem Zusammenhang, dass diese Grundrechte nicht nur für natürliche Personen gelten, sondern auch für juristische Personen: „Das Bundesverfassungsgericht geht – insbesondere in seiner frühen Rechtsprechung – davon aus, dass Grundrechte prinzipiell auf juristische Personen anwendbar sind," dies vor allem, „wenn die juristische Person ‚unmittelbar einem durch die Grundrechte geschützten Lebensbereich zuzuordnen' sei"[105].

So kann Hagen Hof feststellen: „Die Errichtung einer Stiftung ist in Deutschland Ausübung von Grundrechten des privaten Stifters. Diese Ansicht hat sich in der stiftungsrechtlichen Literatur inzwischen durchgesetzt."[106]

---

104 Vgl. Hof, Hagen, Stiftungen im deutschen Recht, in: Hopt, Klaus J. / Reuter, Dieter (Hg.), Stiftungsrecht in Europa, Köln 2001, S. 305; vgl. auch: Scholz, Rupert / Langer, Stefan, Stiftung und Verfassung, Berlin 1990, S. 33ff.

105 Scholz, Rupert / Langer, Stefan, Stiftung und Verfassung, Berlin 1990, S. 38f.

106 Hof, Hagen, Stiftungen im deutschen Recht, Köln 2001, S. 327.

4.2 Das Grundmodell der Stiftung

Um die Gestaltungsmöglichkeiten und Grenzen der Stiftung festzustellen, ist es notwendig, sich über das Stiftungsgrundmodell Klarheit zu verschaffen; dabei geht es ausschließlich um die selbstständige Stiftung. Zu diesem Zweck ist es notwendig, die schwierige Materie zu vereinfachen, schwierig ist der Stiftungskomplex deshalb, weil die Stiftung zwar in den §§ 80ff. BGB „grundlegend geregelt ist. Allerdings stellt diese Kodifikation allenfalls ein Grundgerüst dar, das durch die Stiftungsgesetze der Länder sowie durch sonstige Vorschriften des jeweiligen Landesrechts unter anderem in den Landesverfassungen oder in den Gemeinde- und Kreisordnungen ergänzt wird.“[107]

Schärfer urteilt Michael Hinz: „Wie gezeigt, haben jedoch die BGB-Regelungen zum Stiftungsrecht eher fragmentarischen Charakter, nicht einmal die Anforderungen an das Stiftungsgeschäft als gesetzliche Grundlage der Stiftungserrichtung sind abschließend normiert. Auch die Landesstiftungsgesetze schließen die Lücken nur teilweise.“

Das Hauptproblem ist der Begriff der juristischen Person: Die Tatsache, so fasst Hinz die Gesamtlage zusammen, dass der Gesetzgeber ganz unterschiedlich strukturierte juristische Personen wie den Verein und die Stiftung zugelassen habe, zeige, dass ein einheitliches Bild der juristischen Person nicht existiere. Es sei daher wenig sinnvoll, für den Begriff der juristischen Person nach einer vom positiven Recht losgelösten konsensfähigen Grundlage zu suchen.[108]

Mögliche Lücken, Ungereimtheiten oder Widersprüche sind von daher nicht notwendigerweise der fehlerhaften rechtlichen Darstellung geschuldet, sondern objektiven Gegebenheiten, die in der rechtswissenschaftlichen Literatur kontrovers diskutiert werden.

Was objektiv nicht geregelt ist, kann im Rahmen dieser Arbeit auch nicht angesprochen, geschweige denn bewältigt werden, da die Voraussetzungen fehlen. Es muss jedoch darauf verwiesen werden, dass im Bereich des Rechts die Regelungen und Normen nicht den Tatbeständen vorausgehen, sondern die gesetzlichen Regelungen und die Handlungen oder Fakten in einem Wechselverhältnis gegenseitiger Korrektur stehen.

Der Deutsche Bundestag hat am 08. Juni 2000 „nunmehr ein Gesetz zu steuerlichen Förderungen von Stiftungen beschlossen“[109]. Aber, und das ist das Entscheidende, zu einer Reform des Stiftungsprivatrechts ist es bis zum jetzigen Zeitpunkt noch nicht gekommen, obwohl schon seit 1962 eine Reform ansteht: „Die umfangreiche Reformdebatte der 60er und 70er Jahre ist somit ergebnislos geworden.“[110]

---

107 Herfurth, Rudolf / Dehesselles, Thomas, Stiftung – Verein – Verband, Frankfurt am Main 2001, S. 15.

108 Hinz, Michael, Die Haftung der Stiftung für Verbindlichkeiten des Stifters, Baden-Baden 1996, S. 82.

109 Wachter, Thomas, Stiftungen, Zivil- und Steuerrecht in der Praxis, Köln 2001, S. 265.

110 Ibid.; vgl. auch die ausführliche Darstellung der Reformbestrebungen seit 1945, in: Berndt, Hans, Stiftung und Unternehmen, Herne / Berlin ^{5}1995, S. 119ff.

Über die Vielfalt der Stiftungen und die Art und Weise ihrer Ausgestaltung herrscht Unklarheit. Dieser Umstand geht auf die fehlende umfassende gesetzliche Regelung des Stiftungswesens zurück sowie auf die lückenhaften und veralteten Stiftungsverzeichnisse; vor allem aber ist der Grund darin zu suchen, dass die Stiftungen nicht bereit sind, Auskünfte zu erteilen: „Das Stiftungswesen hat in Deutschland bisher weitgehend im Verborgenen geblüht“[111], dies gilt auch für den Informationsbestand.

Gerade deshalb ist es wichtig, zumindest einen Überblick über das Stiftungswesen zu erhalten.

Es lassen sich zunächst öffentliche und private Stiftungen unterscheiden. Öffentliche Stiftungen sind solche, die nicht ausschließlich private Zwecke verfolgen: „Als öffentliche Zwecke gelten Zwecke der Religion, der Wissenschaft, der Forschung, der Bildung, des Unterrichts, der Erziehung, der Kunst, der Denkmalpflege, des Heimatschutzes, des Sportes, der Wohltätigkeit, sowie sonstige dem Gemeinwohl dienende Zwecke.“ Zu unterscheiden sind öffentliche Stiftungen von den Stiftungen des öffentlichen Rechts. Die öffentlichen Stiftungen sind allein dadurch öffentlich, dass sie der öffentlichen Zweckbindung genügen: „Stiftungen des öffentlichen Rechts sind solche, die Zweck, Entstehung und Organisation berücksichtigen. Stiftungen des öffentlichen Rechts sind zumeist staatliche oder kommunale Stiftungen wie die Stiftung Preußischer Kulturbesitz, Bayerische Forschungsstiftung oder die Stiftung für Zwangsarbeiter ‚Erinnerung, Verantwortung, Zukunft‘.“

Neben den öffentlichen Stiftungen gibt es die privaten Stiftungen, in der Regel die Familienstiftungen: „Ihre Funktion besteht darin, das Vermögen einer Familie über die Generationenfolge hinweg vor Zersplitterung und Veräußerung zu bewahren, indem es der Verfügungsmöglichkeit der einzelnen Familienmitglieder entzogen wird.“

Allerdings kommt es zu Überschneidungen, denn private Stiftungen haben ebenfalls öffentliche Zwecke in ihrer Tätigkeitsbeschreibung. „Der Grund ist insbesondere darin zu sehen, dass viele privatrechtliche Stiftungen unter anderem errichtet werden, um in den Genuss der Steuerbegünstigung gem. §§ 51ff. AO zu kommen.“[112] Familienstiftungen unterliegen der normalen Erbschaftsbesteuerung; die Steuerklasse hängt vom Verwandtschaftsgrad des entferntesten Familienmitglieds ab.

Die Familienstiftung hat den Vorteil, nicht einer umfassenden Stiftungsaufsicht zu unterliegen, aber trotzdem als öffentliche Stiftung über den Stiftungszweck Steuerbegünstigungen zu genießen; deshalb wird oft behauptet, es handle sich bei diesen Fällen nur um „gemeinnütziges Beiwerk oder um Dekoration“[113].

Es gibt unselbstständige und selbstständige Stiftungen. Eine unselbstständige Stiftung ist keine juristische Person, sondern es werden Vermögenswerte an eine Behörde übertragen, die dann als Treuhänderin die Erträge für den Stiftungszweck verwendet; so kann die Universität als eine solche Behörde fungieren: „Die unselbständige Stif-

111 Hof, Hagen, Stiftungen im deutschen Recht, Köln 2001, S. 301.
112 Ibid., S. 70.
113 Ibid., S. 333.

tung, die wegen der fehlenden Rechtspersönlichkeit auch als nicht-rechtsfähige Stiftung bezeichnet wird, ist im BGB-Stiftungsrecht nicht geregelt.“[114]

Die selbstständige Stiftung ist eine juristische Person, sie gilt als die klassische Stiftung. Als selbstständige Stiftung privaten Rechts ist sie Träger von Grundrechten: „Dazu bedarf es nicht des dogmatischen Umwegs einer Ableitung von den Grundrechten des Stifters, der Personen des Vorstands oder von Destinatären. Die Stiftung ist weder eine besondere Erscheinungsform der für sie handelnden Personen noch deren Analogon, vielmehr stellt die selbstständige Stiftung bürgerlichen Rechts geradezu den Prototyp der juristischen Person dar.“[115]

Interessant sind darüber hinaus die Modelle der unternehmensverbundenen Stiftungen; diese werden häufig gewählt, um die Unternehmensnachfolge zu regeln. Es sind spezielle Stiftungskonstruktionen. In den Vordergrund tritt die Beteiligungsstiftung. Bei dieser Unternehmungsstiftung ist sie Eigentümerin oder hält eine wesentliche Beteiligung an der das Unternehmen tragenden Gesellschaft.

Die Beteiligungsstiftungen lassen verschiedene Arten zu. Häufig anzutreffen sind Doppelstiftungen und die Stiftung & Co. KG.

Bei der Doppelstiftung liegt folgender Sachverhalt vor: „Wenn ein Familienunternehmen in seinem Bestand erhalten bleiben und die Familie weiterhin von den Erträgen leben soll, kann eine Konstruktion, in der eine oder mehrere Familien- oder gemeinnützige Stiftungen nebeneinander stehen, geschaffen werden. Eine gering dotierte Familienstiftung und eine hoch dotierte gemeinnützige Stiftung werden gekoppelt. Die Familienstiftung behält den Einfluss auf die Geschäftsführung des Unternehmens, während die gemeinnützige Stiftung nur oder fast nur stimmrechtslose Vorzugsanteile besitzt.“

Der Vorteil liegt auf der Hand: „Die Familienstiftung hat wenig eigenes Vermögen, so dass die Besteuerung bei der Stiftungserrichtung und die alle dreißig Jahre anfallende Erbersatzsteuer nur anhand des Werts der geringen kapitalmäßigen Beteiligung der Familienstiftung zu bemessen ist. Die Unterstützung erfolgt durch die gemeinnützige Stiftung, die bis zur Grenze der Angemessenheit maximal ein Drittel ihrer Erträge aus der Unternehmungsbeteiligung, also der Dividenden und Gewinnausschüttungen, an die nahen Angehörigen des Stifters auskehren darf.“ [116]

Um sich eine Vorstellung von der Ein-Drittel-Grenze zu machen, sei angeführt: „Überschlägig berechnet entspricht ein Drittel des steuerbefreiten Einkommens einer gemeinnützigen Stiftung in etwa zwei Drittel des Brutto-Einkommens einer (nicht steuerbefreiten) Familienstiftung.“[117]

---

114 Hinz, Michael, Die Haftung der Stiftung für Verbindlichkeiten des Stifters, Baden-Baden 1996, S. 71.

115 Hof, Hagen, Stiftungen im deutschen Recht, in: Hopt, Klaus J./Reuter, Dieter, Stiftungsrecht in Europa, Köln 2001, S. 330.

116 Herfurth, Rudolf / Dehesselles, Thomas, Stiftung – Verein – Verband, Frankfurt am Main 2001, S. 32f.

117 Hennerkes, Brun-Hagen / Schiffer, K. Jan, Stiftungsrecht, Frankfurt am Main 1996, S. 176.

Deshalb ist es wenig verwunderlich, dass diese Stiftungen „wesentlich zur Diskreditierung solcher Gestaltungen als ‚Steuersparmodelle' beigetragen“[118] haben.

Eine andere Variante ist die Stiftung & Co. KG. Zunächst muss festgehalten werden: „Die Stiftung & Co. KG ähnelt in der Konstruktion einer GmbH & Co. KG. Wie diese ist sie eine Personengesellschaft; Komplementär und damit auch Geschäftsführer der KG ist die Stiftung.“[119]

Entscheidender ist jedoch, worauf diese Konstruktion abzielt. Mit der Ergänzung einer Familienstiftung ist es möglich, die staatliche Aufsicht über die unternehmerische Tätigkeit zu vermeiden oder einzuschränken.[120] Ein weiterer Vorteil liegt darin, dass die unbeschränkte Haftung natürlicher Personen vollständig ausgeschlossen ist. Darüber hinaus wird sie günstiger besteuert, nicht wie eine Kapitalgesellschaft, sondern wie eine Personalgesellschaft, denn der „steuerliche Vorteil besteht darin, dass sie Privatvermögen haben kann und damit zum Beispiel steuerfreie Veräußerungsgewinne“[121].

Insgesamt beurteilen Rudolf Herfurth und Thomas Dehesselles diese Konstruktion folgendermaßen: „Damit ist die Stiftung & Co. KG die einzige Rechtsform, die eine gewerbesteuerfreie Vermögensverwaltung oder Vermietungs- und Verpachtungstätigkeit unter Ausschluss der unbeschränkten Haftung ermöglicht.“[122] Diese Stiftung eigne sich besonders „für eine wirkungsvolle Sicherstellung der Unternehmenskontinuität“, weil der Unternehmer in seinem Sinne die Fortführung sicherstellen könne.[123]

Ähnlichkeit mit einer Doppelstiftung hat auch die gemeinnützige „Stiftung GmbH“. Eine solche Stiftung zeichnet sich dadurch aus, dass sie nicht der Stiftungsaufsicht untersteht. Das Vermögen ist im Besitz der Gesellschafter dieser Stiftung GmbH, es gehört nicht einer ‚unabhängigen' Stiftung. Der Stifter muss die Gesellschafter bestimmen, das zu stiftende Vermögen geht auf die Gesellschafter über. Sie sind die Erben und können ihre eigenen Vorstellungen zuungunsten des Stifterwillens ändern. Eine Doppelstiftung ist sie deshalb, weil der Stiftung die Vermögensmasse gehört, sie aber kaum Einfluss auf das Unternehmen besitzt.

Die Erträge werden von der gemeinnützigen, steuerbefreiten Stiftung ausgeschüttet. Gegenüber dem „Stifterwillen“ rücken bei der „Stiftung GmbH“ die „Vermögensinteressen deutlicher in den Vordergrund“[124]. Als charakteristisches Beispiel für eine solche Variante gilt die Robert Bosch Stiftung GmbH: „Während die gemeinnützige Robert Bosch Stiftung GmbH rund 92 Prozent der Anteile an der Robert Bosch GmbH hält, werden die dazugehörigen Stimmrechte von der Robert Bosch Industrietreuhand KG, die selbst nur eine 0,01-Prozent-Beteiligung an der Robert

118 Hof, Hagen, Stiftungen im deutschen Recht, Köln 2001, S. 339.
119 Ibid., S. 338.
120 Herfurth, Rudolf / Dehesselles, Thomas, Stiftung – Verein – Verband, Frankfurt am Main 2001, S. 35.
121 Hof, Hagen, Stiftungen im deutschen Recht, Köln 2001, S. 339.
122 Herfurth, Rudolf / Dehesselles, Thomas, Stiftung – Verein – Verband, Frankfurt am Main 2001, S. 36.
123 Hennerkes, Brun-Hagen / Schiffer, K. Jan, Stiftungsrecht, Frankfurt am Main 1996, S. 179.
124 Hof, Hagen, Stiftungen im deutschen Recht, Köln 2001, S. 338.

Bosch GmbH hält, ausgeübt.“[125] Da hier wohl nicht der Stifterwille allein im Zentrum steht, sondern auch die Unternehmenssicherung und Regelung der Unternehmensnachfolge in Verbindung mit Steuervorteilen – nach Möglichkeit unter Ausschluss staatlicher Aufsicht –, werden diese Stiftungen als Ersatzformen definiert: Diese „Ersatzformen der Stiftung stellen genau genommen keine Stiftungen dar, sie bedienen sich lediglich dieser rechtlich nicht geschützten Bezeichnung.“[126]

Dass diese Stiftungen nur Ersatzformen vorstellen, lässt sich auch daran erkennen, dass sie sich nur dann verstehen lassen, wenn die Ziele der Vermögens- und Unternehmenssicherung einbezogen werden.

Es sind gerade jene Ersatzformen, die das Stiftungswesen in Verruf bringen: „Durch das aktive Propagieren oder zumindest Dulden von hybriden Stiftungskonstruktionen wie der Stiftung & Co. KG, Doppelstiftungsmodellen, reinen Verwaltungsstiftungen und dem Einsatz der Stiftung als Mittel der Unternehmensperpetuierung haben sie den guten Leumund der Stiftung gefährdet. (…) Daneben zeigt ein Blick ins Ausland auch für die wirtschaftlich tätige Stiftung, dass die Regelungslosigkeit des deutschen Rechtszustands beispiellos ist. Erscheinungsformen wie die ‚Stiftung & Co.' – von Karsten Schmidt zu Recht als ‚Perversion des Stiftungsrechts' bezeichnet – sind nicht einmal in Liechtenstein zulässig.“[127]

4.3 Die unternehmensverbundenen Stiftungen

Das Verhältnis der Öffentlichkeit zu den unternehmensverbundenen Stiftungen ist ambivalent. Für die einen stellt es eine Perversion des Stiftungsrechts dar, wie Karsten Schmidt meint; für die anderen ist es der „Weg zur Unternehmenssicherung. Es fallen immer wieder die Namen großer Unternehmerfamilien wie: Bertelsmann (Mohn), Fielmann, Fresenius (Kröner), Hertie, Körber, Krupp, Nixdorf, Sedus (Stoll), Thorhauer, Würth. Verbunden mit diesen Namen sind jeweils ganz spezifische und individuelle Gestaltungen der Unternehmen unter Einbindung von Stiftungen.“[128] Als Gegenbeispiele werden solche Familienunternehmen wie Dornier, Porsche und Bahlsen genannt, bei denen eben die Unternehmenskontinuität gefährdet wurde, weil sie ohne Stiftung operierten, denn – je höher die Zahl der involvierten Familienmitglieder, umso größer ist die Gefahr des Scheiterns.[129]

Jedoch allzu naiv scheint die folgende Aussage zu sein: „Neben dem privaten und dem öffentlichen Stifter sind in wachsender Zahl Unternehmen bereit, eine Stiftung zu errichten. Anlässe bilden beispielsweise Firmenjubiläen oder die Dankbarkeit über den wirtschaftlichen Erfolg eines Unternehmens.“[130]

---

125 Herfurth, Rudolf / Dehesselles, Thomas, Stiftung – Verein – Verband, Frankfurt am Main 2001, S. 37.

126 Hof, Hagen, Stiftungen im deutschen Recht, Köln 2001, S. 337.

127 Rawert, Peter, Der Stiftungsbegriff und seine Merkmale, in: Hopt, Klaus J. / Reuter, Dieter (Hg.), Stiftungsrecht in Europa, Köln 2001, S. 131.

128 Hennerkes, Brun-Hagen / Schiffer, K. Jan, Stiftungsrecht, Frankfurt am Main 1996, S. 177.

129 Vgl. ibid., S. 179.

130 Mecking, Christoph, Zur Situation der Stiftungen in Deutschland, in: Hopt, Klaus J. / Reuter, Dieter (Hg.), Stiftungsrecht in Europa, Köln 2001, S. 49.

Das Motiv des Stifters in einer unternehmensverbundenen Stiftung zu erkennen muss sich notgedrungen äußerst schwierig gestalten, wenn sich die Stiftungen neben ihrer Gemeinnützigkeit noch deshalb empfehlen, weil die Unternehmenssicherung gewährleistet ist. Die Familienversorgung ist gesichert, weil geeignete Führungskräfte an der Spitze des Unternehmens stehen, die Haftung eingeschränkt ist, keine Mitbestimmung nach dem Mitbestimmungsgesetz erfolgt und keiner Publizitäts- und Prüfungspflicht unterliegt, ganz zu schweigen von den Steuervorteilen aufgrund der Gemeinnützigkeit.

Am Anfang der Stiftung steht der Stifterwille, nur bleibt unklar, ob es dem Unternehmer um sein Unternehmen oder um die gemeinnützige Stiftung geht. Zu berücksichtigen ist jedenfalls, dass zunehmend „steuerliche Gründe für die Errichtung einer Stiftung als Unternehmensträgerin wirksam gewesen sind, wobei nicht verkannt werden darf, dass auch andere eigenwirtschaftliche Motive sich immer mehr in den Vordergrund schoben“[131].

Umgekehrt mag man den Unternehmern ein gemeinnütziges Stiftermotiv keineswegs pauschal absprechen, obwohl die Stiftungskonstruktionen auch andere Schlüsse zulassen. So handelt es sich bei der Bertelsmann-Gruppe um eine komplizierte Konstruktion, die der Öffentlichkeit immer verborgen bleiben wird, weil es keine Publizitätspflicht gibt. Aber die Tatsache, dass letztlich alle Macht in einer Vermögens-Verwaltungs-GmbH konzentriert werden soll, also in eine Art Stiftung & Co. KG münden soll – somit eine Konstruktion, die Rawert als Perversion des Stiftungsrechts bezeichnet –, beweist nicht, dass es kein gemeinnütziges Stiftermotiv gibt.

Es ist sicherlich unzulässig, die einzelnen Unternehmen nach jenen Stiftungen, die als Unternehmenssicherungen und Steuersparmodelle aufgefasst werden, zu durchsuchen und nach diesen Stiftungskonstruktionen zu qualifizieren. Den Unternehmen und den Stiftungen als Unternehmensträgerinnen ist es nicht anzusehen, welche Motive ihnen zugrunde liegen. Da helfen weder die mehrbändigen „Lebensbilder Deutscher Stiftungen in Vergangenheit und Gegenwart“[132] noch boulevardjournalistische Gesinnungsschnüffelei weiter.

Eine kleine Auswahl sei aufgelistet, um die Häufigkeit der stiftungsverbundenen Unternehmen ahnen zu lassen und damit auch, welche Unternehmensstiftungen steuerbefreit, das heißt gemeinnützig und mildtätig sind. Diese Auswahl ist selbstverständlich äußerst beschränkt, weil gerade jene Stiftungskonstruktionen nicht aufgeführt werden, deren Aufschlüsselung nicht nur ein eigenes Thema bedeuten würde, sondern sogar der außenstehenden Forschung durch die fehlende Publizitätspflicht vielleicht überhaupt nicht möglich wäre. Erinnert sei an die verwickelten Konstruktionen der Bertelsmann Stiftung, der Robert Bosch Stiftung GmbH, der Gemeinnützigen Hertie-Stiftung, der Gustav-Schickedanz-Stiftung, der SIEMAG Weiss Stiftung oder der diversen Würth-Stiftungen. Es geht um wertfreie Darstellung und nicht um Anklage:

---

131 Berndt, Hans, Stiftung und Unternehmen, Herne / Berlin ^{5}1995, S. 296.

132 Vgl. Bundesverband Deutscher Stiftungen e.V. (Hg.), Lebensbilder Deutscher Stiftungen aus Vergangenheit und Gegenwart, 6 Bände, Tübingen / Bonn 1971ff.

Beim Discount-Konzern Aldi Nord hält die Markus-Stiftung in Nortorf die Mehrheit der Anteile an den meisten Gesellschaften; Theo Albrecht ist ihr Vorsitzender.

Das Grundkapital der Otto Ficker AG, Kirchheim unter Teck, liegt voll in den Händen der Otto und Eugen Ficker-Stiftung.

Holding der Gummi-Mayer-Gruppe ist seit 1987 die Gummi-Mayer Zentralverwaltung (Stiftung & Co.) KG, Landau, deren Gesellschafter Mitglieder der Familie Mayer und die Dr. Hans Mayer-Stiftung sind. Auf die Stiftung sind die Anteile der Gummi-Mayer (Stiftung & Co.), Landau, und der Gumasol-Werke Dr. Mayer GmbH & Co., Germersheim, übergegangen.

Die von Dr. Kurt A. Körber 1959 gegründete Kurt-A.-Körber-Stiftung und die 1969 entstandene Hauni-Stiftung sind 1981 in der Körber-Stiftung zusammengeschlossen worden. Diese hält 45,45 Prozent des Stammkapitals der Körber GmbH, Hamburg, die mit 97,56 Prozent Kommanditistin der Hauni Werke Körber & Co. KG, Hamburg, ist. Durch Testament war verfügt, dass nach dem Tode Körbers die Körber-Stiftung zu 90 Prozent an den Hauni-Werken beteiligt sein wird, während die restlichen 10 Prozent von den jeweils aktiven Geschäftsführern mit Rückgabeverpflichtung bei ihrem Ausscheiden gehalten werden sollen.

Die gemeinnützige Alfried Krupp von Bohlen und Halbach-Stiftung ist Hauptaktionärin der ThyssenKrupp AG, Duisburg und Essen.

Bei der Merkur-Thorhauer Stiftung & Co. KG, Frankfurt am Main, ist die Thorhauer Stiftung, Vaduz, die Komplementärin, während die Kommanditistin durch die Thorhauer Verwaltungs-Stiftung & Co. KG, Frankfurt am Main, gestellt wird.

Die Schörghuber Unternehmensgruppe, München, mit ihren fünf Unternehmensbereichen Hotel, Flugzeugleasing, Getränke, Immobilien und Bauen wird von der Schörghuber Stiftung & Co. Holding KG geleitet.

An der Software AG sind die von ihrem Gründer Peter M. Schnell errichtete Software AG-Stiftung mit 98 Prozent und die Software-Industriestiftung mit 2 Prozent beteiligt, Letztere besitzt aber alle Stimmrechte an dem 5 Mio. DM betragenden Grundkapital.[133]

Die Stiftungen berufen sich auf das Grundgesetz und verwirklichen auch als juristische Personen Grundrechte, das Recht der Entfaltungsfreiheit sowie das der Aneignung von Eigentum und der Weitergabe von Vermögen. Was für die Erbschaft und die Schenkung gilt, gilt auch für die Stiftung. Wie der Erblasser sein Vermögen sichern und in seinem Sinne vererben möchte, so hat auch der Unternehmer den entsprechenden Wunsch, das Unternehmen zu erhalten, die Unternehmensnachfolge zu sichern und für seine Familienmitglieder zu Lebzeiten und über den Tod hinaus zu sorgen. Die Stiftung nur unter dem Aspekt der Steuervorteile zu betrachten greift zu kurz, bestehen doch durchaus auch Nachteile. Der Ansatz, aus steuerlichen Gründen

133 Berndt, Hans, Stiftung und Unternehmen, Herne / Berlin ^{6}1998, S. 363ff. Der Autor fügt am Schluss seiner Auflistung an: „Wie kaum anzuzweifeln ist, würde eine intensive Forschung noch überraschende Informationen über stiftungsgebundene Unternehmen aufzeigen können.“ Vgl. auch: Bundesverband Deutscher Stiftungen e.V. (Hg.), Lebensbilder Deutscher Stiftungen aus Vergangenheit und Gegenwart, 6 Bde, Tübingen / Bonn 1971ff.

eine Stiftung ins Leben zu rufen, findet ein geteiltes Urteil; es gibt bejahende und verneinende Stimmen.[134]

Die Gründung einer unternehmensverbundenen Stiftung hat ihren Preis. Die Stiftung ist statisch und wenig flexibel; der Stifter regelt zwar seine Unternehmensnachfolge, aber diese wird, nach dem Grundsatz der Vermögenserhaltung, auf Dauer angelegt. Diese Erhaltung hängt jedoch auch von der Möglichkeit der Vermehrung und Vermögenssteigerung ab. Somit treten Probleme bei der Kapitalbeschaffung auf. Es besteht keine Möglichkeit, an die Börse zu gehen: „Da gegenwärtig allein der Aktiengesellschaft und der Kommanditgesellschaft auf Aktien der direkte Zugang zum Kapitalmarkt möglich ist, besteht für unternehmensverbundene Stiftungen keine Möglichkeit der (indirekten) Kapitalbeschaffung über die Börse. Die Umwandlung einer Stiftung in eine andere Rechtsform ist ausgeschlossen.“[135]

Diese Nachteile der unternehmensverbundenen Stiftung können durch die Stiftung einer gemeinnützigen Unternehmensstiftung ausgeglichen werden. Denn die gemeinnützige Stiftung kann „als Kreditgeber für das Unternehmen fungieren. Sie erwirtschaftet dann entsprechend ihrem Satzungszweck ihr Einkommen durch zinspflichtige Darlehensgewährung an das Unternehmen. (…) Zudem ist es ein wesentlicher Unterschied, ob ein Darlehen für das Familienunternehmen von der Bank oder von einer gemeinnützigen Stiftung der Familie kommt.“[136] Ideal ist somit das Kombinationsmodell von unternehmensverbundener und gemeinnütziger Stiftung, also von Doppelstiftungen. Die Nachteile der reinen unternehmensverbundenen Stiftung werden durch die gemeinnützige ausgeglichen, es herrscht eine „gegenseitige Funktionsbezogenheit“[137].

Was leisten diese Doppelstiftungen? Als unternehmensverbundene Stiftungen sind sie das Instrument, den Stifterwillen und die Unternehmenserhaltung zu garantieren. Die Probleme der Zersplitterung durch Verkauf an Dritte, das Geltendmachen von Pflichtteilsansprüchen und Mitspracherechten in der Unternehmensführung sind dadurch beseitigt. Geeignete Führungskräfte leiten das Unternehmen möglicherweise besser als etwaige desinteressierte Familienmitglieder; durch die Stiftung werden die Familienmitglieder andererseits standesgemäß versorgt. Aufgrund der Erweiterung durch die Gemeinnützigkeit kommen noch Steuerersparnisse und Steuerbefreiungen hinzu, während eine nicht-gemeinnützige Stiftung der normalen Besteuerung des Erb- und Schenkungsrechts unterliegt.

Das Stiftungsrecht ist den Regeln zur Besteuerung gemäß § 7 ErbStG Abs. 8 unterworfen: „Als Schenkungen unter Lebenden gelten somit der Übergang von Vermögen auf Grund eines Stiftungsgeschäfts unter Lebenden. Dem steht gleich die Bildung oder Ausstattung einer Vermögensmasse ausländischen Rechts, deren Zweck auf die Bindung von Vermögen gerichtet ist.“[138] Aus dem gemeinnützigen Teil ergibt sich ne-

134 Vgl. die Darstellung des Diskussionsstands bei: Berndt, Hans, Stiftung und Unternehmen, Herne / Berlin ^{6}1998, S. 327.

135 Hennerkes, Brun-Hagen / Schiffer, K. Jan, Stiftungsrecht, Frankfurt am Main 1996, S. 181.

136 Ibid., S. 190.

137 Ibid., S. 193.

138 Bolz, Norbert, Erbrecht und Erbschaftsteuerrecht, Stuttgart / München / Hannover 1999, S. 9.

ben Steuervorteilen die Situation, dass die Doppelstiftung als Kreditgeber fungieren kann; dieser Umstand garantiert die Unabhängigkeit von Banken. Neben Vorteilen in Bezug auf das Kapital ergeben sich noch weitere: nur beschränkte Haftung für die natürlichen Personen, keine Mitbestimmung nach dem Mitbestimmungsgesetz, keine Publizitäts- und Prüfungspflicht. Diese fehlende Publizitätspflicht ist es auch, die es unmöglich macht, hinter die Kulissen der Stiftungen zu blicken: „Nach dem derzeitigen Recht ist es möglich, dass eine Konzernspitze sich in die Anonymität der Stiftung (wie beim wirtschaftlichen Verein) zurückziehen und sich damit von der Publizität, auch von der Verpflichtung zur Aufstellung und Prüfung von Konzernabschlüssen und -lageberichten sowie deren Veröffentlichung gem. §§ 290ff. HGB vollends befreien kann, sofern die Merkmale ‚des Gesetzes über die Rechnungslegung von bestimmten Unternehmen und Konzernen' nicht erfüllt sind und Publizitätspflicht nach diesem Gesetz gegeben ist."[139]

Es lohnt sich also eine gemeinnützige Doppelstiftung, alle Varianten eingeschlossen. „Sie ist damit Ausdruck eines verantwortungsbewussten und eigenverantwortlichen Unternehmertums. Sie ist im besten Sinne des Wortes die ‚Sinn-Stiftung'."[140] Angesichts dieser beinahe metaphysischen Bedeutung darf jedoch auch gefragt werden, was eine solche Stiftung nun an Kapital für den Gemeinnutz abwirft. Grundsätzlich muss immer wieder auf die Anonymität der Stiftungen verwiesen werden, die genaue Einblicke verhindert. Deshalb sei auf die Statistik verwiesen: Wer sind die größten Stiftungen, und wie viel geben sie aus?[141]

Stiftung ‚Erinnerung, Verantwortung, Zukunft'	10.000.000 TDM
Robert Bosch Stiftung GmbH	5.487.976 TDM
VolkswagenStiftung	3.798.000 TDM
Bayerische Landesstiftung	3.153.000 TDM
Klaus Tschira Stiftung GmbH	3.000.000 TDM
Gemeinnützige Hertie-Stiftung	1.693.880 TDM
Bertelsmann Stiftung	1.340.000 TDM
Allgemeiner Hannoverscher Klosterfonds	1.000.000 TDM
Bayerische Forschungsstiftung	900.233 TDM
Alfried Krupp von Bohlen und Halbach-Stiftung	882.000 TDM

Darst. 7: Größte Stiftungen in Deutschland nach Stiftungskapital
(Quelle: Mecking, Christoph: Zur Situation der Stiftungen in Deutschland, Köln 2001, S. 44f.)

139 Berndt, Hans, Stiftung und Unternehmen, Herne / Berlin ^{5}1995, S. 328.

140 Hennerkes, Brun-Hagen / Schiffer, K. Jan, Stiftungsrecht, Frankfurt am Main 1996, S. 194.

141 Vgl. Mecking, Christoph, Zur Situation der Stiftungen in Deutschland, in: Hopt, Klaus J. / Reuter, Dieter (Hg.), Stiftungsrecht in Europa, Köln 2001, S. 44f.

Die größten Stiftungen sind somit Stiftungen des öffentlichen Rechts, Stiftungsvereine und unternehmensverbundene Stiftungen wie die Robert Bosch Stiftung GmbH, die Klaus Tschira Stiftung GmbH, die Gemeinnützige Hertie-Stiftung, die Bertelsmann Stiftung, die Alfried Krupp von Bohlen und Halbach-Stiftung.

Eine Auflistung der ausgabefreudigsten Stiftungen zeigt folgendes Ergebnis:

SRH Holding-Stiftung (Stiftung Rehabilitation Heidelberg)	752.300 TDM
Anstalt Bethel	631.745 TDM
Stiftung Preußischer Kulturbesitz	471.000 TDM
Deutsches Elektronen-Synchrotron DESY	323.695 TDM
VolkswagenStiftung	271.600 TDM
Evangelische Stiftung Alsterdorf	263.000 TDM
Friedrich-Ebert-Stiftung e.V.	212.000 TDM
Konrad-Adenauer-Stiftung e.V.	207.000 TDM
Spitalstiftung Konstanz	160.135 TDM
Deutsche Bundesstiftung Umwelt	141.991 TDM

Darst. 8: Ausgabenfreudigste Stiftungen in Deutschland
(Quelle: Mecking, Christoph: Zur Situation der Stiftungen in Deutschland, Köln 2001, S. 48)

Zunächst wird ersichtlich, dass die Stiftungen mit dem größten Vermögen nicht zugleich auch jene mit den höchsten Gesamtausgaben sind. Im Hinblick auf die unternehmensverbundenen Stiftungen lässt sich dabei ein Orientierungspunkt ausmachen: die VolkswagenStiftung. Sie steht an dritter Stelle auf der Haben- und an fünfter Stelle auf der Ausgaben-Seite. Vor ihr rangiert in der Vermögens-Tabelle die Robert Bosch Stiftung GmbH, nach ihr – dazwischen die Bayerische Landesstiftung – folgen die Klaus Tschira Stiftung GmbH, die Gemeinnützige Hertie-Stiftung und die Bertelsmann Stiftung. Vergleicht man das Verhältnis von Vermögen und Ausgaben der VolkswagenStiftung, nämlich von 3.798.000 TDM zu 271.600 TDM und legt dieses Verhältnis auch an die anderen Stiftungen an, ist die Frage zulässig, ob nicht zumindest die Robert Bosch Stiftung GmbH und die Klaus Tschira Stiftung GmbH auch in die Tabelle der zehn ausgabefreudigsten Stiftungen gehören müssten.

Diese Inkongruenz zwischen zu großem Vermögen und zu geringen Ausgaben ist auch den Statistikern klar, und zwar gilt diese generell: „Während 37 Prozent der Stiftungen bis zu 100.000 DM im Jahr zur Zweckerfüllung ausgeben, verwenden 18,2 Prozent mehr als 10 Millionen DM. Gründe für die fehlende Kongruenz sind darin zu sehen, dass die Renditen aus der Vermögensanlage durchaus variieren.“[142] Nach der statistischen Auswertung müssten die großen Stiftungen im Vergleich zu den ganz

142 Ibid., S. 48.

großen und im Vergleich zu den kleinen mehr ausgeben. Letztlich haben die Ertragsausschüttungen im Vergleich zum Stiftungsvermögen in dieser Allgemeinheit jedoch nur geringe Aussagekraft, weil in den Ausgaben auch Anteile öffentlicher Gelder enthalten sind.

Festzustellen dabei ist die Tatsache, dass das Stiftermotiv des eigenwirtschaftlichen Interesses auch als gemeinnützig allgemein anerkannt und Geltung erlangt hat, setzt sich doch die Ansicht durch, dass die Steuerbefreiungen keine staatliche Wohltat darstellen; vielmehr haben „in Wirklichkeit gemeinnützige und mildtätige Körperschaften freiwillig Aufgaben des Staates zu ihren Lasten übernommen“[143]. Jedoch, das liegt in der Natur einer solchen Aussage, muss entsprechend auch gefragt werden, wie dann solche Unternehmen zu bewerten sind, die keine Stiftung & Co. KG gründen.

Insgesamt hat sich in der Stiftungsliteratur zur gemeinnützigen und mildtätigen Stiftung das Vier-Sphären-Modell durchgesetzt (wobei lediglich die ersten beiden Sphären hier als relevant zu erachten sind):

1. die steuerfreie ideelle Sphäre
2. die steuerfreie Vermögensverwaltung
3. der steuerpflichtige wirtschaftliche Geschäftsbetrieb
4. der ertragsbefreite, aber umsatzsteuerpflichtige Zweckbetrieb.[144]

Hinsichtlich der Vermögensverwaltungsstiftung gilt, aufgrund der Gemeinnützigkeit, dass die „Stiftung von der Erbschaftsteuer, unter Umständen auch von der Grunderwerbsteuer, bei der Errichtung und von der Körperschaft-, Gewerbe-, Vermögen- und auch der Grundsteuer bei der laufenden Besteuerung befreit ist“[145].

Eine steuerfreie Familienstiftung ist nur als mildtätige Stiftung denkbar, denn bei der Verfolgung mildtätiger Zwecke kommt es nicht darauf an, dass die Allgemeinheit gefördert wird. „Die Mildtätigkeit kommt den Familienmitgliedern zugute. Andere Angehörige können über angemessene Vorstandsvergütungen und durch Auflagen und Nießbrauchrechte sichergestellt werden.“ Eine gemeinnützige Stiftung kann grundsätzlich keine Familienstiftung sein, weil sie die Allgemeinheit fördert. Deshalb wird die Doppelstiftung, gleichgültig, wie sie nun bezeichnet wird, als optimale Stiftungskonstruktion angesehen. Durch die „mildtätige steuerfreie Familienstiftung“ wird ein Höchstmaß an steuerlicher Ersparnis erzielt, durch die „befreite gemeinnützige Vermögensverwaltungsstiftung“ bleibt sie dem Unternehmen verbunden.[146] Die steuerfreie ideelle Sphäre und die der Vermögensverwaltung werden gekoppelt.

Die Motive einer unternehmensverbundenen Stiftung lassen sich wie folgt zusammenfassen:

Ein bedeutsames Ziel ist die Erhaltung des Unternehmens. Je größer ein Unternehmen, desto sinnvoller ist eine Stiftung. Kompetente Führungskräfte treten an die Un-

143 Berndt, Hans, Stiftung und Unternehmen, Herne / Berlin ^{6}1998, S. 173.
144 Hof, Hagen, Stiftungen im deutschen Recht, Köln 2001, S. 326.
145 Berndt, Hans, Stiftung und Unternehmen, Herne / Berlin ^{6}1998, S. 449.
146 Ibid., S. 459f.

ternehmensspitze, und der bekannte familiäre Nachfolgekonflikt wird so gelöst. Das Unternehmen wird nicht zersplittert. Fehlen Erben oder auch geeignete Nachfolger, übernimmt die Stiftung die notwendige Unternehmerfunktion.

Zudem kann der Stifter seinen Willen durchsetzen. Er regelt sein Erbe – er tritt als Erblasser auf, indem er entscheidet, wer und wer nicht an seinem erfolgreichen Unternehmen teilhaben darf.

Darüber hinaus sind die Vorteile zu nennen, die durch eine Stiftungsgründung erlangt werden, so die steuerlichen Vorteile, die Vermeidung von Mitbestimmung sowie von Publizitätspflichten, die Sicherung der Familie bei eingeschränkter Haftung und die Rolle der Stiftung als Kreditgeber.

Schließlich spielen ebenfalls die Zwecke der Stiftung eine Rolle: der Wunsch, ein Werk als Erinnerung an die eigene Person zu hinterlassen, Dritte, Wissenschaftler oder aber auch die Belegschaft mit Zuwendungen zu bedenken und vor allem gemeinnützige Zwecke zu fördern, die sich nicht nur auf Mildtätigkeit oder Kirche beschränken, sondern auch Ideen, Lehre und Forschung unterstützen.

Die Stiftung in ihrer differenziertesten Erscheinung hat scheinbar mit Vererben und Schenken wenig gemein. Und doch liegt hier eine identische Grundstruktur vor. Beim Vererben und Schenken gibt es den Erblasser, der sein Vermögen einem Erben übergibt, beim Schenken gibt es den Schenker und den Beschenkten; eine Person A schenkt einer Person B den Vermögenswert C. Bei der Stiftung übergibt die natürliche Person A der juristischen Person B ihr Vermögen C.

Im Gegensatz zum Vererben und Schenken erfolgt bei der Stiftung die Übergabe von einer natürlichen Person zu einer juristischen Person. Die Ausdifferenzierung, die Kombinationsmöglichkeiten und Koppelungen von Stiftungen haben ihren Grund nicht nur in der geringen Ausgestaltung des Stiftungsrechts, sondern auch in der Art und Weise des Vermögens. Das Erbe lässt sich in Vermögenswerten, in Geld bemessen. Ein Unternehmen wiederum ist ein Vermögenswert, der sich auch in Geld ausdrücken lässt, aber entscheidend ist, dass ein Unternehmen eine wirtschaftliche Einheit darstellt, das Einfluss auf das Wohl und Wehe des gesellschaftlichen Lebens ausübt; das Unternehmen ist nicht nur eine reine Vermögensquantität, sondern auch eine Qualität. Gibt ein Erblasser sein Vermögen weiter, erfolgt dagegen keine gesellschaftsrelevante Veränderung; es findet ein Besitzwechsel statt, der den Vermögenswert dadurch nicht schmälert. Das Vermögen bleibt in der Regel im gesellschaftlichen Kreislauf. Bei einem Unternehmen ist dies nicht der Fall. Wird das Unternehmen nicht in seiner Qualität erhalten, verliert es nicht nur an Vermögenswert, sondern es löst sich auf.

5 Die Stiftung als selbstständige Stiftung privaten Rechts (§§ 80ff. BGB)

5.1 Elemente des Stiftungswesens: Stifter – Stiftung – Zweckbindung

Der Stifter ist vom Sponsor und vom Mäzen zu unterscheiden.

Während der Mäzen der selbstlose Förderer ist, der sich nicht vom Nutzen leiten lässt, sondern sich für Kunst und Wissenschaft begeistert, orientiert sich der Stifter an einem ideellen Zweck. Der subjektive Stifterwille objektiviert sich in der Stiftung, die einen Stiftungszweck erfüllt. Stiftungsorgane entscheiden über die Verwendung der Erträge für bestimmte Zwecke.

Sponsoring betrifft den Bereich der Werbung; der Sponsor erwartet, dass sein Engagement zu einer Steigerung des Bekanntheitsgrades führt und zur Imageverbesserung führt sowie die Kunden- und Kontaktpflege unterstützt. [147]

Zunächst muss geklärt werden, wie sich eine Stiftung definiert, welches also die Elemente sind, die sie ausmachen. Für Autoren mit Affinität zur Stiftungsgeschichte, wie sie Liermann vorstellt, besteht eine Stiftung aus einem Personenverband und dem Zweck, oder, wie es seit Abbe heißt: Die Stiftung ist eine juristische Person mit einem bestimmten Zweck. Für wirtschaftsnahe Anwälte ist die rechtsfähige Stiftung „eine nicht verbandsmäßig organisierte Einrichtung, die einen vom Stifter bestimmten Zweck mit Hilfe eines dazu gewidmeten Vermögens dauernd fördern soll“.

Daraus ergeben sich folgende Wesensmerkmale: „Die Stiftung benötigt einen Stiftungszweck, dann muss ein Stiftungsvermögen vorhanden sein, deren Erträge dienen der Erfüllung des Stiftungszwecks. Die Stiftung benötigt eine Stiftungsorganisation. Die Stiftung kennt keine Mitglieder, allenfalls Destinatäre, das sind Empfänger der Stiftungsleistungen. Die Stiftung gehört sich damit selbst.“ [148]

Der Stifter kann eine natürliche oder eine juristische Person sein. Er muss unbeschränkt geschäftsfähig sein. Will der Stifter eine Stiftung errichten, übt er ein Grundrecht aus, das der Entfaltungsfreiheit der Persönlichkeit des Art. 2 Abs. 1 GG.[149]

Der Stiftungszweck stellt sozusagen das Kernstück der Stiftung dar. Er prägt das Stiftungsgeschäft und die Satzung bis in die Einzelheiten hinein, bestimmt die Geschäftstätigkeit der Stiftung im Detail und setzt auch der staatlichen Aufsicht Grenzen.

Der Stiftungszweck ist im Rahmen der Grundrechte frei. Jedoch empfiehlt es sich, da die Stiftung auf Dauer angelegt ist, verschiedene Zielsetzungen vorzugeben, um die Anpassungsfähigkeit an veränderte Umstände zu gewährleisten. Es sind alle

---

147 Erhardt, Manfred, Mäzene, Stifter und Sponsoren, in: Hopt, Klaus J. / Reuter, Dieter (Hg.), Stiftungsrecht in Europa, Köln 2001, S. 25.

148 Schick, Stefan / Schmidt, Oliver / Ries, Gerhard / Walbröl, Hans-Robert, Praxis-Handbuch Stiftungen, Regensburg / Berlin 2001, S. 18.

149 Hof, Hagen, Stiftungen im deutschen Recht, Köln 2001, S. 305.

Zwecksetzungen erlaubt, die nicht verboten sind und das Gemeinwohl nicht gefährden. Der Zweck muss allerdings nicht das Gemeinwohl fördern: „Gesetzliches Leitbild ist die gemeinwohlkonforme Allzweckstiftung."

Sollen Steuervorteile des Gemeinnützigkeitsrechts eine Rolle spielen, gibt es Einschränkungen: „Nach § 60 AO müssen die Stiftungszwecke und die Art ihrer Verwirklichung in der Satzung so genau bestimmt sein, dass allein auf Grund der Satzung – wenn auch im Wege der Auslegung – von der Finanzverwaltung geprüft werden kann, ob die Voraussetzungen der Steuervergünstigung gegeben sind."[150] Die gemeinwohlkonforme Stiftung ist also nicht mit der gemeinnützigen Stiftung identisch, sie unterliegt der normalen Besteuerung. Bei einer Stiftungsgründung von Todes wegen unterliegt sie der gängigen Erbschaft- und Schenkungsteuer.

Das Vermögen der Stiftung ist „die materielle Grundlage ihrer Geschäftstätigkeit". Das Stiftungsvermögen umfasst alle Vermögenswerte der Stiftung, unter anderem das wichtige „Grundstockvermögen", das nicht zum Verbrauch bestimmt ist. „Der Grundstock ist die finanzielle Basis der Stiftung, aus der sie die Erträge zieht, die sie zur Erfüllung der vom Stifter vorgegebenen Zwecke benötigt." Die Erträge ergeben sich aus diesem Grundstock, der durch Zustiftungen erhöht werden kann. Die Stiftung kann auch Spenden erhalten: „Als solche werden Zuwendungen verstanden, die zum zeitnahen Verbrauch durch Erfüllung der Stiftungszwecke bestimmt sind und nicht dem Grundstock zufließen sollen."

Die Stiftungsorganisation ist die juristische Person, der das Vermögen zukommt. Sie stellt „die juristische Person in Reinkultur dar, ohne soziales Substrat, vom individuellen Willen des Stifters geprägt, durch staatliche Anerkennung verselbständigt und in den Rechtsverkehr aufgenommen". Das Organ der Stiftung ist der Vorstand. „Er handelt im Rahmen von Stiftungszweck und Satzung für die Stiftung in eigener Verantwortung."[151] Der Vorstand besteht aus einer oder mehreren natürlichen Personen. Dem Vorstand obliegt die Geschäftsführung, deren Aufgabe wiederum „die Vermögensbewirtschaftung und die Erfüllung der Stiftungszwecke" ist. Aufgrund seiner weit reichenden Autonomie unterliegt der Vorstand der staatlichen Stiftungsaufsicht, mit der der Staat die „Mitverantwortung für die Verwirklichung des Stifterwillens" übernimmt; sie ist eine „reine Rechtsaufsicht, keine Fachaufsicht"[152]. Sie achtet darauf, dass der Zweck verwirklicht wird, das Stiftungsvermögen erhalten bleibt, die Erträge gemäß dem Zweck verwendet werden und die Satzung eingehalten wird.[153]

Das Stiftungsgeschäft ist eine einseitige Willenserklärung des Stifters. Es ist der „Stiftungsakt im engeren Sinne, also die verbindliche Erklärung des Stifters, dass ein bestimmter Teil seines Vermögens auf Dauer der Erfüllung der vom Stifter gesetzten Zwecke gewidmet wird".

Die Satzung enthält „Name und Sitz der Stiftung, Stiftungszwecke, deren Erfüllung die näher zu bezeichnende Vermögensausstattung dienen soll, und die Organe

150 Ibid., S. 306.
151 Ibid., S. 307ff.
152 Ibid., S. 310.
153 Wachter, Thomas, Stiftungen, Köln 2001, S. 65.

der Stiftung". Da die Stiftungsgesetze Ländersache sind, so präzisieren deren Stiftungsgesetze die weitere Satzungsausgestaltung.

Darauf folgt die Genehmigung; diese ist ein Verwaltungsakt, eine juristische Person wird geschaffen. Die Genehmigung erfolgt durch die Prüfung von Stiftungsgeschäft und Satzung. Damit wird „der Stifterwille objektiviert, der Stifter haftet von diesem Zeitpunkt an für das der Stiftung von ihm zugesagte Vermögen"[154].

Die Erträge können Destinatären zugute kommen, das steht dem Stifter frei. Destinatäre besitzen aber nur dann einen rechtlichen Anspruch auf sie, wenn dies in der Satzung festgelegt wird; es bedarf „objektiver Kriterien, die keinerlei Ermessensspielraum oder Wahlmöglichkeit" zulassen. „Alle diese Rechtsansprüche setzen aber ausdrückliche Festlegungen in der Satzung voraus, die die Stifter in aller Regel vermeiden, um der Stiftung den für eigenständige Entscheidungen erforderlichen Spielraum zu wahren."[155]

Dieses juristische Modell garantiert nach Hof die „Erfüllung des Zweckes aus den Erträgen des Vermögensgrundstocks mit dem Gebot der Kapitalerhaltung"[156].

5.2 Die aktuelle Stiftungsproblematik

Im Verhältnis von Staat und Stiftung sind Positionen unklar, insbesondere Probleme hinsichtlich der steuerlichen Förderungen sind ungelöst.[157]

So gibt es Unklarheiten bei der Aufweichung des Stiftungszweckes sowie bei den Fragen, ob nicht die Stiftung in Konkurrenz mit Profit-Unternehmen steht und inwieweit sie auf wirtschaftlichem Gebiet Aufgaben zur Regelung von Angebot und Nachfrage übernehmen kann, wobei auch die Übernahme von für gewinnorientierte Unternehmen unrentablen Aufgaben in Betracht zu ziehen ist (zum Beispiel Kindergärten, Pflegeheime, kulturelle Einrichtungen). Dem Wunsch nach Klarheit steht das „Tote-Hand-Problem" entgegen: „Die Rechtsvergleichung belegt, dass insbesondere die Furcht vor der ‚toten Hand', die die Lebenden aus dem Grab heraus bei der Verwendung der vorhandenen Güter bevormundet, in den meisten Rechtsordnungen bis heute eine mehr oder weniger ausgeprägte Rolle spielt." [158]

Dieter Pleimes betont die Tatsache, dass Stiftungen keine Dauerstiftungen waren; „dass man (…) bewusst an Dauerstiftungen, und zwar nicht nur an Stiftungen unter Eigenverwaltung dachte, lässt sich erst um 1600 nachweisen"[159].

---

154 Hof, Hagen, Stiftungen im deutschen Recht, Köln 2001, S. 312f.

155 Ibid., S. 314.

156 Ibid., S. 315.

157 Zwar wurde am 08. 06. 2000 ein Gesetz zur steuerlichen Förderung von Stiftungen beschlossen. Eine Reform des Stiftungsrechts steht aber seit dem 44. Deutschen Juristentag im Jahre 1962 aus; vgl. Wachter, Thomas, Stiftungen, Köln 2001, S. 264.

158 Hopt, Klaus J. / Reuter, Dieter (Hg.), Stiftungsrecht in Europa, S. 2f.

159 Pleimes, Dieter, Irrwege der Dogmatik im Stiftungsrecht, Münster / Köln 1954, S. 3.

Eine der Intentionen besteht darin, den Stifterwillen als „Regime der toten Hand“ zurückzudrängen,[160] denn er stellt eine Belastung hinsichtlich des marktorientierten Handelns dar.

Eine weitere Überlegung besteht darin, ob die Stiftung als private Unterstützung des staatlichen Dienstes am Gemeinwohl betrachtet werden soll, wie es in Frankreich geschieht; demgegenüber wird auch für ein freies Stiftungswesen, das in einem partnerschaftlichen Verhältnis zum Staat steht, argumentiert.

Aus dritter Perspektive sind Stiftungen als Verwirklichung individueller Gemeinwohlvorstellungen zu betrachten. Das subjektive Empfinden des Gemeinwohls muss mit dem objektiven vereinbar sein.[161]

Der vierte Ansatz besteht darin, Stiftungen als Instrumente zur Verwirklichung individueller Privatinteressen, also eigennützig, zu betrachten.

Das Gebiet des Stiftungswesens scheint eher eine chaogene Ordnung zu sein als ein klares, überschaubares Feld, nicht zuletzt deswegen, weil die verschiedensten Interessen aufeinandertreffen. Es ist ein unregulierter Freiraum, in dem, da Normen und Regeln weitgehend fehlen, anscheinend viel zu gewinnen und viel zu verlieren ist.

Ein Hauptproblem der Stiftung liegt darin, dass sie weder ein Verband noch eine Gesellschaft ist; sie schüttet für Zwecke Erträge aus, aber niemand weiß, auf Grund welcher Entscheidungen dies geschieht. Die Stiftung ist eine Art Eigentum, die sich selbst gehört, also nicht Besitz einer natürlichen Person ist. Sie stellt eine künstliche juristische Person dar, die von einer natürlichen Person geschaffen wird und dauerhaften Bestand haben soll.

Thematisiert wird das Stiftungswesen unter dem Aspekt des Verwaltungsrechts. Wie ist die juristische Person im Gesamtbau des Staates zu integrieren, welche Freiheiten sollen den Stiftungen zugestanden werden, oder welche Beschränkungen und Pflichten sind ihnen aufzuerlegen?

Es stehen sich zwei Konzepte gegenüber. Die einen sehen die Stiftung als Instrument des Staates, die anderen betrachten sie als Verwirklichung des individuellen Privatinteresses; die einen halten die Stiftung für einen Schlussstein ihrer Entfaltungsfreiheit, die anderen sehen sie als willkommenen Lückenbüßer. Aus diesem Grund geht den einen die noch ausstehende Reform des Stiftungsrechts nicht weit genug, während den anderen die bestehenden Stiftungen schon Ausdruck des Niedergangs des Stiftungswesens sind. Jene Autoren, die auf die Freiheit pochen, sind wirtschaftsfreundlich gestimmt, ihre Kritiker dagegen kommen aus dem Lager der Verwaltung. Insofern spiegelt die Diskussion um die Stiftung das generelle Problem von Staat und individuellen Persönlichkeitsrechten wider und kann sich deshalb widerspiegeln, weil die Stiftung eine juristische Person ist, die ihre Ursache im individuellen Stifterwillen hat. Ein Stifter errichtet gleichsam ein eigenes Staatsgebilde mit eigener Verfassung, Gesetzen und Regierung.

---

160 Hopt, Klaus J. / Reuter, Dieter (Hg.), Stiftungsrecht in Europa, Köln 2001, S. 5.

161 Ibid., S. 10.

5.3 Die Stiftung zwischen iustitia protectiva und iustitia distributiva

Um das Verhältnis Staat – individuelle Persönlichkeitsrechte offenzulegen und diesbezüglich Orientierungen zu schaffen, sei der Versuch unternommen, Abstand zu gewinnen, um eine Rechtsgrundlage zu finden, auf der das Problem betrachtet werden kann. So wird im Folgenden um der Klarheit willen auf die grundsätzlichen Erörterungen Helmut Coings näher eingegangen, bei denen das Stiftungsrecht nicht erwähnt wird.

Es ist dabei nicht notwendig, Coings Gesamtdarstellung des Rechts zu referieren. Für die Stiftungsproblematik könnten nun die folgenden Ausführungen wichtig werden. Coing schreibt über die Grundlagen des Rechts: „Unter den sittlichen Werten, die das Recht gestalten, steht der Wert der Gerechtigkeit oben an."[162] Es geht somit um das Prinzip der Gleichheit und wie es sich also ausdifferenziert, damit auch um die Frage von Gleichordnung und Unterordnung. Deshalb hat die „Staatsphilosophie der Neuzeit, die den Rechtsstaat entwickelt hat", eine iustitia protectiva begründet. Diese schützt die Grundrechte: „Die eindrucksvollste Formulierung hat dieser Sachverhalt in der Vorstellung von den ‚Menschenrechten' gefunden; sie setzt den Menschen mit bestimmten Gütern als ihm zugehörig in Verbindung. (…) Die Güter, die dem Menschen zukommen, sind materieller und geistiger Natur: Leib, Leben und Ehre, Freiheit der Bewegung und Freiheit des Glaubens und der Meinungsbildung, Eigentum und Freiheit der Lebensgestaltung."[163] Der Grundsatz dieser iustitia protectiva lautet: „Alle Macht von Menschen über Menschen muss begrenzt sein."[164]

Die Garantie der Grundrechte erfolgt somit durch die Machtbegrenzung; es darf kein Machtmissbrauch entstehen. Machtbegrenzung geschieht durch den Zweck. Macht ist zweckgebunden, und daraus folgt die Verhältnismäßigkeit von Mittel und Zweck. So ist „der erste Grundsatz der Machtbegrenzung: Soweit Machtstellungen notwendig sind, sind sie auf den Umfang zu begrenzen, den die Natur der Sache (der verfolgten sozialen Zwecke) erfordert. Der zweite Grundsatz lautet: keine Machtstellung darf einen anderen vom Genuss seiner Grundrechte ausschließen. (…) Beschränkungen sind zulässig. Dies gilt zum Beispiel auch im Verhältnis von Monopolist (Kartellen) und Konkurrent. Die Existenzvernichtung ist sittenwidrig. (…) Der dritte Grundsatz lautet: Auch der Machtträger ist im Verkehr mit dem Machtunterworfenen an die Grundsätze von Treu und Glauben gebunden. Er untersteht dem Gebot der Gleichbehandlung. (…) Der letzte Satz der iustitia protectiva ist, dass alle Macht kontrolliert sein muss."[165]

Nun ist in diesem Zusammenhang die iustitia distributiva von Interesse – die iustitia commutativa, die Regeln für das Gemeinschaftsleben aufstellt, braucht hier nicht beachtet zu werden. Bei der iustitia distributiva geht es um die Verteilung von Gütern und Lasten, also um die Frage der gerechten Verteilung, und diese ist nicht mit Grund-

162 Coing, Helmut, Grundzüge der Rechtsphilosophie, Berlin 1969, S. 188.
163 Ibid., S. 219.
164 Ibid., S. 215.
165 Ibid., S. 217ff.

sätzen zu lösen. Es handelt sich darum, „dass in gewissem Umfange einer für den anderen eintreten muss. Die iustitia distributiva greift immer dann ein, wenn eine Last oder ein Vorteil nach übergreifenden Prinzipien verteilt werden muss. Der Maßstab der iustitia distributiva ist die Gleichheit, und zwar im Ausgangspunkt die mechanische Gleichheit. Wenn drei Personen sich zu einer Erwerbsgesellschaft zusammentun, so gilt im Zweifel, dass sie gleiche Beiträge leisten müssen und in gleicher Weise am Gewinn partizipieren." Aber diese mechanische Gleichheit reicht nicht aus. Manche Lösungen ergeben sich aus der Natur der Sache: „Bei der Lebensmittelbeschaffung etwa wird man dem Kleinkind andere Lebensmittel und weniger Kalorien geben als dem Erwachsenen." Sie hört aber schon bei der Verteilung von Schäden auf: Wie können etwa Opfer eines Unglücks gerecht entschädigt werden? Gegenüber der iustitia protectiva, die in der Verwaltung ihre Anwendung findet, ist „die iustitia distributiva dynamisch, weil sie die Herausarbeitung neuer Maßstäbe erlaubt. Im Namen der sozialen Gerechtigkeit ist die Beteiligung der Arbeiter an dem Zuwachs des industriellen Sozialprodukts, ist in unserem Jahrhundert die Fürsorge für die sozial Schwachen überhaupt gefordert worden. Es ist die iustitia distributiva, welche es erlaubt, den Zustand der Güterverteilung im Sinne einer größeren Gerechtigkeit zu verändern. Es ist der Aspekt der Gerechtigkeit, welcher Reform und Revolution trägt."[166]

Diese rechtsphilosophischen Grundsätze lassen sich für die Bewertung der Situation im Stiftungswesen heranziehen. Es handelt sich darum, die Auffassungen der Vertreter der einzelnen Richtungen, der Reformer und deren Kritiker, danach zu untersuchen, inwieweit sie der iustitia protectiva oder der iustitia distributiva zuzuordnen sind. Es wird schnell klar, dass jene, die die Extremposition des Individualinteresses der Stiftung vertreten, der iustitia distributiva zuneigen, während jene, die die Doppelstiftungen, die Stiftungen & Co. KG als Perversion des Stiftungsrechts bezeichnen, mit den Grundsätzen der iustitia protectiva argumentieren. Diese Einordnung gilt nicht nur für die Stiftungsrechtler und Stiftungssteuerrechtler, sondern auch für die Stifter selbst, wenngleich einschränkend angemerkt werden muss, dass diese Beobachtung selbstverständlich immer auf die Selbstdarstellung angewiesen ist. So sind Stifter wie Abbe, Bosch oder Körber in ihrer gedanklichen Ausrichtung der iustitia protectiva zugehörig, Rockefeller, Morgan, Thyssen und Mohn wohl Anhänger der iustitia distributiva. Gehen die Erstgenannten von Grundsätzen aus, die geschützt und befördert werden müssen, so setzen die Letzteren auf die Dynamik der gerechten Verteilung, wobei der reformerische Aspekt anscheinend darin besteht, dass sie selbst Anspruch auf mehr Gerechtigkeit erheben, indem sie die großen Lasten tragen, während die anderen nur die Vorteile genießen – vorausgesetzt, sie sehen im Stiftungswesen mehr als nur ein Steuersparmodell.

166 Ibid., S. 214f.

5.4 Die Gemeinsamkeiten von Erbschaft, Schenkung und Stiftung

Das Grundmodell des Stiftungswesens scheint durch das Steuerrecht, durch die Brüche innerhalb der geschichtlichen Entwicklung, durch die Interessenskonflikte von Stifter, Gesellschaft und Staat verloren zu gehen. Gerade weil die Folgen die Grundlage überwuchern, sei das Grundmodell herausgestellt. Dabei wird der Zusammenhang von Vererben, Schenken und Stiften evident; die Stiftungserrichtung gleicht dem Akt des Vererbens von Todes wegen, dem Schenken zu Lebzeiten.

Wie das Vererben und das Verschenken ist auch das Stiften Ausdruck der Entfaltungsfreiheit der Persönlichkeit. Im Falle des Vererbens hinterlässt der Erblasser dem Erben seine Vermögenswerte per Testament: Erblasser – Vermögen – Erbe. Das Eigentum wechselt den Besitzer.

Im Falle der Schenkung geht zu Lebzeiten ein Teil des Vermögens des Schenkers in das Eigentum des Beschenkten über: Schenker – Vermögen – Beschenkter.

Der Stiftungsakt ähnelt dem Erben und dem Schenken, weil ein Stifter, per Testament oder zu Lebzeiten, sein Vermögen an Dritte übergibt: Stifter – Vermögen – Empfänger.

Darin besteht eine strukturelle Übereinstimmung. Diese bleibt auch erhalten, aber die Stiftungsstruktur erweist sich aus den folgenden zwei Gründen als komplizierter:

- Der Stifter als natürliche Person übergibt sein Vermögen einer juristischen Person: natürliche Person – Vermögen – juristische Person. Dieser Übergang bedarf der rechtlichen Absicherung.
- Der Empfänger des Vermögens ist kein Dritter, der nun Vermögenswerte in sein Eigentum überführen kann. Der Empfänger wird durch den Zweck ausgetauscht. Und erst auf Grund der Zweckbindung können Destinatäre und Dritte zu Ertragsempfängern werden: Stifter – Stiftung – Zweck – Destinatäre oder Zweckempfänger.

Der Stifter übergibt sein Vermögen einer Stiftung, die das Vermögen auf Dauer sichert und die Erträge für einen bestimmten Zweck verwendet. Die Stiftung soll eine dauernde oder ewige Einrichtung sein; sie besteht aus dem Vermögen, der Organisation und dem Zweck.

Die Zwecke sind in der Regel aus steuerlichen Gründen mildtätig, gemeinnützig oder kirchlich. Wird kein steuerlicher Vorteil erwogen, muss der Zweck konform mit dem Gemeinwohl sein oder darf zumindest nicht im Widerspruch zu ihm stehen.

6 Die Wirklichkeit des Stifters

6.1 Der Stifterwille, sein Motiv und sein Zweck

Die Stiftung verwirklicht den Willen des Stifters. Sie erhält das Vermögen und schüttet die Erträge für die bestimmten Zwecke aus. Der Stifter ist derjenige, der sich entschließt, eine Stiftung zu errichten. Er ist die Ursache, sein freier Entschluss führt zur Stiftungsgründung. Insofern ist diese Willensbekundung auch Ausdruck seiner Entfaltungsfreiheit. Die entscheidende Frage ist aber nun die nach dem Stiftermotiv.

Da sich die Stiftung durch die Zweckbindung definiert, so ist die Frage nach dem Motiv auch eine nach dem Stifterwillen und dem Stiftungszweck:

1. Das Stiftermotiv ist mit dem Willen des Stifters identisch. Es ist damit eine Verewigung des reinen Willens ohne Inhalt und Ziel. Ist der Wille selbst das Stiftermotiv, so ist es Ausdruck des Willens zur Macht, der sich nur selbst will; im souveränen Machtgedanken verschwindet das Motiv. Ist nach Liermann die Errichtung einer Stiftung Ausdruck des primitiven Egoismus, so ist die Identität von Wille und Motiv als ein solcher Egoismus zu bestimmen.
2. Das Motiv ist mit dem Zweck identisch; es erfüllt sich im Zweck. Es gibt keinen Unterschied zwischen Motiv und Zweck. Damit ist der Egoismus mit dem Altruismus identisch.
3. Der Zweck wird zur Ursache für eine Stiftungserrichtung; erst in Kenntnis möglicher Zwecke errichtet ein Stifter eine Stiftung. Durch Motiv und Zweck bestehen zwei Arten von Identität. Auch ist eine Teilidentität denkbar. Das Motiv realisiert sich im Zweck. Der Egoismus orientiert sich an altruistischen Idealen.
4. Motiv und Zweck sind nicht identisch. Motive können Steuerersparnis oder die Regelung der Unternehmensnachfolge sein. Die Stiftung wird so zum Instrument oder wird als Mittel betrachtet. Der Egoismus benützt den Altruismus, um sich zu verewigen.
5. Die Motive sind ganz anderer Art. Es gibt keinen Weg vom Zweck zum Motiv. So kann Hass auf die Erben ein Motiv sein; dieser verwirklicht sich nun in einer gemeinnützigen Stiftung. Motiv und Zweck sind nicht nur nicht identisch, sie sind disparat. Der Egoismus verwandelt sich in Altruismus, um sich in dessen Gewande zu verewigen.

6.2 Das Stiftermotiv als Optimierung der Gestaltungsmöglichkeiten

Das Motiv ist der Grund des Willens oder die Legitimationsgrundlage des Willens, der dann durch die Stiftung als juristische Person oder als Körperschaft in der Zweckbindung legalisiert wird.

Motiv wird in der Literatur zumeist einfach als Vorteil definiert; im Vordergrund steht die Frage, welche Stiftungsform ein Maximum an Gestaltung ermöglicht. Das

Motiv ist nichts anderes als eine Optimierung der Gestaltungsmöglichkeit. So werden nach Thomas Wachter als Motive der unternehmensverbundenen Stiftungen die folgenden betrachtet:[167]

1. Sicherung der Unternehmenskontinuität durch dauerhafte Bindung des Stiftungsvermögens
2. Schutz des Unternehmens vor Zersplitterung und feindlichen Übernahmen
3. Positive Darstellung des Unternehmens nach außen und nach innen

Der Prototyp der unternehmensverbundenen Stiftung ist die Stiftung & Co. KG. Die Vorteile, wiederum nach Wachter, sind:[168]

1. Haftungsbeschränkung: die Haftung der Stiftung als persönlich haftender Gesellschafterin ist auf das Stiftungsvermögen beschränkt.
2. Die Stiftung & Co. KG unterliegt nicht der Mitbestimmung.
3. Die Unternehmensnachfolge ist über Generationen gesichert.
4. Die Stiftungskonstruktion bietet Schutz vor feindlichen Übernahmen.
5. Die Geschäftsführung obliegt dem Stiftungsvorstand. Zu Mitgliedern des Stiftungsvorstands können auch qualifizierte Nicht-Gesellschafter ernannt werden.
6. Flexibilität: die Stiftung kann sich flexibler an veränderte Marktgegebenheiten anpassen. Die Aufnahme neuer Kommanditisten oder weiterer persönlich haftender Gesellschafter ist jederzeit möglich.
7. Die Stiftung hat bessere Möglichkeiten der Fremdfinanzierung.
8. Die Stiftung erfordert keine Regelungen zur Verzahnung der Kommanditanteile mit den Anteilen an der Komplementärin, da die Komplementärin keine Gesellschafter hat.
9. Die Stiftung unterliegt der Publizität, die in der Praxis nicht stattfindet. Es besteht rechtlich Publizitätspflicht, aber sie wird nicht durchgeführt: „Das am 9. 3. 2000 in Kraft getretene Kapitalgesellschaften- und Co.-Richtlinien-Gesetz hat unter anderem die Angleichung der deutschen Rechtsvorschriften an die europäische GmbH & Co.-Richtlinie zum Ziel. Diese Richtlinie schreibt den Mitgliedstaaten bereits seit Anfang 1993 vor, bestimmte Kapitalgesellschaften & Co. in den Anwendungsbereich der Bilanz- und der Konzernbilanzrichtlinie einzubeziehen. Der Europäische Gerichtshof hat in der unterlassenen Umsetzung einen Verstoß der Bundesrepublik Deutschland gegen ihre mitgliedschaftlichen Pflichten gesehen."[169]

---

167 Wachter, Thomas, Stiftungen, Köln 2001, S. 124. Wachter arbeitet diese Motive deutlich heraus, obwohl er in Unkenntnis der einzelnen Anstrengungen der Stifter nur die Stiftungsform betrachtet; so werden als herausragende Beispiele von unternehmensverbundenen Stiftungen Mohn, Quandt, Abbe und Körber genannt. Dabei wird er jedem dieser Stifterpersönlichkeiten, wie gesehen, nicht gerecht.

168 Ibid., S. 129.

169 Vgl. ibid., S. 134.

Als Motive der Familienstiftung sieht Wachter:[170]

1. Flexiblere Vermögensverwaltung (asset management)
2. Erbfolge und Nachlassplanung (estate planning)
3. Förderung privater, unternehmerischer und/oder gemeinnütziger Zwecke
4. Erhaltung und Vermehrung des Familienvermögens
5. Schutz des Vermögens vor Zersplitterung
6. Unterstützung und Versorgung von Familienmitgliedern
7. Schutz des Vermögens vor Gläubigern (asset protection)
8. Reduzierung der Erbschaft-Steuerbelastung

Die Motive der Doppelstiftung seien:[171]

1. optimale Nutzung der gemeinnützigkeitsbezogenen Steuervorteile
2. Minimierung der Erbschaft- und Schenkungsteuerbelastung bei der Stiftungserrichtung
3. Beschränkung der regelmäßigen Erbersatzsteuer auf die notwendigen Vermögensteile
4. Sicherung der unternehmerischen Verantwortung bei der Familie
5. Vermeidung einer Einflussnahme der Stiftungsaufsicht

Es gibt nun auch neue Stiftungsformen wie die Stiftungs-GmbH, den Stiftungs-Verein und die Stiftungs-Aktiengesellschaft. Diese haben, so Wachter weiter, folgende Vorteile:[172]

1. Die Errichtung bedarf keiner staatlichen Genehmigung.
2. Bei Einhaltung der gesetzlichen Voraussetzungen besteht ein Anspruch auf Eintragung der Körperschaft in das Handels- oder Vereinsregister.
3. Die laufende Tätigkeit unterliegt keiner staatlichen Aufsicht.
4. Die Stiftungskörperschaft kann von den Gesellschaftern in beliebiger Weise geändert oder aufgehoben werden.
5. Die Stiftungskörperschaften, die wesentlich dem Interesse der Familie dienen, unterliegen nicht der Erbersatzsteuer.

Kennzeichnend dabei sind die Zweckoffenheit und die Gestaltungsfreiheit.

6.3 Das Verschwinden idealistischer Motive

Die oben genannten Motive haben wohl kaum mit den Motiven zu tun, wie sie Georg Strickrodt auflistet: Weder ist das Motiv der Reform, der sozialen Einstellung, der kulturellen Zuwendung, noch das der patriotischen Hingabe vorhanden. Allein das Motiv der persönlichen oder beruflichen Entfaltung kann für diese Stiftungsformen in Anspruch genommen werden.

---

170 Ibid., S. 142.
171 Ibid., S. 171.
172 Ibid., S. 201.

Möglicherweise hat aber die Förderung des Stiftungswesens – beispielsweise durch die Politik – auch eine ganz andere Grundlage; ein Perspektivwechsel ist notwendig. Die neue Grundlage heißt vielleicht: Weil die Unternehmen und die Reichen viele Wege kennen und nützen, um Steuern zu sparen, also weil der Staat nur geringe Zugriffsmöglichkeiten besitzt, versucht er den Unternehmen eine Konzession zu einer Stiftungserrichtung zu erteilen. So fließen wenigstens auf diese Weise potenzielle Steuergelder in das Gemeinwesen, zumindest bleiben sie im Land und kommen Beschäftigten in den Stiftungen wie auch den entsprechenden Einrichtungen, Instituten und Wissenschaftlern als Unterstützung und Drittmittelquelle zugute. Plakativ ausgedrückt, könnte die Maxime lauten: Bevor das Geld auf Konten in Liechtenstein liegt, nimmt man im Lande eine „Liechtensteinisierung" in Angriff.

Geht man aber nun von der Voraussetzung aus, dass der Staat das Stiftungsrecht so attraktiv gestalten muss wie möglich, damit sich die Unternehmen und Vermögenden bereit erklären, eine Stiftung zu errichten, so erweist sich schnell die Diskrepanz zum traditionellen Stiftungsgedanken und der lebensweltlichen Vorstellung von Stiften. Es ist ein neuer Stiftungsgedanke, der sich nun durchzusetzen beginnt. Dieses Neue führt aber wieder zum alten Stiftungsgedanken zurück, wie er vom Staat unter Kaiser Justinian I. gefördert wurde. Die Blüte des Stiftungswesens und damit eine enorme Ausweitung des Einflusses der Kirche verdankt sich Justinians Erneuerung und Ausbau des Militärstaats im 6. Jahrhundert n. Chr., den er vorantrieb, um den Folgen der Völkerwanderung zu begegnen; er gewann größere Handlungsfreiheit, indem er sich von den Soziallasten befreite. Der Bereich des Sozialen war nun das Aufgabengebiet der Kirche, die sich über den „Sohnesteil", also den dritten Teil eines Erbes, finanzierte.[173] Es ist nicht notwendig, Parallelen zu ziehen, jedoch ist es ein interessanter Aspekt, dass in Stiftungen immer dann ein Allheilmittel gesehen wird, wenn das Gemeinwesen nicht mehr das leisten kann, was es sich vorgenommen hat.

Das Urteil über Stiftungen im Verhältnis zum Staat und zur Verfassung sollte nicht aus geschichtlichen Gründen gefällt werden, sondern aus dem Verhältnis selbst heraus. So ist die Stiftung garantiertes Grundrecht der Entfaltungsfreiheit der Persönlichkeit, und wenn der Staat sie fördert, so sieht er darin auch seine Vorteile. Aber es gibt eine Grenze; sie betrifft die Frage nach der demokratischen Verfasstheit der Stiftung, gilt doch das demokratische Element auch für die Stiftung. Es ist nicht haltbar, wenn die Stiftung als demokratiefreies und autonomes Gebiet installiert wird, das der Stifter so regiert, dass auch die mit der Stiftung verbundenen Unternehmen Rechte wie die Mitbestimmung aushebeln, obwohl die Belegschaft nicht von Stiftungsgeldern profitiert. Die Stiftung darf nicht zur Schaltzentrale werden, um demokratische Rechte von Abhängigen zu eliminieren.

Die Kollision der Grundrechte, die die Stiftung als juristische Person genießt, mit der Entfaltungsfreiheit der natürlichen Personen darf nicht eintreten. Ob sie schon

173 Zur Reorganisierung der Religion, der Bürokratie und des Militärs des frühbyzantinischen Reichs durch Justinian vgl. Böhme, Helmut, Europäische Wirtschafts- und Sozialgeschichte, Staatsbürokratie, Völkerwanderung und römisch-christliches Reich, Bd. I, Frankfurt am Main 1977, S. 148ff.

eingetreten ist, kann rechtlich noch nicht entschieden werden, denn das Stiftungsrecht wird als reines Praxisrecht gehandhabt; der Staat erteilt die Konzession einer Stiftungserrichtung, ohne dass ein festes Normensystem besteht. Kant kritisierte die Stiftung wegen ihres Ewigkeitscharakters inmitten einer sich wandelnden Welt – die heutige Kritik muss die Stiftung unter demokratischen Kriterien beurteilen. Der Fiskus besteuert vererbtes Vermögen mit der Begründung, dass Eigentum verpflichtet. Die Stiftung wird steuerlich begünstigt, aber welchen Eingang findet dieser Grundsatz hier? Dafür gibt es noch keine Regelungen. Von der Ausschüttung von Erträgen in Höhe von 5 Prozent des Vermögens, wie sie W. Rainer Walz[174] nach amerikanischem Vorbild ins Gespräch bringt, ist in den verschiedenen Vorschlägen der Parteien und Länder zum Beispiel zur Reform des Stiftungswesens nichts zu sehen, ebenso wenig Konkretes zur Reichweite demokratischer Rechte. Die Politik betrachtet das Stiftungswesen nur von der instrumentellen Seite: Wer der Stiftung größtmögliche Freiheit einräumt, darf, nach der iustitia distributiva, ihr auch etwas an Leistungen abverlangen.

Aber die Zweckbindung wird auch aufgehoben werden, weil sie nicht länger zu halten ist, wenn die Rechte der natürlichen Person mit denen der juristischen gleichgesetzt werden. Dies geschieht mit folgendem Argument: „Das Hervortreten des Gedankens des subjektiven Rechts ist jedoch zugleich Ausdruck einer Sozialphilosophie der Freiheit, die in der Autonomie des einzelnen und ihrem Schutz das wesentliche Ziel der Sozialordnung erblickt. Der Gedanke des subjektiven Rechts bringt zum Ausdruck, dass dem einzelnen nicht bestimmte Befugnisse zur Erreichung bestimmter sozialer Zwecke (also ‚Kompetenzen'), sondern Befugnisse zur Verwendung nach guter oder schlechter eigener Einsicht, ja nach Gutdünken übertragen worden sind."[175]

Bei der neueren Entwicklung, die den Stiftungen weiterhin den Weg bereitet, anstatt sie auf ihre Ursprünge zurückzuführen, wird auch mit diesem Argument, dass der natürlichen Person (die in der Stiftung mit den Rechten der juristischen Person identisch ist) Befugnisse nach Gutdünken übertragen werden und nicht nach Zweck, die Zweckbindung aufgehoben werden. Denn die Entfaltungsfreiheit ist keine, um einen bestimmten Zweck zu erfüllen, sondern ist eine, um die Freiheit zu entfalten. Was für die natürliche Person gilt, muss auch für die juristische Person gelten, da sie ja die Freiheit der natürlichen übernimmt. Was also bleibt vom Stiftungsgedanken? Die Politiker und Befürworter des Stiftungswesens übernehmen nichts anderes als das Motiv

174 Walz, W. Rainer, Stiftungsreform in Deutschland: Stiftungssteuerrecht, in: Hopt, Klaus J. / Reuter, Dieter (Hg.), Stiftungsrecht in Europa, Köln 2001.

175 Coing, Helmut, Das subjektive Recht und der Rechtschutz der Persönlichkeit, Frankfurt am Main / Berlin 1959, S. 21. Deshalb ist Savigny nur zuzustimmen, wenn er, nach Coing, diese Identitätssetzung von natürlicher und juristischer Person ablehnt: „Der Mensch ist persona moralis – Rechtspersönlichkeit –, eben indem er Träger von Rechten und Pflichten ist. (…) Dementsprechend wird auch die Person als Rechtsfähigkeit verstanden und mit dem philosophischen Personenbegriff (Person = moralisch freies und verantwortliches Wesen) so eng verbunden, dass Savigny die Übertragung dieses Personenbegriffs auf menschliche Verbände unannehmbar erscheint." Ibid., S. 19.

des steuerlichen Anreizes: „Steuerliche Anreize werden gezielt bei Stiftungszwecken eingesetzt, die sich mit öffentlichen Interessen und Staatsaufgaben überschneiden und dadurch die öffentliche Hand finanziell entlasten und unterstützen können. Auf eine konkrete Entlastung kommt es nicht an, die Steuervorteile werden für die Zwecksetzung als solche und deren lückenlose Erfüllung gewährt."[176] Es ist zu befürchten: Vom Stiftungsgedanken bleibt die Privatbank, die steuerbegünstigte Versorgung der Familie, die optimale Regelung der Unternehmensnachfolge und die Einschränkung von Arbeitnehmerrechten. Dies alles wird überstrahlt vom Goldglanz der Stiftung.

176 Seifart, Werner (Hg.), Handbuch des Stiftungsrechts, München 1987, S. 126.

7 Zur Geschichte der Stiftung

7.1 Von der Frühzeit bis zur Spätantike

Das Standardwerk für die Stiftungsgeschichte ist nach wie vor die „Geschichte des Stiftungsrechts" von Hans Liermann aus dem Jahr 1963. Kein wissenschaftlicher Text über Stiftungsgeschichte kommt ohne ihn aus, wenngleich sich jeder das aussucht, was von seiner Warte aus interessant ist. Auch wenn Liermann nur referiert, nicht aber zitiert wird, tritt aufgrund von Gedankenfiguren oder Motivzusammenhängen, die die Autoren aufgreifen und wiederholen, die Beziehung zu seinem Werk deutlich zutage.

Am Anfang seiner Geschichtsschreibung macht Liermann den Leitfaden deutlich: Ein Mensch gibt seine Güter für einen bestimmten Zweck weiter. Diese Absicht „wird von der Rechtsordnung als dauernd anerkannt". Dadurch „lebt er – begrifflich ‚ewig', so weit man unter menschlichen Verhältnissen von Ewigkeit sprechen kann".[177]

Geschichtlich gesehen kommt dieser Gedanke als Fürsorge für die eigene Seele im Jenseits bei primitiven Gesellschaften vor: „Man stellte Mittel bereit, damit auf Dauer die Kulthandlungen ermöglicht wurden, die der Seele des Stifters das Dasein im Totenreich erträglich machen sollten. An der Schwelle des Stiftungsrechts stehen also primitiver Egoismus und nackte Furcht vor mangelnder Betreuung im Jenseits." Zunächst waren es unselbstständige Schenkungen oder Gaben, die als Opfer der Gottheit dargebracht wurden. Diese Gottheit häufte ein großes Vermögen an; ihr gehörten Grundstücke, Sklaven und auch reiche Tempelschätze, die sich vorwiegend aus Geschenken der Gläubigen an den Gott zusammensetzten. Damit ist der „antike Gott die erste Stiftung mit eigener Rechtspersönlichkeit"[178]. Im Lauf der Zeit bildete sich eine Priesterschaft als feste Korporation aus, die das Tempelgut verwaltete: „Der ägyptische Tempel mit seiner Priesterschaft betrieb in hellenistischer Zeit große Wirtschaftsunternehmen aller Art wie öffentliche Bäder, Ölfabriken, Brauereien, Mühlen, Bäckereien und Banken. Man hat die Tempel als die größten Industriellen Ägyptens bezeichnet." Stiftungen waren „Rechtsordnungen, in denen das stiftungsartige Göttereigentum" vorherrschte; so schenkte der assyrische „König Sanherib dem Gott Zababa 41 Menschen als Diener".

In der griechischen Antike entwickelte sich die Stiftung vom Göttereigentum zum Staatseigentum. Die erste frühe Stiftung stammt von Nikias: „Es handelt sich um eine Zuwendung von Land an den delphischen Apoll. Dabei wurde zugleich dem Gott zur Auflage gemacht, die Erträgnisse des gestifteten Landes für ein Festmahl zu verwenden, wobei viel Gutes für Nikias von den Göttern erfleht werden sollte."[179] Langsam

177 Liermann, Hans, Handbuch des Stiftungsrechts, I. Band, Geschichte des Stiftungsrechts, Tübingen 1963, S. 9ff.

178 Ibid., S. 14.

179 Ibid., S. 5ff.

begann die griechische Polis als Korporation die Gottheit als Stiftung zu verdrängen. Da es aber noch keine Ausdifferenzierung gab, keine getrennten Sphären von Recht, Staat und Religion, war es selbstverständlich, dass „alles der Verehrung der Götter gewidmete Vermögen staatlich war“[180]. In der weiteren Entwicklung wurde die Stiftung immer stärker verweltlicht, so übergaben Privatleute immer mehr Mittel für bestimmte Zwecke. Die Zweckbestimmung wurde allerdings zumeist nicht eingehalten, denn die Gemeinden verfuhren in sehr vielen Fällen mit dem Stiftungsgut nach ihrem Belieben und den jeweils vorliegenden Bedürfnissen.

Gegen diesen Missbrauch suchten sich die Stifter zu wehren, sie weihten ihr Stiftungsgut einer Gottheit. Dadurch wurde eine Art „Stiftungsaufsicht durch die Gottheit“[181] geschaffen. Der Zerfall des Götterglaubens führte dazu, für diese Aufsicht selbstständige Vereine oder Korporationen zu gründen; damit wurden erste selbstständige Stiftungen geschaffen. Die Aufgabe des Vereins bestand darin, die gestiftete Rente zu vereinnahmen, um sie im Sinne der Stiftung zu verwalten. Insofern kann man in einem solchen Fall behaupten, dass nicht die Stiftung in der Korporation, sondern umgekehrt die Korporation in der Stiftung aufgegangen ist.

Im antiken Rom verlief der Prozess gerade umgekehrt. Zunächst wurde die Stadt Trägerin des Stiftungsvermögens, das Tempelvermögen war Stadt- oder Staatsvermögen. Bei zunehmender Expansion des Imperiums, das eine Übernahme fremder Götter zur Folge hatte, wurde das Stiftungsvermögen immer mehr Göttereigentum; allerdings konnte nur bestimmten Göttern das Vermögen gestiftet werden. Doch schließlich wurde auch in Rom die Stiftung der Korporation einverleibt: „Im Endstadium der Entwicklung des antiken Stiftungsrechts ist mindestens das praktische Ergebnis im wenig vereinsfreundlichen römischen Rechtskreis dasselbe wie im Gebiet des vereinsfreundlichen griechischen Rechts.“[182]

Neben diesen Kultstiftungen entwickelten sich profane Stiftungen, die den Zweck verfolgten, die Kosten für Wettkämpfe und Festmahlzeiten zu übernehmen. Die Stifter wollten sich damit ein Denkmal setzen, das auch noch nach ihrem Tode das Andenken an ihren Namen erhalten konnte. „Sie merkten zugleich, wenn sie schon bei Lebzeiten die Stiftungen wirksam werden ließen, dass sie dadurch berühmt wurden. Sie ernteten Ehrungen. Es wurden ihnen Bildsäulen errichtet. Das befriedigte ihren Ehrgeiz (Philotimia). Bei diesen profanen Stiftungen wird sowohl dem Philotimia-Motiv (Ehrgeiz) als auch dem Mneme-Motiv (Andenken) oft unverhohlen Ausdruck gegeben“[183].

Stiftungen wurden Göttern und Städten unterstellt. Aber auch hier stellt sich die Frage nach dem Antrieb für eine solche Handlung. Er lag in der egoistischen Fürsorge für das spätere Jenseits. Stiftungen waren Seelenkultstiftungen: Die Furcht vor der Vernachlässigung des Kultus der eigenen Seele nach dem Tode, ohne den die Seele nach dem Glauben der Ägypter im Totenreich ein elendes Dasein führen musste, ver-

180 Ibid., S. 7.
181 Ibid., S. 9.
182 Ibid., S. 13.
183 Ibid., S. 17.

anlasste vor allem die Herrscher zu großen Stiftungen. Diese Kultstiftungen griffen auch auf die hellenistische Antike zur Zeit des Skeptizismus über, nachdem der alte Götterglauben zusammengebrochen war.

Die Totenkultstiftung war eine Versicherung für das Jenseits. So zitiert Liermann Eberhard Friedrich Bruck: „Der Skeptiker mag sich keine Sorge machen, wenn der Totenkult anderer in Betracht kommt. Anders wenn die Sorge um das eigene Fortleben nach dem Tode in Betracht kommt. Sobald es sich um das liebe Ich handelt, wird der Mensch vorsichtiger. So entstanden die hellenistischen Stiftungen."[184] Eigenständige Stiftungen entstanden, weil sich die alten Familienverbände auflösten; die Angehörigen betrachteten das Wohl der Seele des Verstorbenen nicht mehr als ihre Aufgabe, und so musste jeder für sich selbst sorgen.

In Rom oblag der Totenkult der Familie. Dieser war auch sehr einfach zu handhaben; es ging nur um die „Ernährung" des Toten. Im 2. Jahrhundert n. Chr. setzten sich auch in Rom Totenkultstiftungen durch, die Stifter „verlangten oft reichliches Hinstellen von Speisen auf das Grab und profusiones (= Ausgießen von Trankopfern). Zu diesem Zweck weisen die römischen Grabmäler bis tief in die christliche Zeit hinein tönerne oder metallene Röhren auf, in die man die für den Toten bestimmten Trankopfer hineingoß."[185]

Bruck fasst zusammen: „Dieselben Feierlichkeiten zu Totenkultzwecken, ja sogar dieselbe Terminologie kehren in den Seelgerätstiftungen wieder. Der Erblasser sichert sich durch Rechtsgeschäfte, eben durch die Stiftung, was ihm früher auf Grund des Brauches freiwillig geleistet wurde."[186]

Keine Rolle spielten Wohltätigkeitsstiftungen, Erklärung dafür ist, dass die Antike „eine Welt ohne" gewesen sei, das heißt, dem antiken Menschen fehlte Mitleid und Barmherzigkeit, Armut wurde als Unglück betrachtet. Erst Kaiser Nerva (96–98) gründete Alimentenstiftungen, die später noch ausgebaut wurden: „Die kaiserlichen Alimentenstiftungen unterstützen freigeborene arme Kinder, in erster Linie Knaben, aber auch Mädchen, durch Gewährung von Unterhalt." [187] Diese sind jedoch keine selbstständigen Stiftungen; sie können auch nicht als Vorläufer der christlichen Stiftungen betrachtet werden.

Unter Konstantin dem Großen wird die christliche Religion Staatsreligion, das heißt, sie erhält einen rechtlich dominanten Status. In jener Zeit kristallisiert sich auch der christliche Stiftungsgedanke heraus. Jeder Christ soll testamentarisch verfügen, nicht nur Angehörige und Freunde zu bedenken, sondern auch Christus, wie er auf der Welt wandelte und was er selbst den Menschen hinterließ: nämlich als einer, der unter den Armen und Kranken weilte und die Kirche begründete: „Durch diese Verfügungen zugunsten der Kirche und der Bedürftigen – ad pias causas – sorgt der Christ zugleich

184 Bruck, Eberhard Friedrich, Über römisches Recht im Rahmen der Kulturgeschichte, Berlin / Göttingen / Heidelberg 1954, S. 57, zit. nach ibid., S. 16.

185 Ibid., S. 18.

186 Bruck, Eberhard Friedrich, Totenteil und Seelgerät im griechischen Recht, München 1926, S. 181.

187 Liermann, Hans, Handbuch des Stiftungsrechts, Tübingen 1963, S. 20f.

für das Heil seiner Seele; es sind Verfügungen pro salute animae oder ‚Seelgeräte', wie es später auf deutsch heißt." Bei dieser Verfügung verbinden sich zwei Momente: erstens das subjektive Bedürfnis eines Vermögenden, über den Tod hinaus fortzudauern und etwas für sein Seelenheil zu tun, zweitens die objektive Pflicht, Vermögensmassen der Kirche zu überlassen. Mit diesen Verfügungen ad pias causas werden dem Stifter Privilegien zugestanden: „Insbesondere erstrebt er die tatsächliche Verwendung und den dauerhaften Erhalt des Vermögens zu dem frommen Zweck, den der Stifter mit der Verfügung verfolgte." Es bildet sich damit zugleich eine Institution aus, die diese Verfügungen kontrolliert: „Damit entsteht – modern gesprochen – eine Stiftungsaufsicht in der Hand der örtlichen Bischöfe." Auf diese Weise sammelten sich durch die kirchliche Verwaltung große Vermögenswerte an, mit der Folge, dass sich die Kirche „in den unruhigen Zeiten am Ausgang der Antike als verhältnismäßig stabiler, zuverlässiger Träger von Ordnungsaufgaben" erwies.[188]

Die christliche Stiftung für das eigene Seelenheil, indem den Armen gegeben wird, scheint eine merkwürdige Konstruktion zu sein. Der Theologe Liermann verweist auf das Vorbild des Samariters und auf das Gebot der Nächstenliebe. Diese Annahme scheint jedoch zu kurz gegriffen, denn wer ist der Nächste? Auch ein Christ will es genauer wissen, wenn es um das ewige Leben geht; ein deutlicher Hinweis findet sich in der Bibel. So sagt Christus ganz praktisch: „Was ihr für einen meiner geringsten Brüder getan habt, das habt ihr mir getan" (Matth. 25, 40). Wer also den Armen gibt, und zwar denen, die zur Kirche und Gemeinde Christi gehören, gibt damit Christus; insofern ist die christliche Stiftung nicht so sehr verschieden von der heidnischen Götterstiftung. In diesen Zusammenhang gehört auch der Ausspruch Jesu: „Wer euch einen Becher Wasser zu trinken reicht, weil ihr dem Messias angehört – wahrlich, ich sage euch – er wird seinen Lohn nicht verlieren." (Mark. 9, 41)

Eine solche Haltung ist von besonderer Bedeutung für den christlichen Stifter, vor allem den protestantischen, der einerseits Reichtümer anhäuft, ohne dass die Armen darauf direkten Zugriff beanspruchen könnten, andererseits den Armen spendet. Es soll – wie bereits im Vorwort erläutert – die linke Hand nicht wissen, was die rechte tut: „Hütet euch, eure Gerechtigkeit vor den Menschen zur Schau zu stellen; sonst habt ihr keinen Lohn von eurem Vater im Himmel zu erwarten. Wenn du Almosen gibst, laß es also nicht vor dir herposaunen, wie es die Heuchler auf den Gassen tun, um von den Leuten gelobt zu werden. Das sage ich euch: Sie haben ihren Lohn bereits erhalten. Wenn du Almosen gibst, soll deine linke Hand nicht wissen, was deine rechte tut. Dein Almosen soll verborgen bleiben, und dein Vater, der auch das Verborgene sieht, wird es dir vergelten." (Matth. 6, 1-4) Darin zeigt sich nun allerdings der Gegensatz zur weltlichen antiken Stiftung des Andenkens und des Ehrgeizes.

188 Schulze, Reiner, Die Gegenwart des Vergangenen, Zu Stand und Aufgaben der Stiftungsrechtsgeschichte, in: Hopt, Klaus J. / Reuter, Dieter (Hg.), Stiftungsrecht in Europa, Köln 2001, S. 58.

7.2 Das Mittelalter

Die Kirche ist die Überlebende der Spätantike. Als Institution „rettet sie aus der Spätantike eine funktionsfähige Verwaltungsstruktur in das Mittelalter hinüber“; jedoch trifft sie auf andere Kulturen, mit „Denkweisen und politischen Strukturen von Stammesgesellschaften“.

Die Völkerwanderung zerschlug die bisherigen politischen wie gesellschaftlichen Strukturen, insbesondere das Städtewesen wurde zerstört. Das Stiftungswesen kam zum Erliegen. Das kirchliche Vermögen wurde säkularisiert, es wurde „damals in die Hände von Laien gegeben, um auf diese Weise gegen die das Frankenreich bedrohenden Araber ein Reiterheer aufzustellen und es unter den damaligen naturalwirtschaftlichen Verhältnissen auf Dauer zu finanzieren“[189]. Die Armenpflege verfiel. Erst Karl der Große setzte dem ein Ende. Die Grundherren wurden verpflichtet, bei Strafe der Enteignung, die Armenhäuser und Herbergen zu unterhalten. Nach dem Tod Karls des Großen jedoch brach die soziale Fürsorge zusammen. „Man kann von einem fast totalen Untergang der Wohltätigkeitsanstalten im ehemaligen Reich Karls d. Gr. sprechen.“[190] Die Stiftung als Institution dagegen lebte in gewandelter Form weiter.

Der mittelalterliche Stiftungsbegriff erwächst aus der Synthese von christlich-römischer Antike und dem archaischen Stammesdenken über die Gemeinschaft der Lebenden und der Toten: „Zu den vorchristlichen Wurzeln dieser Vorstellungen gehören der Opferkult und das Totenmahl, die die Gemeinschaft mit dem Toten aufrecht erhalten sollen. Für dieses archaische Denken bleibt der Tote in vielen Rechtsfragen symbolisch in der Gemeinschaft präsent. Nach einem Totschlag wird der Erschlagene beispielsweise im germanischen Gericht als anwesend gedacht und ist selbst Subjekt des Verlangens nach Sühne. Ausdruck findet dies an der Gerichtsstätte durch die Präsenz seines Leichnams oder zumindest seiner abgetrennten rechten Hand bei der sog. Klage mit der toten Hand.“[191] Die Vorstellung, dass der Stifter über den Tod hinaus in einer realen Beziehung zu den Lebenden bleibt, weil sich durch seine Stiftung ein Personenverband aus ihm, den Verwaltern und den Destinatären herausbildet, bleibt auch im Mittelalter erhalten.

Dass der Tote weiterhin Rechte besitzt, wird allerdings der christlichen Vorstellungswelt eingegliedert. Am Fortbestehen der Annahme, dass der Tote Rechte besitzt, wird deutlich, dass der Tote als fortexistierendes Rechtssubjekt Ansatzpunkt für stiftungsrechtliches Denken sein kann; das gilt nicht nur von dem Heiligen, dem eine Kirche geweiht ist, sondern ebenso von dem einfachen Christenmenschen, für den noch im Jenseits zu sorgen ist. Ob die Theologen diesen archaischen Einfluss nicht herunterspielen, ist zu fragen.

In der Vergegenwärtigung des Verstorbenen zeigt sich eine Synthese: Wie das Stammesdenken im Totenmahl eine Gemeinschaft der Lebenden und Toten sieht, so wird bei der Armenspeisung oder im Spital unter Glockengeläut der Name des Stifters

189 Ibid., S. 59.
190 Ibid., S. 52f.
191 Ibid., S. 59.

genannt, das heißt, der Stifter wird dadurch bei einer Stiftungshandlung vergegenwärtigt. Das archaische Totenmahl – ein ferner Nachhall ist der Leichenschmaus nach dem Begräbnis –, die christliche Eucharistie und die Stiftungshandlung haben das Gemeinsame in der Vergegenwärtigung; der Tote weilt wieder unter den Lebenden. Zumindest gehen Totenmahl und Stiftung im Andenken oder im antiken Mneme-Motiv zusammen. Es ist die mittelalterliche Sorge um die Memoria: „Als Maximilian im Jahre 1494 die Grabstätte seines Ahnherrn, des Königs Rudolf von Habsburg, im Speyerer Dom aufsuchte, hörte er die Lobrede auf die im Dom bestatteten Herrscher. Diese seien nicht nur darauf bedacht gewesen, wie der Prediger hervorhob, bei den Seligen im Himmel zu wohnen, sondern auch auf Erden ihr Gedächtnis unsterblich und immerwährend zu machen. Ein solcher Gedanke trieb Maximilian zeitlebens um. (…) Pläne indessen, die der Habsburger von seiner eigenen Memoria in einer Grabkirche auf einem hohen Berg entworfen hatte, in der Georgsritter die Grabsorge übernehmen sollten, verstehen sich leichter, wenn man weiß, dass Maximilian die Verhältnisse in Speyer kannte“, nämlich den Speyerer Dom als „Monument der Sorge der Salier um ihre Memoria“[192].

Folgenreich für das Stiftungsrecht ist jedoch die Tatsache der Stiftung als Personenverband, genauer: als ein Personenverband, der den Stifter mit einschließt. „Diese korporative Auffassung ist prägend für das Stiftungsdenken im Mittelalter und bleibt es auch noch in den folgenden Jahrhunderten. Der Personenverband, die Universitas, ist für die Stiftung konstitutiv.“[193]

Das hohe Mittelalter ist das Zeitalter der Stiftungen: „Es ist die Epoche, welche eine Hochblüte des Stiftungswesens hervorgebracht hat, wie sie sonst zu keiner anderen Zeit, weder vorher noch nachher wieder anzutreffen ist.“[194] Diese Entwicklung hängt mit dem Aufbau des Spitalwesens zusammen, das von den Klöstern getragen wurde; vor allem die Reform von Cluny hat das Klosterspital wieder erneuert. Die zunehmende Bereitschaft, wieder den Klöstern Stiftungen zukommen zu lassen, weist eine enge Verbindung mit dem von Cluny aktivierten Gedanken an das Seelenheil auf. „Vornehme Leute ließen sich vor dem Tode nach Möglichkeit in ein Kloster bringen. Dort wurde ihnen noch vor dem Tode ein Mönchsgewand angelegt. Dazu kamen das Begräbnis an geheiligter Stätte und das Gebet für die Toten. (…) Die natürliche Folge dieser religiösen Bräuche war ein weiteres Testamentsrecht. Durch Vergrabungen von Todes wegen flossen dem Kloster reiche Mittel zu.“[195] Somit sind diese Stiftungen als unselbstständige Stiftungen aufzufassen, die Klöster waren keine Stiftungsaufsicht. Es flossen ihnen beträchtliche Mittel zu, aber die Spitalpflege war nur eine Nebentätigkeit. Das Vermögen wurde nicht nur zweckgebunden verwendet.

---

192 Schmid, Karl, Die Sorge der Salier um ihre Memoria, in: Schmid, Karl / Wollasch, Joachim (Hg.), Memoria, Der geschichtliche Zeugniswert des liturgischen Gedenkens im Mittelalter, München 1984, S. 725.

193 Schulze, Reiner, Die Gegenwart des Vergangenen, Köln 2001, S. 60.

194 Liermann, Hans, Handbuch des Stiftungsrechts, Tübingen 1963, S. 78.

195 Ibid., S. 82.

Das Massenelend in den wachsenden Städten führte zu einer neuen Form des Spitalwesens. Es wurde zur Grundlage der allgemeinen Wohlfahrtspflege. Im bruderschaftlichen Spital „sind die ersten Anfänge der Verweltlichung der Stiftung zu suchen“[196]. Das Spital war zum Selbstzweck geworden, und die Laienbruderschaft oder eine Gruppe von Klerikern widmeten sich ganz diesem Zweck: „Die Entwicklung geht in den Anfängen in der Regel so vor sich, dass ein vermögender und vornehmer Laie eine Spitalbruderschaft gründet und sich zum Vogt des Spitals macht. Die Vogtei gewährt eine Rechtsstellung gegenüber dem Spital, die Rechte und Pflichten in sich schließt. Der Vogt ist dazu berufen, das Spital zu verteidigen und zu schützen.“ Das Spital stand im Vordergrund, es hatte ein eigenes Leben, „eine Vermögensmasse und eine eigene Anstaltsordnung, die Bruderschaft kam erst in zweiter Linie“[197]. Zu einer Verbürgerlichung kam es, weil immer mehr die Bürgergemeinden zur Trägerin des Spitals wurden, später auch die Zünfte und Gilden.

Richten wir den Blick auf Siena zur Zeit der Renaissance. Zur Entwicklung der Wohltätigkeit in Siena im 14. Jahrhundert stellt Samuel K. Cohn Jr. fest: „The changes in religiosity of the late fourteenth and fifteenth centuries did not spring from psychological trauma provoked by that catastrophic event, the Black Death of 1348, or by subsequent waves of plague. Rather, the plagues only intensified developments already on the social horizons. The rise of commerce and urbanization during the twelfth and thirteenth centuries stimulated social and geographical mobility, which undermined the old forms of village sociability, solidarity, and family lineage.“[198]

Es waren auch hier Bruderschaften, die sich unter anderem um Gefangene kümmerten oder um verarmte junge Frauen, die heiraten wollten, um versorgt zu sein. Als Beispiele nennt Cohn zwei weltliche Vereinigungen, die das Vermächtnis eines wohlhabenden Mannes für wohltätige Zwecke verwendeten: „In the records before 1325, two legacies went to the confraternity of San Domenico, also called ‚de Comporeggio', two to the Beatae Mariae Virginis, two to a society associated with the minor friars of Siena, one to a confraternity attached to the town of Torrita. These early testaments witness the foundation of a new house for confraternity, which restructured that lay society's charitable functions."[199]

Es ist ebenso überliefert, dass Vermächtnisse an einzelne Mönche oder Nonnen gingen, an Bettelmönchsorden wie die Karmeliter, die Augustinischen Einsiedler und Dominikaner-Orden, die alle im frühen Duecento entstanden sind.

In Siena wurde auch Geld an Personen vermacht, die keinem Orden oder einer Institution angehörten, bevorzugt aber an Kirchengemeinden und Klöster, die die Mittel für bedürftige und in Not geratene Menschen einsetzten. „On occasion, the pious specified the maximum that could go to any individual pauper. The sums were tiny. A Mita olim Michaelis, wife of Ture Gratie from the parish of Sancti Quirici Veteris (Si-

196 Ibid., S. 88.
197 Ibid., S. 93.
198 Cohn Jr., Samuel K., Death and Property in Siena, 1205-1800, Strategies for the Afterlife, Baltimore / London 1988, S. 3.
199 Ibid., S. 24.

ena) donated money in 1322 to paupers, widows, orphans, the downcast, and other indigent persons and places."[200] Das Geld wurde auch eingesetzt, um einem Mittellosen eine würdige Bestattung zu ermöglichen.

Cohn macht in seinen Ausführungen deutlich, dass es bei der Wohltätigkeit um zweierlei geht: „a conduit for inheritance" und „an expression of collective religious attitudes"[201]. Dabei stellt er heraus, dass „hard-headed merchants, shopkeepers, and peasants from the halcyon years of Sienese polity and economy regularly fragmented their patrimonies into numerous but negligible sums to pious causes through the city and countryside. With less poetic verve than Siena's Saint Catherine and less heroic pains than generations of little-remembered blessed ones seeking martyrdom through self-humiliation, ordinary testators practiced, at least in their final arbitrations over property, what the mendicants preached, they endeavored to break the earthly cell in preparation for their joyous to that side of the death where life began."[202] – Das Ziel bestand unter anderem auch darin, durch Wohltätigkeit eine Stadt zu kontrollieren.

Zusammenfassend stellt Cohn fest: "Out of the early Renaissance cult of memory grew a new cult of lineage, with testators resting their futures less with the soul and more with the preservation of landed estates and family names through the succession of their male heirs. In this legalistic culture, testators used the wills to manipulate from the grave the eternal flow of their properties as well as the behaviour of heirs."[203]

Die weitere Entwicklung der Stiftung ist insgesamt eine Differenzierung in weltliche und kirchliche Stiftungen, parallel zur allgemeinen Geschichte der Säkularisation: „Neben die Vielfalt der Stiftungen im kirchlichen Rahmen – mit unzähligen Hospitälern, Pilgerherbergen, aber auch Stiftungen von Pfründen zur Versorgung von Klerikern – traten in den Städten Stiftungen, die weitgehend in bürgerlicher Regie verblieben. Sog. Spitalbruderschaften, städtische Honoratioren oder Gremien des Stadtregiments nahmen die Verwaltung von Stiftungen zur Versorgung der Armen und Kranken in die Hand; und zum Teil übernahmen auch städtische Organe die Stiftungsaufsicht."[204] Eine solche weltliche Stiftung zugunsten der Armen und Kranken in der Stadt ist die von Jakob Fugger von 1521. Eine andere weltliche Stiftung, eine Familienstiftung, die für den Unterhalt bedürftiger Angehöriger sorgen sollte, wurde von den Welsern 1539 errichtet. Diese weltlichen Stiftungen waren auf Dauer angelegt, nicht auf Verzehr. Eine solche Regelung hatte auch für die kirchlichen Stiftungen Auswirkungen, auch bei diesen wurde nun langfristig geplant. Das Stiftungsvermögen wurde nicht aufgebraucht, sondern der Stiftungszweck orientierte sich an den Überschüssen unter Bestandssicherung des Vermögens.

An den Namen Fugger und Welser, die in Verbindung mit Stiftungen auftreten, ist nicht nur eine Verweltlichung erkennbar, sondern auch eine Personalisierung. Der

200 Ibid., S. 54f.
201 Ibid., S. 247.
202 Ibid.
203 Ibid., S. 248.
204 Schulze, Reiner, Die Gegenwart des Vergangenen, Köln 2001, S. 60.

Stifter bleibt nicht mehr anonym: „Die große Stifterpersönlichkeit tritt wieder in den Vordergrund. Es ist wie eine Vorahnung der Renaissance, dass der einzelne Mensch, der etwas geleistet hat, wieder Beachtung findet. Das geschieht zunächst bescheiden und in unmittelbarem Zusammenhang mit dem Werk, welches die Stifterpersönlichkeit geschaffen hat. Diesem Verhältnis des Stifters zu seiner Stiftung geben in späterer Zeit die Stifterbilder treffend Ausdruck."[205]

Das Wiedererstehen der Jurisprudenz und das Entstehen eines Juristenstandes gaben der Stiftungsidee eine rechtliche Grundlage: „Diese Jurisprudenz hat überall im lateinischen Europa das kanonische Recht der allumfassenden, katholischen Kirche und das sich ausbreitende römische Recht als gemeinsame Arbeitsgrundlage. Kanonisches Recht und römisches Recht sind insofern europäisches ius commune vom 12. Jahrhundert bis in die frühe Neuzeit." Diese Entwicklung hatte für die Stiftung zur Folge, dass sie über die Zweckzuwendungen definiert wurde. Es entstand ein Katalog von „piae causae", darunter fielen Zuwendungen an Christus, an Heilige beziehungsweise die Kirche, an Hospitäler, Arme, Witwen und andere Bedürftige, aber auch andere Zuwendungen, gefasst als „utilitas publica", so für den Brücken- und Straßenbau.[206] Es waren gerade diese „piae causae", die eine rechtliche Sonderbehandlung legitimierten. Aber es gab noch kein eigenes Stiftungsrecht. Die Stiftung war somit ein Personenverband, der durch den frommen Zweck, unter den auch das Gemeinwohl subsumiert wurde, eine Sonderstellung einnahm.

7.3 Die Neuzeit

Das sechzehnte Jahrhundert war ein Kampf um die Stiftung; aus ihm ging ein neuer Stiftungsbegriff hervor. Es war die Geburt der weltlichen Stiftung.

Der Kampf spielte sich „an zwei Fronten ab. Da war der Griff der Staatsgewalt nach den kirchlichen Stiftungen" auf der einen Seite, auf der anderen der „Streit unter den Konfessionen um die possessio der Stiftungen"[207].

Der Griff der Staatsgewalt beschränkte sich nicht auf protestantische Territorien. Auch die katholischen Herrscher, bis hoch zum katholischen Universalmonarchen Karl V., liebäugelten damit, das Stiftungsvermögen einzuziehen. Beide Konfessionen griffen zu. Die Katholiken nahmen sich die Protestanten zum Vorbild: „Das kirchliche Stiftungsvermögen war ihrer staatlichen Verfügungsgewalt praktisch unterstellt. Hospitäler und andere piae causae wurden als öffentliche Anstalten behandelt und unter kommunale und staatliche Leitung gestellt."

Die andere Auseinandersetzung kreiste darum, dass die Protestanten die in Besitz genommenen geistlichen Güter wieder herausgeben sollten. Das war zunächst eine Angelegenheit der Gerichte, später sollte sie im Dreißigjährigen Krieg mit den Waffen entschieden werden. Es endete damit, dass derjenigen Konfession die Verwaltung

---

205 Liermann, Hans, Handbuch des Stiftungsrechts, Tübingen 1963, S. 92.
206 Vgl. ibid., S. 61f.
207 Ibid., S. 157.

zustehen solle, die sie im Normaljahr 1624 innegehabt hatte. Damit war eine Periode abgeschlossen, in der das heute so friedliche Stiftungswesen über einen Zeitraum von mehr als hundert Jahren hinweg Angelpunkt der hohen Politik und Ursache großer und blutiger Kriege gewesen ist.[208]

Auf dem Weg zur weltlichen Stiftung stand die kirchlich-weltliche Mischform der Erblaststiftung. Dabei blieben Stiftungsvermögen und Stiftungsverwaltung bei den Erben, die Erträge wurden kirchlichen Zwecken zugeführt. Hintergrund war die Weigerung der Städte, große Vermögensmassen, vor allem Grundstücke, steuerfrei der Kirche zu vermachen. So erreichte der Erblasser, dass sein Erbe in der Familie verblieb, gleichzeitig konnten mit den Erträgen aber auch gute Werke für sein Seelenheil verrichtet werden.

Die rein weltliche Stiftung bildete die Kapitalstiftung; sie war erst möglich, weil sich die Geldwirtschaft durchsetzte. Der Vermögenswert der Stiftung ließ sich in Geld ausdrücken und in Geldform übergeben: „Die Kapitalstiftung hat von vornherein einen rationalen Charakter. Sie repräsentiert nur noch einen Wert, keinen Gegenstand mehr, zu dem man eine innere Beziehung haben kann.“[209]

Die leicht bewegliche Kapitalstiftung ließ sich rechtlich als Treuhandstiftung mit vielen Spielarten gestalten. Durch diese Flexibilität wurde auch die genaue Zweckbindung aufgehoben; der fromme Zweck zugunsten der Armen galt in dieser Eindeutigkeit nicht mehr, mit der Konsequenz, dass die Armen der Seelmesse für den Stifter beiwohnen und für sein Seelenheil beten mussten. Sodann erhielten sie zur Belohnung ein Bad, Nahrung und Kleidung.

Die Reformation führte ebenfalls zu einer weiteren Abklärung des Stiftungsbegriffs. Die protestantischen Theologen und Juristen wandten sich gegen die „Stiftungen für den Toten- und Heiligenkult“[210]. Diese ablehnende Haltung ging Hand in Hand mit dem wachsenden Interesse der weltlichen Herren. Die weltliche Herrschaft übernahm mehr und mehr die Stiftungsaufsicht, gleichzeitig wurde das kanonische Recht abgebaut; es wurden rechtliche Grundlagen und weltliche Verwaltungen geschaffen, um die Stiftungen zusammenzufassen und zu strukturieren. Der gemeine Nutzen als Stiftungszweck hatte Vorrang vor den individuellen Zwecken des Stifters. Die Stiftung war somit vollständig eine weltliche Angelegenheit, entscheidend war das Gemeinwohl, und sie unterstand der weltlichen Obrigkeit.

Der Vorreiter dieser weltlichen Stiftung war der Kaufmann, der großes Misstrauen gegenüber Kirche und Klerus hatte. Er wollte „bei seinen Stiftungsgeschäften die Kirche und ihre Vertreter nach Möglichkeit völlig ausschalten“[211]. Die meisten Kaufleute hatten ein Konto per Dio: „Gott war also mit einer Kapitaleinlage, die ihm zur Verfügung stand, an deutschen Handelshäusern beteiligt.“ Gott war Gesellschafter des Handelshauses, sein Gewinn wurde ihm in Form von Zuwendungen für wohltätige Zwecke ausbezahlt. „Diesem Verfahren lagen zwei Gedanken zugrunde. Man hatte Zinsen

208 Vgl. ibid., S. 158.
209 Ibid., S. 158ff.
210 Ibid., S. 63.
211 Ibid., S. 164.

genommen, also sündhaften Wucher getrieben, das sollte wieder gut gemacht werden. Daneben stand aber auch die primitive Auffassung, dass ein Geschäft, an dem Gott selbst als Teilhaber beteiligt ist, doch auch florieren müsse." Dieser Gedanke war auch die Basis der Fuggerschen Stiftungen. Vorbild der Augsburger Fuggerei waren die von einer Stiftung getragenen Beginenhöfe, deren Bewohnerinnen, die Beginen, von ihrer Arbeit lebten. „Die ursprüngliche Kapitalstiftung wurde zur Anstaltsstiftung", so Liermann. Die Stiftung Jakob Fuggers war zukunftsweisend: „Nach dem Testament der reichen Straßburgerin Elisabeth König aus dem Jahre 1550 sollten ihre Testamentsvollstrecker aus ihrem Vermögen nach ihrem Tode ein Kapital bis zu 1500 Gulden entnehmen, damit Grundstücke kaufen und darauf zwölf ‚Häuslein' bauen, die ehrbaren Armen für einen Gulden Mietzins zu vermieten waren."[212]

Die Aufklärung unterwarf die Stiftung einer radikalen Kritik; sie gilt als die dem Stiftungswesen feindlichste Epoche. Die Aufklärung lehnte die Stiftung grundsätzlich ab. Die Stiftungen wurden säkularisiert. Was in der Reformationszeit begonnen hatte, wurde nun vollendet. Die Klöster wurden dem staatlichen Vermögen angegliedert und später auch die Stiftungen. Gerechtfertigt wurde dies durch die fehlende Nützlichkeit. Der Physiokrat Turgot bekämpfte „die Stiftungen grundsätzlich aufs schärfste. Sie beruhen nach ihm auf der Eitelkeit der Stifter, die in ihrem begrenzten Verstand Vermögen für die Ewigkeit festlegen wollen, obwohl es bald infolge der Veränderung der Verhältnisse durch seine Bindung unnütz und gesellschaftsschädlich werden muss."[213] Turgot wandte sich gegen den Aberglauben und insbesondere gegen den Ewigkeitscharakter der Stiftung, die Tyrannei der Vergangenheit blockiere Gegenwart und Zukunft. Die Physiokraten und die späteren Liberalen vertraten die Auffassung, die erkaltete „tote Hand" aus dem Grabe umkralle – wie gerne polemisiert wurde – wichtige Wirtschaftsgüter und hindere ihre Verwendung nach den Bedürfnissen der Gegenwart. Dementsprechend wurde die Stiftung als die Herrschaft der Toten über die Lebenden verdammt.[214] Liermann bringt Turgots Meinung auf den Punkt: „Wenn die Grabstätte eines jeden Menschen für alle Zeiten gehalten werden müsste, gäbe es bald keinen Acker mehr, um die Lebenden zu ernähren. Darum seien Stiftungen zu vernichten."[215]

Gegen die Stiftungen wandte sich auch Kant: „Stiftungen, (…) sobald sie einen gewissen, von dem Stifter nach seiner Idee bestimmten entworfenen Zuschnitt haben, können nicht auf ewige Zeiten fundiert und den Boden belästigt werden; sodann der Staat muss die Freiheit haben, sie nach Bedürfnissen der Zeit einzurichten."[216] Nach Liermann war es das Nützlichkeitsprinzip, das die Ehrfurcht vor dem Stifterwillen verdrängte und damit zum Verfall des Stiftungsrechts führte.[217]

---

212 Ibid., S. 166ff.
213 Ibid., S. 173.
214 Schulze, Reiner, Die Gegenwart des Vergangenen, Köln 2001, S. 64.
215 Liermann, Hans, Handbuch des Stiftungsrechts, Tübingen 1963, S. 173.
216 Kant, Immanuel, Metaphysik der Sitten, Leipzig 1922, S. 200, zit. nach: ibid., S. 174.
217 Liermann, Hans, Handbuch des Stiftungsrechts, Tübingen 1963, S. 174.

Freilich gesteht Liermann zu, dass die Ablehnung des Stiftungswesens nicht zuletzt vom Zustand der Stiftungen herrührte. Die Stiftungen dienten der Bereicherung, nicht mehr der Gemeinnützigkeit. Über die Stifterverwalter zitiert Liermann einen Zeitgenossen, Wiguläus Frhr. v. Kreittmayr: „Warum man heutzutage keinen mehr aufhenkt, soll keine andere Ursach haben, als weil man nicht Holz genug zum Galgen-Bau herbeischaffen kunte."[218] Liermann identifiziert das Vernunftprinzip mit dem der Nützlichkeit. Er vergisst dabei jedoch, dass die Aufklärung eine Vorgeschichte hat, sie beginnt mit der Entdeckung des Individuums in der Renaissance und seiner Emanzipation vom Feudalsystem durch den Handelskapitalismus, was dem Individuum ebendiese Emanzipation ermöglicht.

Die Ausprägung des Rechts des Individuums, das von der Aufklärung garantiert wird, beginnt mit Thomas Hobbes und John Locke. Es entsteht das natürliche Privatrecht, das diese Rechte des Einzelnen sichern soll: „Den Kern einer jeden Privatrechtstheorie bildet die Lehre vom Eigentum, die Rechtfertigung seiner Existenz gegenüber dem Staate und den Mitmenschen und die innere Ausgestaltung der einzelnen Befugnisse, die es gewährt, und auch Pflichten, die mit ihm verbunden sind." Diese englischen Vorstellungen hatten große Wirkungen auf die „Naturrechtler und Rechtsphilosophen Hugo Grotius, Samuel Pufendorf, Christian Thomasius, Christian Wolff und Immanuel Kant"[219]. Sie wurden Grundlage des Privatrechts, das der Einzelne mit den anderen teilt. Die ganze Gesellschaft begreift sich somit als Ergebnis des Gesellschaftsvertrags, wie es der Theoretiker der französischen Revolution Jean-Jacques Rousseau ausformuliert.

Im Zentrum dieser Rechtsphilosophie steht das autonome Subjekt, das sich durch seine Freiheit definiert. Im Bereich des Stiftungswesens erfährt die Vorstellung der Gemeinschaft der Lebenden und Toten sowie der ewigwährende Personenverband der Stiftung heftige Ablehnung. Nicht der private Mensch sollte karitativ tätig sein, sondern die allgemeine Wohlfahrt sollte Zweck aller vernunftbegabten Wesen sein. Der aufgeklärte Mensch versteht sich als Mitglied eines Gemeinwesens, und insofern ist das Gemeinwesen für die Entwicklung der allgemeinen Wohlfahrt zuständig.

Diese neue Aufgabenzuweisung entlastet den Einzelnen, gleichzeitig bedeutet sie jedoch keine Distanzierung, weil der Einzelne zugleich für sich und das Gemeinwesen verantwortlich ist, so die Idee der Aufklärung. Diese steht sowohl archaischen als auch religiösen Vorstellungen kritisch gegenüber; unter anderem ist es das Tote-Hand-Gebot, das dem Aufklärer widerstrebt.

Denn dieses Prinzip ist mit dem „Ausgang des Menschen aus seiner selbstverschuldeten Unmündigkeit", so das Leitmotiv der Aufklärung, unvereinbar; die tote Hand hält ihn weiter in seinem unmündigen Zustand fest, legt doch der Tote per Vertrag fest, was der Lebende zu tun hat. Das geht wider die Freiheit des Menschen. Es ist, gerade in Bezug auf Kant, weder konformes Staatsdenken, noch das Nützlich-

218 Ibid., S. 179.

219 Luig, Klaus, Natürliches Privatrecht im 17. und 18. Jahrhundert, in: Schulze, Reiner (Hg.), Europäische Rechts- und Verfassungsgeschichte, Berlin 1991, S. 107.

keitsprinzip[220], das sich gegen das Stiftungswesen wendet, vielmehr die Idee der Freiheit des Menschen.

Letztlich war es das Interesse der Staaten, die Stiftungen zu enteignen, sie wurden zum Staatseigentum erklärt. Sie wanderten von der allein staatlichen Verwaltungssphäre in die staatliche Interessensphäre. Diese Veränderung wird im Allgemeinen Landrecht von 1794 (ALR) deutlich: „Zwei grundlegende Prinzipien der preußischen Gesetzgebung haben dazu geführt: die Konzentration aller Staatsgewalt beim König und das kollegialistische Denken. Der König ist im absoluten Staat die Quelle allen Rechts, auch des kirchlichen. Die Kirchen sind Staatsanstalten, ihre Geistlichen sind Staatsdiener."[221] Das kollegialistische Denken fand in diesem Zusammenhang darin Ausdruck, dass die Kirchengemeinde als Korporation Eigentümerin des Kirchenvermögens war. Stiftungen waren damit Bestandteil des Kirchenvermögens. Abhängig von Zuwendungen konnten sie dann als unselbstständige Stiftungen weiter ihr Dasein fristen.[222]

Vorbild der deutschen und preußischen Säkularisation war die Aufhebung der Klöster in Österreich und ihre Nationalisierung in Frankreich. In Österreich begründete Kaiser Joseph II. die Aufhebung damit, dass sie „für Menschheit und Staat unnütz" seien.

Jedoch sollte das Klostervermögen nicht der staatlichen Bereicherung, sondern für den Aufbau eines Religionsfonds, insbesondere für seelsorgerische Zwecke, dienen. Dieses Vorhaben schlug fehl. Nur ein geringer Teil floss in den Religionsfonds: „Die in Masse feilgebotenen Liegenschaften wurden billig verschleudert." In Frankreich war die katholische Kirche die größte Feudalherrin. Die Revolution machte dem Feudalsystem ein Ende, das Kirchengut wurde 1789 enteignet. Die geistlichen Güter „wurden zur Verfügung der Nation gestellt"[223]. Die Republik übernahm den Unterhalt des Klerus und die Armenfürsorge. Die Enteignung hatte auch hier zur Folge, dass das Stiftungsvermögen eher vernichtet wurde, als dass es die Staatskasse füllte.

7.4 Das 19. Jahrhundert

Die Tendenz der Ablehnung des Stiftungswesens verstärkte sich im 19. Jahrhundert, der Stiftungsgedanke war veraltet. Für den Stiftungsbegriff hatte diese Haltung rechtliche Konsequenzen: Aufgrund des Rechtsstreits über das Städelsche Testament 1815

220 Für Liermann ist Kant ein Vertreter des Utilitarismus. Dieser Auffassung ist zu widersprechen. Der Utilitarismus geht auf Jeremy Bentham zurück (1748-1832). Er beruht auf dem Lustprinzip, auf dem Gedanken, dass der Mensch Lustgefühle erstrebt und Unlust vermeiden will. Ethisch wertvolle Handlungen sind jene vernünftigen Handlungen, die Lust befördern und Unlust vermeiden. Daraus folgt die Interessenabwägung nach Lust/Unlust. Neben der Intensität von Lustgewinnung ist auch die Extension wichtig, die Zahl der Personen, bei denen Lustgefühle hervorgerufen werden: „Daraus entwickelt er [Bentham] nun ein Grundprinzip, das sowohl für die Individualethik wie für die Gesetzgebung gültig ist. Eine Handlung ist dann richtig, ein Gesetz dann gerecht, wenn es das größte Glück der größten Zahl von Personen befördert (Utility Principle)", so: Coing, Helmut, Grundzüge der Rechtsphilosophie, Berlin 1969, S. 49.

221 Liermann, Hans, Handbuch des Stiftungsrechts, Tübingen 1963, S. 185.

222 Ibid., S. 189.

223 Ibid., S. 193ff.

wurde die Stiftung nicht mehr als Personenverband definiert, sondern als „Inbegriff von Vermögensrechten in Beziehung zu einem bestimmten Zweck“[224]. Damit war der Weg offen, die Stiftung als Rechtsperson eigener Art zu definieren oder, wie es heute noch gültig ist, sie als juristische Person zu betrachten, wie es dann bei der Gründung der Carl-Zeiss-Stiftung durch Abbe der Fall war. Erweitert wurde auch die Beziehung zum Zweck, weder der religiöse fromme Zweck noch der weltliche des Gemeinwohls war allein ausschlaggebend. Es war nun möglich, verschiedenste Stiftungszwecke zu kreieren.

Der historische Verlauf kann folgendermaßen knapp skizziert werden:

Die Geschichte der christlichen Stiftung beginnt somit mit der Verfügung ad pias causas, zum Zwecke des Seelenheils des Stifters. Durch den Einfluss archaischen Denkens im Mittelalter verändert sich der Stiftungsgedanke in Richtung des Personenverbandes, in dem der Tote unter den Lebenden gegenwärtig ist und weiterlebt. Die Zweckbindung tritt in den Hintergrund. Durch die Reformation wird die Verweltlichung vorangetrieben; die weltliche Obrigkeit organisiert das Stiftungsgeschäft, die Zweckbindung wird wieder relevant, aber nicht mehr der fromme Zweck, sondern die weltliche Gemeinnützigkeit ist der Zweckinhalt.

Die Aufklärung lehnt den Stiftungsgedanken grundsätzlich ab. Das hat für den rechtlichen Stiftungsbegriff die Konsequenz, dass er als juristische Person mit freier Zweckbindung definiert wird. Es entsteht die Allzweckverwendung.

7.5 Probleme einer Geschichtsschreibung über Stiftungen und Stiftungsrecht

Liermanns Stiftungsgeschichte wird noch immer als gültig angesehen; es werden Ergänzungen vorgenommen, aber von ihrem Wert hat sie nichts verloren. Diese herausragende Stellung verdankt sie möglicherweise dem Umstand, dass die Stiftungsproblematik nur ein Thema am Rande des großen wissenschaftlichen Interesses darstellt. Ebenso mag aber noch hinzukommen, dass es sich um ein interdisziplinäres Thema handelt. Die Stiftung ist nicht nur ein religionswissenschaftlicher Gegenstand, viele Änderungen erklären sich nur in Kenntnis der Rechtsgeschichte; hinzu kommen kulturwissenschaftliche Phänomene, die Geschichte der Kunst und der Philosophie, nicht zuletzt schließlich gehört die Stiftung in den Bereich der Geschichtswissenschaft. Das Stiftungswesen ist eine vielschichtige Angelegenheit. Eine Komplexitätsreduktion durch Vereinfachung verfehlt den Sachverhalt. Liermanns Standardwerk wird auf absehbare Zeit seinen Rang behalten, gibt es doch bisher noch kein wissenschaftliches Projekt, das eine solche Arbeit einer Gesamtdarstellung in Angriff nehmen wollte.

Bei der Gesamtübersicht über das Werk Liermanns wird deutlich, dass der Autor mit einem einfachen Modell arbeitet. Die Geschichte der Stiftung ist danach ein Zankapfel von Staat und Kirche oder von weltlicher und geistlicher Welt. Darin zeigt sich

224 Schulze, Reiner, Die Gegenwart des Vergangenen, Köln 2001, S. 65.

eine immanente Wertung, denn die Stiftung selbst entstammt der geistlichen Welt, genauer: Sie ist der Schnittpunkt von Diesseits und Jenseits. Liermann sieht die Welt dann in Ordnung, wenn sie im Gleichgewicht ist, das heißt, wenn die Staatsmacht beziehungsweise die Kirche in Form der Stiftung, die durch einzelne Stifter eine gewisse Selbstständigkeit erreicht, die soziale Fürsorge übernimmt. Erstarkt die weltliche Macht, droht dem Stiftungswesen eine Zeit des Verfalls. Stabilisiert jedoch das weltliche Regime die Stiftungen, dann herrscht eine Blütezeit, so in der Antike, im Reich Karls des Großen und vor allem im hohen Mittelalter. Dort herrschte eine ausgewogene Struktur. Es gab weltliche und geistliche Stiftungen, die Städte übernahmen Trägerschaften von Spitälern, während die geistlichen Stiftungen den Lebenden die Angst vor dem Tod nahmen, sie wurden in geweihter Erde begraben, um auf den Auferstehungstag vorbereitet zu sein.

Die Idealkonstellation war die habsburgische Universalmonarchie mit dem Kloster- und Spitalwesen und solchen Stifterpersönlichkeiten wie den Fuggern und Welsern. In diesem Zeitalter, das mehr beginnende Neuzeit als Mittelalter war, verschoben sich alle Maßstäbe, das geopolitische Zentrum verlagerte sich vom Mittelmeer in den atlantischen Raum. Prägend für die Zeit waren ebenso die Auseinandersetzungen im Rahmen von Reformation und Gegenreformation, die ganz Europa erfassten. Neue Märkte entstanden, extreme Preissteigerungen führten zu namenloser Armut. Den Übergang vom Feudalismus zum Kapitalismus bemerkt Liermann kaum.[225] Er lobt das Stiftungswesen im Hochmittelalter; dabei bezieht er sich wahrscheinlich, genaue Angaben fehlen, auf die Zeit von der Mitte des 11. Jahrhunderts bis zum Ende des 12. Jahrhunderts, also auf die Epoche vor der Pest. Dann traten fundamentale Änderungen ein, die Hans Boldt so beschreibt: „Es scheint, als habe das gesellschaftliche Wachstum um 1300 allmählich die Grenzen seiner Möglichkeiten erreicht. Klimaverschlechterung, Hungerepidemien in der stark vermehrten Bevölkerung, Seuchen, der ‚Schwarze Tod', der in der Mitte des 14. Jahrhunderts durch Europa eilt, sie alle weisen auf das Ende einer Epoche hin. Die Bevölkerung schrumpft in Deutschland in jenen Jahrzehnten um etwa ein Drittel zusammen, zahlreiche Dörfer werden aufgegeben (sog. ‚Wüstungen'), die Ostsiedlung kommt zum Erliegen, die Preise für die Agrarprodukte fallen, und ihr Fall bedroht die Existenz von Bauern und Grundherren. Bauernunruhen und Unruhen in den Städten kommen auf, das Raubritterunwesen nimmt zu – kurz, es ist eine andere Welt, in die wir nunmehr eintreten."[226]

Dabei berücksichtigt Liermann nicht, dass die Stiftungen nicht im Verbund mit Staat und Kirche, vielmehr aus genossenschaftlichen Gründen bestehen bleiben. Das hochmittelalterliche Stiftungswesen blüht mit dem gesellschaftlichen Fortschritt, unbeschadet des Niedergangs des Kaisertums, des, so wiederum Boldt, „katastrophalen Endes der Staufer in Italien. Überblickt man die Entwicklung seit dem 11. Jahrhun-

225 Vgl. Dülmen, Richard v., Entstehung des frühneuzeitlichen Europa, 1550-1648, Frankfurt am Main 1982; Ranke, Leopold v., Die römischen Päpste [1834-1836], 2 Bände, Frankfurt am Main 1986; Braudel, Fernand, Das Mittelmeer in der Epoche Philipps II., 3 Bände, Frankfurt am Main 1989.

226 Boldt, Hans, Deutsche Verfassungsgeschichte, Band 1, München 1990, S. 140.

dert, so lässt sich durchaus von einer Modernisierung von Staat und Gesellschaft reden. (…) Es kommt zu organisatorischen Neuansätzen, vor allem in den Städten, aber auch in den sich formierenden Territorien. Die gesellschaftlichen Beziehungen wurden nach dem genossenschaftlichen Prinzip reguliert, wie es damals gerade in den Städten und Dörfern auflebte."[227]

Liermann sieht das Ende des Stiftungswesens in der Aufklärung gekommen. Es ist das nunmehr herrschende Nützlichkeitsprinzip, das nicht nur die Stiftung vernichtet, sondern auch die geistige Welt. Diese Entwicklung bewertet er negativ. So betont er, dass den Stiftungsvernichtern die Enteignung so gut wie nichts brachte, aber die Säkularisation dann doch letztlich scheiterte. Mit der Zerstörung der Stiftung hat sich seiner Auffassung nach der Mensch selbst zerstört, denn er verliert seine Bindung an Gott.

Zu kritisieren ist nicht die Einfachheit des Modells, sondern die Asymmetrie, in der eine Parteinahme für die Kirche zum Ausdruck kommt. Zwar gesteht er zu, dass es den Missbrauch auch im Stiftungswesen gab, hält aber grundsätzlich an dem Gedanken fest, dass Stiftungen nur dann gut sind, wenn sie einen transzendenten Bezug besitzen, den Reichen als Seelgerät dienen, während die Armen gespeist und getröstet werden.

Dem Individuum zollt Liermann nur eine geringe Aufmerksamkeit. Er erkennt, dass in der Spätantike Stiftungen errichtet werden, um sich ein Denkmal zu setzen. Fugger, Welser sind bedeutende Handelskapitalisten im zerfallenden Habsburgerreich. Dass der Zerfall der antiken Polis, des hellenistischen Ägyptens, des römischen Reichs, der Niedergang Habsburgs mit der Blüte des Stiftungswesens einhergeht und mit dem Kult des Individualismus zusammenhängt, ist allerdings an seiner Darstellung abzulesen.

Über den Zusammenhang dieses Zerfalls mit dem Individualismus gibt Jacob Burckhardt nicht nur in seiner „Cultur der Renaissance in Italien" Auskunft, sondern auch in seiner griechischen Kulturgeschichte.[228] Das Verhältnis von Individualismus und Stiftung ist bei Liermann kein explizites Thema.

Zu berücksichtigen wäre auch die Bedeutung der Juden, haben doch jüdische Bürger vor und nach 1900 als Mäzenaten wie auch als Stifter eine herausragende Rolle gespielt. Traditionen der jüdischen Gemeinden trugen dazu ebenso bei wie der besondere Status des jüdischen Bürgertums zwischen Aufstieg und Zurückweisung. Mit der Ermordung der Juden wurde diese Quelle des Mäzenatentums allerdings zerstört.

Ein weiteres Thema, das zu vertiefen wäre, betrifft den Bereich Stiftung und Tauschhandlung. Der Stifter gibt etwas und möchte dafür etwas bekommen, das Seelenheil. Dass antike wie moderne Handelskapitalisten deshalb für Stiftungen einen Sinn entwickelten, resultierte wohl aus dem Tausch, von dem ihr Gewinn abhing; auch hier spielte das Nützlichkeitsprinzip, das Liermann ablehnt, eine Rolle.

Notwendig wäre schließlich eine Ergänzung der Stiftungsgeschichte von ökonomischer Seite her. Anders formuliert: Bedauerlicherweise hat bei Max Weber das Stif-

227 Ibid., S. 139.
228 Burckhardt, Jacob, Griechische Kulturgeschichte, München 1977.

tungswesen keine Bedeutung, wünschenswert wäre daher eine Studie über die Stiftung in der Verlängerung von Max Webers Werk „Die protestantische Ethik und der Geist des Kapitalismus", denn gerade darin fände sich die Stiftung im Spannungsverhältnis von Religion und weltlicher Macht thematisiert.

7.6 Immanente Kritik, Präzisierungen und Erweiterungen

Liermanns Standardwerk ist nicht überholt, das beweisen Autoren wie Schulze, Hinz und Strickrodt, die ihn rezipieren. Es gibt Ergänzungen, die jedoch nicht an seiner Geschichtsschreibung rütteln, sondern eher als Fortschreibungen zu betrachten sind. Deshalb kann es auch nicht darum gehen, Liermann eine andere Stiftungsgeschichte entgegenzusetzen, das wäre Anmaßung. Aber es sollen einige Sachverhalte und Autoren überprüft werden, auf die sich Liermann selbst bezieht.

So ist Pleimes' „Weltliches Stiftungsrecht" ein Bezugspunkt für Liermanns Unternehmen, nicht aber seine Arbeit „Irrwege der Dogmatik im Stiftungsrecht"[229]. Pleimes kritisiert die These, dass die gesamte Verweltlichung auf den Umwälzungen der Reformation beruhe. Die Folgen dieses Irrtums seien die sonderbarsten Versuche, das geschichtlich gewordene Verwaltungs- und Aufsichtsrecht der Stadträte aus der bischöflichen Gewalt abzuleiten und in seinem Wesen zu bestimmen, was notwendig zu groben Fehllösungen führe. Pleimes bemängelt, dass der private Einfluss, der zur Verweltlichung führte, völlig unterschlagen wird. Als Beispiel dafür könne Fugger genannt werden, der als Finanzier des Habsburgers Karl V. wohl kaum als Protestant bezeichnet werden könne.

Ein zweiter, aber noch wichtigerer Gesichtspunkt ist Pleimes' Kritik an der dogmatischen Grundauffassung, die bis Ende des 18. Jahrhunderts herrscht. Das Stiftungsrecht reduziere sich auf „zwei Gesichtspunkte: die Eigenschaft als pia causa und die korporative Auffassung. Dabei kommt es den meisten Gelehrten nur darauf an, den Anstalten möglichst viele Vorteile und Privilegien zu sichern, während andere sich wieder gegen zu uferlose Begünstigungen wehren." Liermann legt genau diese „dogmatische Grundauffassung" seiner Geschichte der Stiftung zugrunde; er betrachtet somit die Stiftungsgeschichte, um mit Pleimes zu sprechen, mit den Augen des Dogmatikers aus dem 18. Jahrhundert. Diese Haltung erklärt nun auch, warum Liermanns Interesse an der Stiftungsgeschichte nach der Aufklärung erlahmt und er keinen Blick auf die Stifter wie Abbe und Bosch verschwendet. Der Grund liegt darin, dass sein Modell mit der Aufklärung selbst sein Ende findet. Wenn Pleimes formuliert: „Das Recht der Vermögenshingabe und ihre Erleichterung durch die priviligae piae causae ist ein Lieblingsgebiet der kanonistischen Wissenschaft vor 1800, in dessen Behandlung sich meist die persönliche Einstellung der einzelnen Gelehrten zu kirchlichen Fragen spiegelt",[230] so könnte diese Aussage auf Liermann angewendet werden, in dem Sinne, dass dies auch sein Lieblingsgebiet hinsichtlich der Stiftungsgeschichte bleibt.

229 Pleimes, Dieter, Irrwege der Dogmatik im Stiftungsrecht, Münster / Köln 1954.
230 Ibid., S. 12ff.

Pleimes gibt auch den Grund für die Dogmatik an; es ist das Festhalten am spätrömischen Recht. Zu einer Erneuerung des Stiftungsrechts komme es erst durch das Naturrecht, denn das „Naturrecht ist eher bereit, den Erfordernissen des Lebens und der Spruchpraxis im System des gemeinen Rechts den ihnen gebührenden Platz einzuräumen. Dieser Aufgeschlossenheit gegenüber dem Leben und der damit verbundenen Freiheit des rechtlichen Denkens verdankt auch das Stiftungsrecht seine Blüte."[231] Damit ist auch Liermanns Desinteresse für die neue Blüte des Stiftungsrechts erklärt. Die neue Grundlage ist das Naturrecht, nicht mehr das spätrömische Recht, also eine völlig neue Aufgabenstellung, die nicht mehr in seine Konzeption passt.

Er betrachtet das Recht nicht als eine Verbindung von Verwaltungsrecht und Tauschrecht, wie es Max Weber definiert; so findet das Tauschrecht oder genauer: die Verbindung von Tauschrecht und Stiftung, keine Berücksichtigung.

Eine merkwürdige Methodik bietet Liermann bei der Darstellung von archaischen Stiftungen. Dieser Vorgehensweise ist nicht zu folgen, vor allem wenn Liermann behauptet, bereits in antiken Vorstellungen seien bereits christliche Motive vorhanden. Er sieht eine direkte Linie von der Schenkung an den Tempel sowie den Grabbeigaben als Versorgung der Toten im Jenseits und der Sorge um das Seelenheil. Liermanns Bezugspunkt ist Brucks Buch „Totenteil und Seelgerät im griechischen Recht". Bruck jedoch wehrt solche rückwärtsgewandte Christianisierung ab. Er geht davon aus, dass das Totenteil nichts mit dem Seelgerät, das heißt mit der Seelenpflege, zu tun hat. Vor allem Totenteil und Seelgerät haben eine Voraussetzung, die Liermann völlig unberücksichtigt lässt: das Eigentum.

Dem Toten kann nur das ins Grab gelegt werden, was ihm gehört, nicht das Familieneigentum, sondern das, was er selbst mit seiner Lanze erwarb, nämlich seine Beute oder sein Beuteanteil am Raub, der als legitimer Erwerbsgrund anerkannt wird.[232] Totenteil und Seelgerät, als Frühform der Stiftung, gehören nicht zusammen. Das Seelgerät ist erst seit der hellenistischen Zeit nachweisbar, das Totenteil ist zu dieser Zeit kaum noch vorhanden.[233] Die Stiftung als Seelgerät geht aus dem Totenkult hervor. Da die Hinterbliebenen nicht mehr den Totenkult leisten, bedienen sich die Erblasser der Seelgerätstiftung, und es ist der Totenkult, der die Erinnerung an den Verstorbenen wach hält. Dass es aber jedoch überhaupt so weit kommt, dass der Erblasser misstrauisch wird und testamentarisch eine Seelgerätstiftung einrichtet, ist die Folge von Zerfall: „Der Beginn der hellenistischen Epoche vertieft die Bewegung, die mit der Auflösung der alten griechischen Religion endet. Der Zusammenbruch der Stadtstaaten und ihr Aufgehen im Weltreich Alexanders führt zum Zusammenbruch auch der politisch orientierten Religion der Polis. Die lokalen Stadtgötter verlieren immer mehr an Kraft."[234]

231 Ibid., S. 29f.
232 Bruck, Eberhard Friedrich, Totenteil und Seelgerät im griechischen Recht, München 1926, S. 49ff.
233 Ibid., S. 172.
234 Ibid., S. 192.

Die Stiftung ist somit ein Zerfallsprodukt, und gerade die Unsicherheit macht es notwendig, das Seelgerät zu verrechtlichen. Hier greift der auf Dauer angelegte juristische Mechanismus der Stiftung ein, der an Stelle des bedeutungslos gewordenen religiösen und sittlichen Gebots den Totenkult gewährleisten soll. Der Erblasser wendet Vermögensbestandteile einer juristischen Person, dem Staat, Tempelverwaltungen oder Vereinen, mit der Auflage zu, ihm den Totenkult zu verrichten. Der Totenkult bleibt auch dann erhalten, wenn, so Epikur, der Mensch auf „persönliche Unsterblichkeit verzichtet". Dies gilt auch bei dem Totenkultvolk schlechthin, den Ägyptern: „Die Ägypter sind sich über Art und Ort der Existenz nach dem Tode nie ganz klar geworden; die einzelnen Entwicklungsschichten des Jenseitsglaubens bleiben nebeneinander bestehen. Bald hat man den Toten dort vermutet, wo seine Gebeine liegen, bald hat man ihn an den Himmel unter die Sterne verlegt, bald in die Unterwelt, bald in das Gefilde Earu, wo Gerste und Spelt in die Höhe sprießen. An der Praxis des Totenkults hat man aber unbeirrt festgehalten, ohne sich allzu viel um die eschatologische Theorie zu kümmern."[235] Und: „Die Seelgerätstiftung ist bereits ein Kind der hellenistischen Epoche, nicht erst des Christentums."[236] Das Christentum hat keineswegs den heidnischen Totenkult bekämpft und ausgerottet: „Die Kirche hat ihn nur umgestaltet, indem sie die materialistischen Totenspeisungen zur Seelenpflege und Seelenmesse vergeistigt. Gleichzeitig verwandelt sie die Opfer für die Toten in Gaben für die Kirche und Armen. Schon im Hinblick auf die alten Totengedächtnismahle wurde Wert darauf gelegt, dass die Armen dazu eingeladen werden."[237]

Der periodische Totenkult gehört zu den stets wiederkehrenden Urphänomenen, mag sich auch der Ritus im Einzelnen ändern. Aus dem hellenistischen Synkretismus übernimmt ihn das Christentum. „In der alten Kirche wurden die antik-heidnischen Tage zunächst noch beibehalten. Später wurden – aus dem Bestreben heraus, Heidentum und Christentum zu scheiden – die Termine verändert."[238]

Auch im Christentum ändert sich nicht das Misstrauen des Erblassers gegenüber den Erben. Vom christlichen Erben glaubt man nicht, dass ihm das Seelenheil des Testators besonders am Herzen liegen würde. Damit wird ein Gedanke erkennbar, der auf die hellenistische Frühzeit zurückführt.

„Empfänger der modalen Zuwendungen und somit Träger des Seelgeräts werden nunmehr die Klöster. Ungleich sicherer als die künstlich organisierten Familienvereine oder sonstige Vereine und Gilden, denen man nicht recht traute, erschien das Kloster, das in der Totenliturgie für eine dauernde und würdige Seelenpflege und gleichzeitig für eine Gebetsgemeinschaft sorgte."[239]

Vom 4. Jahrhundert ab wird die Kirche von den Kaisern immer stärker begünstigt, und seitdem mehrt sich ihr Eigentum gerade durch Zuwendungen zur Gewinnung des Seelenheils. Dieser Reichtum ergibt sich aus der Quotierung, der dritte Teil des Erb-

235 Ibid., S. 204.
236 Ibid., S. 210.
237 Ibid., S. 296.
238 Ibid., S. 299.
239 Ibid., S. 306.

lasservermögens fällt an die Kirche. Diese gesetzliche Quote hat somit mit dem archaischen Totenteil, das nun der Kirche zufällt, nichts zu tun; „die Quote ist erst unter christlicher Einwirkung entstanden."[240] Die Quote wird als Sohnesteil Christi pro salute animae, also für das Heil der eigenen unsterblichen Seele, bezeichnet.

„Der Ausgangspunkt für die Quote ist erst die christliche Liebestätigkeit, der Caritasgedanke. Dabei kommt einmal der christliche, der Antike fremde Gedanke in Betracht, dass die guten Werke im Diesseits der eigenen Seele des Verstorbenen oder ihr nahe Stehender zugute kommen können."[241]

Das christliche Seelgerät ist somit eine Nachahmung des hellenistischen Heidentums, das christlicher Anschauung dienstbar gemacht wurde. „Zu den Elementen, die die Antike und die mittelalterliche Welt verbinden, gehört die Seelgerätstiftung, die wie kaum ein anderes Institut auf die Entwicklung des mittelalterlichen Rechts und Wirtschaftslebens eingewirkt hat."[242] Diese Ungenauigkeiten bei Liermann gilt es zu korrigieren. Es gibt eine gerade Linie vom Totenkult zum Seelgerät zur Stiftung.

7.7 Die „tote Hand"

Mit der „toten Hand" ist in der Literatur aus der Aufklärungszeit (Kant, Hegel) nichts anderes gemeint als die Kirche. Deshalb ist es schon erstaunlich, wenn die „tote Hand" als großes Thema auftaucht.

Bei Durchsicht der Literatur zur Stiftungsgeschichte wird das Phänomen der „toten Hand" entweder nicht oder nur am Rande erwähnt,[243] oder es wird als wesentlich für die Stiftung eingeführt, ohne dass dessen Bedeutungsgehalt geklärt wird. Deshalb soll auf den Artikel von Dieter Werkmüller verwiesen werden, auf den sich die relevanten Autoren beziehen.

Der Artikel lässt sich wie folgt zusammenfassen:[244] Wurde ein Friedbrecher auf handhafter Tat – handhafte Taten sind Ehebruch, Diebstahl, Raub, Brandstiftung und, eingeschränkt, auch Ehrverletzung – ergriffen und erschlagen, so war es in germanischer Zeit nicht notwendig, dies als Störung des öffentlichen Volksfriedens zu betrachten. Das Erschlagen des Handhafttäters war ein Akt der Privatrache. Um die Tat als rechtmäßig zu beweisen, musste der Täter sein Vergehen verklären und den Erschlagenen nachträglich in einem förmlichen Verfahren des Friedbruchs überführen. Hierzu diente ihm die Klage gegen den toten Mann; sie war vom Täter gegen den Erschlagenen anzustrengen. Das Ziel war, den Kläger vom Vorwurf unrechtmäßiger Tö-

240 Ibid., S. 313.
241 Ibid., S. 296.
242 Ibid.
243 So bei Seifart, Werner / Campenhausen, Axel Frhr. v., Handbuch des Stiftungsrechts, München 1999, S. 79. In der Ausgabe von 1987 des Geschichtsüberblicks, S. 51ff., kommt die „tote Hand" nicht vor. Sie wird also später erst erwähnt, ohne dass dies an der Darstellung irgendetwas änderte.
244 Werkmüller, Dieter, Klage mit dem toten Mann, in: Erler, Adalbert / Kaufmann, Ekkehard, Handwörterbuch zur deutschen Rechtsgeschichte, Band II, Berlin 1978, S. 846ff.

tung freizusprechen. Das Gericht versammelte sich an jenem Ort, wo der Erschlagene lag. Nach isländischem Recht erfolgte sogar eine förmliche Vorladung des Toten, der gegebenenfalls zu diesem Zweck exhumiert wurde. Da die Leiche vor Beendigung des Verfahrens nicht bestattet werden durfte, ging man seit dem 14. Jahrhundert dazu über, die abgetrennte Hand des Erschlagenen an die Stelle des Leichnams treten zu lassen (Klage mit der toten Hand), später wurde diese durch eine Nachbildung aus Wachs ersetzt. Die Rechtssitte, die Leiche des Erschlagenen vor Gericht zu bringen, blieb vereinzelt bis ins 17. Jahrhundert in Geltung.

Unklar ist die Quellenlage, es ist nicht erwiesen, dass es sich um eine allgemeingermanische Erscheinung handelt. Gemeinsam ist die Grundlage: der Glaube an das rechtliche Fortleben des Toten.

Der Tote erhebt somit Klage gegen den Lebenden. Die Definition der handhaften Tat ist deshalb wichtig, weil der Totschläger nur geringe Verteidigungsmöglichkeiten hat. Die tote Hand klagt an und will Vergeltung oder Rache. Sie hält den Lebenden im Würgegriff.

Der Zusammenhang mit der Stiftung ist in dem Moment des Fortlebens des Toten, also der Präsenz des Toten im Leben, zu sehen. Er liegt aber auch im Moment der Dauer; der Stifterwille ist auf Dauer angelehnt. Darin offenbart sich eine Zweideutigkeit, nämlich einerseits die Gegenwart des Toten im Leben, andererseits der „Würgegriff" des Stifters. Die Stiftung ist dazu da, den Stifterwillen zu verewigen, unabhängig von geschichtlichen Veränderungen.

Es ist gerade diese Zweideutigkeit, die die Unklarheit in die Beurteilung des Stiftungswesens bringt. Die einen Autoren führen die „tote Hand" als Indiz dafür an, dass auch im germanischen Bereich der Stiftungsgedanke vorhanden ist, die anderen verweisen auf den „Würgegriff" der „toten Hand" und lehnen diese Konstruktion ab. Es stellt sich jedoch die Frage, ob die „tote Hand" überhaupt in den Umkreis der Stiftung gehört, ob sie nicht vielmehr eine Erfindung jener Historiker ist, die unbedingt den Seelgerätgedanken im germanischen Gedankenkreis verankern möchten, dergestalt, dass sich das Seelgerät aus dem Totenteil entwickelte; als Verbindungsstück dient dann die Klage der toten Hand. Das ist jedoch nicht der Fall. Bruck führt aus, dass Totenteil und Seelgerät eben nichts miteinander zu tun haben. Der Überlebende kümmert sich um die Totenpflege, weil er die Rache des Toten fürchtet, er fürchtet sich vor dem Wiedergänger.[245] Deshalb gibt er dem Toten sein Totenteil, also das, was er für das Jenseits braucht, und das, was der Tote für sich durch Kampf, Raub und Schenkung erworben hat.[246] Die Absicht ist, dass der Tote nicht wiederkehrt – er soll dort bleiben, wo er als Toter ist. Wenn es aber keinen Weg vom Totenteil zum Seelgerät gibt, ist auch das Phänomen der „toten Hand" hinfällig. Es mag als Metapher für den „Würgegriff" des Stifterwillens benutzt werden, aber wer es als Begriff einsetzt, ist sich der Zweideutigkeit nicht bewusst oder ist weiterhin der Ansicht, dass die Stiftung mit dem Totenteil zusammenhängt, was Bruck jedoch hinlänglich widerlegt hat.

245 Bruck, Eberhard Friedrich, Totenteil und Seelgerät im griechischen Recht, München 1926, S. 76.

246 Ibid., S. 75.

Die Stiftung entwickelt sich aus dem griechisch-hellenistischen Seelgerät, ohne Einfluss des Totenteils, das längst verschwunden war, als das Seelgerät entstand: „Im germanischen Recht erwächst das Seelgerät nicht von innen heraus in organischer Entwicklung. Hier beruht das Seelgerät auf christlichem Import. Fremde Gedanken, das Ergebnis reifster antiker Kulturentwicklung, dringen hier in einem jugendlich frühen Entwicklungsstadium ein, in dem Totenteil und Totenkult noch nebeneinander in voller Blüte stehen.“[247]

7.8 Erkenntnisse aus der Geschichte der Stiftung

Wenn es richtig ist, dass die Stiftung als Seelgerät im Hellenismus entsteht, als Quote für die Kirche zum Zwecke des Seelenheils im Zeitalter Kaiser Justinians, dann ist zu fragen, ob Stiftungen dann auf der Tagesordnung stehen, wenn Reiche zerfallen, alte Ordnungen zusammenbrechen. Das Misstrauen in die Verhältnisse, in denen der Stifter lebt, bringt ihn dazu, Stiftungen zu gründen, die dann das Staatswesen dankend fördert, um auf sozialem Gebiet entlastet zu werden. Der Stifter möchte sein Seelenheil sichern, gerade weil die Welt, in der er lebt, untergeht. Die Schwäche des Gemeinwesens, der Zerfall der Polis, der Untergang des römischen Reichs im Zeitalter von Justinian, dem „Teufel auf dem Thron für die einen, die Erfüllung der Weissagung Gottes für die anderen“[248], führt zu einem übersteigerten Individualismus, der sich nur selbst sieht, für das Gemeinwesen jedoch entweder keine Verantwortung übernehmen kann oder will. Was der Stifter an Gütern anhäuft, gehört ihm allein, darüber möchte er ewig verfügen.

Die Stiftung als Zerfallsprodukt ist somit Ausdruck des „Rette sich, wer kann“, gleichgültig, wie die hellenistischen Skeptiker beweisen, ob ein Leben nach dem Tode für real gehalten wird. Wer mit der Zeit geht, so zeigen es die Unternehmer der Gründerzeit, errichtet keine Stiftungen. Die Aufsteiger Abbe und Bosch, die Depressionsgeschädigten, errichten aus Fürsorge Stiftungen, um die Nachkommen und Zeitgenossen nicht ins Elend zu stürzen. In der Zerfallszeit entstehen Stiftungen aus einem primitiven Egoismus heraus (Liermann), aber das ist eine neue Qualität, im 19. Jahrhundert gehen Stiftungen aus der Sorge für das Gemeinwesen hervor. Der Egoist verwandelt sich in einen Träger von Idealen, die quer zur geistigen Strömung der Zeit stehen.

Aber dies ist eine Ausnahme, die keinen Nachfolger findet. Deshalb sind Abbe und Bosch immer wieder die Vorzeigestifter; sie gelten als Vorbilder, obwohl sie in ihrer Zeit Sonderlinge waren, und dies gerade für jene, die sich als Avantgarde des Zeitgeistes verstehen. Ähnlich stellt sich der Sachverhalt im 20. Jahrhundert dar.

Adolf v. Harnack stellt Andrew Carnegie als Vorbild heraus, indem er auf dessen Diktum von der Pflicht der Reichen gegenüber der Gesellschaft verweist. Nichts sei

247 Ibid., S. 329.
248 Böhme, Helmut, Europäische Wirtschafts- und Sozialgeschichte, Band 1, Frankfurt am Main 1977, S. 149.

von der Umwandlung der Erwerbsverhältnisse zu erwarten, sondern alles „von der Hebung des sozialen Bewusstseins und von der fortschreitenden Erkenntnis sittlicher Pflichten." So stimmt Harnack mit Carnegie darin überein, dass „nur eine kleine Minderheit (...) durch die gesteigerte Produktivität ihrer großen Unternehmungen die Güterversorgung der Gesamtheit vermehrt und verbessert." Zugleich ist er mit Carnegie einer Meinung, dass in einem System des Wettbewerbs „das Überleben der Tüchtigsten verbürgt sei"[249]. Nicht erst durch die testamentarische Verfügung sollten Stiftungsgelder Verwendung finden, sondern bereits zu Lebzeiten habe sich der Vermögende um den Einsatz des Geldes zu kümmern, wobei die Wohltätigkeit Einzelnen gegenüber zurückzutreten habe gegenüber der Förderung des Ganzen, also von Einrichtungen, die dem ganzen Volk zugute kommen.

Ebenfalls von moralischer Verantwortung spricht Körber, gerade weil sie in der dominierenden Wirtschaft nicht vorhanden ist. Die rückwärtsgewandte Gemeinwesenoptimierung steht der fortschrittlichen Gewinnmaximierung gegenüber, die aus der Stiftung aufgrund der fehlenden Mitbestimmung sowie der Nutzung der Stiftung als Kreditgeber und nicht zuletzt aufgrund der Steuervergünstigungen noch Wettbewerbsvorteile schlägt. Ist die Stiftung Ausdruck von Bewahrung oder ein Fortschrittsbeschleuniger, weil das Unternehmen eine Stiftung als zweiten Motor besitzt?

7.9 Verbleibende Probleme aus Gegenwart und Vergangenheit

Auf Grund des sich einstellenden Gesamtüberblicks über die Geschichte der Stifter, Stiftermotive, Stiftungsrecht und Stiftungssteuerrecht, Stiftungsmodelle und Stiftungspraxis lassen sich nun die Erwartungen an das Stiftungswesen und Urteile über die Stiftungen bewerten:

1. Manfred Erhardt vertritt die These, in Deutschland herrsche keine Stifterkultur, „weil die deutsche Neidgesellschaft mit offenen oder unterschwelligen Vorwürfen und Unterstellungen, welche sich klischeehafter Ressentiments bedienen, keine Motivation zum Spenden und Stiften schafft"[250]. Dem widerspricht die Wirklichkeit der Stiftungspraxis, vor allem was den Sektor der unternehmensverbundenen Stiftungen betrifft. Der Stifter spart Steuern, steigert sein Ansehen, kann die Stiftung als hauseigene Bank mit zinsgünstigen Darlehen einsetzen und genießt den innerbetrieblichen Vorteil der Beschneidung von Arbeitnehmerrechten, der Mitbestimmung. Dazu kommen die eingeschränkte Haftung und keine Publizitätspflicht sowie die steuerbegünstigte Familienversorgung als mildtätige Zweckbestimmung. Diese Vorteile sind kaum dazu geeignet, den „klischeehaften Ressentiments" den Boden zu entziehen, weder bei dem Arbeiter, der in einem solchen Unternehmen arbeitet, noch bei dem Stifter, der seine Erträge voll für den Stiftungszweck aus-

249 Harnack, Adolf v., Carnegies Schrift über die Pflichten der Reichen, in: Adolf v. Harnack als Zeitgenosse, Reden und Schriften aus den Jahren des Kaiserreichs und der Weimarer Republik, hg. und eing. v. Kurt Nowak, Berlin / New York 1996, S. 1343.
250 Erhardt, Manfred, Mäzene, Stifter und Sponsoren, S. 23.

schüttet. Solange die „Liechtensteinisierung" des Stiftungswesens anhält, erhalten sich die Ressentiments am Leben.

Die Kritik am Stiftungsrecht ist keineswegs ressentimentgeladen, wenn Walz vorschlägt, über das Steuerrecht regulierend einzugreifen: „Fehlende Publizität und das Steuergeheimnis führen zu untragbaren Zuständen. Nur die herrschenden Personengruppen wissen, was im ADAC-Konglomerat, dem Roten Kreuz und seinen Tochtergesellschaften, bei Greenpeace e.V. und bei vielen großen Stiftungen wirklich geschieht." Als Regulierungsmaßnahme, damit die Stiftungen keine hauseigenen Banken darstellen, schlägt Walz das amerikanische Modell vor: „Es wird eine Ertragsteuer erhoben, wenn die Stiftung nicht eine als Normalverzinsung des gesamten eingesetzten Stiftungsvermögens unterstellte Quote ausschüttet. Bemessungsgrundlage ist das näher zu definierende Einkommen der Stiftung aus ihrer Vermögensverwaltung; die Höhe der Steuer liegt bei beachtlichen 15 Prozent. Die Steuer wird nicht erhoben, wenn die Stiftung mindestens 5 Prozent ihres Vermögens oder, wenn das höher sein sollte, ihre gesamten Erträge aus der Vermögensverwaltung zweckgerecht ausschüttet."[251]

2. Die Politiker erwarten vom Stiftungswesen wahre Wunder. „Stifter sind Partner bei der Bewältigung von Zukunftsaufgaben des Landes", so die Regierungserklärung von Bundeskanzler Helmut Kohl am 18. März 1987.[252] Altbundespräsident Roman Herzog nennt sie „Motoren des Wandels"[253]. Jedoch die Förderung hält sich in Grenzen; im Wissenschaftsbereich sind „dies gerade mal 0,18 Prozent der Gesamtausgaben"[254] der Stiftungen.

   Wer sich als junger Wissenschaftler um Stiftungsmittel bemüht, wird enttäuscht. Schon ein Blick in das Stiftungshandbuch genügt dazu.

   Angesichts der Bewusstseinsstruktur der großen Stifterpersönlichkeiten ist das, was die Politiker erwarten, nämlich Innovation, neue Wege, Sinn für geniale Köpfe, nicht zu erwarten. Die Stiftungen orientieren sich am bereits Erfolgreichen, am Spektakulären, an der „Best-of-Kultur". Potenzielle Genies, die Stiftungsgelder erhielten, sind nur die Aushängeschilder, die darüber hinwegtäuschen, dass den Epigonen der Löwenanteil zufloss.

   Am Kunstbereich lässt sich dies besonders gut erläutern. Die Guggenheim-Stiftung unterstützte zwar auch unbekannte Künstler wie Jackson Pollock oder Mark Rothko, aber im Überfluss lebte ein heute weithin unbekannter Kandinsky-Epigone. Morgan und Gulbenkian sammelten das, was schon als großes Kunstwerk anerkannt wurde.[255] Die großen Stifter wollen Erfolg sehen, sie haben zugleich Angst

---

251 Walz, W. Rainer, Stiftungsreform in Deutschland: Stiftungssteuerrecht, Köln 2001, S. 209.

252 Schulte, Martin, Staat und Stiftung, Verfassungsrechtliche Grundlagen und Grenzen des Stiftungsrechts und der Stiftungsaufsicht, Heidelberg 1989, S. 1.

253 Erhardt, Manfred, Mäzene, Stifter und Sponsoren, Köln 2001, S. 25.

254 Ibid., S. 24.

255 Anhand der nahezu zahllosen Publikationen der Stiftungen über die geförderten Künstler lässt sich belegen, dass die geförderte Kunst und geförderten Künstler schon immer fast ausschließlich Traditionalisten waren, im Verhältnis zu den Künstlern, die tatsächlich die Kunst revolutionierten, aber ohne Förderung blieben. Vgl. die Stiftungspublikationen beispielsweise von:

vor der Zukunft. Aber gerade diese Angst führt dazu, dass ihre vermeintlichen Leistungen als Zukunftsgarantie später vergessen werden.
In diesem Zusammenhang sei darauf verwiesen, dass die Stiftungen schon im Alltag allgegenwärtig sind. Die Stiftungen & Co. – auch wenn es nur Ersatzformen sind, aber sie sind als gemeinnützig anerkannt – übernehmen bereits nicht nur die Aufgaben der Zukunft, sondern auch die der Gegenwart. Jeden Tag wird man von Lidl, Ikea, Aldi, Quelle, Bertelsmann, Hertie, Carlsberg, ADAC und Rotem Kreuz mit ihren Produkten umsorgt: Honig, Kaffee, Bier, Gemüse, Bekleidung, Bücher, Musik, Reisen. Die Stiftungen sind bei jeder Autopanne behilflich, bei Krankheit im Urlaub wird man von einem Stiftungshubschrauber ausgeflogen.

3. Was also sind Stiftungen? Es kristallisieren sich bei aller Vielfalt zwei Grundmuster heraus. Die erste Art von Stiftung dient als Instrument zum Zwecke der Gewinnmaximierung, indem Vorteile gegenüber der nicht steuerbefreiten Konkurrenz erreicht werden; ein erwünschter Nebeneffekt besteht darin, dass die Familienmitglieder unterstützt werden und das Unternehmen, was die Unternehmensnachfolge betrifft, auch für die Zukunft gerüstet ist. Zur Zukunftssicherung gehört auch die günstige Sicherung des Erbes. Wenn das Institut für Altersvorsorge mit seinen Repräsentanten in der Öffentlichkeit in seinen Berechnungen der allgemeinen Erbnachfolge und der Übertragung von Vermögenswerten auf die nächste Generation jene 3 Prozent der Erblasser, die fast ein Drittel des zu vererbenden Gesamtvermögens in Deutschland besitzen, nicht berücksichtigte, so warf das die Frage nach dem Vorgehen innerhalb dieser Personengruppe auf. Der Gedanke liegt nunmehr nahe, dass diese Vermögen mithilfe des Stiftungsrechts übertragen werden. Lange und Kuchinke schreiben in ihrem Lehrbuch über das Erbrecht: „Durch die Erbschaftsteuer nimmt der Staat mit größerem Erfolg hoheitsrechtlich seinen ‚Anteil am Erbgut', als im Gewande eines privatrechtlichen Erben. Der Wunsch, die Erbschaftsteuer möglichst gering zu halten, kann den rechtsberatenen Erblasser bei der Gestaltung seiner Verfügung von Todes wegen mehr beeinflussen, als die eigene Vorstellung von einer gerechten Verteilung seines Vermögens."[256] Als Ausweg hätten sie auf die Möglichkeit einer Stiftungserrichtung hinweisen können, das hätte den Erblasser mehr befriedigt als die Verminderung der Erbschaftsteuer.
Zur zweiten Art zählen jene Stiftungen, die ihrer Entfaltungsfreiheit eine metaphysische Bedeutung geben möchten. Bei ihnen ist mehr oder weniger der Gedanke des Seelgeräts noch wach; die materiellen Gewinne, die sie aus dem Daseinskampf erworben haben, sollen auch einen geistigen Wert erhalten. Hier findet sich das Moment der Sinngebung der individuellen Existenz, ob nun aus Gründen des Seelenheils oder aus säkularen moralischen, freigeistigen Motiven. Diese Stifter leben mit dem Widerspruch, dass sie materiell erfolgreich sein müssen, um ideelle Werte verwirklichen zu können. Für den Stifter als ökonomisches Subjekt ist der andere Konkurrent, für den menschenfreundlichen Stifter dagegen ist der andere der hilfs-

---

Grasskamp, Walter / Ullrich, Wolfgang, Mäzene, Stifter und Sponsoren, Stuttgart 2001; Scherer, Annette (Hg.), Mäzene, Schenker, Stifter, Bonn 1985.

256 Lange, Heinrich / Kuchinke, Kurt, Lehrbuch des Erbrechts, München [4]1995, S. 9.

bedürftige Mitmensch. Der Stifter der ersten Art ist mit dem Problem der „toten Hand" konfrontiert, denn er ist selbst diese „tote Hand", die alles im „Würgegriff" hält. Der Stifter der zweiten Art hat das Problem der linken und der rechten Hand, die nichts voneinander wissen dürfen; Letzteres gilt auch für den atheistischen Stifter, der sich nicht um sein Seelenheil kümmert: Die Stiftung setzt den materiellen Erfolg voraus. Wenn er materielles und ideelles Tun verknüpfen möchte, gerät er ökonomisch ins Hintertreffen. Die bisherigen Konkurrenzvorteile gehen verloren, der erfolgreiche Unternehmer kann dann Konkurs anmelden.

4. Aus der Perspektive der Geschichte bedeuten die Förderung und der Ruf nach einer blühenden Stifterkultur, dass sich Staat und Gesellschaft im Niedergang befinden. Die sozialen Bindungen zerfallen, die Verantwortung für das Gemeinwesen schrumpft. Die bürgerlichen Ideale, der Sinn für das Gemeinwesen oder der Polisgedanke sind einem primitiven Egoismus, wie Liermann sagen würde, gewichen. Der Staat zieht sich zurück, und damit entzieht er sich auch. Das gesellschaftliche System ist instabil, und nun wird von den Individuen gefordert, sich selbst zu organisieren. Der Staat leistet seinen Beitrag, indem er ihnen mit Steuerbefreiung entgegenkommt. Darin ist jedoch nicht nur eine materielle Entlastung zu sehen; vielmehr ist das Verlockende an dem Stiftungsgedanken zum einen, dass die Stiftungen das Gemeinwesen materiell stabilisieren, zum anderen, dass sich moralische Werte ausbilden, die es bisher nicht gab. Die Stiftungen werden zu materiell-moralischen Anstalten, die der Staat mit Wohlwollen betrachtet und denen er als Verwaltungs- und Regulierungsbehörde gegenübertritt. Diese Entwicklung hat für die Stiftung selbst verheerende Folgen – sie wird vom Staat instrumentalisiert. Weil der Staat sich zurückziehen will, sollen die Lücken von der Stiftung geschlossen werden, obwohl sie als letztes Refugium des Individualismus dient, dabei möchte der Staat den ursprünglichen Seelgerätgedanken der Stiftung ausnutzen. Auf diese Weise wird jedoch das Stiftungswesen beschädigt. Wenn der Staat die Stiftung als Instrument betrachtet, um sich Vorteile zu sichern, warum soll der Stifter nicht umgekehrt die vom Staat garantierten Vorteile auch als Instrument einsetzen, um sein Überleben zu sichern? So wird nun auch der instrumentalistische Charakter des Seelgeräts selbst erkennbar: Es wird etwas gegeben, damit etwas anderes gesichert wird. Dieser Charakter war jahrhundertelang immanent vorhanden und kommt nun kahl und kalt an die Oberfläche.

   Wenn die Stiftung jedoch immer schon ein Instrument, ein Gerät war, dann sollte darauf verzichtet werden, ihr einen Schein oder einen Goldglanz, wie es der Thyssen-Manager Kurt Birrenbach meinte, zu verleihen. Wenn ein Stifter seiner Stiftung einen metaphysischen Sinn gibt, dann ist dies nicht nur seine Privatangelegenheit, die keine Allgemeingültigkeit beanspruchen kann. Ist sie mehr als nur ein Instrument, so bleibt es doch eine einsame Handlung, die im Verborgenen wirkt, am Instrument ist das nicht zu erkennen. Der Stifter, der seiner Stiftung metaphysische Bedeutung oder eine moralische Ausrichtung verleiht, muss weiterhin mit der Problematik der linken und rechten Hand leben. Davon entlastet ihn weder der Staat noch eine blühende Stifterkultur.

8 Die amerikanischen Stifter

8.1 Ein Blick auf das amerikanische Stiftungswesen – Amerika als Vorbild

Nachdem das Verhältnis von Wirtschaft und Stiftung geklärt ist, steht nun das Ideelle im Zentrum der Betrachtung, also die Frage: Worin besteht für einen Stifter der Impuls, eine Stiftung zu errichten, anstatt sein Vermögen in anderer Art und Weise zu übergeben?[257]

Im Gegensatz zum deutschen Stiftungswesen, das sich hinter seiner Anonymität verbirgt, betreiben amerikanische Stiftungen eine ausgeprägte Öffentlichkeitsarbeit. „Heute gibt es in den USA rund 32.000 Stiftungen. In keinem Land der Erde sind Stiftungen so gut dokumentiert und statistisch erfasst. (...) Keine Stiftung entzieht sich mehr grundsätzlich der Bitte um Zusammenarbeit, da die Stiftungen und ihre Verwaltungen durchweg den Segen dieser offenen Informationspolitik erkannt haben."[258]

Das amerikanische Stiftungswesen ist nicht nur in dieser Hinsicht Spitzenreiter, sondern gilt auch als vorbildlich; dafür werden zwei Gründe angegeben: zum einen das Bewusstsein der Eigenverantwortung, zum anderen das der Sozialverpflichtung des Eigentums. „Wer viel verdient hat, gibt an die Gesellschaft zurück; wer geerbt hat, kümmert sich um gesellschaftliche Belange. Dies sind die Grundsätze des Zusammenlebens amerikanischer Bürger."[259]

Will man die Avantgarde der amerikanischen Stifter charakterisieren, so ergibt sich zunächst, folgt man Waldemar A. Nielsen, ein sehr heterogenes Bild: „The list of donors who have built the great American philanthropic tradition has included everything from the lowest criminal and psychopathic types, to benign nonentities, to heroes who have defied the conventions of their time to advance great principles, and organizational geniuses who effectively applied their creative skills from the world of business and finance to the totally different worlds of science, education, and the arts."[260]

Als älteste Stiftung Amerikas wird diejenige von Benjamin Franklin von 1789 angesehen. Hier findet sich bereits die philanthropische Gesinnung als Ausgangspunkt für die Stiftungsinitiative. Damit ist der Wendepunkt gesetzt von wohltätigen Einrichtungen religiöser Prägung hin zur Wohltätigkeit säkular-privater Initiative. Nielsen macht diesen Wandel deutlich: „Charitable institutions of many kinds, including schools, hospitals, orphanages, and monasteries, have of course existed for many centuries and in most parts of the world – sometimes as creations of principal authority

257 Vgl. Gebel, Dieter, Betriebsvermögen und Unternehmernachfolge, München 1997; Esch, Günter / Schulze zur Wiesche, Dieter, Handbuch der Vermögensnachfolge, Berlin 1992.

258 Strachwitz, Rupert Graf, Stiftungen, Frankfurt am Main / New York 1994, S. 158.

259 Ibid.

260 Nielsen, Waldemar A., Inside American Philanthropy, Norman / London 1996, S. 17.

but most often religious institutions."[261] In Amerika nimmt eine neue Entwicklung ihren Lauf. Unabhängig von Staat und Kirche setzen sich wohlhabende Bürger für die Gesellschaft ein: „In the United States a special aspect of this great tradition of charitable initiative has been the development of the private secular philanthropic foundation. Linked neither to government nor to a religious body, these foundations have taken initiatives and performed tasks far beyond responding to manifest needs and directly alleviating human distress."[262]

Betrachtet man die Stiftungslandschaft in den USA, so scheint die Ford Foundation – abgesehen von den umfangreichen philanthropischen Aktivitäten, welche der Microsoft-Gründer Bill Gates in der jüngsten Zeit unternommen hat – die größte zu sein. Aber während die amerikanische Carnegie-Stiftung (1910) und die Rockefeller-Stiftung (1913) noch aus philanthropischen Motiven errichtet wurden, so ist die Ford Foundation, 1936 gegründet, aus steuerlichen Überlegungen gestiftet worden.

Die Ford-Stiftung hielt 1958 ungefähr 80 Prozent der Ford-Aktien ohne Stimmrecht; den Konzern führten Henry Fords Erben als Minderheitsbeteiligte. Es wurden Bedenken laut, ob darin nicht ein Missbrauch des Steuerrechts vorliege. Daraufhin stieß die Stiftung die Aktien ab und platzierte sie wahrscheinlich in Deutschland. 1967 soll die Ford Foundation nur noch 42 Prozent der Aktien besessen haben.[263]

Die größten wohltätigen amerikanischen Stiftungen sind unternehmensverbunden, so beispielsweise die Lucile and David Packard Foundation mit dem Hewlett-Packard-Konzern und die Kellogg Foundation mit dem entsprechenden Unternehmen.[264] Somit ist anzunehmen, dass neben philanthropischen Neigungen auch die Besteuerung eine nicht zu unterschlagende Größe darstellt.

Strickrodt sieht drei wesentliche Gesichtspunkte bei der Stiftungsgründung: die philanthropische Gesinnung, das Fortschrittsbewusstsein, das sich in der Förderung der Wissenschaft und Forschung artikuliert, und die Frage der Besteuerung.[265]

Das sind sehr allgemeine Merkmale, wenn zweihundert Jahre Stiftungswesen beschrieben werden sollen. Nach den Motiven, die Menschen dazu bewegen, Stiftungen ins Leben zu rufen, ist genauer zu fragen. Denn die Stiftung steht ja nicht am Anfang der Unternehmensgründung. Die großen Stifter sind im Sinne Max Webers zunächst Unternehmer, die ihre Tauschchancen im Wettbewerb wahrnehmen.[266] Erst wenn sie erfolgreich sind, können sie daran denken, eine Stiftung zu errichten. Die Stiftung ist der Überflussbetrag der Unternehmertätigkeit. Mittel werden dem wirtschaftlichen Kreislauf entnommen und in einen nicht produktiven Sektor umgeleitet; so ist die Stiftung, aus der Perspektive der reinen Ökonomie, eine Verschwendung oder Verschleuderung von Produktivkapital. Was motiviert somit einen Unternehmer umzusteuern? Die Stiftung schädigt zwar nicht das Unternehmen, es muss nicht Konkurs

261 Ibid., S. 3f.

262 Ibid., S. 4.

263 Berndt, Hans, Stiftung und Unternehmen, Herne / Berlin [6]1998, S. 360.

264 Vgl. Steuck, Heinz-Ludwig, Die Stiftung als Rechtsform für wirtschaftliche Unternehmen, Berlin 1967.

265 Strickrodt, Georg, Stiftungsrecht, Baden-Baden 1977, S. 194.

266 Weber, Max, Wirtschaft und Gesellschaft, Tübingen [5]1976, S. 43f.

anmelden, es fehlt jedoch Kapital für weitere Investitionen. Stiftung und calvinistischer amerikanischer Geist scheinen sich nicht zu bedingen.

Die Vermeidung von Besteuerung ist als Stiftungszweck nicht allein ausschlaggebend. Eine größere Rolle spielt die Förderung von Wissenschaft und Forschung, denn darin kann auch ein eigennütziges Interesse gesehen werden. Schließlich kommen die Innovationen dem unternehmerischen Fortschritt zugute und nicht nur – aus philanthropischen Gründen – der Bekämpfung und Heilung von Krankheiten, um der Volksgesundheit zu dienen.

Die Frage nach dem Motiv ist zugleich eine nach der seelischen Beschaffenheit oder nach dem Charakter des Stifters. Man möchte hinter die Kulissen, ins Innere einer Persönlichkeit blicken, die eine dominierende Rolle in der Ökonomie spielt. Philanthropische Stiftung und unternehmerisches Durchsetzungsvermögen – für manche vielleicht, die Friedrich Nietzsche, George Bernhard Shaw oder Oswald Spengler kennen, sogar Ausdruck des Willens zur Macht – scheinen nicht zu kongruieren. Fast hat es den Anschein, als übernähme die Stiftung die moralische Funktion einer Form gewordenen Verantwortungsethik und das Unternehmen die des Machtkalküls.

Wenn also an dieser Stelle einige Stifter aus der Fülle der Stifterpersönlichkeiten vorgestellt werden, soll nur das persönliche Motiv der Stifter herausgearbeitet werden; im Zentrum stehen weder das, was sie leisten oder geleistet haben, noch der geschichtliche Hintergrund. Bei den Biographien dieser Persönlichkeiten handelt es sich zumeist um Darstellungen des erfüllten Lebens. Die Stiftung ist die Krönung; dabei verschwinden und verschwimmen die Stiftermotive. Als wichtige Quelle dient zunächst das Buch „Die großen Stifter“, herausgegeben von Joachim Fest, in dem bekannte Zeitgenossen zu Ehren berühmter Stifter schreiben. Das Thema bedingt eine gewisse Vorsortierung, weil die Autoren selbst gezwungen waren, nach den Stiftermotiven zu fragen. Es ist eine „Festschrift“ im eigentlichen Sinne des Wortes, denn die Größe der Stifter, nicht ihre Motive, soll gerühmt werden, vor allem die der noch lebenden.[267]

Auch die Autoren, Altbundeskanzler Helmut Schmidt, der frühere Hamburger Bürgermeister Klaus v. Dohnanyi, angesehene Publizisten und Wissenschaftler wie Nina Grunenberg, Walter Haubruch, Michael Stürmer und Fest selbst, kommen nicht umhin, ausführlich die Stifterbiographie zu memorieren, die Lebensleistung zu akzentuieren, die Stiftertätigkeit zu adeln. Dabei gerät oftmals das eigentliche Stiftermotiv aus dem Blickfeld.

Will man ebendiese Stiftermotive analysieren, stößt man zunächst auf das Problem, eine eindeutige Herangehensweise der Stifter auszumachen. Nielsen betont diese Schwierigkeit in Bezug auf die amerikanischen Stifterpersönlichkeiten: „The first and fundamental fact about foundations is that they do not start with a concept or an organization chart or a strategic plan. A foundation starts with a person, the donor. That human being, by his or her major charitable act, is the fountainhead from which all else – good, bad, or indifferent – flows.“[268]

---

267 Fest, Joachim (Hg.), Die großen Stifter, Berlin 1997.

268 Nielsen, Waldemar A., Inside American Philanthropy, Norman / London 1996, S. 10.

Ungeachtet dieser Problematik kann Nielsen jedoch einige Indizien herausfiltern: „Establishing a foundation is an act like no other. It has obvious legal, tax, and financial aspects. It confronts the donor with the need to make final decisions about future control of the company and about the role to be given to heirs. But the most daunting aspects arise from the fact that it is done often in the face of death. And because the purpose of the creation is not profit making but the advancement of human welfare, it obliges the donor to hold a mirror up to himself and to his most profound religious, social, ethical, and philosophical convictions – or if he has none, to confront that terrible realization."[269]

Nielsen verweist auf sozialwissenschaftliche und psychologische Untersuchungen, die als Stiftermotive den Wunsch nach Anerkennung, die Hoffnung auf ewige Wiedergutmachung und soziale Konkurrenz identifiziert haben. Meist spiele auch das Bestreben, den Besitz weiter in den Händen der Familie wissen zu wollen, eine Rolle. Als weitere Aspekte nennt Nielsen: „Apart from the material considerations, it appears that a general sense of social obligation was often operative: gratitude to the country for the opportunities it had provided, sometimes remembrance of childhood hardships and poverty, or a feeling of the 'duty' of the rich to share their good fortune. Traces of religious influence are apparent in the motivation of about a third of these donors, although a few were active churchmen. (…) About half of the large foundations were created in part out of a strong charitable motivation and sense of civic or social responsibility. But in half the cases or more the donors endowed their foundations simply because they were running out of time, were drowning in money, and were unable to think of anything better to do with it."[270] In einem neueren Werk erweitert Nielsen diese Antworten auf die Frage, warum Menschen Stiftungen gründen: „Some do it essentially as an aspect of their ‚estate planning'. (…) Some do it for publicity and to gain social status; some to try to perfume a sordid reputation. Some do it as a means of supporting a cause they believe in – education, the arts, health care, or whatever. Some do it out of affection for a community and locality. Some do it as a memorial to a mother, father, or beloved child. Some do it in the hope it will be a vehicle for 'keeping the family together'. Some do it with a clear purpose; but some apparently have nothing in mind except perhaps a hope of remembrance."[271]

Dieser Befund deckt sich mit dem Helmut K. Anheiers, der aus den amerikanischen Untersuchungen Motive, die zu einer Stiftungsgründung führen, herausgearbeitet hat:

- Werteorientierung: Sorge um das Wohlergehen anderer; soziale Verantwortung; religiöse und politische Überzeugung; der Wunsch, der Gesellschaft ‚etwas zurückzugeben'; Interesse an bestimmten Aktivitäten oder Themen; Verbundenheit mit einer geographisch-lokalen Gemeinschaft.

269 Nielsen, Waldemar A., The Golden Donors, New York 1989, S. 14.
270 Ibid., S. 17.
271 Nielsen, Waldemar A., Inside American Philanthropy, Norman / London 1996, S. 12.

- Nützlichkeit in spezifischen Situationen: Flexibilität der Stiftung gegenüber anderen gemeinnützigen Organisationsformen; Steuervergünstigungen; Instrument für eine systematischere Mittelvergabe.
- Gesellschaftlicher Druck: Einfluss des sozialen Umfelds; Stiften als „Mode".
- Egoismus: Beibehaltung der Kontrolle über das Vermögen; der Wunsch, sich selbst ein Denkmal zu setzen; persönliche Befriedigung; dynastische Motive; Gedenken an Familienangehörige; Familientradition; Ersatz für fehlende Erben.[272]

Stiftungen sind zunächst als das Werk ihrer Gründer anzusehen, spiegeln sie diese doch wider. Deshalb sind deren Persönlichkeiten und ihre Herkunft zu untersuchen – um mit Nielsen zu sprechen: „Foundations, even the largest, are typically the lengthened shadows of a few individuals, and the study of them has to begin with a study of their creators."[273]

Zunächst fällt auf, dass sich unter den amerikanischen „Tycoons" und somit unter den Stiftern keine Frauen finden. Lediglich durch Erbschaft oder Heirat werden für die Frauen Verbindungen zu Stiftungen hergestellt und sie beginnen dann eine Rolle bei den Stifteraktivitäten zu spielen: „In the whole, however, large-scale philanthropy is made up of male-dominated institutions."[274] Ebenso ist bemerkenswert, dass unter den Stiftern keine Afrikaner, Hispanier oder Asiaten sind, außerdem weder Polen noch Italiener. Eine prägende Rolle in der amerikanischen Wirtschaft und im Stiftungswesen spielen Menschen mit nordeuropäischem und protestantischem Hintergrund. Den jeweiligen wirtschaftlichen und sozialen Zusammenhang hat Nielsen ebenfalls untersucht. Er schreibt: „From a social-class perspective, the big money that has gone into philanthropy has not been aristocratic or 'old' money on the whole but has come from the fruits of entrepreneurship and the efforts of mostly 'self-made' men. In 1892, 84 percent of the country's millionaires were self-made men."[275] Nur einige wenige entstammen bereits sehr wohlhabenden Familien, und ebenfalls einige wenige kommen aus eher armen Verhältnissen. Der Großteil, so Nielsen, stammt aus der Mittelschicht.

8.2 John Pierpont Morgan (1837–1913)

Das Bankhaus J.P. Morgan, inzwischen mit der Chase Manhattan Bank zu JP Morgan Chase verschmolzen, spielt noch heute eine herausragende Rolle in der internationalen Finanzwelt. John Pierpont Morgan (1837–1913) war zwar nicht der Gründer der Bank, das war seinem Vater vorbehalten, aber er galt als „Napoleon der Wall Street" und wegen seiner Kunstschätze als moderner Medici-Fürst. Ein Professor der Yale

---

272 Vgl. Anheier, Helmut K., Stiftungen in der Bürgergesellschaft: Grundlegende Fragen zu Möglichkeiten und Grenzen, in: Aus Politik und Zeitgeschichte, Beilage zu: Das Parlament, Nr. 14/29.03.2004.

273 Nielsen, Waldemar A., The Golden Donors, New York 1989, S. 11.

274 Ibid., S. 13.

275 Ibid.

University verglich ihn sogar mit Alexander dem Großen.[276] Morgan war nicht nur ein großer Macher – der „pure homo oeconomicus"[277], so Ron Chernow –, er hatte auch eine „affinity for men of action"[278], wie Jean Strouse meint.

Morgan „was building internationally competitive financial and industrial structures, and his power came not from his own wealth but from a record that led other bankers and industrialists to trust him"[279]. Morgans Verdienst bestand darin, die turbulente wirtschaftliche Entwicklung in bemerkenswert geordnete Bahnen zu lenken. Er organisierte die Eisenbahnen der Nation neu (was als Morganisierung bekannt wurde) und fügte riesige industrielle Kolosse zusammen, darunter U.S. Steel, General Electric, International Harvest und AT&T. Überdies ersetzte er den USA fast zwei Jahrzehnte lang die Zentralbank.[280]

Morgan war ein Repräsentant des Finanzkapitals. Er war kein Emporkömmling, sondern er war reicher und alter Abkunft. Weil damals die amerikanische Wirtschaft noch von europäischem Kapital abhängig war, wurde er von seinem Vater nach Europa geschickt, er sollte die Kreditverbindung Amerikas mit Europa halten. Morgan ging in der Schweiz ins Internat, studierte in Göttingen Mathematik. Bald gewann er mehr und mehr an Einfluss als Persönlichkeit im amerikanischen Bankwesen; er zeigte Fähigkeiten, große Wertpapieremissionen zu dirigieren, die Regierung in wirtschaftspolitischen Fragen zu beraten und Syndikate mächtiger internationaler Finanzleute zu lenken. Sein Ziel war es, die verschiedenen Interessen zu stabilen Systemen zusammenzuführen und den mörderischen Kampf eines jeden gegen jeden zu beenden. Heute würde man sagen, Morgan setzte auf Konzentration, um Synergieeffekte zu erzielen. Darin war seine Politik auch erfolgreich, denn am Ende seiner Karriere waren die Vereinigten Staaten so reich geworden, dass sie nicht mehr von europäischem Kapital abhängig waren. Morgan galt als Repräsentant jener Menschen, die überall im Hintergrund die Fäden ziehen. Allerdings blieben Gegenreaktionen nicht aus, der Kongress verabschiedete ein Antitrust-Gesetz.

An dieser Stelle folgt konsequenterweise die Frage nach Morgans Charakter. Zu diesem Zweck sollen zunächst Äußerungen seiner Zeitgenossen herangezogen werden.

Eine Angehörige einer mit Morgan befreundeten Familie beschrieb ihn als eine energiereiche Persönlichkeit voller Präsenz: „When Morgan entered a room, you felt something electric. He wasn't a terribly large man but he had a simply tremendous *effect* – he was the king. He was *it*."[281] Reverend William S. Rainsford schrieb über

---

276 Vgl. Strouse, Jean, Morgan, American Financier, New York 1999, S. IX.

277 Chernow, Ron, The House of Morgan, An American Banking Dynasty and the Rise of Modern Finance, New York 1990, S. 19.

278 Strouse, Jean, Morgan, New York 1999, S. 222.

279 Ibid., S. 5.

280 Vgl. Strouse, Jean, John Pierpont Morgan (1837-1913), in: Fest, Joachim (Hg.), Die großen Stifter, Berlin 1997, S. 87.

281 Strouse, Jean, Morgan, New York 1999, S. XIII (Hervorhebungen im Original).

Morgan: "When he said a thing, and looked full at you as he said it, to doubt him was impossible."[282] „He felt perfectly justified in whatever he chose to do."[283]

Als Zeitgenosse Morgans gibt Roger Fry seinen persönlichen Eindruck von Morgan wieder, ohne zugleich darauf zu verzichten, schonungslos Morgan mit seiner Hauterkrankung an der Nase[284] zu karikieren: "Morgan was the most repulsively ugly man with a great strawberry nose, who would make a splendid portrait like Ghirlandaio's Strozzi man in the Louvre. He behaved not like a host but like a crowned head. There's no doubt he's a very remarkable and powerful man, and everyone says his ambitions are too big for him to be other than quite straightforward."[285]

Als Geschäftsmann erscheint Morgan janusköpfig, er vermochte die gesellschaftlichen und politischen Kräfte zu polarisieren. „Morgan was exalted by the right as a hero of economic progress and vilified by the left as an icon of capitalist greed."[286] Präsident Woodrow Wilson sagte gegenüber der New York Times: "He is a man of brains who might lead a common council, a sort of people's forum that would be above national politics."[287]

Matthew Josephson porträtiert Morgan als "imperiously proud, rude and lonely, intensely undemocratic (…) equal to throwing articles of food or clothes at his servants when they nodded and forgot his wants."[288] Mögen seine Kritiker mit ihm noch so hart ins Gericht gegangen sein, sie waren sich in einem einig: Morgan galt als "builder and conservator, not a wrecker, liar, or cheat"[289]. Pulitzers Zeitung „World" bezeichnete ihn als „commanding figure of a moribund financial feudalism"[290]. Und in der Tat: Morgan war bereits als junger Mann eine Respektsperson, die dadurch wirkte, was sie tat, und nicht durch das, was sie sagte, sich vor anderen nicht klein machte und von daher ausgesprochen selbstbewusst im Leben stand. „Pierpont, taking all this paternal surveillance in stride, had never been cowered by his father's or anyone else's rebuke. On the contrary, he displayed high confidence in his own abilities and prerogatives, and astonishing lack of self-doubt."[291] Chernow geht sogar noch weiter, indem er behauptet, Morgans Aktivitäten seien getragen worden von einem "messianic faith in his ability to reorder business"[292].

Er sieht in Morgan "a young moralist turned despot, one who believed implicitly in the correctness of his views. Strong-willed and opinionated, he had an unshakable faith in his own impulses."[293]

---

282 Rainsford, William S., A Preacher's Story of His Work, New York 1903, S. 230.
283 Strouse, Jean, Morgan, New York 1999, S. 296.
284 Morgan litt an einer acne rosacea, einer wuchernden Hautkrankheit im Gesicht.
285 Fry, Roger, The Letters of Roger Fry, New York 1972, S. 230.
286 Strouse, Jean, Morgan, New York 1999, S. IX.
287 New York Times, 24. November 1907.
288 Josephson, Matthew, The Robber Barons. The Great American Capitalists 1861-1901, New York 1934, S. 319.
289 Strouse, Jean, Morgan, New York 1999, S. 15.
290 Ibid.
291 Ibid., S. 207f.
292 Chernow, Ron, The House of Morgan, New York 1990, S. 68.
293 Ibid., S. 38.

Morgan war kein feinsinniger Intellektueller[294], er war Pragmatiker, der von sich und seinem Tun überzeugt war. "Morgan saw no conflict between the moral and the material world. (…) His religious life was not an attempt to justify or atone for his wealth, since he did not think he had anything to atone for. He regarded himself as doing honourable public service on Wall Street."[295] Genauso verhielt er sich als Stifter, es ging Morgan auch hier primär darum, etwas zu schaffen, entstehen zu lassen, „he had the pleasure of endowing a project that fascinated him and observing its progress at first hand"[296].

So ging es ihm auch nicht um Dankbarkeit – nicht zuletzt deshalb, weil er wusste, dass er sie auch nicht erwarten durfte – und oftmals wollte er als Stifter und Sponsor sogar nicht einmal öffentliche Aufmerksamkeit. In einem Gespräch mit dem Senator Thomas H. Paynter sagte Morgan ausdrücklich: „Gratitude has been rather scarce in my experience."[297] An anderer Stelle kommentierte er lapidar: „The less said, the better to my taste"[298], als es darum ging, eine Anschaffung für den Juwelier Tiffany zu unterstützen. Strouse berichtet von einem Vorgang, der ebenfalls für die Bescheidenheit Morgans spricht: „Morgan gave Berlin's Kaiser Friedrich Museum a predella by Fra Angelico, but did not want his name as donor known."[299] So kommt auch Chernow dazu, Morgan als einen „jovial Santa Claus"[300] zu titulieren.

Sich selbst bezeichnete Morgan als religiös, eigenen Aussagen zufolge bekannte er, dass er jedes Wort in der Bibel glaube.[301] Selbst sein Testament verfasste Morgan ganz im Sinne seiner religiösen Überzeugungen: „The will opened with a vivid declaration of the Evangelical doctrine Morgan had believed in all his life – that it is not man's work but only Christ's death on the Cross that offers atonement for sin. 'I commit my soul into the hands of my Saviour', he wrote."[302] Dieses Bekenntnis zum Glauben war für ihn stets vereinbar mit Gewinn- und Besitzstreben. Insofern kommt Chernow zu dem Vergleich säkularer Priesterschaft im Dienste des Geldes: Morgan „pontificated at 23 Wall Street"[303].

Morgan kann als ein klassischer Vertreter der Leistungsgesellschaft angesehen werden: "The House of Morgan would have a blue-blood Yankee reputation for the next hundred years, but Pierpont's surprisingly meritocratic instincts did not confine him to the Anglo-Saxon Protestant American elite."[304]

Initiativkraft und Fleiß, so Morgans Überzeugung, versprechen den Menschen Wohlstand. Die Armen sind, so seine radikale Conclusio, selbst schuld an ihrer Situa-

294 Vgl. Private papers of the late Lady St. Just, zit. n. Strouse, Jean, Morgan, New York 1999.
295 Ibid., S. 274.
296 Ibid., S. 298.
297 Ibid., S. 536.
298 Ibid., S. 272.
299 Ibid., S. 609.
300 Chernow, Ron, The House of Morgan, New York 1990, S. 114.
301 Ibid., S. 51.
302 Strouse, Jean, Morgan, New York 1999, S. 685.
303 Chernow, Ron, The House of Morgan, New York 1990, S. 51.
304 Strouse, Jean, Morgan, New York 1999, S. 160.

tion. „In a mix of what would later be regarded as conservative and liberal views, he believed in the efficacy of industrial consolidation and also the need for *administered* markets, but had no faith in the government's ability to do the administering."[305]

Als Angehöriger der Hochfinanz war er gegen die Einmischung des Staates. Man solle es ein paar „erstklassigen Männern überlassen, zum Besten der Nation Geschäfte zu machen"; bei seinen Entscheidungen ging er von zwei Gründen aus, „es gebe einen guten Grund – und den wahren Grund"[306].

Morgan war selbstverständlich ein reicher Mann, auch kein Asket, er lebte in großem Luxus: „Er hatte stets die eleganten und schönen Dinge geliebt – Glacéhandschuhe, französische Weine, kubanische Zigarren, englische Anzüge, Pariser Mode, attraktive Frauen – und gab nicht viel auf alttestamentarische Gebote, die mit ‚Du sollst nicht' beginnen."[307] Er spendete und schenkte an Museen, Krankenhäuser, Kirchen, karitative Einrichtungen und Bedürftige. Er finanzierte eine New Yorker Entbindungsanstalt; Aix-les-Bains, dem französischen Heilbad, stiftete er ein Krankenhaus, er gab Geld für ein Parkgehege. Er war Mitglied der protestantischen Episkopalkirche und war auch in Gemeindedingen aktiv tätig. Er gehörte zu den Mitbegründern des American Museum of Natural History und stiftete Sammlungen von Mineralien, Edelsteinen, Meteoriten, Büchern, Indianertrachten, fossilen Wirbeltieren und Skeletten sowie prähistorische Funde aus Südamerika, etwa eine Mumie eines präkolumbianischen Bergarbeiters.

Die letzten Jahrzehnte seines Lebens wandte sich Morgan dem Sammeln von Kunst zu. Sichtbares Zeichen ist das Metropolitan Museum: „Als Präsident des New Yorker Metropolitan Museum of Art setzte sich Morgan das Ziel, die Vereinigten Staaten an ästhetische und gelehrte Traditionen heranzuführen und mit Kulturschätzen der Alten Welt auszustatten." Auch hier sammelte er: Assyrisches, Babylonisches, Ägyptisches, aus dem Altertum, der Antike und der Renaissance. Er sammelte Gemälde, Zeichnungen, Skulpturen, Waffen, Münzen, Elfenbein, Emaillen, Porzellan, Möbel, Bücher, Handschriften, Manuskripte. „Er war kein gelehrter Kenner, der Stunden verbracht hätte, jedes einzelne Objekt zu studieren. Seine Brillanz lag im Zusammentragen; er hatte ein gutes Auge, ein sinnliches Gespür für Handwerkskunst und Schönheit und eine meisterliche Gabe, ‚das Beste' zu suchen und zu erwerben." Kurz: Morgan „bewies einen gewaltigen Appetit"[308].

Was bedeutet dies nun für den Stifter Morgan, wie lassen sich seine Stiftermotive charakterisieren? Seine Stiftertätigkeit war kein Ausdruck von Mildtätigkeit, somit war sie weder Altruismus noch Ausdruck schlechten Gewissens. Ein klar konturiertes Stiftermotiv lässt sich nicht erkennen. Es gibt kein moralisches Zentrum, das als Begründung für seine Stiftertätigkeit angesehen werden kann. Eher kann bei Morgan als Motiv eine Art Sehnsucht, anderen aufopfernd helfen zu wollen, angenommen werden, wenn man berücksichtigt, dass Kommentatoren zu Morgans Leben ihm einen

305 Ibid., S. 303 (Hervorhebung im Original).
306 Vgl. Strouse, Jean, John Pierpont Morgan (1837-1913), Berlin 1997, S. 97.
307 Ibid., S. 102.
308 Ibid., S. 105f.

“savior complex”[309] attestieren. Sie stellen dies fest in Bezug auf sein privates Leben (die Ehe mit seiner tuberkulosekranken Frau Mimi) und auch im Hinblick auf sein geschäftliches und stifterisches Engagement: „In his own mind, he often acted to benefit others, not simply for self-aggrandizement.“ Diese Haltung blieb nicht ohne Folgen für seine emotionale Befindlichkeit: „This pronounced sense of martyrdom made him extremely sensitive to criticism and also shielded him from true self-knowledge.“[310] Und dennoch würde man ihn falsch einschätzen, bezeichnete man ihn als Samariter; er wusste stets, welcher Klasse er verpflichtet war: “Pierpont’s connections in the realm of charity were almost as extensive as his business interests. He preferred to give to religious, cultural, and educational causes, not to social welfare agencies. He never tried to solve the problem of poverty. He wanted to build institutions that were private and elite.”[311]

Wenn auch nur einige Facetten der Stifterwirklichkeit wiedergegeben werden können, so ist doch manches sichtbar. Morgan ist ein frommer Protestant, gleichwohl ein Anglikaner, also müsste er zur Kunst ein zwiespältiges Verhältnis haben, gedacht sei an den Bilderstreit der Reformatoren. Bei Luther soll Kunst pädagogischen Zwecken dienen, Calvin lehnt Kunst als magisches Blendwerk ab. Trotzdem sammelt Morgan Kunst. Von seiner religiösen Gesinnung her ist Kunst, die er vor allem von Europa nach New York transportiert, nicht gerade das, was sich als Sammelobjekte unmittelbar anbietet. Er sammelt jedoch nicht nur Kunst, sondern auch natur- und kulturgeschichtliche Objekte sowie Kunstgewerbe. Bei genauer Betrachtung lässt sich daraus schließen, dass nicht die Sammelobjekte das Entscheidende sind, sondern das Sammeln selbst Gegenstand des Stifters ist.

Das Motiv liegt in der Tätigkeit, genauer: in der Tätigkeit des Sammelns, des Anhäufens. Dabei zielt er nicht nur auf Qualität, beschränkt sich nicht auf eine Epoche; sein Gebiet ist vielmehr alles, was die Vergangenheit hergibt. Er sammelt keine Gegenwartskunst, nur das, was von seinen Beratern als wertvoller Kulturgegenstand befunden wird. Dieses Sammeln ist eine endlose Tätigkeit; die ganze Welt wird „abgegrast“ und nach Amerika transportiert. Wenn dies richtig ist, kann nur folgender Schluss gezogen werden: Seine Stiftertätigkeit, die in der Sammelleidenschaft kulminiert, ist eine Verdoppelung seiner Finanztätigkeit. Sie ist ihre Übertragung auf die Kulturwelt. Der Bankier macht nichts Neues, sondern entdeckt nur ein anderes Betätigungsfeld, das er genauso betrachtet und behandelt wie das Finanzkapital.

Als rastloser Macher organisiert er nun die Kultur. Bereits als junger Mann wusste Morgan, dass es ihm nicht allein um die Arbeit ging, er wollte auch von der Welt etwas sehen, vor allem aber auf Reisen andere Kulturen erleben – „he had always wanted to do more than work“[312] – und sie bewahren.

Er bleibt als „Napoleon der Wall Street“ auch ein Napoleon, der einen amerikanischen Louvre einrichten will. Dabei bleibt auch die Art und Weise seines Vorgehens

309 Chernow, Ron, The House of Morgan, New York 1990, S. 45.
310 Ibid., S. 45.
311 Ibid., S. 50.
312 Strouse, Jean, Morgan, New York 1999, S. 469.

auf dem anderen Gebiet erhalten; seine Tätigkeit als Finanzier bestand darin, Kapital aus Europa für Amerika zu beschaffen, dann in Amerika alle Kräfte zu bündeln, um den Fortschritt „zum Besten“ Amerikas zu forcieren.

In seinen jeweiligen Zielen ließ Morgan sich von seinen Kritikern und Widersachern nicht beirren, er dachte längerfristig und richtete den Blick aufs Ganze: “Morgan did not pay much attention to public hostility towards the railroads or the growing discontent of the American worker. He had his eye on the country’s long-term economic future.”[313] Die Stiftertätigkeit galt ebenfalls seinem Land, er sammelte hauptsächlich in der Alten Welt, brachte sie nach Amerika, um sie dort, aus Gründen der Synergieeffekte, zu versammeln, damit sich eine neue amerikanische Tradition entwickle.

Es stellt sich die Frage, ob das eigentliche Stiftermotiv nicht der Nationalstolz sein könnte. Falls dies so wäre, dann wäre auch seine Tätigkeit als Bankier nur Ausdruck seines Patriotismus gewesen.

8.3 John D. Rockefeller (1839–1937)

John D. Rockefeller ist der Prototyp des amerikanischen Kapitalisten und einer der herausragendsten Protagonisten der Leistungsgesellschaft. “More than anyone else, Rockefeller incarnated the capitalist revolution that followed the Civil War and transformed American life. He embodied all its virtues of thrift, self-reliance, hard work, and unflagging enterprise.”[314] Sein Berater Frederick T. Gates sagte über die Rockefellers: They „have done incomparably more to permanently enrich the commonwealth than any other family since the founding of the republic.“[315] Zugleich aber wird Rockefeller als “greatest corporate brigand of his day” tituliert, er “owed his success to his ruthlessness and dishonesty, not to his business acumen”[316]. Auch Nielsen weist auf die Zwiespältigkeit hin, mit der Rockefeller gesehen wird: “It is a paradox deserving of some reflection that the donor, John D. Rockefeller, Sr., the most generous, creative, and effective philanthropist in American history, was also the most notorious of the great nineteenth-century ‘robber barons’.”[317] Widersprüche scheinen sich anzukündigen – es war stets die Gabe Rockefellers, Widersprüche in sich zu vereinen. Damit stellt sich die Frage nach dem Charakterbild dieses Mannes.

Für John D. Rockefeller waren Frömmigkeit und Reichtum kein Gegensatz: „Die Gabe, Geld zu machen, ist ein Geschenk Gottes, ein Pfund, mit dem wir wuchern müssen, so gut wir können. Da ich diese Gabe nun einmal habe, ist es meine Pflicht, Geld zu verdienen und noch mehr Geld zu verdienen und das Geld zugunsten meines

313 Ibid., S. 255f.
314 Chernow, Ron, Titan. The Life of John D. Rockefeller, Sr., New York 1998, S. XVI.
315 Rockefeller Archive Center, Frederick T. Gates Papers, Gates memo of December 31, 1926.
316 Chernow, Ron, Titan, New York 1998, S. 671.
317 Nielsen, Waldemar A., The Golden Donors, New York 1989, S. 84.

Nächsten zu nutzen, wie es mir mein Gewissen befiehlt."[318] Er war der bestgehasste Mann seiner Epoche, die Journalistin Ida Tarbell bezeichnete ihn als „den größten Schurken seiner Zeit"[319]. Er war nicht der große Bankier wie Morgan, sondern der Buchhalter, und mit der Akribie und Beflissenheit eines solchen vermehrte er seinen Reichtum.

Sein Erfolg bestand unter anderem in äußerster Sparsamkeit, eine Haltung, die auch an seiner Physis ablesbar war, die wiederum von seiner oft merkwürdigen Kleidung unterstrichen wurde: „With his thin face and thin slash of mouth, the curious costume gave him an eerily cadaverous appearance."[320]

Von der Einstellung her kann Rockefeller als Sozialdarwinist bezeichnet werden. Er tat nichts anderes, „als die Möglichkeiten der kapitalistischen Wirtschaftsordnung intelligenter und gründlicher auszuschöpfen, als seine Konkurrenten"[321], so seine Überzeugung. Seine Sparsamkeit, sein Organisationstalent und sein Gespür für die Marktentwicklung wurden durch günstige Umstände ergänzt: Rockefeller hatte das Glück, dass zum einen sein Eintritt in das Erwerbsleben mit der Entdeckung von Öl im Nachbarstaat Pennsylvania zusammenfiel, und zum anderen, dass sich in für ihn günstiger Koinzidenz gerade in dem Augenblick, in dem Edisons elektrische Glühbirne die Petroleumlampe obsolet machte, ein neuer Abnehmer für sein Produkt fand: das Automobil.

Rockefeller wuchs auf einer kleinen Farm in Richford/New York auf. Seine Familie war nicht bitterarm, wie er immer behauptete, sie lebte in bescheidenem Wohlstand. Sie lebten nicht von den Erträgen der Farm, sein Vater ging auf Reisen; als der berühmte Krebsspezialist „Dr. William A. Rockefeller" vertrieb er Wundermittel und Liebestränke. Irgendwann kam er nicht mehr von seinen Reisen zurück. Er lebte unter falschem Namen in Bigamie mit einer erheblich jüngeren Frau in Freeport/Illinois und starb hochbetagt im Jahr 1906.

Den religiösen Einschlag verdankte der Sohn seiner Mutter. Sie war gottesfürchtig, streng, sparsam. So begann Rockefeller schon früh damit, sich mit Geld zu beschäftigen. Chernow bezeichnet Rockefeller, ähnlich wie Morgan, als ein "perfect specimen of Homo oeconomicus. Even as a boy, he bought candy by the pound, divided it into small portions, then sold it at a tidy profit to his siblings."[322]

Bereits im kindlichen Alter war Rockefeller sehr ernst. Ein Lehrer beschrieb Rockefeller als "coldest blooded, the quietest and most deliberate chap"[323], und schon als Teenager legte er Wert darauf, wie ein Erwachsener behandelt und mit Mr. Rockefeller angesprochen zu werden.[324] Seine Jugendlichkeit schien er nachzuholen, als er an das große Geld kam: „The only time he showed any youthful gaiety was when sea-

318 Uthmann, Jörg v., John D. Rockefeller (1839-1937), in: Fest, Joachim (Hg.), Die großen Stifter, Berlin 1997, S. 114.

319 Ibid.

320 Chernow, Ron, Titan, New York 1998, S. 502.

321 Uthmann, Jörg v., John D. Rockefeller (1839-1937), Berlin 1997, S. 117.

322 Chernow, Ron, Titan, New York 1998, S. 17.

323 Ibid., S. 40.

324 Ibid., S. 65.

ling a lucrative deal.“[325] Geld konnte ihn also beglücken. Von Rockefeller selbst ist die Schilderung einer Begebenheit überliefert, aus der hervorgeht, dass er ein geradezu erotisches Verhältnis zu Geld hatte: Als Jugendlicher ging er mehrmals am Tag zu einem Tresor, um sich voller Faszination Banknoten anzusehen.[326]

Es war aber nicht nur der Reichtum, der ihn beeindruckte, es war auch die damit verbundene Großzügigkeit; und so gab es auch die andere Seite in dem Jungen, der hypnotisch einen Tausend-Dollar-Schein anstarren konnte. In gleiches fasziniertes Erstaunen fiel Rockefeller, als er von einem Textilfabrikanten aus New England erfuhr, der 100.000 Dollar an Bedürftige spendete.[327]

Vielleicht versprach sich Rockefeller, durch Wohltätigkeit aus der Einsamkeit herauszufinden. Chernow hebt diesbezüglich Rockefellers Affinität zur Kirche hervor, die für ihn eine Geborgenheit vermittelnde Instanz darstellte: „As a loner and outsider, he was drawn by the warm fellowship of the faithful and liked the egalitarian atmosphere of the Erie Street church, which gave him the opportunity to associate, as he put it, with ‚people in the most humble of circumstances'.“[328]

Rockefeller führte von Jugend an ein distinguiertes wie diszipliniertes Leben. Auch sein Privatleben gestaltete er stets wie ein Buchhalter,[329] unspektakulär und unauffällig. Er achtete sein Leben lang darauf, unerkannt zu bleiben und sich bewusst bedeckt zu halten. "Rockefeller trained himself to reveal as little as possible, even as possible, even in private letters, which he wrote as if they might someday fall into the hands of a prosecuting attorney."[330] Möglicherweise wollte er sich bewusst zu einer Art Mythos stilisieren und der Menschheit ein Rätsel hinterlassen. Chernow charakterisiert Rockefeller in diesem Zusammenhang folgendermaßen: „The life of John Davidson Rockefeller, Sr., was marked to an exceptional degree by silence, mystery, and evasion. Even though he presided over the largest business and philanthropic enterprises of his day, he has remained an elusive figure. A master of disguise, he spent his life camouflaged behind multiple personae and shrouded beneath layers of mythology."[331]

Rockefeller studierte nicht, sondern trat als Buchhalter in das Handelsunternehmen Hewitt & Tuttle ein. Er sparte eisern. Mit neunzehn Jahren machte er sich selbstständig, gründete mit dem älteren Maurice Clark sein eigenes Unternehmen Clark & Rockefeller.

Rockefellers Erfolgsstory verdankte sich dem Öl-Boom, der 1859 in Pennsylvania begann. Das Erdölfieber glich dem Goldrausch Kaliforniens zehn Jahre zuvor. Jedoch stiegen Clark & Rockefeller nicht sofort in den neuen Markt ein, denn die Verhältnisse auf den Bohrfeldern waren chaotisch, die Transportverhältnisse ebenfalls schwierig und unübersichtlich. Erst 1863, als ein Bekannter von Clark den beiden

325 Ibid.
326 Vgl. ibid., S. 48.
327 Vgl. ibid., S. 50.
328 Ibid., S. 52.
329 Vgl. ibid., S. 49.
330 Ibid., S. XV.
331 Ibid., S. XIII.

vorschlug, zu dritt eine Ölraffinerie zu gründen, griffen sie zu. Es entstand das Unternehmen Andrews, Clark & Co. Andrews organisierte die technische Seite, Clark kümmerte sich um den Ankauf des Rohöls, Rockefeller war für den Vertrieb zuständig. Er maximierte den Gewinn durch Wahrnehmung der Tauschchancen. Er kaufte die Ölfässer nicht, sondern ließ sie selbst herstellen. Die hellblauen Fässer, später das gefürchtete Symbol von Standard Oil, kosteten statt des üblichen Preises von zweieinhalb Dollar nur 96 Cent.

Auf Grund von Meinungsverschiedenheiten beschlossen die Partner, ihr Unternehmen öffentlich zu versteigern. Rockefeller griff zu, überbot die anderen. Ein neuer Partner trat an Rockefellers Seite, Henry Flagler, der später dafür berühmt werden sollte, dass er Florida in eine Attraktion verwandelte.

1870 wurde das Unternehmen in eine Kapitalgesellschaft verwandelt, es entstand die Standard Oil Company of Ohio. Neben straffer Organisation bestand die Gewinnmaximierung im Ausschluss des Zwischenhandels und in den Vorzugsraten – den Rebates and Drawbacks –, die durch geheime Absprachen mit den Eisenbahngesellschaften erzielt wurden.

Die Konkurrenz wurde mehr und mehr durch Preiskrieg ausgeschaltet, die Transportkosten waren der entscheidende Hebel. Der Preiskrieg ging somit zu Lasten der Eisenbahngesellschaften, die wiederum mit Lohnkürzungen reagierten. Deshalb protestierten 1877 die Eisenbahner, eine Aktion, die mithilfe der Polizei blutig niedergeschlagen wurde. 1873 war es zur Kartellbildung der größten Raffinerien unter dem Diktat von Standard Oil gekommen. 1878 produzierte Standard Oil 33 Millionen von 36 Millionen Fässern des Gesamtölaufkommens der USA. [332]

Die Kartellbildung war nicht das Ende, eine neue Stufe war der Trust. Die vierzig beteiligten Kapitalgesellschaften übergaben ihre Aktien neun Treuhändern (trustees). Dafür erhielten die Aktionäre „trust certificates", die ihnen eine Dividende einbrachten. Allerdings verloren sie das Stimmrecht. Dessen Konzentration wiederum ermöglichte ab sofort eine straffe, zentral geführte Unternehmenspolitik. Der Trust blieb namenlos, die Gesellschaften wurden zur Standard Oil of New York, Standard Oil of Pennsylvania etc. zusammengefasst; einen der großen Vorzüge der neuen Organisationsform stellte ihre Unübersichtlichkeit dar. Der Trust hatte das Ölmonopol an sich gerissen. Diese Trustbildung hatte erfolgreiche Nachahmer – es gab einen Tabak-, einen Zucker- und sogar einen Whiskey-Trust. Insofern ist ein Trust zu vergleichen mit einem „octopus that held the trade in its tentacles"[333]. Pulitzers ‚World' parodierte Rockefellers Aussage, dass der Trust eine gemeinnützige Organisation sei, mit der Definition: ‚Ein Trust ist eine philanthropische Einrichtung mit dem Zweck, Konkurrenten durch wohltätige Einverleibung vor dem Ruin zu retten.'"[334]

Das Ende der Trustbildung wurde 1901 vom neuen Präsidenten Theodore Roosevelt eingeleitet. 1908 wurde Standard Oil wegen Verschwörung zur Verhinderung des freien Wettbewerbs angeklagt; der Trust wurde zerschlagen, aber die Macht verblieb

332 Uthmann, Jörg v., John D. Rockefeller (1839-1937), Berlin 1997, S. 119ff.
333 Chernow, Ron, Titan, New York 1998, S. 553.
334 Uthmann, Jörg v., John D. Rockefeller (1839-1937), Berlin 1997, S. 122.

weiterhin bei den Oligarchen, die sogar noch weiterhin Gewinne daraus zogen. Die Aktien wurden an die Börsen gebracht, der Wert verdoppelte sich innerhalb kürzester Zeit.

Der einundsiebzigjährige Rockefeller zog sich aus den Geschäften zurück, aber er blieb ein Geizhals: „So manchem verblüfften Geschäftsfreund, der sich zum Wochenende eingeladen wähnte, wurde bei der Abreise eine Rechnung überreicht. (...) Die Gärtner seines Landguts Kijkuit bekamen fünf Dollar zu Weihnachten – die ihnen sofort wieder vom Gehalt abgezogen wurden, wenn sie die Feiertage bei der Familie verbrachten."[335]

Rockefeller hatte ein neues Betätigungsfeld gefunden, das Gemeinwohl. Bei seinen Ausgaben war er auch hier besonnen und alles andere als verschwenderisch. Dennoch hatte Rockefeller seine Ausgaben für wohltätige Zwecke seinem Einkommen angepasst, die Beträge seiner Schenkungen haben sich zum Beispiel im Jahr 1881 von 61.000 auf 119.000 Dollar fast verdoppelt.[336] Denn es war ihm daran gelegen, sein Image des unterkühlten Unternehmers zu relativieren: „He took a close interest in the recipients of his charity and directly monitored their progress."[337]

Andererseits findet Chernow im Hinblick auf Rockefellers Stifter-Aktivitäten genügend Hinweise, dass er nicht prinzipiell damit auffallen wollte.[338] Wie auch immer – eines scheint bei Rockefeller sicher: Er wollte über sich hinaus wirken, indem er Impulse für Projekte gab, die sich verselbstständigen sollten: „His ideal was to create organizations that would take on independent lives and outgrow him."[339]

So spendete schon der junge Buchhalter für Kirche und gemeinnützige Zwecke. Das „Evangelium des Wohlstands des Stahlkönigs Andrew Carnegie, welches die Reichen mahnte, ihren Reichtum zum Besten der Allgemeinheit zu verwalten, so dass die Bande der Brüderlichkeit Reich und Arm in Harmonie verbinden"[340], war nicht Auslöser, aber Bestätigung für ihn. Mit seiner Spende und Hilfe wurde das heruntergekommene Morgan Park Theological Seminary in die spätere University of Chicago verwandelt. Das zweite Großprojekt war das nach den Vorbildern des Robert-Koch-Instituts und des Instituts Pasteur gestiftete Rockefeller Institute, das sich bei der Entwicklung von Impfstoffen gegen Gelbfieber und der Behandlung von Hirnhautentzündung hervortat. Die sogenannte Hakenwurm-Krankheit führte, unter maßgeblicher Beteiligung Rockefellers, zur Gründung einer Gesundheitskommission.

Rockefeller beabsichtigte, einen Wohltätigkeitstrust zu gründen. So erwuchs die spätere Rockefeller Foundation mit einem gegenwärtigen Stiftungskapital von mehr als zwei Milliarden Dollar. Schwerpunkt der Stiftung ist die Naturwissenschaft, besonders die Medizin. Heute, da die Krankheiten, um deren Bekämpfung es ursprünglich ging, in den Hintergrund getreten sind, ist Aids an die Stelle des Gelbfiebers und

335 Ibid., S. 134.
336 Chernow, Ron, Titan, New York 1998, S. 237.
337 Ibid.
338 Vgl. ibid., S. 314.
339 Chernow, Ron, Titan, New York 1998, S. 315.
340 Uthmann, Jörg v., John D. Rockefeller (1839-1937), Berlin 1997, S. 126.

des Hakenwurms getreten. Andere Programme fördern Geburtenkontrolle, Umweltbewusstsein und den Anbau ertragreicher Reissorten.

Der Mann, der Rockefeller zu einem Wohltätigkeitstrust anspornte, war ein junger Mann: Reverend Frederick T. Gates, der schon den so genannten Mehl-Magnaten George Pillsbury beraten hatte.

Gates war der Kopf des Wohltätigkeitsunternehmens und konnte Rockefeller dafür einnehmen: Gates scheute sich nicht, „Rockefeller zu immer neuen Ausgaben anzuspornen. Sein Vermögen, warnte er, wachse mit so atemberaubender Geschwindigkeit, dass es ihn und seine Familie wie eine Lawine begraben werde, wenn er nicht Vorkehrungen treffe, es ebenso schnell der Allgemeinheit zur Verfügung zu stellen. Das war Wasser auf Rockefellers Mühlen. Die Aussicht, als größter Wohltäter in die amerikanische Geschichte einzugehen, behagte ihm. Als er starb, hatte er 550 Millionen Dollar für gemeinnützige Zwecke ausgegeben."[341]

Rockefeller hatte vermutlich bei seinen Handlungen nie ein schlechtes Gewissen, denn seine Intrigen und Bestechungen sollten nur dem Fortschritt dienen. Die Wohltätigkeit war kein Akt der Reue. Zwischen „rücksichtslosem Sozialdarwinismus und christlicher Nächstenliebe" sah er – für manchen seiner Zeitgenossen eine Perversion – keinen Widerspruch. Er machte Geld, auch zum Nutzen seines Nächsten. Aber wer war der Nächste? Der Nächste, dem die Wohltätigkeit zugute kommt, ist derjenige, der im sozialdarwinistischen Kampf aller gegen alle nicht teilnimmt oder teilnehmen kann; er ist nicht der Gegner, gegen den man bestehen muss, sondern der im allgemeinen Daseinskampf Unterlegene. Er tritt überhaupt nicht in Rockefellers Gesichtskreis. Es sind die Menschen schlechthin, die seine Wohltätigkeit erfahren. Nicht eine Gruppe wird bevorzugt, sondern die Menschen, die durch die Natur beeinträchtigt werden. Bekommt Rockefeller es mit einzelnen Menschen zu tun, so malträtiert er sie mit seinem Geiz. Selbst bei seinen Spenden spielt der Geiz eine Rolle, fragt er sich doch bei jeder Spende, ob es nicht doch noch bessere Zwecke gebe, für die er sein Geld ausgeben könne. Er hilft nicht dem Menschen, sondern den Menschen als abstrakter Gesamtheit. Dabei ging es Rockefeller nicht nur darum, den Menschen mit Geld zu helfen, sondern Chernow zufolge wie auch Carnegie darum, „to apply the managerial wisdom to the charity world"[342].

Frömmigkeit und Sparsamkeit mögen auf Rockefellers Mutter zurückgehen, und als folgsamer Sohn der verlassenen Mutter, um ihr nicht auch noch Sorgen zu bereiten, übernahm er diese Tugenden. Rockefeller hätte diese jedoch sehr schnell abgelegt, wenn sie im Überlebenskampf sinnlos geworden wären.

Sein Glaube, verbunden mit der protestantischen Ethik, schaffte jedes schlechtes Gewissen aus der Welt, im Gegenteil: er unterstützte seine Handlungen. Dabei ist die Frage des Zusammenhangs von protestantischer Ethik und Nächstenliebe noch nicht geklärt. Denn der Protestant steht unmittelbar zu Gott, ihm ist er allein verpflichtet und nicht seinem Nächsten.

---

341 Ibid., S. 129.
342 Chernow, Ron, Titan, New York 1998, S. 314.

Auch Rockefeller behauptet es selbst, wenn er sagt, die Gabe, Geld zu machen, sei ein Geschenk Gottes, also etwas, das er von Gott empfangen habe; damit erhält er zugleich den Auftrag dazu. Wenn es ihm nicht gelingt, mehr Geld zu machen, dann hat er vor Gott versagt. Hier liegen ein Glaube und ein Verständnis vor, welche mit der protestantischen Ethik in Einklang stehen. Bei Rockefeller scheinen protestantische Ethik und persönlicher Ehrgeiz zu einem fast megalomanen Selbstbild zu führen: "Serene in his conscience, convinced that God had blessed his career and that the court of history would acquit him."[343] Für Rockefeller war es klar, ein Erwählter zu sein, und sein Schicksal sah er als vorbestimmt an; er sagte von sich: "'I am bound to be rich – bound to be rich – BOUND TO BE RICH!' He was said to have punctuated this refrain by several smart, emphatic whacks on his companion's knee."[344] Er war davon überzeugt, nicht nur seine Karriere sei vorherbestimmt, sondern es sei auch eine Tatsache, dass das Talent, Geld zu vermehren, gottgegeben sei, und vor allem stand für ihn ohne Zweifel fest: "God gave me money."[345]

Auf die Frage nach dem Sendungsbewusstsein Rockefellers findet Chernow eine Antwort: "Like all revolutionaries, he saw himself as an instrument of higher purpose, endowed with a visionary faith. He knew that his actions would be at first be resisted and misunderstood by the myopic crowd, but he believed that the force and truth of his ideas would triumph in the end."[346] Und jedem Einzelnen, der ihn unterschätzte, Kurzsichtigkeit zu unterstellen, dazu war Rockefeller stets bereit: Wenn Rockefellers Antrag auf ein Darlehen von einer Bank abgelehnt wurde, konnte er fürchterlich zornig werden, und es klang wie eine Drohung, wenn er sich mit den Worten verabschiedete: „Some day I'll be the richest man in the world."[347] Der Visionär sollte Recht behalten. Eine nahezu unglaubliche Disproportion entstand, vergleicht man Rockefellers Einkommen mit dem des Durchschnittsamerikaners. Dieser verdiente um 1890 weniger als zehn Dollar in der Woche, jener kam im Jahr auf zehn Millionen Dollar. Wenn er darauf angesprochen wurde, ob er nicht in Anbetracht eines solchen Reichtums den Verstand verlieren würde, antwortete Rockefeller lapidar: „Only fools get swelled up over money."[348]

Die Widersprüche, die viele zu erkennen glauben, lassen sich auflösen. Rockefeller ist kein Auserwählter des calvinistischen Gottes, aber er hat die Gabe der Geldvermehrung von Gott erhalten. Seine anscheinend von seiner Mutter übernommenen privaten Tugenden bewähren sich bei der Verwirklichung seiner Aufgabe, das heißt, die privaten Tugenden sind zugleich allgemein kapitalistische. Radikales Besitzstreben ist die kapitalistische Triebkraft des Unternehmers im 19. Jahrhundert. Die anderen sollen kaufen und verschwenden, er selbst gibt nichts aus, er hortet Reichtümer. Individuelle Habgier ist jedoch nichts anderes als im Unternehmensbereich die Maximie-

343 Ibid., S. IXX.
344 Ibid., S. 48.
345 Ibid., S. 54.
346 Ibid., S. 140.
347 Ibid., S. 67.
348 Ibid., S. 398.

rung des Gewinns. Da Rockefeller als Buchhalter anfing, wusste er, dass die entscheidende Seite die des Habens ist. Aus dieser Perspektive gehört in diesen Umkreis auch die Unübersichtlichkeit, denn man muss seinen Reichtum so verstecken, dass man ihn nicht stehlen kann. Der Geldgewinn wird als Eigentum durch Unübersichtlichkeit geschützt.

Sollte Rockefeller tatsächlich Sozialdarwinist gewesen sein, so ist dies evident. Was Sozialdarwinismus ist, erfährt er im täglichen Berufsleben. Er ist bei Standard Oil für den Vertrieb zuständig, er steht an der Front des Tauschhandels. Profitmaximierung ist nur möglich durch Preisdumping, also das Unterbieten des anderen. Nicht billiger produzieren, sondern günstiger kalkulieren ist seine Aufgabe, also muss sich Rockefeller permanent fragen, wo er noch mehr einsparen kann. Somit wendet er nur eine Eigenschaft als Waffe an, die ihm von Kindheit an vertraut ist; auf diese Weise schließen sich private Tugend und wirtschaftliche Tätigkeit zusammen.

Als Mann der Zirkulationssphäre hat er es nicht mit der Warenproduktion zu tun, mit Menschen, die die Waren herstellen, sondern konkurriert mit anderen Anbietern. Ihm gegenüber steht ein anderer Vertreter, sie haben nicht ein gemeinsames Interesse, sondern ein einziges Interesse, das ihnen gemeinsam ist: den anderen Wettbewerber zu unterbieten, den ökonomischen Gegner in die Flucht zu schlagen.

Der Konkurrenzkampf ist nicht persönlich; die Kämpfer stehen sich nicht mehr Auge in Auge gegenüber. Es ist ein abstrakter Preiskrieg. Rockefellers Mittel sind ebenso abstrakt. Er bietet nicht das bessere Produkt an, sondern das billigere, und das deshalb, weil es nicht billiger produziert wird, sondern weil er Wege sucht, um zu sparen, so durch Absprachen mit den Transportgesellschaften. Durch Billigpreise verkauft er mehr, fährt damit mehr Gewinn ein, den er dann hortet. Der Geldhortung entspricht durchaus die Akkumulation von Unternehmen, also die Kartellbildung und später die Trustbildung als Schlussakt der Konzentration.

Rockefeller führt den sozialdarwinistischen Überlebenskampf mit dem abstrakten Mittel der Sparsamkeit, weil er es bei Warenpreisen mit abstrakten Werten zu tun hat.

In Bezug auf den Wohltäter Rockefeller nun gilt es, die vermeintlichen Widersprüche auszuräumen. Das Geschäft der Wohltätigkeit betreibt er, als er nicht mehr aktiv tätig ist, als die Zeit der Geldhortung vorbei ist, auch infolge der politischen Abwehrreaktionen. Die Wohltätigkeit scheint auch hier nur eine Fortsetzung der wirtschaftlichen Tätigkeit zu sein. Dass er auch schon während seiner aktiven Zeit an die Kirche gespendet hat, hängt mit der Struktur der amerikanischen Kirchen zusammen, sie leben vom Spendenaufkommen ihrer Mitglieder. Sein erstes großes Förderungsprojekt, das Morgan Park Theological Seminary von 1887, wird nicht von ihm initiiert; vielmehr folgt er dabei dem Spendenaufruf der Baptisten, dem er sich als bereits berühmter Mann nicht entziehen kann. Nicht er selbst, sondern Reverend Gates ist es, der die Projekte vorantreibt. Erstaunlich wäre es gewesen, nahezu eine Art Verwandlung, wenn Rockefeller auf dem Gebiet der Wohltätigkeit die Zügel in die Hand genommen hätte. Er lebte aber zurückgezogen auf seinem Landsitz.

Seine ökonomische Waffe, die Sparsamkeit, ist eine passive: Sie wendet sich gegen den Verbrauch.

Auch bei den Spendenaktivitäten verharrt er in dieser Haltung, er bleibt also weiterhin passiv. Die Idee, der größte Wohltäter zu werden, dürfte ihm zusagen, denn er muss nichts weiter tun als Gates das Wohltätigkeitsgeschäft überlassen. Reizvoll ist für ihn die Angelegenheit zudem, weil sich eine neue Konkurrenzsituation ergibt, die sich nicht anders darstellt als die vergangene: denn er konkurriert mit anderen Größen, mit denen er schon zeitlebens zu tun hatte – das alte Spiel auf anderem Terrain.

Nicht zuletzt kann Rockefeller durch Geldausgeben beziehungsweise durch die damit verbundene Steuerersparnis Geld sparen; dem buchhalterischen Denken Rockefellers entspricht nicht zuletzt das Objekt seiner Wohltätigkeit.

Auch das wohltätige Engagement entspringt seinem Leistungsgedanken: Es müssen Projekte gefördert werden, die wiederum Menschen zur Leistung befähigen: "Since Rockefeller believed in meritocracy, not aristocracy, he favoured educational opportunities for minorities. Spelman Seminary taught nursing, teaching, printing, and other useful trades, but the focal point was training young black women for a good Christian life."[349]

Für Rockefeller sind aber nicht nur der soziale und kulturelle Bereich, sondern auch naturwissenschaftliche Vorhaben als jenes Gebiet, das berechenbar und kalkulierbar sein sollte und vor allem mit quantitativ erkennbaren Erfolgen aufwarten kann, von Relevanz. Es geht also wiederum um eine Arbeit mit abstrakten Größen von Soll und Haben, die sich im Falle des Hakenwurms als Krankheit und Gesundheit formulieren und somit messen lassen. Für das Ungefähre, Nicht-Berechenbare oder für das, was im Irgendwo nur verschwindet, dafür scheint Rockefeller keinen Sinn zu besitzen, das widerspräche dem Hortungsgedanken. Eine Handlung muss zur Akkumulation führen, besonders eine, die eigentlich keine ist, weil ihr das aktive Moment fehlt: die Sparsamkeit. Deshalb hatte er sich eine persönliche Formel des Sparens zurechtgelegt: „Save when you can and not to when you have to."[350] Denn als sparsam wollte er gelten und nicht als geldgierig, das war für ihn eine Beleidigung: „Throughout his life, John D. Rockefeller, Sr., reacted in a vitriolic manner to accusations that he had lusted after money as a child and yearned to be fabulously rich. Doubtlessly embarrassed, he contested insinuations that he was motivated by greed instead of a humble desire to serve God or humanity. He preferred to portray his fortune as a pleasant accident, the unsought byproduct of hard work."[351]

Seine Rechtfertigungen mag er selbst am besten geglaubt haben, schließlich wollte auch der sonst ganz normale Unternehmer eine Schwäche kaschieren: "Rockefeller cringed when Mark Hanna [US-Senator der Republikaner] was quoted posthumously as describing him as ‚sane in every respect save one – he is money mad'."[352] Das konnte allerdings nichts daran ändern, dass Rockfeller für seinen Zeitgenossen Edward T. Bedford „really a superman"[353] gewesen ist.

349 Chernow, Ron, Titan, New York 1998, S. 242.
350 Ibid., S. 53.
351 Ibid., S. 33.
352 Ibid., S. 40.
353 Reader's Digest, April 1927, S. 57.

8.4 Henry Ford (1863–1947)

Henry Ford war irischer Abstammung; seine Familie wanderte aus wegen der Hungersnot in den vierziger Jahren des 19. Jahrhunderts, die von der Kartoffelfäule verursacht wurde. Durch drei Dinge hat Ford das Gesicht der Welt verändert: durch das meistverkaufte Auto der Welt – das Modell T –, durch die Revolutionierung der Produktionsmethode, genauer: die Einführung des Fließbands, und durch seine Stiftungskonstruktion. Ford war ein Bastler, ein Ingenieur. Bis er es zum Nationalhelden brachte, musste er noch einen weiten Weg gehen. Sein Schlüsselerlebnis war eine Dampfmaschine, die sich durch eigene Kraft fortbewegte.

Sein erstes Gefährt verließ 1896 seine Hinterhofwerkstatt. Allerdings war er nicht der Einzige, der sich in Amerika an der Konstruktion einer pferdelosen Kutsche versuchte. Er suchte nach Geldgebern, baute Rennwagen, scheiterte, und die Geldgeber zogen sich zurück. 1903 gründete Ford mit seinem Partner Malcolmsen die Ford Motor Company. „Malcolmsens Lieblingskind war ein exklusiver Tourenwagen. Ford dagegen verlangte eine Konzentration der Kräfte auf ein einziges einfaches Grundmodell, das billig herzustellen und billig zu verkaufen war.“[354]

Ford drängte bald seinen einstigen Geldgeber Malcolmsen aus der Gesellschaft und besaß von nun an die Mehrheit des Unternehmens. In Highland Park bei Detroit errichtete er das größte Fabrikgebäude von Michigan und präsentierte 1908 das Modell T. Das unverwüstliche Auto war „leicht und massiv, leistungsstark und einfach zu handhaben“[355].

Für Ford war das Auto noch zu teuer, er senkte fast jedes Jahr den Preis. Aus diesem Grund war es notwendig, neue Produktionsmethoden einzuführen: die Fließbandarbeit.

Ford erhöhte den Mindestlohn auf fünf Dollar pro Tag (der damalige Durchschnittslohn betrug die Hälfte), ebenso verkürzte er die Schichtdauer von neun auf acht Stunden. „Die Arbeitszeitverkürzung war eine Maßnahme der Rationalisierung: der Tag ließ sich auf drei Schichten verteilen. (…) Der Fünf-Dollar-Tag war gleichfalls nicht unvernünftig. Die neuen Produktionstechniken verlangten vom Arbeiter, dass er so präzis funktionierte wie eine Maschine.“

Ford vereinheitlichte das Lohnsystem. Es gab einen Grundlohn und eine Gewinnbeteiligung, die nur solchen Arbeitern ausgezahlt wurde, die in ordentlichen sozialen Verhältnissen lebten: „Wohnsituation, Familienstand und Kinderzahl überwachte eine ‚soziologische Abteilung', deren Mitarbeiter zugleich Detektive und Sozialarbeiter waren.“[356]

Das Fließband machte alle gleich; es wurden keine ausgebildeten Arbeiter mehr benötigt, jeder, der in kurzer Zeit angelernt wurde, konnte den einen verlangten Handgriff ausführen. Arbeiten war im ausgefeilten System der Arbeitszerlegung in kleinste

354 Bahners, Patrick, Henry Ford (1863-1947), in: Fest, Joachim (Hg.), Die großen Stifter, Berlin 1997, S. 285.
355 Ibid., S. 286.
356 Ibid., S. 299.

Arbeitsschritte, dem Taylorismus, kein Beruf mehr, sondern ein Job. Die Zerlegung führte zu einer Absenkung der Produktionszeit; 1914 dauerte die „Montage eines Modells T nicht mehr 728, sondern nur noch 98 Minuten“[357]. Ford war somit ein Begründer der Massenproduktion.

Ford glaubte an die Seelenwanderung und huldigte dem Pazifismus. Er rüstete 1915 ein Friedensschiff aus und „schipperte“ mit der ungarischen Feministin Rosika Schwimmer Richtung Europa, um zwischen den Kriegsparteien zu vermitteln. Mit den Augen eines absoluten Fürsten teilte er die Welt in Freund und Feind ein und glaubte immer an eine Weltverschwörung, eine jüdische eingeschlossen. Seine Maxime war: Die einfachste Lösung ist immer die beste. Er brüstete sich mit seiner Unbildung; sein geistiges Interesse richtete sich auf „die materiellen Relikte der Zivilisation, auf die Überbleibsel des Alltags und die Spuren der Erfinder.“[358] In Greenfield Village ließ er ein Musterdorf der amerikanischen Geschichte mit den Geburtshäusern großer Männer errichten.

Die dritte Errungenschaft Fords ist seine Stiftungskonstruktion mit allen Vorteilen einer unternehmensverbundenen Stiftung. Es ist die Konstruktion, die zukünftig Schule machen sollte. Henry und sein Sohn Edsel Ford hatten die Aktien in eine Minderheit von Anteilen mit Stimmrecht und eine Mehrheit ohne Stimmrecht aufgeteilt. Die Aktien mit Stimmrecht, aber geringer Gewinnausstattung blieben bei Ford, während die Aktien, die den Gewinn einbrachten, aber ohne Einfluss auf das Unternehmen waren, in den Besitz einer gemeinnützigen Stiftung, der Ford Foundation, übergingen. Der Grund lag in der Steuerersparnis. Ford war kein Anhänger der Philanthropie; er propagierte Selbsthilfe und besonders das lebende Beispiel ihrer segensreichen Wirkungen. Der organisierten und institutionalisierten Nächstenliebe misstraute er. Seine Wohltätigkeit bestand für ihn deswegen darin, ein Auto zu bauen, das sich jeder leisten konnte.

Ford übertrug der Stiftung zunächst auch nur 25.000 Dollar. Dass sie plötzlich die reichste Stiftung der Welt wurde, lag daran, dass ein doppelter Erbfall vorlag: „Als die Anwälte sich die Konstruktion der Stiftung einfallen ließen, konnten sie nicht ahnen, dass die beiden Patrone fast gleichzeitig sterben würden. Durch den doppelten Erbfall ging die Ford Motor Company zu 95 Prozent in den Besitz der Ford Foundation über.“[359]

Ford teilte mit Morgan und Rockefeller das Fortschrittsbewusstsein und die Stiftung als Steuersparmodell, nicht aber die Philanthropie, man könnte auch sagen, den calvinistischen Geist. Als irischer Einwanderer, auf dem Land aufgewachsen, war er der katholischen Sphäre näher als der protestantischen Ethik.

Er ist ein Aufsteiger oder Emporkömmling aus kleinsten Verhältnissen, der den sozialdarwinistischen Kampf von unten kennt. Das Imperium, das er sich erschaffen hat, verdankt er sich selbst, seiner Arbeit und seiner Erfindertätigkeit. Dem einen Ziel, ein billiges Auto zu bauen, ordnet er alles unter; das führt zur Revolutionierung der Produktionsmethode und gleichzeitig zur Hebung der sozialen Verhältnisse seiner Ar-

357 Ibid., S. 288f.
358 Ibid., S. 294.
359 Ibid.

beiter. Dabei ist der soziale Bereich nicht abgekoppelt, sondern Folge der Fließbandarbeit, denn nur ein gesunder Arbeiter kann auch volle Leistung bringen. Wie er die Herstellungsprozesse zerlegen lässt, so steigert er auch den Lebensstandard; beides dient dem einen Produkt.

Die Stiftermotive Fords, des Begründers des ‚weißen Sozialismus', bleiben, abgesehen von dem Motiv der Besteuerung, im Dunklen. Die Suche nach Motiven ist unergiebig. Es ist anzunehmen, dass neben den genannten keine weiteren vorhanden sind. Die Absicht, mit einer Stiftung Steuern zu sparen, hielt er wahrscheinlich für gerechtfertigt, weil seine gesamte Tätigkeit eine Wohltat für die Menschheit darstellte. Seine Wohltätigkeit entspringt nicht der christlichen Nächstenliebe, es ist die Konsequenz seiner unternehmerischen Tätigkeit. Im Unterschied zu seinen Stifterkollegen, die erst als Pensionäre ins Stiftergeschäft einsteigen, geht bei Ford die Frage des Gemeinwohls Hand in Hand mit der Organisation seiner Produktionsmethode. Die Gewinnmaximierung entsteht nicht durch Wahrnehmung der Tauschchancen wie bei Rockefeller, sondern ihr Ort ist die Produktionsstätte, die Art des Produkts, nämlich das Massenprodukt, und die Produktionsweise, also die Fließbandtätigkeit. Wie er konsequent durch tayloristische Zerlegung des Arbeitsprozesses die Produktivität steigert, so ist das private Leben seines Arbeiters nicht aus dem Produktionsraum ausgegliedert, sondern Teil der Produktion selbst. Die Absenkung der Arbeitszeit auf acht Stunden hat nichts mit Wohltätigkeit zu tun, sondern mit dem Ausbau des Schichtbetriebs. Bei acht Stunden können die Fließbänder vierundzwanzig Stunden laufen. Ähnliches gilt nun auch für die, die am Fließband stehen; nur ein gesunder und zufriedener Arbeiter kann auch ein optimal funktionierendes Rädchen in der Produktion sein.

In diesen Rahmen gehört eine entsprechende Entlohnung. Wenn der Arbeiter Geld in der Tasche hat und noch etwas übrig bleibt, wird er sich auch ein solches Massenprodukt, das Ford herstellt, kaufen können. Wenn es richtig ist, dass Ford die einfachste Lösung bevorzugt, so könnte man annehmen, er betrachte das Weltgeschehen mit den Augen des Ingenieurs. Es funktioniert wie ein laufender Motor: Um einen hohen Wirkungsgrad zu erreichen, muss alles reibungslos ineinandergreifen. Dazu passt sein Glaube an die Seelenwanderung, aber auch sein Pazifismus, denn er hielt Krieg für sinnlose Verschwendung und war davon überzeugt, dass Menschen nur in Friedenszeiten Autos kaufen.

Dass die Stiftungskonstruktion des Fordismus eine solche Karriere machen würde, konnte er nicht voraussehen.

Die Wirkung, die von Fords Aktivitäten ausging, beschreibt Nielsen folgendermaßen: „It was the foundation's activism on social and racial issues that attracted the greatest public attention. Never in the history of American philanthropy had anything comparable in scale and aggressiveness to the Ford Foundation's assault on problems of race and poverty been seen. The effect was to raise the hopes and expectations of disadvantaged groups all over the country and also to generate a storm of criticism."[360]

360 Nielsen, Waldemar A., The Golden Donors, New York 1989, S. 62.

8.5 Die Motive großer Stifter

Sucht man nach Motiven der großen Stifter, vor allem in der glanzvollen Epoche des amerikanischen Stiftungswesens, so sind sie nicht als individuelle Motive auszumachen. Eines der wiederkehrenden Motive ist die Bekehrung des Saulus zum Paulus: „Viele der bestellten Lebensbeschreibungen reklamieren diese Art von Damaskuserlebnis als Dutzenderfahrung.“[361] So wollte Carnegie der Schande entgehen, reich zu sterben.

Es sind jedoch auch dann Zweifel anzumelden, wenn das Motiv der Uneigennützigkeit aus dem Lebensweg der Stifter verstanden werden soll: „Einen Fingerzeig kann geben, dass fast alle bedeutenden Stifter aus kleinen Verhältnissen kamen, und die amerikanische Statistik, die weit mehr als achtzig Prozent von ihnen als Selfmade-Men ausweist, trifft im Ganzen auch für die europäische Neuzeit zu. Gerade diese Herkunft hatte die meisten in die Lage versetzt, sich in der rauhen Lebenssphäre des Industriezeitalters zurechtzufinden und die erbarmungslosen Kämpfe um Märkte und Vorherrschaften mit robuster Bedenkenlosigkeit durchzustehen.“[362]

Wohltätigkeit anzunehmen, weil die Stifter wissen, wie hart und brutal das Leben ist, ist psychologisch nicht haltbar. Das harte Leben macht hart, die Schläge, die man empfängt, teilt man als Schläge wieder aus. Ein Aufsteiger ist stolz darauf, es geschafft zu haben. Er stiftet eher aus Gründen des Anpassungsdrucks; wenn er endgültig als reich gelten will, muss er wie alle anderen eine Stiftung gründen. Nicht zu vergessen sind die staatlichen Eingriffe. Es ist wahrscheinlich, dass zum Beispiel das Anti-Trust-Gesetz Stiftungsgründungen beschleunigt hat. Das Verhältnis von staatlicher Steuerung – verstanden als Akt der Zerschlagung von Monopolen oder als Angebot, Steuern zu sparen – und Stiftungsgründung ist in der Literatur noch nicht aufgearbeitet.

Ebenso ist nicht weiter einsichtig, warum das amerikanische Stiftermotiv einem Rechtfertigungsbedürfnis entspringen soll, das sich aus dem offenen Widerspruch zwischen der Schlichtheit und moralischen Prinzipientreue zu Hause einerseits und dem Gebaren in der ‚Wildnis' darwinistischer Überlebenskämpfe draußen andererseits ergebe. Das Rechtfertigungsbedürfnis „danach war sichtlich schwer oder nur um einen hohen Preis zu unterdrücken. Vom einen Magnaten heißt es, er sei zeitlebens von ‚grenzenloser Melancholie' geplagt gewesen, andere waren auffallend gehemmt und ängstlich im Persönlichen, wiederum andere hypochondrisch, mit abseitigen Neigungen oder irgendeinem exzentrischen Tick, wie überhaupt der Typ des Misanthropen oder doch des Sonderlings unter den großen Stiftern häufiger als sonst vertreten ist.“[363]

Wie anhand der keineswegs kritischen Lebensbilder gezeigt wurde, gibt es überhaupt keinen Widerspruch. Die Stiftung ist Verlängerung und Wiederholung der bisherigen Tätigkeit.

---

361 Fest, Joachim, Einführung, in: ders. (Hg.), Die großen Stifter, Berlin 1997, S. 13.
362 Ibid., S. 11.
363 Ibid., S. 11f.

Der Widerspruch zwischen asketischer Lebensführung, moralischer Prinzipientreue und ökonomischem Handeln, den Fest anführt, ist nicht vorhanden. Das scheinbar Widersprüchliche steht in Harmonie mit der calvinistisch-protestantischen Religion und Ethik. Immer wieder wird die Fortschrittlichkeit der Stiftungen betont, die Innovationsfähigkeit und Flexibilität, der Sinn fürs Risiko, für neue Wege, „die ungewöhnliche konzeptionelle Phantasie“[364]. Fest rühmt: „Kein Kunstwerk der Washingtoner Nationalgalerie ist je mit öffentlichen Mitteln erworben worden.“[365]

Das mag zutreffen, wenn man jedoch die Stifter als Kunstsammler betrachtet, ob Morgan oder Calouste Sarkis Gulbenkian, der deshalb eine Stiftung gründete, um sein Lebenswerk nicht ungeeigneten Nachfahren zu überlassen, ist von den oben genannten Merkmalen nichts zu spüren. Die Sammlerbegeisterung hält sich an das Bewährte. Gulbenkian ging mit einem Notizbuch durch die berühmten Museen der Welt, also systematisch zu Werke. Auf all seinen Reisen machte er sich Notizen über die Hauptstücke der Museen. „Durch ausdauernde Beobachtungen legte er sich eine Art Phantomgalerie der Werke an, die er in seinen Besitz bringen wollte. Die Jagd, der Augenblick des Sieges über einen Konkurrenten waren ihm dabei oft so wichtig wie das Stück selbst. Keine Freude hatte er an Erwerbungen, die er allein seinem Reichtum verdankte.“[366] Es sind Sammlungen mit hohem Wiedererkennungswert, sie sind Dokumente dessen, was von der Allgemeinheit als bedeutende Werke angesehen wurde.

Bei der Bekämpfung der Hakenwurmkrankheit interessierte Rockefeller der hundertprozentige Erfolg. Grundsätzlich ist schwer einzuschätzen, ob Stiftungen eher zögerlich sind in der Unterstützung von Pionierleistungen, ob sie solche nur dann forcieren, wenn sie versprechen, spektakulär zu sein. Wie viel Geld wurde andererseits für Innovationen gespendet, die niemand mehr interessieren, weil sie nur dem Zeitgeist entsprangen? Inwiefern finanzieren Stiftungen nur die „greatest hits“?[367]

Zumindest hat man durch die Ford Foundation eine Zahl, wie viel Prozent vom Stiftungskapital ausgeschüttet werden. 1994 hatte die Stiftung ein Kapital von 6,6 Milliarden Dollar, für satzungsgemäße Zwecke wurden 342 Millionen ausgegeben.

Die Stiftung Andrew W. Mellons, des einst drittreichsten Mannes hinter Rockefeller, der finanziell aber auf Augenhöhe mit Ford war, hatte ein Kapital von 2,2 Milliarden Dollar, ihre Ausschüttung betrug im Jahr 1994 100 Millionen Dollar. Die Rockefeller Foundation gab – ihr Kapital konnte nicht eruiert werden – im Jahr 1995 130 Millionen Dollar aus, also etwas mehr als die Mellon Foundation; von daher kann davon ausgegangen werden, dass es sich bei ihren Ausgaben um rund zwei Prozent des Kapitals handelt. Die Ausschüttungen der Stiftung – wobei unklar bleibt, ob es sich um Regelausgaben oder Ausnahmen handelt – entsprechen somit den Zinsen, die man auch erhielte, wenn man das Geld als Sparbuch auf der Bank anlegte.

---

364 Ibid., S. 18.
365 Ibid., S. 22.
366 Stölzl, Christoph, Calouste Sarkis Gulbenkian (1869-1955), in: Fest, Joachim (Hg.), Die großen Stifter, Berlin 1997, S. 338.
367 Ibid., S. 339.

9 Die deutschen unternehmensverbundenen Stifter

9.1 Ernst Abbe (1840–1905)

Bei den Stiftergrößen in Deutschland stechen zwei Namen hervor: Ernst Abbe (1840–1905) und Robert Bosch (1861–1942). Abbe ist der Errichter der Carl-Zeiss-Stiftung, und Bosch gründete zeit seines Lebens Stiftungen und überreichte Spenden.

Abbe errichtete 1889 die Carl-Zeiss-Stiftung in Jena. Neben Privatvermögen, auf das seine Töchter verzichteten, brachte er seine Firmenanteile an den Firmen Zeiss und Schott in die Stiftung ein. Es ging Abbe um die bestmögliche Erhaltung der Unternehmen und ihr Wirken für die Allgemeinheit.

Abbe feilte selbst an den Stiftungsstatuten, denn es gab keine Vorbilder. So kam es immer wieder zu Veränderungen, weil auch das Stiftungsrecht nicht entsprechend präzise war. Abbe betrat mit der Absicht, eine unternehmensverbundene Stiftung zu gründen, Neuland; sie ist jedoch nicht nur Wegweiserin, sondern auch „die letzte größere Stiftung, die selbst Kaufmannseigenschaft hat und selbst Einzelunternehmen betreibt“[368]. Nach Abbe sollen die Überschüsse „an die Universität Jena für Förderung naturwissenschaftlicher und mathematischer Studien in Forschung und Lehre und an gemeinnützige Einrichtungen für die arbeitende Bevölkerung Jenas und Umgebung“ gehen. Die Forschung für den wissenschaftlichen Fortschritt, deren Ergebnisse selbstverständlich auch wieder den Firmen zugute kommen sollen und jenen, die an der Produktion beteiligt sind, steht im Zentrum der Stiftung. Der Zweck der Stiftung als Unternehmerin ist nicht die Steigerung der Gewinne, sondern die Wahrung und Sicherung des Bestehenden: „Die geschäftliche Aktion hat unter dem wirtschaftlichen Gesichtspunkt als Ziel zu verfolgen, nicht sowohl möglichste Mehrung der Reingewinne oder Betriebsüberschüsse ihrer Unternehmungen als vielmehr die Steigerung des wirtschaftlichen Gesamtertrages, welches diese Unternehmungen dem ganzen in ihm vereinigten Personenkreis, die Stiftung als Unternehmer inbegriffen, mit Aussicht auf längeren Fortbestand noch zu gewähren vermögen.“[369]

Die Carl-Zeiss-Stiftung ist deshalb interessant, weil Abbe sich selbst der Aufgabe unterzieht, sich über deren Sinn und Zweck Gedanken zu machen. Es sind nicht äußere Anlässe oder Schicksalsschläge, die zu diesem Schritt führen; vielmehr erfolgt die Stiftungsgründung aus innerem Antrieb. Da die Stiftung eine Einrichtung auf Dauer sein sollte, scheint es folgerichtig zu sein, dass nicht nur ein Motiv der Ursprung ist, sondern ein Bündel, und in idealer Weise wird dieses im Stiftungszweck sichtbar und verwirklicht. Zwischen Motiv und Zweck besteht kein Unterschied, im Gegensatz zu Ford, bei dem der Zweck der Wohltätigkeit und das Motiv, Steuern zu sparen, nicht

---

368 Berndt, Hans, Stiftung und Unternehmen, Herne / Berlin [6]1998, S. 357.
369 Ibid., S. 354.

zusammenfallen. Bei Abbe liegt, so könnte es bezeichnet werden, eine ausdifferenzierte Motivgestalt vor.

Strickrodt fasst die Zwecke folgendermaßen zusammen: „Die Förderung der wissenschaftlichen und technischen Arbeit auf dem Gebiet der angewandten Optik, in den mit dieser Zwecksetzung in Stiftungsform zu führenden eigenen Unternehmen; die Unterstützung einschlägiger wissenschaftlicher Einrichtungen, insbesondere zunächst der Universität Jena; Schaffung und Ausbau einer besonderen industriellen Arbeitsorganisation, in der die Elemente der fachlichen Leistung und des Aufstiegs im Betrieb, der Sicherung von Arbeitsplatz, Arbeitseinkommen und Altersversorgung für den einzelnen Werksangehörigen, aber auch der Unabhängigkeit in den persönlichen Überzeugungen miteinander verbunden bleiben sollten; Bereitstellung von Mitteln für soziale und kulturelle Zwecke des Gemeinwesens, vorzugsweise zu Gunsten der arbeitenden Bevölkerung; die durch Tat der Gründung und durch die Entfaltung der Stiftung zu gebenden Beispiele einer von persönlicher Selbstlosigkeit getragenen Unternehmensordnung, die ihrerseits Staat und Gemeinwirtschaft verpflichtet ist, diese aber gleichzeitig auch fortentwickeln soll."[370] Abbe hat nichts weniger im Auge als einen ethisch begründeten „sozialen Organismus"[371].

Abbe, 1840 in Eisenach geboren, entstammte nicht dem Großbürgertum. Sein Vater war Vorarbeiter in einer Kammgarnspinnerei, seine Vorfahren waren Sänftenträger. Mit einem Stipendium der Inhaber der Spinnerei ausgestattet, ging er auf die Realschule, machte Abitur und begann 1857 das Studium der Mathematik und Physik in Jena. Damit begann er seine universitäre wissenschaftliche Karriere zunächst in Jena, setzte sie in Göttingen, schließlich wieder in Jena fort. Ab 1863 wirkte er als Privatdozent für Mathematik, Physik und Astronomie in Jena. Neben seinen wissenschaftlichen Studien hatte er seinen Lebensunterhalt selbst zu finanzieren. Deshalb kam es zu einer Zusammenarbeit mit Carl Zeiss, der neben seiner feinmechanisch-optischen Werkstatt als „Universitätsmechanikus" tätig war. Die feste Zusammenarbeit begann 1866.

Seine erste Tätigkeit war die Veränderung der Produktionsmethode, er zerlegte die Herstellung in einzelne Arbeitsschritte und erzielte damit sofort eine Erhöhung der Produktivität. Seine Haupttätigkeit umfasste jedoch die Bereiche Forschung und Anwendung. 1876 wurde er Mitunternehmer; 1884 stieß zu Zeiss und Abbe der Glaschemiker Otto Schott dazu. Es wurden nun optische Gläser und Mikroskope produziert. Abbe war Naturwissenschaftler und Geschäftsmann: „So bin ich mit der Zeit von selbst Kapitalist geworden, das heißt einer von denen, welche angesammelten Ertrag vorangegangener Arbeit als Produktionsmittel für weitere Arbeit vorzuhalten haben."[372] Kaum war er erfolgreicher Geschäftsmann, dachte er auch schon, 1886, an eine Stiftung. Abbe starb 1905.

370 Strickrodt, Georg, Stiftungsrecht, Baden-Baden 1977, S. 237.

371 Ibid., S. 236.

372 Strachwitz, Rupert Graf, Ernst Abbe (1840-1906), in: Fest, Joachim (Hg.), Die großen Stifter, Berlin 1997, S. 146.

Abbe gehörte keiner Kirche an. Wenngleich er den Staat nicht in Frage stellte, war er doch gegen das Preußentum eingestellt; er war ein Liberaler, der von der Revolution 1848 geprägt wurde, die Werke Kants, Hegels und Schopenhauers waren ihm vertraut. Zu August Bebel hatte er mehrfach Kontakt. Mit ihm teilte er die Kritik an den sozialen Zuständen, aber im Hinblick auf diese Problematik hatte er seine eigenen Ideen.

Hinsichtlich der Familie dachte er eigensinnig. Wichtiger als die Universalsukzession war ihm das Lehrer-Schüler-Verhältnis: „Zu meinen Kindern (sic) (…) vertraue ich, dass sie die Teilung (…) meines Besitzes zwischen meiner Familie und einer gemeinnützigen Stiftung nicht als Beeinträchtigung ihrer eigenen Rechte ansehen.“ Sie sollten „sich dessen erinnern, dass mir von meinen Vorfahren her durchaus Nichts von Glücksgütern überkommen ist, mein Besitz vielmehr ganz und gar von eigener persönlicher Tätigkeit herrührt – dass ich also auch als ein natürliches Recht für mich in Anspruch nehmen kann, über diesen Besitz so zu verfügen, wie es meinen Grundsätzen und meiner Pflichtauffassung entspricht“[373].

An diesem Zitat wird erkennbar, in welcher Tradition Abbe steht. Er ist kein Sozialdarwinist, kein Vertreter der protestantischen Ethik noch ein sentimentaler Moralist; vielmehr erweist er sich als von der Philosophie Kants beeinflusst. Er ist der autonome Mensch, der nach seinen Maximen praktisch tätig wird und moralisch begründet, was seine Pflicht ist. Er ist nicht der private Bürger, sondern der Bürger, der sich dem Gemeinwohl verpflichtet weiß und genau so viel Zeit darauf verwendet wie für seine Forschung und sein Unternehmen.

Seine Stiftung nimmt eine Ausnahmestellung ein. Die nachfolgenden Stifter verweisen auf Abbe als Vorbild, aber nur, um seinem Beispiel nicht zu folgen. Abbe ist das Licht in der Finsternis, aber sein Stiftungszweck ist viel zu kompliziert, und vor allem ist er zu schwerfällig, um sich den verändernden Umständen anzupassen. Schon um 1886 dürfte er sich als veraltet ausgenommen haben, obwohl er noch funktionierte. Die Ideen von 1848 waren außer Mode.

9.2 Robert Bosch (1861–1942)

Das zukunftsweisende Stiftungsmodell der Doppelstiftung wurde 1964 initiiert. Die Robert Bosch Stiftung GmbH hält das erwirtschaftete Kapital, hat aber keinen Einfluss auf die Entscheidungsstruktur des Unternehmens; diese liegt bei der Robert Bosch Industrie-Treuhand KG, die weitreichende Befugnisse besitzt, die ursprüngliche Stifterabsicht zu verändern. Die Doppelstiftung ist auf zeitgemäße Anpassung und weniger auf Verwirklichung des Stifterwillens ausgerichtet, vorausgesetzt, der Stifterwille ist nicht mit der maximalen Anpassung an wirtschaftliche Verhältnisse identisch.

373 Ibid., S. 146.

Bosch hat zu Lebzeiten reichlich gespendet und Stiftungen errichtet: „Von den Stiftungen und Spenden Boschs gilt das Wort: Ihr Name ist Legion“; Bosch wird als Mischung von „Industriepatriarch“ und „Unruhegeist“ beschrieben, Utilitarismus und Weltverbesserung gehen bei ihm zusammen: „Die Stiftungen Boschs waren immer beides, pragmatisch in der Methode und weltverbessernd in der Idee.“ [374] Die Stiftungen hatten zwei Bereiche, einerseits den sozialen, der vom Robert-Bosch-Krankenhaus, dem einst größten Krankenhaus für Homöopathie, bis zum Verein für Volksbildung reichte, und den Bereich zur Förderung von geistes- und naturwissenschaftlichen Projekten. Der Einfluss der Familie sollte gesichert werden, andererseits sollte aber eine starke Persönlichkeit dem Unternehmen vorstehen.

Bosch hatte ein distanziertes Verhältnis zum Staat, sowohl zum Kaiserreich und erst recht zum Nationalsozialismus. Im Kaiserreich wandte er sich gegen die Industriepolitik: „Im Kampf um Freihandel und Schutzzoll, der die industrielle Welt vor dem Ersten Weltkrieg zugleich einigte und trennte, gehörte Bosch zu den entscheidenden Gegnern des Bismarckschen Kartells von ‚Roggen und Eisen', das heißt der Großlandwirtschaft und der Schwerindustrie, die im Ziel der Abschottung des deutschen Marktes verbunden waren.“[375]

Während der nationalsozialistischen Diktatur unterstützte er den Widerstand, und „bald entstand als permanente Unterstützung jüdischer Organisationen und einzelner Notleidender die ‚Walz-Hilfe' (nach dem Bosch-Vertrauten Hans Walz genannt), ein Zentrum des Beistands für Verfolgte, jüdische Häftlinge in Konzentrationslagern und Gefängnissen. Wurden sie entlassen, so verhalf man ihnen, wenn irgend möglich, zur Flucht über die nahe Grenze. Bosch wie Walz hatten seit langem dem ‚Verein zur Abwehr des Anti-Semitismus' angehört, dessen Ende 1933 verfügt wurde.“[376]

Boschs Stiftungen waren nicht die Krönung und der Abschluss seines unternehmerischen Lebenswerks. Sie stellten keine Vollendung dar, vielmehr geschah seine stifterische Tätigkeit parallel zu seiner unternehmerischen. Je nach Anlass und Gelegenheit beteiligte er sich an dem, was notwendig war: „Boschs Stiftungen waren nicht aus einem Guss, nicht aus einer übergreifenden Idee geboren, sondern entwickelten sich, wie die Aufgaben sich stellten, von Aufstiegen der Jahrhundertwende bis zu den Abstürzen der Jahrhundertmitte.“

Stürmer beschreibt den eigensinnigen Kopf Bosch als Vertreter der schwäbischen Bodenständigkeit, die er nie verlor, auch als er während seiner Wanderjahre in Amerika weilte. Der schwäbischen Engstirnigkeit wollte er entgehen, aber für den entfesselten amerikanischen Kapitalismus konnte er sich nicht begeistern; er war nicht der „rote Bosch“, zu den Kommunisten besaß er keine Affinität, obwohl er den Acht-Stunden-Tag einführte und Betriebsräte duldete: „Bei alledem handelte Robert Bosch weder aus schlechtem Gewissen noch aus verborgenem sozialistischen Antrieb und auch nicht aus Gründen der Religion. Er wollte beides, betriebliche Effizienz und mit-

---

374 Stürmer, Michael, Robert Bosch (1861-1942) , in: Fest, Joachim (Hg.), Die großen Stifter, Berlin 1997, S. 262ff.

375 Ibid., S. 253.

376 Ibid., S. 260.

menschliches Zusammenstehen, weil er es ablehnte, zwischen beidem einen unüberbrückbaren Gegensatz anzuerkennen.“[377]

Beeinflusst war Bosch durch Abbes Carl-Zeiss-Stiftung. Eine Generation jünger als dieser, war er noch immer von den bürgerlichen Idealen der Revolution von 1848 überzeugt, insbesondere von der Verantwortung gegenüber dem Gemeinwesen. Während Abbe jedoch den Schwerpunkt seines Denkens überwiegend auf das Gemeinwesen legte, wollte Bosch die Gewinnmaximierung mit der Verantwortung für das Gemeinwohl verknüpfen.

Die Stärke und die Autonomie des Unternehmens kann auch das Wohl des Gemeinwesens fördern, ein Werk, das keine Arbeitsplätze schafft, fördert auch die Armut des Umlands. Das Unternehmen gibt Bosch Sicherheit; es verleiht ihm gegenüber dem Staat einerseits und der Arbeiterbewegung andererseits eine starke Position. Der Erfolg des Unternehmens garantiert die Handlungsfreiheit des Unternehmers. Was bei Abbe noch eine untergeordnete Rolle spielte, nämlich die Frage des Staats und des Preußentums, rückt bei Bosch in den Vordergrund. Je mehr der Staat regulierend eingreift, umso wichtiger wird das Unternehmen als Bollwerk.

Auch wenn Bosch mit Abbe nicht zu vergleichen ist, so weisen sie doch Ähnlichkeiten auf, was vor allem ihre Auffassung und ihren Werdegang, bei Bosch ist es die Prägephase im späten 19. Jahrhundert, betrifft. Abbe war gegenüber dem Feinmechaniker und Elektrotechniker Bosch ein Intellektueller. Aber beide blieben den bürgerlichen Idealen treu, bis sie sich später sozialdarwinistischem Gedankengut zuwandten. Insofern waren Abbe und Bosch nicht ganz auf der Höhe ihrer Zeit.

Auch in der Gesamtentwicklung der deutschen Geschichte standen sie am Rande. Beide wurden nicht von der Begeisterung für das Preußentum erfasst. Thüringer der eine, Schwabe der andere, waren sie keine Angehörigen der Bourgeoisie, die sich im Aufstieg befand; sie waren Aufsteiger, hatten aber keine feudalen Züge: „Im kaiserlichen Deutschland hielt der Aufstieg der wichtigsten bürgerlichen Klassen, insgesamt auch ‚des' Bürgertums weiter an. Trotz aller Blockaden, Konflikte und Grenzen machte daher auch die Verbürgerlichung der Gesellschaft unübersehbare Fortschritte.“[378]

Die Klasse der Unternehmer bestand aus Bürgerlichen: „Deutsche Unternehmer stammten weitaus seltener aus adligen, bäuerlichen und freiberuflichen Familien. Soziale Aufsteiger aus den Unterklassen fehlten so gut wie völlig.“[379] Es herrschte keine „Aufstiegsmobilität“, so wird Walter Rathenau von Hans-Ulrich Wehler zitiert: „Die Sondierung der Stände ist bei uns so scharf, dass ich nur einmal in dreißig Jahren den Fall erlebt habe, dass ein Arbeiter und Arbeitersohn zu einer bürgerlichen Stellung aufstieg.“ Die Industriellen rekrutierten sich aus Unternehmerfamilien, und das waren die Familien der „Vollblutbourgeoisie“.

Die bürgerliche Familie war der „Hort des sozialen und ökonomischen Kapitals. Sie entschied über Sozialisation und Kompetenzerwerb, Ausbildung und Karriere,

---

377 Ibid., S. 249ff.

378 Wehler, Hans-Ulrich, Deutsche Gesellschaftsgeschichte, 1849-1914, Band 3, München 1995, S. 712.

379 Ibid., S. 717.

Startkapital und Marktkenntnis, Heirat und soziales Netzwerk, mithin über jene zahlreichen strategisch wichtigen Vorbedingungen, die den Söhnen ihren Weg in die Berufswelt erleichterten.“ [380]

Zustimmend zitiert Wehler wiederum Rathenau, der behauptet, dass dreihundert Männer das wirtschaftliche Geschick des Kontinents bestimmten: „Zu dieser ‚Oligarchie', die so ‚geschlossen' sei ‚wie die des alten Venedig', gehörten auch rund hundertfünfundzwanzig (42 Prozent) deutsche Unternehmer, Aufsichtsratsvorsitzende und Generaldirektoren. Sie bildeten innerhalb der Unternehmerschaft eine kleine Elite für sich, welche die Asymmetrie von Marktmacht par excellence verkörperte.“[381]

Zu dieser Machtelite gehörte weder Abbe noch später Bosch. Als vereinzelte Aufsteiger drangen sie nicht in die Machtelite ein, sondern führten ein Nischendasein in der Provinz. So innovativ Abbes Erfindungen waren, so wichtig Boschs Elektrotechnik blieb, im Rahmen der Geschichte der Hochindustrialisierung waren sie Randerscheinungen. Das Mikroskop und optische Gläser waren kein Massenprodukt, und Bosch war und ist Zulieferer der Autoindustrie.

Die Vorreiter des Fortschritts waren der Ruhrbergbau, die Eisen- und Stahlproduktion, der Ausbau des Verkehrswesens, ab 1895 kamen neue Führungssektoren hinzu: die Großchemie, die Elektrotechnik, der Maschinenbau. Im Maschinenbau rangierte der Lokomotivbau an erster Stelle, dann folgten der Schiffbau, die Wagen-, Waffen- und Apparateherstellung. Der Siegeszug des Autos begann; der Bau von Verbrennungsmotoren und von Automobilen entwickelte sich erstaunlich schnell zu einer Wachstumsbranche, und 1886 konnten Daimler und Maybach die Herstellung ihrer Autos in Cannstatt beginnen. Die Großchemie wie die Badische Anilin- und Soda-Fabrik (BASF), die Farbenwerke Hoechst und die Bayer-Werke in Leverkusen war der zweite Sektor: „Auf der wissenschaftlichen Leistungsfähigkeit der unternehmenseigenen Forschung beruhte weithin ein vielbewunderter Aufstieg, der die Großchemie zum ‚Prunkstück' der deutschen Industriewirtschaft vor 1914 gemacht hat. Aus der Laborarbeit der akademischen Experten zur Farbsynthese entwickelte sich ein eminent folgenreicher ‚Spin-off' für ganz neue, lukrative Herstellungsbereiche. Dazu gehörten etwa medizinische Präparate, Photofilme, Kunstfasern, erste Plastikstoffe und neue Sprengmittel.“

Der dritte Sektor mit dem höchsten Wachstum, mit den Firmen Siemens und AEG, war die Elektrotechnik. Beide Unternehmen besaßen die führende Position nicht nur in Europa, sondern auch auf dem Weltmarkt.[382] Entscheidend war, dass sich eine Entwicklung vom Agrar- zum Industriestaat vollzog: „Überprüft man nämlich sorgfältig die Leistungskraft der Industrie, des Bergbaus und des maßgeblich von der Eisenbahn bestimmten Verkehrssystems, erkennt man ganz unmissverständlich, dass sich unmittelbar nach dem Durchbruch der deutschen Industriellen Revolution die neue Wirtschaftsverfassung bereits in den 1880er Jahren strukturdominant durchgesetzt hat.“[383]

380 Ibid., S. 716.
381 Ibid., S. 729.
382 Vgl. ibid., S. 613ff.
383 Ibid., S. 618.

Betrachtet man Abbe und Bosch innerhalb dieser Gesamtentwicklung, so muss festgestellt werden: Sie partizipieren und profitieren von der industriellen Entwicklung, besitzen aber keinen prägenden Einfluss. Sie sind als Aufsteiger Ausnahmen, gehören nicht zur Machtelite und siedeln sich nicht in den Machtzentren an, sie sind weder in Essen noch in Berlin präsent – Stuttgart ist genauso Provinz wie Jena. Für Bosch und sein Vorbild Abbe sind die Machteliten, ob Landjunker oder Schlotbaron, weit entfernt und außerhalb ihres Gesichtskreises.

Bosch wie Abbe sind Gewinner der Industrialisierung, aber ihre Stiftungen oder ihre Idee, zu spenden oder für das Gemeinwesen zu sorgen, fallen in die Zeit der Depression. Wehler hat herausgearbeitet, wie Konjunktur und Krise abwechseln. Es gibt eine Depression von 1873 bis 1879, dann eine Konjunktur von 1879 bis 1882, wiederum gefolgt von einer Depression von 1882 bis 1886, und weiter wechseln sich Konjunktur und Krise zyklisch ab.[384] Abbes Überlegung zur Gründung einer Stiftung fällt gerade in die zweite Depressionszeit, und Boschs Stiftungs- und Spendenaktivitäten werden wohl von diesen Krisenzyklen beeinflusst sein, also vom Bewusstsein ökonomischer Ursachen sozialer Krisen und gesellschaftlicher Unruhen. Zur Zeit Abbes ist das Zyklische noch nicht durchschlagend, das konnte erst Bosch als Nachfahre erkennen.

Die zweite Depression, also der Zeitraum, in dem Abbe sein Stiftungswerk begann, verlief gegenüber der ersten „vergleichsweise abgeflacht: Die zeitgenössische Krisendiskussion stand jedoch überwiegend unter dem schockartigen Eindruck, binnen kurzem zum zweiten Mal mit den gefährlichen Folgen von Wachstumsstörungen kämpfen zu müssen. Gleichzeitig lastete der seit 1873 anhaltende Preisverfall wie ein Alpdruck auf der Wirtschaft. Diese Zangenbewegung löste die tiefsitzende Befürchtung aus, dass außer der ökonomischen Prosperität auch die gesellschaftliche und politische Stabilität erneut gefährlich bedroht werde. Den Zeitgenossen hat sich daher immer wieder das aufschlussreiche Bild aufgedrängt, dass Deutschland einem Dampfkessel unter Hochdruck ähnele, der außer Kontrolle geraten könne.“[385]

Als Heilmittel und Widerstand gegen den geschichtlichen Prozess könnte Abbes Stiftung interpretiert werden; die industrielle Entwicklung nimmt einen nicht berechenbaren Gang, deshalb soll die Stiftung als Organisationsform eines Gemeinwesens die wirtschaftlichen Unwägbarkeiten absichern. Aus den Krisenzyklen der Ökonomie sind Boschs zahllose Spenden- und Stiftungsaktivitäten verständlich, denn der Unternehmer Bosch ist als Zulieferer von der Auftragslage abhängig.

Sein Eigensinn, sein Querschädel verdanken sich somit nicht nur seinem Schwabentum[386], sie resultieren auch aus der Instabilität der Ökonomie. Nur die unternehmerische Autonomie bewahrt ihn vor dem Untergang. Hier ist auch ein wesentlicher Grund für seinen Abstand zu Bismarck, Kaiser und Preußentum und später zur nationalsozialistischen Diktatur zu vermuten: Bosch gehört nicht zur Machtelite, die mit der Weltmachtpolitik Deutschlands geht und sie vorantreibt. Er ist von der Großin-

384 Ibid., S. 552ff.
385 Ibid., S. 573.
386 Vgl. Stürmer, Michael, Robert Bosch (1861-1942), Berlin 1997, S. 249.

dustrie, von den Monopolen und den Kartellen abhängig und vom Export, denn er setzt seine Produkte auch im Ausland ab; diese Abhängigkeit lässt ihn nach Eigenständigkeit streben, nicht nach Machterweiterung.

Da weder Abbe noch Bosch Massenprodukte herstellen, haben sie es nicht mit ungelernten Arbeitern zu tun, die man ans Fließband stellt, sondern hauptsächlich mit Fachkräften, mit Lehrlingen, die man selbst ausbildet und als Meister oder als Facharbeiter in den Betrieb übernimmt. Die Unternehmer kommandieren keine anonyme Masse, sondern Menschen, die etwas von ihrer Arbeit verstehen, die nicht nur ihre körperliche Arbeitskraft, sondern auch ihr Können einbringen, das dem Produkt und der Produktion zugute kommt.

Bei Bosch ist ein weiterer Umstand zu berücksichtigen. Auch wenn sich das Unternehmen vergrößert, es sich im 20. Jahrhundert zu einem Weltunternehmen steigert und die Produktion in eine Massenproduktion ausartet, versteht sich der Arbeiter nicht als Proletarier wie in den Industriezentren; die Arbeiterschaft rekrutiert sich aus dem Umland. In Stuttgart gibt es keine Arbeiterkasernen. Der schwäbische Arbeiter ist bodenständig, er ist ein Kleinbauer oder ein Weingärtner, der „beim Bosch schafft"[387]. Er ist proletarisiert ohne Proletariatsbewusstsein, weil er noch immer in einem Dorf wohnt und mindestens einen Acker oder einen Weinberg besitzt. Auch er beharrt wie der Unternehmer Bosch auf Eigentum, weil es seine Eigenständigkeit scheinbar garantiert, gerade weil er sich vom großen Weltgetriebe abhängig weiß. Boschs Verantwortung für seine Arbeiter rührt somit daher, dass er es als Unternehmer nicht mit einer anderen Klasse und mit einer anonymen Masse zu tun hat, sondern mit Menschen, die ihren Beitrag leisten können, wenn sie nicht bis auf die Knochen ausgebeutet werden. Es ist die Nähe des Unternehmers und Aufsteigers zu seinen Arbeitern und Meistern, aber zugleich auch die Ferne zur Machtelite und zur staatlichen Großmachtpolitik, die die Idee des Gemeinwohls stabilisiert.

Abbe und Bosch gelten als Vorbilder innerhalb der Stiftungskultur. Aber sie sind Ausnahmen oder sogar Außenseiter. Sie sind mit niemandem zu vergleichen. Bezeichnenderweise sind es Unternehmer, das heißt, sie haben tagtäglich mit Untergebenen und Arbeitern zu tun. Sind diese krank, unterernährt oder geistig träge, nützt das dem Unternehmer wenig; es liegt also im Interesse des Unternehmers, wenn er selbst sein Handwerk versteht, seinen Arbeitern zu helfen, sei es durch eine Einschränkung der Arbeitszeit, sei es durch soziale Einrichtungen.

Seine Grenze findet das Engagement des Unternehmers in der Unternehmensbeteiligung der Arbeiter. Er zeigt keine Bereitschaft, etwas von seiner freien Entscheidungsgewalt abzugeben, das Unternehmen ist Symbol seiner gewonnenen Freiheit. Zu ihr gehören die bürgerlichen Ideale, aber diese selbst werden nicht im Unternehmen verwirklicht. Zumindest jedoch haben die deutschen Unternehmer der damaligen Zeit noch Sinn fürs Gemeinwohl. Das unterscheidet sie von Ford, denn im Fordismus ist der soziale Raum Teil der Produktion. Das Privatleben des Arbeiters tritt bei Ford in den Hintergrund.

---

387 Ibid.

Bei Bosch und Abbe wird die Unterscheidung von Unternehmensbereich und Privatsphäre durchgeführt, obwohl Letztere von Ersterem abhängt. Die Stiftung bildet zwischen beiden Bereichen eine Brücke, bei Abbe explizit und auf Dauer, bei Bosch implizit und je nach Tatbestand.

Die Carl-Zeiss-Stiftung besteht wie die Robert Bosch Stiftung GmbH heute noch, aber aufgrund der Arbeitnehmerrechte ist es nicht einfach, „eine kurzfristige Anpassung des Personalbestandes an veränderte Marktverhältnisse durchzuführen; eine Verlagerung von Produktionen in das personalkostengünstigere Ausland verbietet das Statut“[388]. Das ist sehr vorsichtig ausgedrückt, denn es ist ja gerade der Ausschluss der Mitbestimmungsrechte, der die Stiftungen attraktiv macht. Diese Maßnahme geschah mit radikalem Schnitt, der bei der Robert Bosch Stiftung GmbH paradigmatisch vorgenommen wurde. Die Ausrichtung auf das Gemeinwohl ist eine Fessel für die unternehmerische Flexibilität im kapitalistischen Umfeld.

Was vom Stifterwillen Boschs bleibt, ist die Idee des starken und autonomen Unternehmens. Die vorbildlichen Stiftungen Abbes und Boschs waren – und man mag darin nun ein Urteil über den idealistischen Stiftungsgedanken oder über die kapitalistische Entwicklung sehen – damals antiquiert und sind es heute ebenso.

9.3 Amélie Thyssen (1877–1965)

Zu einer anderen Kategorie gehört die Familie Thyssen. Sie zählt durch die Hochindustrialisierung zur Machtelite, die die Politik mitbestimmte. Fritz Thyssen, dessen Erinnerungen unter dem Titel „I paid Hitler“ erscheinen sollten,[389] ermöglichte den Nationalsozialisten den Eintritt in die Großindustrie, er machte sie hoffähig.

Nachdem mit dem Ersten Weltkrieg die Großmachtträume des Kaiserreichs zerplatzt waren, schwanden auch die Expansionsvorstellungen der Schwerindustrie. Nicht zuletzt aufgrund des Versailler Friedensvertrages und der französischen Rheinbesetzung stand die Familie Thyssen der Weimarer Republik eher ablehnend gegenüber; ihre Gesinnung war am rechten Rand des politischen Spektrums angesiedelt. Aber es waren nicht die politischen Ansichten, die Thyssen zu den Nationalsozialisten drängten, sondern er war „uneigennützig, gutwillig, gläubig, beeinflussbar, nicht zuletzt in seinen eigenen Träumen und Hoffnungen spiegelte sich letztlich nichts anderes als die Irrungen und Wirrungen seiner Epoche“[390]. Kurz, Thyssen war ein Romantiker, auf der Suche nach der blauen Blume, er fand sie nicht, dafür aber Hitler. Er war Abgeordneter des Reichstags, lehnte jedoch 1939 den Krieg ab. Er wurde den neuen Machthabern lästig. Die Staatsbürgerschaft wurde ihm und seiner Gattin aberkannt, sein Besitz konfisziert. Ein Fluchtversuch der Thyssens nach Argentinien scheiterte, sie wurden verhaftet und nach verschiedenen Irrenanstalt- und KZ-Aufenthalten schließlich nach Dachau verbracht.

---

388 Berndt, Hans, Stiftung und Unternehmen, Herne / Berlin [6]1998, S. 357.

389 Kielinger, Thomas, Amélie Thyssen (1877-1965), in: Fest, Joachim (Hg.), Die großen Stifter, Berlin 1997, S. 382.

390 Ibid., S. 384.

Nach dem Krieg kam Thyssen von den Alliierten zur Vorbereitung eines Gerichtsverfahrens in Nürnberg ins Gefängnis, wurde aber aufgrund eines Bittbriefes seiner Gattin Amélie an General Clay entlassen. Das Entnazifizierungsverfahren fand im August 1948 statt. Nach Argentinien gelangten sie im Januar 1950. Die Thyssens sollten angemessen entschädigt werden, das Vermögen wurde freigegeben.[391]

Nach dem Zweiten Weltkrieg sollten durch die Alliierten die Eisen- und Stahlkartelle entflochten und demontiert werden. Doch die politischen Konstellationen hatten sich geändert, Adenauers Westbindung und Nähe zu den Alliierten verhinderte die völlige Demontage und Liquidation.

Der Thyssen-Konzern wurde durch das Engagement von fünf Männern zu neuer Blüte geführt – damit verbinden sich die Namen Adenauer, Pferdmenges, Ellscheid, Sohl und Birrenbach. Doch zunächst ging es um die Zerschlagung des Stahlvereins, der „Vereinigten Stahlwerke", in den der größte Teil des Thyssen-Besitzes eingebracht worden war. Nun galt es, Thyssen aus dem einstigen Kartell herauszulösen und zu einem neuen wettbewerbsfähigen Unternehmen zu formieren.

Die Combined Steel Group der Alliierten Hohen Kommission sah folgende Konstruktion vor, die später zur Grundlage der erfolgreichen Thyssen-Hütte wurde: Die Thyssen-Anteile des Stahlvereins wurden den beiden Erbinnen Amélie Thyssen und ihrer Tochter Anita Gräfin Zichy-Thyssen je zur Hälfte zugeschlagen. Für Amélie Thyssen wurde die Fritz Thyssen Vermögensverwaltung AG gegründet, für ihre Tochter die Thyssen AG für Beteiligungen. Somit bestanden zwei Holdinggesellschaften, die Tauschvorgänge zwischen den beiden Holdings und den übriggebliebenen Nachfolgegesellschaften des Stahlvereins abwickelten.

Der Stahlverein wurde zergliedert, mit der Möglichkeit des gegenseitigen Austauschs; das heißt, die Aktionäre, die den alten Stahlverein verlassen wollten oder mussten, fanden bei Thyssen ihre Käufer. Bei Kapitalknappheit konnten sie sich zudem austauschen und gegenseitig stützen: „So sammelten die Holdinggesellschaften der Erbinnen nach und nach ‚transitorische' Beteiligungen, wodurch sich die Vermögensoptionen der Familie nur weiter vermehrten."

Eine entscheidende Rolle spielten die oben genannten fünf Männer. Konrad Adenauer wandte sich gegen die Demontage und half beim Wiederaufbau, das heißt bei Fusionsfällen: „Adenauer ging sogar so weit, sich namens des Unternehmens bei der Hohen Behörde der Montanunion in Luxemburg in einen wichtigen Fusionsfall einzuschalten."[392]

Der Kölner Bankier Robert Pferdmenges war Berater und Freund Adenauers und mit Thyssen seit den dreißiger Jahren verbunden, seit 1946 war er Mitglied des Aufsichtsrats, später Aufsichtsratsvorsitzender. Robert Ellscheid war der Testamentsvollstrecker und Verteidiger Thyssens; er wurde der Aufsichtsratsvorsitzende der Vermögensverwaltung, später saß er im Aufsichtsrat des Konzerns. Kurt Birrenbach verwaltete das Erbe von Anita Gräfin Zichy-Thyssen, die Thyssen AG für Beteiligungen. Als Nachfolger von Pferdmenges wurde er 1962 Aufsichtsratsvorsitzender des Thyssen-

391 Vgl. ibid., S. 389ff.
392 Ibid., S. 396.

Hütte-Konzerns. Hans Günther Sohl war an der Liquidation des Stahlvereins beteiligt; er konzentrierte sich auf die Entflechtung des Thyssen-Konzerns: „In der 1953 neuerstandenen August Thyssen-Hütte AG übernahm Sohl daher noch im Gründungsjahr den Vorstandsvorsitz, den er zwanzig Jahre lang innehaben sollte. Unter ihm entwickelte sich die Hütte zum größten Unternehmen ihrer Branche."[393]

Wie ist in diesem Zusammenhang die Fritz Thyssen Stiftung zur Förderung der Wissenschaft als selbstständige gemeinnützige Stiftung privaten Rechts, „mit einem geradezu amerikanischen Vermögensvolumen von 350 bis 400 Millionen DM, mit einer Dividende von etwa 10 Millionen DM jährlich"[394] einzuordnen?

War die Gründung der Stiftung Ausdruck von Wiedergutmachung für die allzu große Nähe zur braunen Diktatur? Ein Akt der Identifizierung mit der neuen Bundesrepublik, mit der demokratischen Ordnung? Eine Handlung aus persönlicher Betroffenheit heraus? Denn Thyssen war immer Opfer, zunächst im Kaiserreich, dann unter der Rheinbesetzung der Franzosen, unter dem Diktat des Versailler Vertrags, und schließlich war er im Konzentrationslager. Oder war Thyssen vielleicht ein deutscher Carnegie – beide waren ja Stahlkönige –, die Stiftung eine deutsche Antwort im Sinn des „Evangeliums des Wohlstands" Carnegies? Nein, es bleibt in Bezug auf Carnegie bei der einen Parallele. Thyssen übernahm „Carnegies Gesetz": „Dass die Stillegung einer modernen Fabrik wegen einer Depression weitaus verlustreicher sei, als den Produktionsmechanismus trotz widriger Bedingungen in Gang zu halten. Das wurde in der Stahlindustrie des Kaiserreichs so gewendet, dass unter Selbstkostenpreisen exportiert wurde und im Inland teuerer verkauft wurde."[395]

Weit gefehlt. Weder hatte der alte August Thyssen (1842-1926) an eine Stiftung gedacht; seine Maxime hatte gelautet: „Mein Werk ist in sich selbst sozial. Je mehr ich baue und verdiene, umso besser geht es meinen Arbeitern",[396] noch dachten die neuen Erbinnen daran. Es war eine Reaktion auf das gesellschaftliche Umfeld. Das Erstehen einer neuen Industrie-Aristokratie fand keine ungeteilte Gegenliebe: „Adenauer reagierte hörbar betroffen: ‚Darunter leide ich schwer, unter der Anzahl der Millionäre. Da muss man sich manchmal fragen: Dafür hat man nun zehn Jahre gearbeitet!'" Die Stiftungserrichtung hatte ihren Ursprung in der fehlenden Akzeptanz des „neuen Wirtschaftsfeudalismus"[397] – die Stiftung sollte zur Legitimierung von Privateigentum an den Produktionsmitteln dienen; sie wurde zudem gerade zu einem Zeitpunkt ins Leben gerufen, als den Expansionswünschen der Thyssen-Hütte seitens der Montanunion Einhalt geboten wurde: „Sohl hatte 1958 in Luxemburg beantragt, das aus den Rheinischen Röhrenwerken und der Hüttenwerke Phoenix AG 1955 fusionierte Großunternehmen Phoenix-Rheinrohr AG unter das Dach der Thyssen-Hütte zu nehmen. Durch die Erweiterung von Beteiligungen war die Thyssen-Hütte inzwi-

393 Ibid., S. 395.
394 Ibid., S. 399.
395 Vgl. Wehler, Hans-Ulrich, Deutsche Gesellschaftsgeschichte, 1849-1914, München 1995, S. 563ff.
396 Kielinger, Thomas, Amélie Thyssen (1877-1965), Berlin 1997, S. 402.
397 Ibid., S. 399.

schen zu einer Größe aufgestiegen, wie sie die alliierten Entflechter gerade nicht vorgesehen hatten. Kein Wunder, dass sich die Montanunion bei der Bewilligung des Fusionsantrages sperrte."[398]

Da sprach Adenauer in Luxemburg vor. Die Idee zu einer Stiftungserrichtung hatte Birrenbach: „Ich erinnere mich, als Vorsitzender in der ersten Aufsichtsratssitzung der Thyssen AG für Beteiligungen 1954 erklärt zu haben, dass im ‚Witwen-Kapitalismus' es wichtig sei, zur Legitimierung des Eigentums, das nicht mehr in der Hand des Unternehmers wäre, durch eine Stiftung oder stiftungsähnliche Handlung das zu tun, was ein Unternehmer normalerweise nicht zu tun brauchte. Wir haben ja dann, mit einer gewissen Hilfe auch von Konrad Adenauer, diese Stiftung zum Entstehen gebracht. (...) Auf diese Weise bekam der Name Thyssen nicht nur den Goldglanz der Größe eines Stahlkonzerns, sondern auch den sublimen eines Ortes geisteswissenschaftlicher und medizinischer Forschung."

Thomas Kielinger führt dazu aus: „In diesen Sätzen tauchen bereits zwei Schlüsselbegriffe auf, (...) die später zum Gemeinplatz für ähnliche Gründungen werden sollte: wie man ‚Eigentum legitimieren' und wie ein Konzern über den Ruf seiner Größe und Solidität hinaus ‚sublimen Glanz' erwerben könne."[399] Jedoch sind es eigentlich drei Begriffe, zunächst die Legitimität des Eigentums, dann der Goldglanz und schließlich der sublime Glanz.

Hier ist jedoch zu fragen, wie eine Stiftung Eigentum legitimieren kann. Eigentum und Entfaltungsfreiheit sind durch das Grundgesetz garantiert; die Stiftung soll somit etwas legitimieren, das eigentlich keiner Legitimierung bedarf.

Weitere bedeutsame Begriffe waren der „Goldglanz" und der „sublime Glanz". Der Goldglanz zielt darauf ab, dass der erwirtschaftete materielle Gewinn durch die Stiftung etwas erhält, was nicht an ihm zu entdecken ist. Der Profit verwandelt wie im Märchen das Stroh in Gold und erhält einen überirdischen strahlenden Schein. Das genügt aber nicht, am Gold klebt noch der Wertcharakter, hinzu kommt der geistige Schein, der sich aus der Forschung ergibt, die mit Hilfe der Stiftung initiiert wird. Die Stiftung produziert somit einen Schein, den sie dem Konzern verleiht, der also nicht aus dem Unternehmen selbst entspringt. Die Produktion von Schein, der nicht aus dem Wesen einer Sache entspringt, ob Goldglanz oder sublimer Glanz, nennt man Ablenkung oder Verschleierung oder auch ganz einfach Ideologie; man kann die Stiftung somit mit einer gewissen Berechtigung als Ideologie zur Beruhigung der Öffentlichkeit bezeichnen.

Mag die Aussage Birrenbachs nur eine launige Erinnerung gewesen sein – die Stiftung wurde gerade in einer Zeit errichtet, als es notwendig war. Es war ein praktischer Einfall zur rechten Zeit. Ob die Stiftung Köder für die Montanunion war oder nur Veredelung des Konzerns, ob die Stiftung ein Steuersparmodell war, wurde schon damals heftig diskutiert.[400]

---

398 Ibid., S. 397.
399 Ibid., S. 396.
400 Vgl. ibid., S. 404ff.

Entscheidend sind die Stiftermotive. Sie entspringen in diesem Fall nicht dem Kopf des Unternehmers, sie sind vielmehr Teil der Konzernstrategie. Weder Altruismus noch Philanthropie spielen eine Rolle. Die Stiftung wird auch nicht so gestaltet, dass ihre Aktivitäten dem Unternehmen wieder zugute kommen könnten. Die Fördermittel fließen irreversibel an Dritte ab, ohne dass die Stiftung diese Dritte beeinflusst oder diese von Thyssen abhängig sind.

9.4 Kurt A. Körber (1909–1992)

Kurt A. Körber gehört zu jenen Unternehmern, die nach dem Krieg 1946 ihre Karriere begannen. Mit seinen Patenten vom Maschinenbau bis hin zur Hochfrequenztechnik legte er den Grundstein seines Konzerns. Die Stiftung wurde 1959 errichtet, ihr endgültiges Gesicht erhielt sie 1981. Die Kurt-A.-Körber-Stiftung ist keine Stiftung & Co. KG, sondern eine klassische philanthropische Stiftung, deren Vermögen dem Gemeinwesen zugute kommt. Es besteht keine Doppelstiftung dergestalt, dass auch eine mildtätige Familienstiftung besteht; die Körbers blieben kinderlos. Damit gehört die Körber-Stiftung zur mittlerweile seltenen Gattung, bei der tatsächlich Steuergründe keine Rolle spielten. Sie ist vielleicht mit der dänischen Carlsberg-Stiftung zu vergleichen, die ihre Dotationsmittel aus der Carlsberg-Brauerei zieht.[401]

Die Körber-Stiftung fördert Wissenschaft und Forschung, Bildung und Erziehung. Sie finanziert eine Ingenieurschule genauso wie ein Senioren-Zentrum, bekannt wurde der „Bergedorfer Gesprächskreis zu Fragen der freien industriellen Gesellschaft“[402]. Die Stiftung ist mit 90 Prozent an den Hauni-Werken beteiligt, 10 Prozent halten, mit Rückgabepflicht, die jeweiligen Geschäftsführer.

Die Stiftung wurde parallel zum Unternehmen gegründet. Sie ist eine Form der Unternehmensnachfolge, aber keine Stiftung von Todes wegen; schon zu Lebzeiten des Stifters und Unternehmers ist sie aktiv. Körber steht damit in einer Traditionslinie von Abbe und Bosch. Woran ist nun die Gemeinnützigkeit zu erkennen, im Gegensatz zum gemeinnützigen unternehmensverbundenen Steuersparmodell, obwohl sich der Konzern in Teilkonzerne gliedert? Das entscheidende Moment liegt nicht darin, dass sie bereits zu Lebzeiten errichtet wurde, vielmehr darin, dass die Körber-Stiftung nicht zu Lebzeiten 98 Prozent des Kapitals hielt, während nur 2 Prozent bei einer Treuhand KG lagen, die jedoch den Konzern lenkte. Die Stiftung hielt 45,45 Prozent des Stammkapitals der Körber GmbH, bei der Körber AG hielt die Körber-Stiftung 31,5 Prozent des Grundkapitals.

Erst nach seinem Tode gingen testamentarisch 64 Prozent der Beteiligungen, die im Besitz von Körber waren, in die Stiftung über; dies zu einer Zeit, als bereits andere Firmen wie Bosch und Hertie Doppelstiftungen eingerichtet hatten, nämlich erst in den achtziger Jahren, und dies, obwohl der Profit auch bei Körber im Vordergrund

401 Berndt, Hans, Stiftung und Unternehmen, Herne / Berlin [6]1998, S. 252.
402 Ibid., S. 369.

stand. „Bei mir steht in erster Linie Profit und noch einmal Profit. Aber ich will den Profit, den Ertrag anders verwenden.“[403]

Die Profitabschöpfung ging nicht auf Kosten der Arbeitsbedingungen. „Als entschiedener sozialer Reformer probierte Körber in seinem Hauni-Werk ungewöhnliche Führungsmethoden und Mitentscheidungsrechte der Arbeitnehmer aus; frühzeitig hat er Gewinnbeteiligungen für seine Belegschaft eingeführt, die heute infolgedessen ungefähr ein Monatssalär zusätzlich im Jahr erhält.“[404] Was waren nun seine Motive, eine Stiftung zu errichten? Helmut Schmidt charakterisiert seinen Freund folgendermaßen: „Er war vieles zugleich in ein und derselben Person. Er war ein bedeutender und noch erfolgreicherer Unternehmer. Er war ein öffentlich wirkender Philanthrop von hohem idealistischem Gemeinsinn.“ Die Philanthropie wirkte sich auch auf die Belegschaft aus, nicht nur auf den Bergedorfer Gesprächskreis: „Sein Engagement für das Unternehmen und dessen Belegschaft, so hat Körber einmal gesagt, fülle die erste Hälfte des Arbeitstages aus; die zweite Hälfte sei der Frage gewidmet, wie er den erzielten Ertrag für das Gemeinwohl nutzbringend verwenden könne.“[405]

Das Motiv, sich für das Gemeinwohl einzusetzen, das sich durch die Stiftung verwirklicht, artikuliert sich in der folgenden Aussage Körbers: „Es ist höchste Zeit, in unserer Gesellschaft das ethische Pflichtgefühl zur stützenden Säule unserer Marktwirtschaft aufzurichten. Andernfalls sehe ich die große Gefahr, dass eine Gesellschaft, die von der Marktwirtschaft getragen wird, sich auf der Suche nach materiellem Wohlstand im bloßen Verdienen erschöpft und damit jene ethischen Quellen versiegen lässt, ohne die ein freies Gemeinwesen keinen Bestand haben wird.“[406]

Die Stiftung sollte also zur Aufrichtung der „ethischen Säule“ beitragen. An anderer Stelle sprach Körber von der Notwendigkeit, Tugenden zu etablieren und den Bürgersinn zu stärken, der über das wirtschaftliche Interesse hinausreiche.[407] Es ist somit Moral, die das geistige Fundament der Stiftung bildet, jedoch nicht irgendeine Moralvorstellung; nach den Begriffen, die Körber verwendet, bezieht er sich auf die Ethik Kants. Freiheit, Gemeinwesen, Tugend, Pflicht, diese Worte führen zu Kant, der seine Ethik im autonomen Subjekt verankert. Kants Moralvorstellungen passen gut zum freien Unternehmer Körber, so wie umgekehrt den an Moral Interessierten an einem solchen Unternehmertypus Kants Ethik deutlich wird.

Der Konzernchef Körber hat sich seinen Aufstieg hart erarbeitet, seine Erfolge verdanken sich seinen Patenten, das heißt dem, was er sich ausdenkt und entwickelt. Praktisch ist er Unternehmer, theoretisch definiert er sich als autonomes Subjekt, das sich selbst seine Handlungsanweisungen geben muss, um erfolgreich zu sein. Diese Direktiven erscheinen auf dem Gebiet der Moral als Tugenden, die man besitzt, wie Rechtschaffenheit, Verantwortung, Wahrhaftigkeit, Engagement und Pflichtbewusst-

403 Schmidt, Helmut, Kurt A. Körber (1909-1992), in: Fest, Joachim (Hg.), Die großen Stifter, Berlin 1977, S. 461.
404 Ibid., S. 460.
405 Ibid., S. 459ff.
406 Ibid., S. 465.
407 Vgl. ibid., S. 461ff.

sein, das die Handlungen leitet. Das „ethische Pflichtgefühl", von dem Körber spricht, das sich am Gemeinwesen orientiert, besteht im Sinne Kants nicht nur darin, so zu handeln, dass das eigene Handeln zur Richtschnur einer allgemeingültigen Maxime werden könnte, sondern vor allem darin, den Menschen nicht nur als Mittel, sondern auch als Zweck zu betrachten.

Ein freies Gemeinwesen, wie es sich Körber vorstellt, kann nach Kant nur eines sein, in dem die Menschen nicht mehr Mittel sind. Kant spricht von der Pflicht, den Menschen nicht nur als Mittel zu gebrauchen; sein Menschenbild weist ohnehin leicht pessimistische Züge auf, charakterisiert er doch den Menschen mit den Eigenschaften „Ehrsucht, Herrschsucht und Habsucht", die den Menschen dazu antreiben, sich „einen Rang unter seinen Mitgenossen zu verschaffen, die er nicht wohl l e i d e n, von denen er aber auch nicht l a s s e n kann"[408]. Diese Ambivalenz, der Mensch als Mittel und als Zweck, kehrt bei Körber wieder. Der Mensch ist ein Produktionsmittel, wenn er ihn mit den Augen des Unternehmers betrachtet. Er ist jedoch Zweck als Angehöriger des freien Gemeinwesens. Körber sieht sich als Zwitterwesen, als Unternehmer und als Stifter, und er sieht die Menschen als solche, nämlich als Mittel und Zweck. Die Welt ist zweigeteilt; es gibt die innere moralische Welt und die äußere Welt der harten Kausalität: die Marktwirtschaft und das Reich der Moralität.

Bemerkenswert ist die Tatsache, dass sich die geschichtlichen Verhältnisse radikal veränderten und doch Konstanten geblieben sind. Was sich anscheinend nicht verändert hat, ist der Charakter der deutschen Stifterpersönlichkeit. Abbe, Bosch und Körber sind Aufsteiger, die ihren Weg mit den ihnen eigenen Fähigkeiten machen.

Wie Bosch besteht auch Körber auf Autonomie, auf die Unabhängigkeit des Unternehmers, und gerade die Autonomie veranlasst beide, schon zu Lebzeiten und parallel zur Unternehmertätigkeit für das Gemeinwohl aktiv zu sein, sowohl für die eigene Arbeiterschaft des Unternehmens als auch für die Gesellschaft.

Die bürgerlichen Ideale, also die Ideale der Aufklärung, sind die Grundlage der Stiftungserrichtung; es sind weder der sublime Glanz noch die Legitimierung des Eigentums, obwohl sich gerade diese Aufsteiger als erfolgreiche Protagonisten der sozialdarwinistischen Lehre verstehen könnten. Sie sind die Siegertypen und die anderen die Verlierer.

Hervorzuheben ist die Tatsache, dass Körber nicht auf Ideale und Moralvorstellungen der gegenwärtigen Gesellschaft verweist, die es zu fördern gilt. Anscheinend hat die bundesrepublikanische Wirklichkeit nichts anderes zu bieten als die Marktwirtschaft, und Körber sucht vergeblich nach Wertvorstellungen, die dieser Wirklichkeit entsprechen könnten. Leidet die Gesellschaft nach 1945 so sehr an Unterproduktivität von geistigen Werten, dass eine ihrer Stifterpersönlichkeiten auf uralte Vorstellungen zurückgreifen muss, die, wohl mehr unbewusst denn als rationale Überlegungen, fort-

408 Immanuel Kant, Idee zu einer allgemeinen Geschichte in weltbürgerlicher Absicht [1784], in: ders., Werke in sechs Bänden, hg. von Wilhelm Weischedel, Bd. VI, Schriften zur Anthropologie, Geschichtsphilosophie, Politik und Pädagogik, Darmstadt 1983, S. 38 (Hervorhebungen im Original).

wirken? Denn der Name Kant und die Aufklärung tauchen als erkennbare Bezugsgrößen nicht auf, sie werden nur rudimentär, durch die Wort- und Begriffswahl, erkennbar.

9.5 Reinhard Mohn (*1921)

Wenn eine Stifterbiographie schon zu Lebzeiten des Stifters verfasst wird, zudem vom früheren Hamburger Bürgermeister Klaus v. Dohnanyi, und dann noch als Schlussstein in einem Buch, das die großen Stifter würdigt sowie darüber hinaus in dem Verlag erscheint, dessen Besitzer der Stifter ist, so ist es interessant zu sehen, wie sich auch der Laudator verhält.

Bei den vorhergehenden Biographien ist dieser Umstand zu vernachlässigen, weil sie das Stiftermotiv ins Zentrum stellen müssen, selbst wenn sie es händeringend herbeischreiben. Bei allem Lob des Stifterlebens und der Stifterpersönlichkeit, das entscheidende Stiftermotiv ist entweder vorhanden oder nicht.

So kehrt denn auch Reinhard Mohn aus der amerikanischen Kriegsgefangenschaft heim, um das hundertjährige Familienunternehmen, das „noch alle Spuren des verlorenen Krieges zeigte" und nicht einmal seinen Namen trug, es hieß nicht Mohn, sondern Bertelsmann, wieder aufzubauen und zu erweitern, „bis es ein halbes Jahrhundert später zum drittgrößten Medienkonzern der Welt angewachsen war, mit etwa 58.000 Beschäftigten und einem Konzernumsatz von über 21 Milliarden DM".

Weil Mohn nicht nur Unternehmer, sondern auch Stifter war, wurde „Gütersloh nicht nur zu einem Zentrum der globalen Kommunikationswirtschaft, sondern auch zum Standort einer international bedeutenden Stiftung gemacht"[409].

Mohn hätte sein Unternehmen nicht an die Weltspitze führen können, wenn es ihm nicht gelungen wäre, „Kreativität, Engagement, und Führungsstärke produktiv miteinander zu verbinden. Denn der Eigentümer und Unternehmer Mohn war von Beginn an auch ein Mann mit sozialreformerischen Ideen."

Das Zentrum seines Unternehmertums und seiner Stiftungstätigkeit ist für Dohnanyi das protestantische Ethos. Letzteres bestehe darin, dass zur „rein zweckmäßigen Optimierung der Produktivität ein Gemeinschaftsbewusstsein gehört, das die Arbeitsmotivation erhöht. Mohns Überzeugung war, dass die Chance der Selbstverwirklichung in der Arbeit bei seinen Beschäftigten zugleich Kreativität freisetze und ihnen die persönliche Glückserfahrung von Verantwortung und Erfolg ermögliche."[410]

Mohns Ethos heißt: „Pflicht des Lernens", auf ihn selbst bezogen: „Ich habe mich nur immer auf der Welt umgeguckt, wo andere etwas besser machen als wir."[411] Die

---

409 Dohnanyi, Klaus v., Reinhard Mohn (geb. 29. 6. 1921), in: Fest, Joachim (Hg.), Die großen Stifter, Berlin 1997, S. 467.

410 Ibid., S. 470f.

411 Ibid., S. 472.

Mitarbeiter werden umfassend am wirtschaftlichen Erfolg beteiligt. Allerdings hat die Gewerkschaft keinen Zutritt, denn Mohn meint: „Wir sind zu gut, als dass wir gewerkschaftlicher Hilfe bedürften."

Seine Stiftung war nicht gedacht, gemeinnützig zu sein, sondern ist nur ein Systemteil des Unternehmens. Mit Mohn tritt ein neuer Stiftertypus auf. Die Stiftung soll „das Unternehmen vor heute unkalkulierbaren Wechselfällen zukünftiger Erbschaftslagen schützen". Das Unternehmen und die Stiftung gehören zusammen, „ein erfolgreiches, immer bedeutender werdendes Medienunternehmen und ein Labor, ein Experimentierfeld, ein Modell für die Entwicklungsmöglichkeiten von Unternehmen in unserer Zeit."[412]

Dohnanyi streicht heraus: „Hier ist ein Mann, der als Stifter tut, was er schon als Unternehmer praktiziert und gepredigt hat. Nicht zwei Leben, sondern ein Werk",[413] und er betont weiter: „Als Stifter gibt Reinhard Mohn weder anderen Geld, damit sie ihre wissenschaftlichen oder künstlerischen Ziele verwirklichen können; noch will er ein ‚sozialer Philanthrop' sein, mit dessen Geld diejenigen Lücken ausgefüllt werden sollen, die von der marktwirtschaftlichen Evolution in das Gerechtigkeitsgefüge der Gesellschaft gerissen werden." Mohns Sinn für das Gemeinwesen, für einen Stifter unabdingbar, ergibt sich daraus: „Es war ein Fehler zu glauben, dass Individualität und Selbstverwirklichung neue Erziehungsideale sein können. Egozentrik und Egoismus sind das Resultat."[414]

Ein neuer Stiftertypus entwickelt auch ein anderes Stiftungsmodell. Es ist weder mäzenatisch noch philanthropisch, es ist eine so genannte operative Stiftung. „Es ist nicht verwunderlich, dass die Stiftung als Organisation die erfolgreichen Erfahrungen der Bertelsmann AG widerspiegelt: langfristige Budgetplanung, vorsichtige Reservenbildung, klare Projektabgrenzungen, eindeutige Führungsverantwortung und konsequente Evaluation der Ergebnisse."[415]

Der Autor hat die Erwartungen nicht enttäuscht. Sein Stifterportrait über Mohn ist nicht nur eine Laudatio, sondern auch, wider Willen, eine Verteidigung. Betont wird zunächst, dass Mohn das bessere Mitbestimmungsmodell gegenüber dem gesetzlichen Mitbestimmungsrecht habe, die gewerkschaftliche Kritik daran sei nur Ausdruck von Neid. Den Unterschied sieht der Autor in der Erfolgsbeteiligung. Er übersieht dabei, dass das Mitbestimmungsrecht mehr ist als eine Erfolgsbeteiligung; vor allem dann, wenn der Erfolg ausbleibt, gewährt es den Beschäftigten einen gewissen Schutz vor Willkür durch das Unternehmen. Diese Erkenntnis wurde einmal wieder durch die Start-up-Unternehmen des Neuen Markts in den vergangenen Jahren deutlich, denn der Erfolg wurde mit Aktien honoriert, die wenige Monate später wertlos waren. Die Erfolgsbeteiligung erhöht jedoch die Arbeitsmotivation; je mehr die Menschen arbeiten, umso mehr tragen sie zur Wertsteigerung bei.

412 Ibid., S. 474f.
413 Ibid., S. 476.
414 Ibid., S. 479.
415 Ibid., S. 481.

Weiter verteidigt der Autor, dass der Stifter kein Stifter ist. Die Stiftung ist ein Teilbereich des Unternehmens, ein Systemelement, so dass ein interner Kreislauf stattfindet. Keine Stiftungserträge fließen nach außen ab. Es ist eine operative Stiftung, also das Entwicklungszentrum für zukünftige Erfolge. Das Ziel des Unternehmens ist die Optimierung, liegt im Bestreben, es immer besser zu machen als die anderen, denn das garantiert den Erfolg. Der Stifter und Unternehmer, der sein Geld im Kulturbereich verdient, lehnt den Individualismus zugunsten des Gemeinwesens ab. Das ist antiaufklärerisch, denn ein freies Gemeinwesen, im Sinne von Körber, bedarf gerade des Individualismus. Individualismus und Gemeinwesen gehören zusammen.

Der Kampf gegen den Individualismus zugunsten einer Gemeinschaft zeugt von einem recht eigenwilligen Demokratieverständnis; in diesen Rahmen gehört auch Mohns Lieblingsausdruck „Führungstechnik“[416]. Dem Stifter ist die Vorstellung wahrscheinlich mehr als fremd, dass sich Individuen frei, ohne Befehlsstruktur und Hierarchie, dafür entscheiden, an einer Sache selbstverantwortlich zu arbeiten, wie dies bei Autokonzernen geschieht, die das Fließband wegen Ineffizienz abschafften.

Vor allem verteidigt der Autor das neue deutsche Stiftermodell. Darunter ist jedoch nichts anderes zu verstehen als jene Konstruktion, die als „Ersatzform“ der Stiftung definiert wird.[417] Es handelt sich um jenes Modell, das Mohn nicht erfunden hat, aber wohl optimal ausnutzt. Aufgrund der fehlenden Publizitätspflicht – der erste Vorteil, den das deutsche Stiftermodell bietet – lässt sich nur ahnen, wie die verschiedenen Bereiche im Austausch miteinander stehen.

Das Grundmodell wird die allseits empfohlene Ersatzstiftung als „ökonomisches Modell der Vermögensausstattung und Vermögensbewirtschaftung“[418] bilden, mit allen Vorteilen: Es ist ein Steuersparmodell ohne Publizitätspflicht, ohne Mitbestimmung, mit nur sehr eingeschränkter Haftung. Die Stiftung hat keinen Einfluss auf die Unternehmensgestaltung, dient jedoch als Kreditgeber, und durch die Vermögens-Verwaltungs-GmbH, die Schaltstelle der Macht, wird der Stifterwille zurückgedrängt, den es im eigentlichen Sinn des Begriffs nicht gibt, weil es eine Stiftung zu Lebzeiten ist und der Stifter noch an den Hebeln der Macht sitzt.

Von einem Stiftertypus in der Nachfolge von Abbe und Bosch kann bei Mohn keine Rede sein. Die einzige Ähnlichkeit besteht im Wunsche, als Unternehmer autonom zu sein, aber nicht, um mehr Erfolg zu haben und seine Führungstechnik umfassend einsetzen zu können, sondern um relativ unabhängig gegenüber der Machtelite und dem Staat bleiben zu können.

Mohn wird protestantisches Ethos zugesprochen, dennoch werden nirgends moralische Werte sichtbar, geschweige denn religiöse. Im Zentrum steht das Streben nach Erfolg – aber Erfolgsbeteiligung ist keine Form von christlicher Nächstenliebe. Der Stifter Mohn bewegt sich weder in der religiösen Sphäre – der Protestant verhält sich zumindest, wenn er zur Welt keinen Bezug hat, unmittelbar zu Gott – noch im geschichtlichen Kontext. Er befindet sich inmitten der Evolution, also in der darwinisti-

416 Ibid., S. 484.
417 Hof, Hagen, Stiftungen im deutschen Recht, Köln 2001, S. 337.
418 Ibid., S. 319.

schen Natur, die er mit Kreativität und Führungstechnik vorantreiben will: „Mohn ist auch noch Missionar der aufgeklärten Evolution. Doch die Menschen sind heute noch zu unverständig und zu träge: Sie erkennen ihre Chance noch nicht.“[419]

Für Ford war es unwesentlich, dass sich die Fließbandarbeiter auch noch selbst verwirklichen. Bei Bertelsmann ist die Arbeit nicht nur Teil der Produktion, sondern auch Selbstverwirklichung, das heißt, Mohn glaubt dank seiner Führungsqualitäten zu wissen, worin für die Menschen die Art und Weise ihrer individuellen Selbstverwirklichung liegt, und für diese Möglichkeit der Selbstverwirklichung im Hause Bertelsmann erhalten die Beschäftigten auch noch Lohn und eine Erfolgsbeteiligung. Das mag übertrieben dargestellt sein, aber die Überzeichnung ist ein Mittel, um die Konturen der Stifterpersönlichkeit deutlicher zeichnen zu können.

Denn immer wieder geht es anscheinend um das Eine, um den Erfolg. Der Erfolgsgedanke steht im Zentrum. Dieser Eindruck wird eher noch verstärkt, je länger man sich mit dem Hause Bertelsmann beschäftigt, unabhängig davon, welche Kulturgüter auf den Markt geworfen werden. Davon schweigt der Autor.

419 Dohnanyi, Klaus v., Reinhard Mohn (geb. 29. 6. 1921), Berlin 1997, S. 486. Erfolgs- und Konkurrenzdenken gehören nicht zur protestantischen Ethik. Sie besteht nach Max Weber darin, den Gelderwerb als Beruf zu betrachten: „Arbeit und Gewerbefleiß ist eine Pflicht gegenüber Gott“, in: Weber, Max, Gesammelte Aufsätze zur Religionssoziologie [1920], Band 1, Tübingen [7]1978, S. 201.

10 Die Stifter und ihre Motive

10.1 Der Charakter der Stiftermotive

An den berühmten Stiftern ist zu erkennen, dass die Stiftermotive zwar eine Stiftungserrichtung auslösen können, dass sie aber keine unabdingbare Voraussetzung sind. Die Stiftermotive stehen nicht unbedingt am Ursprung der Stiftung. Der Stifter ist immer zunächst ein zukünftiger Stifter, ja, er wird es zumeist erst, wie an amerikanischen Unternehmern zu erkennen ist, wenn seine erfolgreiche unternehmerische Karriere ihren Höhepunkt überschritten hat.

Der potenzielle Stifter muss zuerst erfolgreicher Unternehmer sein. Die Stiftung ist jedoch keine folgerichtige Entscheidung, die sich aus der Unternehmenspolitik ergibt; ebenso bilden die Stiftermotive auch nicht den Kern einer Stiftung, auf die die Stiftergeschäfte zurückgeführt werden können. Es können bestimmte Zeitumstände vorliegen, die den Unternehmer dazu bringen, Stiftungen zu errichten, auf diese Weise sind die Stiftungen nicht Ursache, sondern Wirkung. Es bleibt jedoch, trotz Kenntnis von Gesellschaftsgeschichte, nichts anderes übrig, als sich den Biographien zuzuwenden: „Die Motive der bedeutenderen Gründungen sind nur aus einer vertieften biographischen Sicht zu gewinnen, die nicht allein Lebensdaten und Umweltanregungen aufzunehmen, sondern auch individuelle Schicksalsfügungen und Entschlüsse der persönlichen Selbstverwirklichung zu betrachten haben würde. In dieser Hinsicht sind die für einzelne Gründer vorliegenden Lebensbeschreibungen aufschlussreich, wenn sie oftmals auch in der Deutung der zur Stiftung führenden Motive noch nicht letztlich überzeugend dargestellt sind.“[420]

Bei der Betrachtung großer Stiftungen, nicht der großen Stifter – im Gegensatz zu Georg Strickrodts Anliegen, man möge die Stifterbiographien untersuchen –, kommt der Autor zu „fünf typischen Gründermotiven“, die auch in „der ganzen Verfassung der betreffenden Stiftung ihre Ausprägung finden sollten“[421]. Das Gemeinsame der Motive ist das Ideelle; das Motiv, Steuern zu sparen, fällt nicht darunter.

Die fünf Arten sind:
1. das persönliche oder individuelle Motiv,
2. das patriotische Motiv,
3. das kulturelle Motiv,
4. das soziale Motiv,
5. das reformerische Motiv[422]

420 Strickrodt, Georg, Stiftungsrecht, Baden-Baden 1977, S. 236.
421 Ibid., S. 306.
422 Ibid., S. 236.

Im Folgenden sollen die Ausführungen Strickrodts zu dieser Auflistung dargelegt werden.

Das persönliche Motiv hat seinen Ursprung in der eigenen beruflichen Entfaltung im Wirtschaftsleben; es resultiert aus der Überzeugung, „dass der Erfolg eines Unternehmens stets dem Zusammenwirken sehr verschiedenartiger Kräfte und Leistungen zu verdanken ist, und dass ein solches Zusammenwirken deshalb auch über die Lebenszeit des zuletzt maßgebenden und für seine abschließenden Verfügungen verantwortlichen Unternehmers hinaus in dem ihm zugehörigen Lebensbereich gewährleistet bleiben muss“. Unter dieses Motiv subsumiert der Autor Abbe und seine Carl-Zeiss-Stiftung, aber auch die Seppeler-Stiftung für Flug- und Fahrwesen. Diese Stiftung dient dazu, die Erfindungen von Eduard Seppeler weiterzuentwickeln.

Das patriotische Motiv stand bei der Carlsberg-Stiftung im Vordergrund. Jacob Christian Jacobsen (1812–1887) schenkte dem „dänischen Volk nicht nur wissenschaftliche Forschungseinrichtungen, sondern auch ein Museum für nationale Geschichte“. Es waren „tiefgehende, durch Kriegserfahrungen ausgelöste Erschütterungen und Notzustände im nationalen Leben“[423], die Jacobsen zu dieser Stiftung veranlassten.

Das erfahrene Leid des deutschen Volks im Ersten Weltkrieg war Auslöser für Emil Possehl (1850–1919), die gleichnamige Stiftung zu gründen: „Die Anliegen des Patrioten verbinden sich in der Fürsorge für die Opfer des Krieges und in der ermutigenden Förderung eines tüchtigen Nachwuchses für das deutsche Wirtschaftsleben.“

Das kulturelle Motiv ist dominant bei der Friedrich-Baur-Stiftung. Sie „hat sich 1953 in besonderer Weise die Förderung der Bayerischen Akademie der Schönen Künste zur Aufgabe gestellt.“ Noch zu nennen wäre die Rudolf- und Klara-Kreutzer Stiftung: „Neben der Pflege des von Rudolf Steiner inaugurierten Schulwesens sollen auch diesem verbundene wissenschaftliche Arbeiten ihre Förderung erfahren.“

Das soziale Motiv als Fürsorge für die Betriebsangehörigen taucht auch bei der Carl-Zeiss-Stiftung auf. Ebenfalls gilt dies für die Fred-Joachim-Schoeps-Stiftung (1961): „Die betrieblich-soziale Tendenz war derartig vorherrschend, dass die Regelung der Besitzverhältnisse am Unternehmen auch zu Miteigentum der Betriebsangehörigen hätte führen können, wäre nicht die Rechtsform der Stiftung vom Gründer ausdrücklich angeordnet gewesen.“ Die Scott-Bader-Commonwealth Ltd. wiederum „ist auf eine aktive Mitverantwortung aller Werksangehörigen gegründet und gibt diesen auch Beteiligungsrechte“. Strickrodt nennt auch die Georg Michael Pfaff Gedächtnisstiftung (1962), die die zunächst innerbetriebliche Sozialpolitik später nach außen im Rahmen des Volkshochschulwesens fortsetzte.

Auch für das reformerische Motiv zieht Strickrodt Beispiele heran. Die unternehmensverbundene Stiftung, die die Gesinnung in Wirtschaft und Staat verändern möchte, ist in angelsächsischen Ländern bei den Quäkern zu finden, so die „aus Quäkerkreisen hervorgegangenen Rowentree-Stiftungen“. Bei diesen „verbindet sich die Vorstellung von einer auf Gleichheit aller Mitwirkenden beruhenden herrschaftsfreien

423 Ibid., S. 236ff.

und insoweit demokratischen Betriebsverfassung mit der Verpflichtung zum öffentlichen Wirken für die Gewaltlosigkeit in Staat und Völkergemeinschaft“[424].

Aufgrund der Biographien der großen Stifter, die in vorliegender Arbeit als repräsentative Auswahl vorgestellt wurden, können noch weitere hervorstechende Motive hinzugefügt werden:

Das moralische Motiv, wie es bei der Körber-Stiftung der Fall ist. Denn Moral ist nach Körber notwendig, sonst wird das Gemeinwesen, das sich nur über die Marktwirtschaft definiert, zerstört.

Das politische Motiv. Denn es scheint notwendig, das demokratische Denken und Handeln zu fördern. Hier wäre die ZEIT-Stiftung des Verlegers Gerd Bucerius (1971) zu nennen, aber auch die Geschwister Korn und Gerstenmann-Stiftung (1987) oder die Stiftung Sozialer Wandel in der unternehmerischen Wirtschaft (1979).

Das rein wissenschaftliche Motiv. Dieses taucht bei Strickrodt merkwürdigerweise nicht auf. Ein privater Stifter errichtet, unabhängig von seinen Erfindungen, eine Stiftung für Grundlagenforschung wie für die Erforschung der Gravitation, wie dies bei der Göde Wissenschaftsstiftung (1999) oder beim Kappeler-Institut für die Wissenschaft des Seins (1975) der Fall ist.

Verantwortung für Natur und Umwelt. Dieses Motiv, eine Stiftung zu errichten, ist wohl das neueste. Hier sind zu nennen die Erich Oberdorfer Stiftung (1991), die Erwin-Warth-Stiftung (1996) oder die Werner und Erna Sack-Stiftung für Tierschutz (1988).

Gänzlich vergessen hat Strickrodt die privaten, religiösen Stiftungen wie die christliche Dr. Heinz-Horst Deichmann-Stiftung (1972) oder die jüdische Jehoshua und Hanna Bubis-Stiftung zur Erforschung und zur Vermittlung des Wissens über das Judentum (1987).

10.2 Unterscheidungskriterien

Wer eine Stiftung errichtet, gründet nicht nur eine Zweigstelle seines Unternehmens. Sie ist mit einem immateriellen Schein umgeben oder einem „sublimen Glanz“, wie es Thyssen-Manager Birrenbach formulierte. Dieser Schein kann als Marketing-Konzept ausgenützt werden, oder umgekehrt: Es fällt mittlerweile schwer, eine Stiftung zu errichten, die nicht diesen faden Beigeschmack hat, so dass der eigentliche Stifter Schwierigkeiten hat, seine Motive als ernsthaft im Sinne der Gemeinnützigkeit darzustellen.

Der Stifter, der sich – möglicherweise jahrelang – Gedanken darüber macht, in welcher Weise sein Stifterwille auf Dauer gesichert werden könnte, sieht sich zugleich anderen gegenüber, die die Stiftung nur als Steuersparmodell benutzen wollen und sich dafür Motivationen quasi „anliefern“ lassen. Aber sollten die Stifter nicht alles ausnutzen, was rechtlich möglich ist und genehmigt wird? Wer wollte ein Urteil

424 Ibid., S. 239ff.

fällen, wenn es heißt: „Um der konfiskatorischen Erbschaftsteuer in Schweden zu entgehen, haben auch die Familienaktionäre der A/B Tetra Pak, Lund/Schweden ihre Aktien in eine Familienstiftung in den Niederlanden eingebracht.“[425]

Eine andere „schwedische Unternehmensgruppe, die IKEA Svenska AB, Älmhult/ Schweden hat auch ihre unternehmensverbundene Stiftung in den Niederlanden“[426]. Man gründet eine Stiftung, um Steuern zu sparen, um dann etwas davon wieder gemeinnützig auszugeben, wofür der Staat kein Geld mehr hat.

Somit ist es, um mit Rawert zu sprechen, zum einen die „großzügige Praxis“, die es ermöglicht, dass der Stiftungsgedanke „zum Statussymbol verkommt“, dergestalt, dass es möglich ist, mit einem Minimum an Kapital eine Stiftung für die „Erforschung fremder Sonnensysteme“[427] zu errichten. Zum anderen ist es die „instrumentalistische Sicht der Stiftung in Deutschland“, die zu der Konstruktion einer „gemeinwohlkonformen Allzweckstiftung“ führt. Rawert bemängelt insbesondere die fehlende „Konkordanz der Interessen von Stiftern, Stiftungen und allgemeinem Rechtsverkehr“, die „im romanischen beziehungsweise englischen Rechtskreis“ durchaus vorhanden ist; er diagnostiziert, dass die Stiftung ihren guten Ruf verloren habe – wenn das Stiftungsrecht nicht entsprechend verändert werde, werde sich die „Liechtensteinisierung“ fortsetzen. Den Grund für die fehlende Konkordanz sieht er nicht auf dem Gebiet der immateriellen Werte, sondern in den „fiskalischen Privilegien“, die die Schieflage bewirken. Deshalb schlägt er vor: „Vorzugswürdig dürfte es vielmehr sein, auf idealer Haupttätigkeit zu bestehen und wirtschaftliche Tätigkeit nur zuzulassen, wo sie sich in einer Nebentätigkeit als Dotationsquelle oder der Unterhaltung eines Zweckbetriebs erschöpft.“ Es herrsche Wildwuchs, und die Stiftungen seien völlig undurchschaubar. Die Mehrheit, so Rawert, will keine Veränderung, aber der „Zustand weitestgehender Regelungslosigkeit ist rechtsvergleichend freilich einmalig und innerstaatlich unbefriedigend“[428].

In welch desolatem Zustand sich das Stiftungsrecht befindet und wie weit damit der Zerfall der Stiftungsidee schon fortgeschritten ist, bezeugt die Einstellung der Rechtswissenschaftler, erwarten sie doch keine Rechtsreform durch neue immanente Rechtsregelungen, die die Konkordanz endlich herstellen, sondern durch eine Reform des Steuerrechts: „Bemerkenswert ist, dass nun das Steuerrecht als ‚Speerspitze‘ einer Reform des Stiftungsrechts dient. Die Steuerreform soll Erblassern Anreize geben, vor allem über gemeinnützige Stiftungen ihr Vermögen wieder in den Dienst der Gesellschaft zu stellen, nachdem der Staat in vielen Bereichen an Grenzen seiner wirtschaftlichen Leistungsfähigkeit gestoßen ist und sich auf seine Kernaufgaben zurückzuziehen sucht.“[429] Dieser Ansatz bedeutet jedoch nichts anderes, als dass der Staat erst dann eine neue rechtliche Grundlage für Stiftungen schafft, wenn die Steuererleichterungen und Befreiungen, die eine Stiftung genießt, eine Höhe erreichen, die für

425 Berndt, Hans, Stiftung und Unternehmen, Herne / Berlin ^{6}1998, S. 361.
426 Ibid.
427 Rawert, Peter, Der Stiftungsbegriff und seine Merkmale, Köln 2001, S. 127.
428 Ibid., S. 130ff.
429 Hof, Hagen, Stiftungen im deutschen Recht, Köln 2001, S. 339.

den Staat unerträglich ist, wenn die Stiftungen nicht, im Gegenzug dazu, Anstalten machen, entsprechende Stiftungserträge an die Gesellschaft weiterzugeben. Der Staat wartet auf ein Entgegenkommen, denn sonst ist die Steuerbefreiung kontraproduktiv. Die Stiftung nimmt und dankt.

Wie also sind Stiftungen zu unterscheiden? In bedenkliche und unbedenkliche, denn gut und schlecht wäre ja ein moralisches Kriterium. Bedenklich wäre eine Stiftung zu nennen, falls keine ideelle Haupttätigkeit vorhanden ist, unbedenklich, wenn dies der Fall ist. Doch es gibt keine neuen rechtlichen Regelungen, noch hält die „Liechtensteinisierung“ an. Auswege aus dieser verfahrenen Situation sind nicht leicht zu finden. Weder sollten die genuinen Stifter aufhören, noch bietet sich für sie die Alternative an, als Unbedenklichkeitsbescheinigung gleichsam, auf die Gestaltungsmöglichkeiten, die in der Epoche des Wildwuchses angeboten werden, zu verzichten, also zu Ungunsten der Stiftung Nachteile in Kauf zu nehmen, nur weil andere die Vorteile nutzen. Wenn der Stifter die Rechtsform der berühmten Doppelstiftung, mit gering dotierter Familienstiftung und einer hoch dotierten gemeinnützigen Stiftung, die sich zum Steuersparmodell par excellence entwickelte, nicht wählt, so zahlt er für seinen Stiftungsidealismus einen hohen materiellen Preis. Aus der Distanz betrachtet wäre eine solche idealistische Entscheidung Ausdruck von Dummheit; dem Stifter würde dann unterstellt werden, er habe nur unqualifizierte Rechtsberater konsultiert.

Dem Stiftungscharakter ist es nicht anzusehen, ob er einem Marketing-Konzept, einer operativen Angelegenheit oder aber einem gemeinnützigen Motiv dient. Der Betrachter kann lediglich Mutmaßungen anstellen, er hält sich nicht einmal in einer Grauzone oder in einem Grenzbereich von zulässig beziehungsweise unzulässig auf, sind doch die einen mit den anderen Stiftungen ununterscheidbar identisch; alle sind rechtlich genehmigt und deshalb zulässig. Alle verwirklichen in rechtlich gleicher Weise ihre Stiftungszwecke.

Wenn es aber kein echtes Unterscheidungskriterium gibt, dann führen auch solche Mutmaßungen, die allzu leicht den Bereich der Gesinnungsschnüffelei tangieren, nicht weiter. Die mangelnde Transparenz, die sich der fehlenden Publizitätspflicht verdankt, dem geringen Interesse an Öffentlichkeitsarbeit, das unter anderem Rupert Graf Strachwitz immer wieder beklagt[430], verhindert jede Art von Evaluation. Auch eine Betrachtung der Projekte, die die Stiftungen fördern, führt nicht zu klaren Ergebnissen hinsichtlich der Motivationen, denn gerade auch die Projekte könnten nur der Ablenkung dienen; vor allem aber würden jene Wissenschaftler, Künstler, Sozialarbeiter, Krankenschwestern oder Pfleger ins Unrecht gesetzt, die Fördergelder erhalten, um sie mildtätig oder gemeinnützig zu verwenden, um die Forschung voranzutreiben, das Leiden der Menschen zu lindern oder das Kulturleben zu bereichern. Was aber bleibt, ist das Misstrauen oder die Fähigkeit zur Distanzierung, damit der Stifter, der sich mit falschen Federn schmückt, weiß, dass es auch Anwälte gibt, die für die idealistischen Stifter Partei ergreifen.

430 Vgl. Strachwitz, Rupert Graf, Stiftungen, Frankfurt am Main / New York 1994.

11 Die Wirklichkeit der Stiftungen

11.1 Zur Lage der Stiftungen in Deutschland

Erst seit dem Jahr 1997 existiert eine Gesamtübersicht über alle Stiftungen in Deutschland.[431] Darin werden mehr als 8.300 von rund 10.000 Stiftungen ausgewiesen; Mitte des Jahres 2000 waren es genau 9.663 Stiftungen.

Es herrscht nach wie vor keine Publizitätspflicht. Eine Transparenz des Stiftungswesens ist somit nicht gegeben, alle Angaben sind freiwillig. Der Grad an Freiwilligkeit und die Öffentlichkeitsarbeit der Stiftungen sind allerdings mehr als mangelhaft, eine Tatsache, die Strachwitz zu der Behauptung führt: „Die Stiftung ist das unbekannte Wesen."[432] Bei der Aufschlüsselung der Stiftungen nach Ländern ergibt sich folgende Tabelle[433]:

	2000	**1997**	**1994**	**1991**	**Stiftungen pro 100.000 Einwohner**	**Bevölkerung**
Bayern	2.038	1.712	1.592	1.427	20,40	10.000.000
Nordrhein-Westfalen	2.006	1.343	1.141	989	11,30	17.690.000
Baden-Württemberg	1.359	1.014	851	802	13,60	10.000.000
Hessen	786	683	594	537	13,30	5.900.000
Niedersachsen	888	749	652	543	11,90	7.480.000
Hamburg	708	539	538	527	41,90	1.690.000
Berlin	416	320	299	230	11,90	3.500.000
Rheinland-Pfalz	351	214	201	152	9,00	3.880.000
Schleswig-Holstein	299	284	256	219	11,10	2.700.000
Bremen	179	60	61	43	26,30	680.000
Sachsen-Anhalt	167	142	128		6,00	2.800.000
Sachsen	148	85	72		3,20	4.600.000
Thüringen	114	95	74		4,80	2.400.000
Brandenburg	75	56	50		2,80	2.670.000
Saarland	68	57	45	43	6,30	1.080.000
Meckl.-Vorpommern	61	32	16		3,30	1.850.000
Gesamt	9.663	7.385	6.570	5.559	12,32	78.920.000

Darst. 9: Stiftungen in Deutschland nach Ländern

(Quelle: Mecking, Christoph: Zur Situation der Stiftungen in Deutschland, Köln 2001, S. 39)

431 Bundesverband Deutscher Stiftungen e.V. (Hg.) Verzeichnis Deutscher Stiftungen 2000, Darmstadt 2000.

432 Strachwitz, Rupert Graf, Stiftungen, Frankfurt am Main / New York 1994, S. 19.

433 Mecking, Christoph, Zur Situation der Stiftungen in Deutschland, Köln 2001, S. 39.

Die kirchlichen Stiftungen im Bereich der katholischen Kirche gliedern sich wie folgt[434]:

(Erz-)Diözese	Gesamtzahl aller rechtsfähigen kirchlichen Stiftungen	davon Stiftungen des öffentlichen Rechts	davon Stiftungen des privaten Rechts
Aachen	1.321	1.300	12
Augsburg	2.500	2.485	15
Bamberg	918	916	2
Berlin	7	3	4
Dresden-Meißen	2	1	1
Eichstätt	900	900	*
Erfurt	59	59	0
Essen	16	0	16
Freiburg	2.521	2.519	2
Fulda	154	152	2
Görlitz	1	1	0
Hamburg	4	4	0
Hildesheim	5	4	1
Köln	2.033	2.010	23
Limburg	15	*	*
Mainz	18	7	11
München und Freising	2.375	2.375	0
Münster	1.491	1.401	90
Osnabrück	6	1	5
Paderborn	28	0	28
Passau	678	678	0
Regensburg	1	0	1
Rottenburg-Stuttgart	2.105	2.084	21
Speyer	658	658	0
Trier	24	12	12
Würzburg	1.496	1.495	1
Gesamt	19.327	19.065	247

Darst. 10: Katholische Stiftungen im Bereich der katholischen Kirche nach (Erz-)Diözese (Quelle: Mecking, Christoph: Zur Situation der Stiftungen in Deutschland, Köln 2001, S. 40)

434 Ibid., S. 40.

In den letzten zehn Jahren wurden über 3.000 Stiftungen errichtet, also rund ein Viertel aller bestehenden Stiftungen. Nach Ländern geordnet, ergibt sich folgende Tabelle[435]:

19-	90	91	92	93	94	95	96	97	98	99	2000	Summe
Baden-Württemberg	34	33	39	50	38	62	60	63	71	17	3	470
Bayern	29	34	66	59	54	40	72	82	77	98	32	643
Berlin	13	7	12	17	16	19	11	17	11	15	3	141
Brandenburg	3	3	6	9	5	5	1	3	5	5	3	48
Bremen	4	2	4	5	4	3	7	11	8	4	5	57
Hamburg	9	13	22	21	14	16	17	14	22	12	1	161
Hessen	24	14	21	24	31	33	16	25	30	25	6	249
Mecklenburg-Vorpommern		3	5	5	4	2	4	3	3	5	2	36
Niedersachsen	22	26	20	30	34	29	22	28	29	13	3	256
Nordrhein-Westfalen	29	36	46	51	53	58	72	88	109	76	7	625
Rheinland-Pfalz	9	8	6	13	12	13	14	10	17	15	0	117
Saarland	3	2	2	2	1	4	2	2	3	5	1	27
Sachsen	1	8	12	19	3	5	11	15	14	3	3	94
Sachsen-Anhalt	2	4	7	8	10	4	8	10	5	2	1	61
Schleswig-Holstein	7	5	8	7	5	15	6	6	5	3	0	67
Thüringen	1	1	7	6	8	7	2	5	7	2	0	46
Gesamt	190	199	283	326	292	315	325	382	416	300	70	3.098

Darst. 11: Stiftungsgründungen in den Jahren 1990 bis 2000 nach Ländern
(Quelle: Mecking, Christoph: Zur Situation der Stiftungen in Deutschland, Köln 2001, S. 42)

Die Verteilung nach Ländern zeigt ein uneinheitliches Bild: „So ist zu beobachten, dass Stiftungen besonders in Städten häufig vorkommen, die mit einem starken und selbstbewussten Bürgertum in Verbindung gebracht werden. Die Stiftungslandschaft spiegelt die Entwicklung der Regionen und darin besonders der Städte sowie die wirtschaftliche und politische Bedeutung der Bürgerschaft und ihr Selbstverständnis in Vergangenheit und Gegenwart wider."[436]

In Bezug auf die Vermögensverhältnisse der Stiftungen zeigt sich folgendes Bild: 60 Prozent der Stiftungen haben ein Vermögen von bis zu 1 Million DM. Nur 0,5 Pro-

435 Ibid., S. 42.
436 Ibid., S. 43.

zent der Stiftungen besitzen eine Vermögensmasse von mehr als 500 Millionen DM:[437]

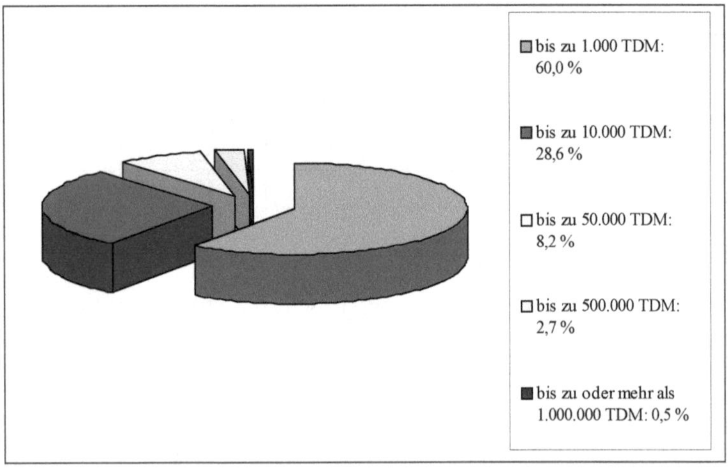

Darst. 12: Verhältnis Stiftungen und Vermögensgröße
(Quelle: Mecking, Christoph: Zur Situation der Stiftungen in Deutschland, Köln 2001, S. 47)

Die Vermögensausschüttungen beziehungsweise die Erträge stellen sich wie folgt dar:[438]

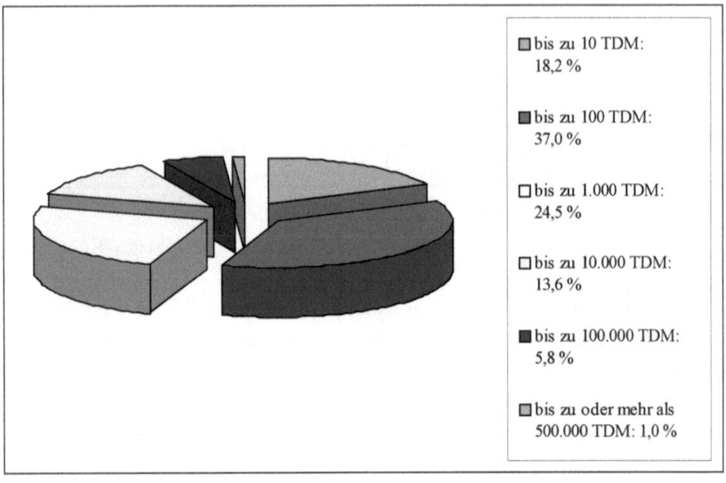

Darst. 13: Verhältnis Vermögensausschüttungen bzw. Erträge
(Quelle: Mecking, Christoph: Zur Situation der Stiftungen in Deutschland, Köln 2001, S. 48)

437 Ibid., S. 47.
438 Ibid., S. 48.

Dabei lassen sich keine Relationen von Vermögen und Erträgen herstellen, denn „sowohl bei den Vermögens- wie bei den Ausgabewerten wird auch ein erheblicher Anteil öffentlicher Finanzierungsanteile deutlich".[439]

94 Prozent der deutschen Stiftungen besitzen den Status der Gemeinnützigkeit. Sie sind damit von der Steuer befreit. Von diesen verfolgen 76,4 Prozent unmittelbar gemeinnützige, 4,1 Prozent mildtätige und 5,8 Prozent kirchliche Zwecke. Schwerpunkte der Stiftungstätigkeit sind die Förderung sozialer Zwecke (31,19 Prozent), von Wissenschaft (16,2 Prozent), Bildung und Erziehung (14,19 Prozent), Kunst und Kultur (13,77 Prozent), Umweltschutz (5,1 Prozent) sowie Familie und Unternehmen (3,3 Prozent).

Insgesamt ergeben sich bei der Frage nach den Schwerpunkten der Stiftungstätigkeit folgende Übersichten:[440]

Soziale Zwecke	**Anzahl Stiftungen 2000**		**Anzahl Stiftungen 1997**
Jugendhilfe	1.282	7,15 %	
Altenhilfe	1.931	10,77 %	
Wohlfahrtshilfe	842	4,70 %	
Mildtätige Zwecke	1.094	6,10 %	
Sonstige soziale Zwecke	444	2,48 %	
Summe soziale Zwecke	5.593	31,19 %	3.532

•

Wissenschaft	**Anzahl Stiftungen 2000**		**Anzahl Stiftungen 1997**
Wissenschaft und Forschung allgemein	1.418	7, 91 %	
Naturwissenschaft und Technik	461	2, 57 %	
Medizin	537	2,99 %	
Geistes- und Gesellschaftswissenschaften	489	2,73 %	
Summe Wissenschaft	2.905	16,20 %	1.800

•

439 Ibid., S. 49.
440 Ibid., S. 51.

Bildung und Erziehung	Anzahl Stiftungen 2000		Anzahl Stiftungen 1997
Bildung und Erziehung	2.454	14,19 %	
Summe Bildung und Erziehung	2.454	14,19 %	2.039

•

Kunst und Kultur	Anzahl Stiftungen 2000		Anzahl Stiftungen 1997
Kunst und Kultur	1.952	10,89 %	
Denkmalschutz	518	2,89 %	
Summe Kunst und Kultur	2.470	13,77 %	1.567

•

Umweltschutz	Anzahl Stiftungen 2000		Anzahl Stiftungen 1997
Umweltschutz	412	2,30 %	
Landschaftsschutz	224	1,25 %	
Naturschutz	278	1,55 %	
Summe Umweltschutz	914	5,10 %	388

•

Diverse Zwecke	Anzahl Stiftungen 2000		Anzahl Stiftungen 1997
Öffentliches Gesundheitswesen	660	3,68 %	
Kirchliche Zwecke	379	2,11 %	
Völkerverständigung	371	2,07 %	
Religion	361	2,01 %	
Heimatgedanke	307	1,71 %	
Sport	341	1,90 %	
Tierschutz	177	0,99 %	
Entwicklungshilfe	95	0,53 %	
Wirtschaft und Verbraucher	80	0,45 %	
Demokratisches Staatswesen	77	0,43 %	
Tierzucht	7	0,04 %	
Pflanzenzucht	6	0,03 %	
Kleingärtnerei	2	0,01 %	
Traditionelles Brauchtum	46	0,26 %	
Summe andere	2.909	16,22 %	1.724

Familie und Unternehmen	Anzahl Stiftungen 2000		Anzahl Stiftungen 1997
Familienunterhalt	341	1,90 %	
Unternehmen und Belegschaft	255	1,42 %	
Summe Familie und Unternehmen	596	3,32 %	336

•

Stiftungs-Schwerpunkte	Anzahl Stiftungen 2000		Anzahl Stiftungen 1997
Soziale Zwecke	5.593	31,19 %	3.532
Wissenschaft und Forschung	2.905	16,20 %	1.800
Bildung und Erziehung	2.545	14,91 %	2.039
Kunst und Kultur	2.470	13,77 %	1.567
Umweltschutz	914	5,10 %	388
Familie und Unternehmen	596	3,32 %	336
Andere	2.909	16,22 %	1.724
Gesamt	17.932	100,00 %	11.386

Darst. 14: Schwerpunkte der Stiftungstätigkeit
(Quelle: Mecking, Christoph: Zur Situation der Stiftungen in Deutschland, Köln 2001, S. 51ff.)

Eine Darstellung als Säulendiagramm erleichtert den Überblick:

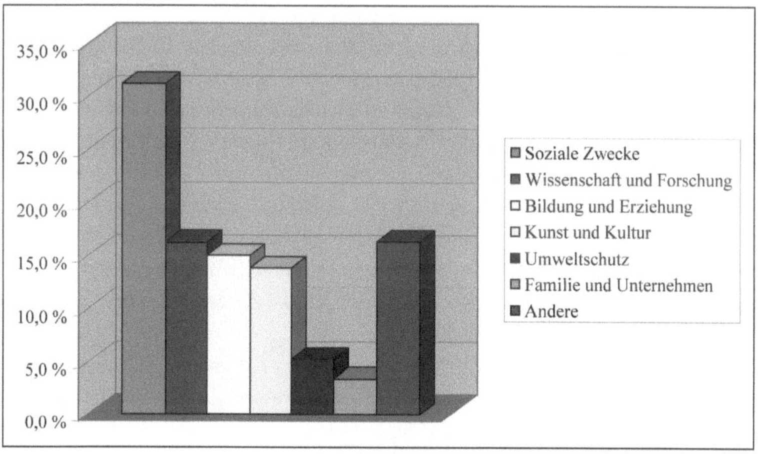

Darst. 15: Verhältnis Schwerpunkte der Stiftungstätigkeit
(Eigene Darstellung; Quelle: Mecking, Christoph: Zur Situation der Stiftungen in Deutschland, Köln 2001, S. 51ff.)

Bedauerlicherweise lassen diese statistischen Angaben keine Schlüsse zu. Sie müssen im Rahmen eines Überblicks bleiben, der nicht einmal vollständig sein kann, weil die empirische Untersuchung auf Freiwilligkeit beruht. Die Frage, ob das Stiftungswesen nicht nur soziale Einrichtung, sondern auch Motor des Fortschritts sein kann, lässt sich auf Grund des statistischen Materials nicht beantworten.

Anhand dieser Ausgangslage ist anzunehmen, dass zwischen dem Stiftungswesen als Vorstellung, seinem Potenzial, und dem, was Stiftungen wirklich zu leisten vermögen, erhebliche Unterschiede bestehen.

11.2 Das Forschungsfeld

Das Stiftermotiv kommt bei den statistischen Erhebungen nicht vor. Bei empirisch erfassbaren Angaben geht das individuelle, unverwechselbare Motiv im Verwirklichungszweck unter; es lassen sich nur Mutmaßungen über den Verursacher anstellen. In den einschlägigen Ratgebern heißt es dazu: „Der Stifter muss bereit sein, sich zu ihren (der Empfänger) Gunsten von seinem Vermögen oder von Teilen desselben zu trennen. Er kann dies zu Lebzeiten oder von Todes wegen, das heißt per letztwilliger Verfügung, tun.“[441] Die Stiftungen gelten allgemein als unverzichtbares Element in einer „freiheitlichen und solidarischen Bürgergesellschaft“[442]. Damit wird unterstellt, dass das Stiftermotiv im Charakter der Bürgergesellschaft selbst begründet liegt. Stiftungszweck und Stiftermotiv gelten demzufolge offenkundig als identisch.

Einige Stiftermotive wurden in den bisherigen Betrachtungen herausgestellt. Die bürgerlichen Ideale, die reformerischen, die sozialen, die patriotischen, die moralischen und nicht zuletzt die christlichen Motive waren historisch Auslöser zur Errichtung einer Stiftung; jedoch stellt sich die Frage, in welchem Maße diese noch gelten. Wie der Phantasie fast keine Grenzen gesetzt werden, bestimmte Zwecke zu fördern[443], so sind auch die Stiftermotive potenziell unbegrenzt.

Was also bewegt den Stifter in der neueren Zeit, welche Vorstellungen und Absichten verfolgt er? In der bisherigen Literatur gibt es dazu keine Angaben. Aus diesem Grund wurde eine Erhebung durchgeführt, um die Intentionen und Motive der Stifter festzustellen. Grundlage aller anderen statistischen Tabellen und Angaben ist die Erhebung des Bundesverbandes Deutscher Stiftungen. Die Umfrage beschränkte sich auf Stiftungen, die im Zeitraum von 1945 bis 2000 errichtet wurden. Ausgewählt wurden private Stiftungen, hinter denen also natürliche Personen, nicht aber Körperschaften, Unternehmen oder Institutionen stehen. Der Stiftungsschwerpunkt ist Wohltätigkeit, das heißt soziale Zwecke wie Jugendhilfe, Altenhilfe und Wohlfahrtszwecke.

Da Stiftungen oft beziehungsweise nahezu immer mehrere Stiftungszwecke ausweisen, reduziert sich die Anzahl der für die Umfrage relevanten Stiftungen gegen-

441 Bundesverband Deutscher Stiftungen e.V. (Hg.), Ratgeber für Stifter, Bonn 1998, S. 9.
442 Ibid., S. 14.
443 Ibid., S. 10.

über der Gesamtzahl von Stiftungen, die diesen Schwerpunkt angeben, erheblich. Zumeist ist ein – ab 1990 zunehmendes – Konglomerat von Stiftungszwecken auszumachen; so haben viele Stiftungen neben mildtätigen Zwecken beispielsweise noch die Sorge für Grabpflege, Abkömmlinge der Familie, Umwelt- oder Tierschutz zu übernehmen. Die Zunahme mehrerer Zweckbindungen hat ihren Ursprung einerseits im Steuerrecht, andererseits in der Sorge vieler Stifter, dass die auf Dauer angelegte Stiftung tatsächlich ewig – das heißt auch unter veränderten Bedingungen – in der Lage sein soll, einen Zweck zu verfolgen, falls der eine oder andere Zweck hinfällig werden sollte.

Es wurden nur solche Stiftungen befragt, welche hauptsächlich die öffentliche Wohltätigkeit als Zweckbindung angeben. Dazu wurden sämtliche privaten Stiftungen, unbekannte und bekannte, unabhängig vom Stiftungsvermögen angeschrieben. Die Rechtsform spielte bei der Auswahl ebenso wenig eine Rolle wie die Art der Verwirklichung, nämlich operativ oder fördernd. Die nahezu 500 Stiftungen, die kontaktiert wurden, machen annähernd 100 Prozent der nach dem Zweiten Weltkrieg gegründeten Wohltätigkeitsstiftungen aus.

Die Beschränkung auf die Zweckbindung der Wohltätigkeit wurde gewählt, weil darin noch am ehesten das Verhältnis von Egoismus zu Altruismus, also das Verhältnis der individuellen Entfaltungsfreiheit zu bürgerlichen Idealen beziehungsweise zum Gemeinsinn, zugrunde gelegt werden kann. Inwieweit sieht sich der Stifter also als Mitglied einer solidarischen Bürgergesellschaft, die ihm seine Entfaltungsfreiheit garantiert? Seine Haltung der Gesellschaft gegenüber ist von erheblicher Bedeutung, spiegelt sie doch umgekehrt die in einer Gesellschaft anzutreffenden Tendenzen im Hinblick auf Werte und Solidarität wider.

11.3 Methodischer Ansatz

Die gestellte Forschungsaufgabe war mit der Herausforderung verbunden, sich einen Weg zwischen zwei Unwägbarkeiten zu bahnen: Es musste ein zielführender Ansatz gefunden werden, um einerseits aus der verfügbaren wissenschaftlichen Literatur alle für die Themenstellung relevanten allgemeinen Informationen zu gewinnen und andererseits den Fragebogen speziell für die zu befragende Zielgruppe zu entwerfen, wodurch sich dieser von der traditionell-klassischen Sozialforschung deutlich unterscheiden würde. Das gewählte Vorgehen wird daher im Nachfolgenden begründet.

Wenn – wie im vorliegenden Fall – aus der Literatur keine erschöpfenden Erkenntnisse gefunden und Prämissen aufgestellt werden können, um Hypothesen zur Motivation von Stiftungsgründungen beziehungsweise Konklusionen daraus ableiten zu können, muss, um mit Erwin Roth zu sprechen, ein „Suchraum durch geeignete Strategien erweitert oder verengt werden“[444], um empirisch gesicherte Aussagen über mensch-

444 Roth, Erwin / Holling, Heinz (Hg.), Sozialwissenschaftliche Methoden, München / Wien 1999, S. 88.

liches Verhalten in bestimmten Bereichen der Realität,[445] in diesem Fall also die Stiftungsgründung, zu erschließen. Deshalb wurde ein in zweierlei Hinsicht interdisziplinärer Ansatz gewählt: Zum einen wurde eine Verbindung von qualitativer und quantitativer Methode zur Geltung gebracht, da es als ein Vorurteil anzusehen ist, es gehe bei „quantifizierenden Verfahren nicht um Qualitäten"[446]; mit anderen Worten: Die Qualitäten der Quantitäten (Rangordnungen oder Messungen) bleiben hypothetisch.[447]

Zum anderen sollte im Rahmen der Untersuchung der induktive, empirische Erkenntnisweg mit den Methoden der Aktionsforschung[448] zusammengeführt werden.

Dieses Vorgehen bedeutet im Einzelnen: Zunächst wurde versucht, alle empirischen Daten zu erheben, die in irgendeiner Weise mit dem zu untersuchenden Phänomen zusammenhängen könnten, um im Anschluss mit den statistischen Techniken die Zusammenhänge zwischen den erhobenen Daten zu bestimmen und sie zu interpretieren. Dabei stößt man auf das Problem, welche Daten bei der Analyse als bedeutsam gelten; zweifellos besteht hier die Gefahr, dass subjektive Auswahlkriterien wie auch implizite Annahmen oder Theorien bei der Auswahl eine Fehlerquote bilden und nur die Daten erhoben werden, die einen voreingenommenen Blick unterstützen. Insofern ist es praktisch unmöglich, alle eventuell bedeutsamen Daten zu erfassen, zu gewichten und realitätsgerecht zu interpretieren.[449]

Bei der Auswahl der Methoden[450] ging es schließlich darum, eine „adaptive, regulative und besonders reflexive Flexibilität"[451] zu erzielen. Diese Flexibilität schien durch die Befragung gewährleistet, stellt sie doch „nach wie vor den Königsweg der empirischen Sozialforschung dar. Hier spricht die Forschung mit ihren Gegenständen beziehungsweise bringt sie in gewünschter Weise zum Sprechen."[452] Der Fragebogen er-

---

445 Zur Erkennbarkeit von Mustern, Strukturen und Tendenzen und deren gesellschaftlichem Gewicht vgl. Wienold, Hanns, Empirische Sozialforschung. Praxis und Methode, Münster 2000, S. 104ff.

446 Roth, Erwin / Holling, Heinz (Hg.), Sozialwissenschaftliche Methoden, München / Wien 1999, S. 17. Zum Streit um die quantitative versus qualitative Analyse vgl. auch Ritsert, Jürgen, Inhaltsanalyse und Ideologiekritik, Frankfurt am Main 1972. Helmut Kromrey weist ebenfalls darauf hin, dass sich die „Scheinalternative quantitativ versus qualitativ auf die Wahl des angemessenen statistischen Modells reduziert", vgl. Kromrey, Helmut, Empirische Sozialforschung, Opladen 1990, S. 216.

447 Vgl. Wienold, Hanns, Empirische Sozialforschung, Münster 2000, S. 115.

448 Diese Forschungsalternative geht in ihren ersten Ansätzen auf die Sozialpsychologen Kurt Lewin und Ronald Lippitt zurück; darunter werden verschiedene Bedeutungsgehalte betrachtet. Man kann unter Aktionsforschung die klassischen Forschungsdiagnosen und -erhebungen verstehen, mit denen auch die traditionelle Sozialwissenschaft arbeitet: Die Handlungen und Ereignisse in sozialen Bereichen werden analysiert, beschrieben und kommentiert. Vgl. Lewin, Kurt, Die Lösung sozialer Konflikte, Bad Nauheim 1953; Lippitt, Ronald, Kurt Lewin und die Aktionsforschung, in: Heigl-Evers, Annelise / Streeck, Ulrich (Hg.), Die Psychologie des 20. Jahrhunderts, Bd. VIII: Lewin und die Folgen. Sozialpsychologie, Gruppendynamik, Gruppentherapie, Zürich 1979.

449 Vgl. Wellhöfer, Peter R., Grundstudium Sozialwissenschaftliche Methoden und Arbeitsweisen, Stuttgart 1997.

450 Zu Methoden allgemein vgl. Herrmann, Theo, Methoden als Problemlösungsmittel, in: Roth, Erwin / Holling, Heinz (Hg.), Sozialwissenschaftliche Methoden, München / Wien 1999, S. 35.

451 Ibid., S. 41.

452 Wienold, Hanns, Empirische Sozialforschung, Münster 2000, S. 104.

reicht diese Absicht, indem er so strukturiert wurde, dass er sowohl auf das theoretische Problem als auch auf die Eigenarten der Untersuchungsgruppe abgestimmt[453] war.

Wenn nun nicht nur im Hinblick auf Begriffe, sondern auch auf die Typologie Unschärfen hinzunehmen sind,[454] muss dennoch zugestanden werden, dass die Befragung das am häufigsten angewandte Erhebungsverfahren der Sozialwissenschaften ist und auch einen Erkenntnisgewinn in Aussicht stellt. So ist bei der Befragung der Stiftungen zu berücksichtigen, dass oft nicht die Stifter selbst es waren, die antworteten, sondern deren Vertreter, Gewährsleute oder Anwälte. Dieser Umstand bedeutet, dass man nie ganz sicher sein kann, wer einen schriftlichen Fragebogen ausgefüllt hat, in welcher Umgebung, bei welcher Beeinflussung durch Dritte.[455] Zudem musste bei den Antworten die Tendenz zur sozialen Erwünschtheit, also der Aspekt der erstrebten Außenwirkung, herausgelesen werden, denn es besteht bei der Befragung die Neigung, so zu antworten, dass man, so Peter R. Wellhöfer, bei der fragenden Institution „einen möglichst positiven Eindruck hinterlässt“[456].

Deshalb werfen beispielsweise Baldo Blinkert[457] und Howard Schuman[458] die Frage auf, ob die erhobenen Daten den normalen alltäglichen Verhaltensweisen und Einstellungen der Befragten entsprechen und die Fakten wiedergeben, oder ob die Daten in dieser Form erst durch die Anwendung bestimmter Forschungsmethoden zustande kommen, also möglicherweise lediglich Artefakte spiegeln. Erhobene Daten sind also in jedem Fall Konstrukte der sozialen Wirklichkeit. Die durch Befragung erhaltene Wirklichkeit ist „ein künstliches Implantat im Gewebe des natürlichen Soziallebens“[459], und deshalb muss in der ohnehin gegebenen „Künstlichkeit der Befragungssituation“[460] auch ein „Verzerrungsfaktor“[461] mit einkalkuliert werden.[462]

---

453 Vgl. Atteslander, Peter / Kopp, Manfred, Befragung, in: Roth, Erwin / Holling, Heinz (Hg.), Sozialwissenschaftliche Methoden, München / Wien 1999, S. 150.

454 Kromrey weist darauf hin, dass speziell bei der Befragung – wegen ihrer Ähnlichkeit zu Alltagssituationen – dem Forscher wie auch dem Rezipienten der Forschungsergebnisse die methodologischen und theoretisch-inhaltlichen Probleme weit weniger bewusst werden als bei inhaltsanalytischen Verfahren. Vgl. Kromrey, Helmut, Empirische Sozialforschung, Opladen 1990, S. 218.

455 Vgl. Atteslander, Peter / Kopp, Manfred, Befragung, S. 170.

456 Wellhöfer, Peter R., Grundstudium Sozialwissenschaftliche Methoden und Arbeitsweisen, Stuttgart 1997, S. 134. Auch Kromrey weist auf eine Bejahungstendenz hin und überdies auf die Tendenz, sich selbst bei der Beantwortung von Fragen solche Eigenschaften zuzuschreiben, die in der sozialen Umwelt als erwünscht gelten (social desirability response set). Kromrey, Helmut, Empirische Sozialforschung, Opladen 1990, S. 227.

457 Vgl. Blinkert, Baldo, Methodische Realitätskonstruktionen oder soziale Tatbestände? Eine empirische Untersuchung über die Instrumentenabhängigkeit von Befragungsdaten, in: Soziale Welt 1978, 29, S. 358-372.

458 Schuman, Howard, Artifacts are in the mind of the beholder. Paper read at the thematic session on “Fact or Artifact? Are Surveys Worth Anything?”, Annual meeting of the American Sociological Association, New York 1980.

459 Meulemann, Heiner, Befragung und Interview: Über soziale und soziologische Situationen der Informationssuche, in: Soziale Welt 29, 1978, S. 118.

460 Kromrey, Helmut, Empirische Sozialforschung, Opladen 1990, S. 198.

461 Wienold, Hanns, Empirische Sozialforschung, Münster 2000, S. 113.

462 Die Frage, wann man mit der Kooperation der Befragten rechnen kann und man wann versuchen sollte, sie zu „überlisten“, stellt Esser; vgl. Esser, Hartmut, Können Befragte lügen? Zum

Der Fragebogen umfasst Einleitungs- und Übergangsfragen, Filter-, Folge- sowie Sondierungsfragen, um den Befragten in den Fragenkomplex einzuführen und sowohl eine Trichterung als auch einen so genannten Ausstrahlungseffekt (halo effect) zu erzielen.[463]

Die geschlossene Frageform wurde gewählt, weil, so Peter Atteslander und Manfred Kopp, der Befragte ‚seine Antwort' nur *wiedererkennen* muss"[464]. Die Ja-Nein-Alternative gewährleistet eine klare Stellungnahme.[465] Dennoch kann der Fragebogen mit geschlossener Frageform nicht garantieren, dass die zu Häufigkeiten zusammengefassten Antworten sich auch tatsächlich auf ein und dieselbe Variable beziehen. Aus diesem Grund bietet sich die Kombination mehrerer Methoden und Zugänge an.[466] Diese Untersuchung folgte also einem Methodenpluralismus, unter Berufung auf Anselm L. Strauss, um den verstehenden Zugang zu komplexen Daten zu erschließen.[467]

Im den Stiftungen ausgehändigten Fragebogen wurde dem Befragten die Möglichkeit gegeben, durch die Vorgaben sich selbst zu verorten oder optionale Selbstattribuierungen vorzunehmen, ohne eine eigene, direkte Stellungnahme abzugeben. Die Fragen nach der Stiftermotivation orientieren sich an zeitlosen Werten, um ein hohes Maß an Aussagekraft zu erzielen, also Stabilität der Messergebnisse und Zuverlässigkeit. Indem die Untersuchung sowohl die historische Analyse als auch die interdisziplinäre Befragungsmethode wählte, konnte sie durch diesen Methodenpluralismus sowohl das Aufzeigen einer Tendenz als auch die intersubjektive Überprüfbarkeit gewährleisten.

Ein weiteres Problem der Befragung bestand darin, Einstellungen[468] zu identifizieren und Motive zu erkennen, die Handlungsweisen absehbar machen. Das liegt daran, dass es zum einen nicht a priori gewährleistet ist, dass im Fragebogen angesprochene allgemeine Werthaltungen zu Einstellungen und von diesen zu Handlungsbereitschaften führen, welche schließlich die Aktivitäten des Individuums determinieren. Zum anderen bleibt immer noch die offene Frage, ob überhaupt ein Zusammenhang von allgemeiner Einstellung und einem spezifischen Verhalten erwartbar ist und insofern realistischerweise nur von „Verhaltenstendenzen"[469] gesprochen werden kann. Nach Karl Popper ist die Voraussage für das Eintreffen eines konkreten sozialen Phänomens ohnehin beinahe unmöglich.[470]

Konzept des wahren Wertes im Rahmen der handlungstheoretischen Erklärung von Situationseinflüssen bei der Befragung, in: KZfSS 38, 1986, S. 314-336.

463 Kromrey, Helmut, Empirische Sozialforschung, Opladen 1990, S. 207ff.

464 Atteslander, Peter / Kopp, Manfred, Befragung, München / Wien 1999, S. 155f. (Hervorhebung im Original).

465 Vgl. ibid., S. 156f.

466 Vgl. dazu Atteslander, Peter / Kneubühler, Hans-Ulrich, Verzerrungen im Interview. Zu einer Fehlertheorie der Befragung, Opladen 1975.

467 Vgl. Strauss, Anselm L., Grundlagen qualitativer Sozialforschung, München 1991, S. 36.

468 Einstellungen werden als „relativ fest geschnürtes Bündel von kognitiven, affektiven und konativen Momenten" verstanden, vgl. Wienold, Hanns, Empirische Sozialforschung, Münster 2000, S. 116.

469 Ibid., S. 124f.

470 Vgl. Popper, Karl, The Rationality Principle, in: Miller, David (Hg.), Popper Selections, Princeton 1985, S. 357ff.

Vor dem Hintergrund der skizzierten Probleme und sich abzeichnenden Grauzonen konnten dennoch brauchbare Erträge zur gestellten Forschungsaufgabe gewonnen werden. Das Bestreben der Diskussion lag sowohl darin, die Antworten so zu interpretieren, wie es der Intention der Befragten entspricht, als auch den Erlebnishintergrund, den spezifischen Erfahrungsraum, begrifflich-theoretisch zu explizieren[471], um dennoch zu einer Typenbildung zu gelangen. In den meisten Fällen dürfte es jedoch schwierig sein, einheitlich festzustellen, ob eine bestimmte Interpretation adäquat ist, aber zumindest konnte „die *Region der Unbestimmtheit* vermindert“ [472] werden.

Angesichts der intendierten Interdisziplinarität und des Methodenpluralismus erhebt die Arbeit trotz oder gerade wegen des unkonventionellen methodischen Ansatzes den Anspruch, im Sinne Strauss' eine Grounded Theory im Hinblick auf die Stiftermotivation zu entwerfen.[473]

11.4 Der Fragebogen

Die unternommene Umfrage barg in sich das generelle Problem der fehlenden Publizitätspflicht. Die Beantwortung hing also vom guten Willen und der Bereitschaft der Stiftungsorgane ab, sich überhaupt mit dem Fragebogen zu beschäftigen. So verweigern die Banken einerseits gemeinhin jede Auskunft über die Stiftungen, die sie verwalten, obwohl sie andererseits intensiv für Stiftungserrichtungen unter ihrer Obhut werben.

Der Fragebogen wurde ausschließlich existierenden Stiftungen vorgelegt und somit nicht von Personen beantwortet, die lediglich die Absicht haben, eine Stiftung zu errichten. Die Ansprechpartner innerhalb der Stiftungen hatten bisweilen keinen direkten Kontakt zum Stifter, sie waren an der Stiftungserrichtung nicht beteiligt und sind lediglich die Verwalter.

Für viele Stifter war eine Voraussetzung für die Beantwortung des Fragebogens, dass ihre Anonymität gesichert bleibt. Von daher entfielen bestimmte Fragestellungen, so die Frage nach der Beziehung des Antwortgebers zum Stifter und zu Familienangehörigen.

Der Formulierung des Fragebogens gehen vier Erfahrungen voraus:

1. Die rein quantitativen Datenerhebungen im statistischen Sinne führen zu keinem sinnvollen Ergebnis, wenn nicht erkennbar wird, wie viel Prozent des Stiftungsvermögens für Stiftungszwecke ausgeschüttet wird.
2. Da Stiftungen oftmals Defizite im Bereich der Öffentlichkeitsarbeit aufweisen, sollten die Fragen so gestellt werden, dass es der Stiftung leicht fällt, sie zu beantworten.

---

471 Vgl. Bohnsack, Ralf, Rekonstruktive Sozialforschung, Opladen 2000, S. 159.

472 Opp, Karl-Dieter, Methodologie der Sozialwissenschaften, Opladen 1999, S. 133f.

473 Eine Grounded Theory hat ihre Grundlagen in empirischen Daten, die systematisch und intensiv analysiert werden, vgl. Strauss, Anselm L., Grundlagen qualitativer Sozialforschung, München 1991, S. 51f.

3. Die Umfrage des Instituts für Altersvorsorge hat die Grenzen und Widerstände aufgezeigt, wenn es um das Thema des Erbens, also um Tod und Sterben, geht.
4. Ebenso hat die qualitative Befragung des Instituts für Altersvorsorge ergeben, dass die Erwartungen gedämpft werden müssen, denn wie gezeigt war das Ergebnis der qualitativen Untersuchung hinsichtlich des Vererbens und Erbens als dürftig anzusehen. Die Erblasser, die ihre Vorstellungen und Erwartungen formulieren konnten, hatten eher undeutliche oder vage Intentionen und Hoffnungen.

Der Fragebogen hat zu berücksichtigen, was wissenswert ist, was an Informationen vorliegt und welche Informationen der Öffentlichkeit von Seiten der Stiftung zugänglich gemacht werden sollen. Vorbild ist die qualitative Befragung des Instituts für Altersvorsorge. Gegenüber der rein quantitativen Datenerhebung, die darauf ausgerichtet ist, nur das zu erfassen, was es gibt beziehungsweise nicht gibt, und wenn ja, in welcher Anzahl, hat die qualitative Umfrage die quantitative zur Grundlage. Sie muss in diesem Zusammenhang aber über jene hinausgehen, denn es wird nach Besonderheiten gefragt, also einzelnen Stiftermotiven, nach Inhalten, und nicht nach Anzahl und Häufigkeit.

Im Mittelpunkt steht die Stifterpersönlichkeit, genauer das Stiftermotiv, also die Region, die nach Strickrodt noch ein unbekanntes Feld ist.[474] Die Konzeption des Fragebogens zielt darauf ab, über allgemeine Angaben persönliche Motive oder Besonderheiten hervortreten und erkennen zu lassen; der Fragebogen ist also konstellativ angelegt. Die einzelnen allgemeinen Fragen nach Interessen, Religion, Vorbildern, Stiftungstätigkeit, familiärem und gesellschaftlichem Umfeld sollen dazu führen, dass je nach Antwort Besonderheiten der Stifterpersönlichkeit zum Vorschein kommen. Diese besonderen Motive, die sich möglicherweise herauskristallisieren, sind entweder neu oder lassen sich in die bereits bekannten Motivrahmen integrieren.

Der Fragebogen ist folgendermaßen aufgebaut:
1. Generelle Angaben, damit die Stiftung nach Größe, Vermögen und Ertrag einzuordnen ist
2. Angaben zur Stifterpersönlichkeit, zu Interessen, Überzeugungen, Religion, Vorbildern, Ereignissen, die mit der Stiftungserrichtung zu tun haben könnten
3. Angaben zur Stiftungsgründung, über Absichten und Umfeld des Stifters
4. Angaben über die Stiftung selbst, inwieweit die Stiftung als juristische Person gänzlich an der Zweckbindung, der Wohltätigkeit, ausgerichtet ist

Das erkenntnisleitende Interesse kann nur an Fragen festgemacht werden, ganz im Sinne des Bloch'schen Diktums „Forschen heißt zunächst, sich fragend verhalten."[475] – Wer Fragen zu einer Sache stellen will, muss von ihr bereits etwas wissen, und so bilden der gesellschaftliche Hintergrund und derzeitige Entwicklungen den Bezugsrahmen der Fragen, die in die sich an die Auswertung anschließende Diskussion einfließen.

---

474 Strickrodt, Georg, Stiftungsrecht, Baden-Baden 1977, S. 236.
475 Bloch, Ernst, Philosophische Aufsätze zur objektiven Phantasie, Frankfurt am Main 1985, S. 21.

Die formale Einordnung der Stiftung aufgrund ihrer quantifizierbaren Daten stellt zunächst die Basis dar. So nehmen Angaben zum Bestehen der Stiftung, zum Stiftungsvermögen und zu den jährlichen Gesamtausgaben einen geringen Stellenwert ein, zielt doch die Befragung ex- und implizit auf die Motivation eines Stifters ab; dabei steht die Frage nach dem Selbstbild des Stifters im Vordergrund.

Ein Selbstbild konstituiert sich unter anderem aus der selbst gewählten Übereinstimmung mit bestehenden Orientierungsangeboten; an diesen richtet der Stifter seine Interessen aus. Diese wiederum können sozialer, religiöser, kultureller oder politischer Natur sein. Bereits hier liegt der Gedanke an einen Konnex von eigenen Interessen und denjenigen Bereichen nahe, denen der Stifter eine Förderung, eine Unterstützung zuteil werden lassen möchte.

Zu unterscheiden von Interessen sind Überzeugungen. Interessen können zum einen subjektive und zum anderen objektive Interessen sein. Als subjektives Interesse bezeichnet man Gewinn, Nutzen, Bedürfnisse, die man zu erringen oder zu haben glaubt, und die damit verbundene Aufmerksamkeit beziehungsweise das Gefallen daran sowie das Streben nach Befriedigung von Bedürfnissen beziehungsweise nach Erringung eines Nutzens.

Als objektives Interesse werden die Bedürfnisse bezeichnet, die man tatsächlich besitzt – unabhängig davon, ob man sich ihrer bewusst ist oder nicht. Für beide Bedeutungsinhalte gilt, dass nicht nur Gruppen, Institutionen und Staaten, sondern ganz besonders einzelne Personen Interessen haben oder verfolgen, wobei das Verhältnis zwischen den Interessen des Individuums, der Gruppe, der Institutionen und des Staats strittig bleiben muss, so stellen beispielsweise nach Hobbes die Eigeninteressen der Individuen für das Allgemeine des Staats eine Bedrohung dar.[476]

Adam Smith hingegen ist der Meinung, dass im freien Zusammenspiel der privaten Interessen diese sich auf längere Sicht mit dem staatlichen Allgemeininteresse in Übereinstimmung befinden. Moral und Tugend bilden das Korrektiv des Gesamtinteresses, wenn dieser gesellschaftliche Automatismus nicht effektiv genug funktioniert.[477]

Diese Wechselbeziehung ist im Kontext der Stiftungen von Belang, nämlich dann, wenn es um die Vereinbarkeit des Eigeninteresses des Stifters mit den Interessen einer Gesellschaft geht: Handelt der Stifter im Eigeninteresse, so kommt dies auch der Gesellschaft zugute. Die Verfolgung individueller Vorteile kann somit im Dienst der Solidarität mit anderen stehen. Mit anderen Worten: Zum Wohl-Stand in einer Gesellschaft beizutragen ist also nicht grundsätzlich auf das Wohl-Wollen eines Stifters zurückzuführen, sondern auch auf dessen Vorteilsstreben. Insofern begründet sich auch die bereits angesprochene Forderung von Seiten der Stifter, durch staatliche Reglements das stifterische Handeln nicht zu behindern.[478]

Für die vorliegende Untersuchung ist die Ansicht Hegels relevant, der die bürgerliche Gesellschaft als Ort der verschiedenen, sich widerstreitenden Privatinteressen betrachtet; diese sind in einen vorgegebenen gesellschaftlichen Arbeits- und Rechtszu-

476 Vgl. Hobbes, Thomas, Vom Menschen. Vom Bürger [1658 /1642], Hamburg 1994.
477 Vgl. Smith, Adam, Theorie der ethischen Gefühle [1759], Leipzig 1926.
478 Vgl. Einleitung, 1.2.

sammenhang eingebettet. Letzterer wiederum ermöglicht die gegenseitige Anerkennung der Privatinteressen anderer und das Abschließen von Verträgen, so dass bereits vor der Ausformung der bürgerlichen Gesellschaft ein gewisses Allgemeininteresse existiert.[479]

Nicht ohne Grund beruft sich auch Bundeskanzler Gerhard Schröder in seiner Rede zum 60. Jahrestag des Bundesverbandes Deutscher Stiftungen in Trier am 14. Mai 2004 auf Hegel; er zitiert ihn: „Meinen Zweck befördernd befördere ich das Allgemeine, und dieses wiederum befördert meinen Zweck." Schröder kommentiert die Aussage Hegels in Bezug auf das Stiftungswesen folgendermaßen: „Der Stiftungsgedanke (...) ist wahrscheinlich die beste Möglichkeit, Eigennutz und Gemeinnutz vernünftig und das kann ja durchaus heißen: Gewinn bringend in Einklang zu bringen."[480]

Insofern schließen Eigeninteresse und Interesse des Gemeinwohls einander nicht aus, ebenso wenig, wie zu zeigen sein wird, Selbstverwirklichung und Selbstlosigkeit.

Unter Überzeugungen im Sinne von Einstellungen sind relativ dauerhafte, durch Umwelteinflüsse und Erfahrungen erworbene komplexe Systeme von Anschauungen und Meinungen zu verstehen, die sich in bestimmten Situationen auf die Wahrnehmung von Objekten und Personen sowie die daraus folgenden Verhaltensweisen auswirken.

Einstellungen dienen dem Menschen zur Orientierung bei der Wahrnehmung seiner sozialen Umwelt. Sie äußern sich in relativ stabilen Handlungstendenzen in seiner Beziehung zur Umwelt. Eine Einstellung besteht aus drei Komponenten: Während sich die kognitive auf die Wahrnehmungen, Vorstellungen und Meinungen über ein Objekt bezieht, beschreibt die affektive Komponente die gefühlsmäßigen Regungen gegenüber dem Objekt, und die Verhaltenskomponente schließlich beinhaltet das tatsächliche Verhalten und verstärkt wiederum die kognitive und affektive Komponente.[481]

Einstellungsbildung bezeichnet den Lernprozess, in dem durch Erfahrung und/oder durch Vermittlung anderer Personen (z. B. Erziehung) bestimmte Denk- und Wahrnehmungs- (kognitive), Gefühls- (affektive) und Verhaltensdispositionen erworben werden.

In der Psychologie werden die Begriffe Überzeugung und Einstellung in uneinheitlicher Weise gebraucht für die Art der im Allgemeinen relativ konstanten Grundausrichtung des individuellen Denkens, Erlebens und Handelns. Einstellungen entwickeln sich in der aktiven Auseinandersetzung des Individuums mit seiner Umwelt; von ihnen bestimmt werden Vorgehensweise beim Problemlösen und sein Verhalten

479 Vgl. Hegel, Georg Wilhelm Friedrich, Vorlesungen über die Philosophie der Geschichte, sowie: Grundlinien der Philosophie des Rechts, in: ders., Werke, in 20 Bänden und Register; auf der Grundlage der Werke von 1832-1845 neu ed. Ausg., red. von Eva Moldenhauer und Karl M. Michel, Frankfurt am Main 1986.

480 Schröder, Gerhard, Rede zum 60. Jahrestag des Bundesverbandes Deutscher Stiftungen in Trier am 14. Mai 2004, in: Maecenata Actuell, Nr. 46/Juni 2004.

481 Vgl. Hösch, Volker, Soziologie, Opladen 1989.

gegenüber anderen Menschen ebenso wie seine (Un-)Empfänglichkeit für bestimmte Ideen und Ideale.[482] Insofern ist die Motivation des Stifters zwar auf Einstellungen zurückzuführen, diese wiederum aber sind das Ergebnis längerer interaktiver Prozesse, die sich zwischen Stifter und Gesellschaft vollziehen. So wirkt auch die Gesellschaft auf den Stifter ein.

Sozialpsychologisch ist insbesondere der gruppendynamische Aspekt der Einstellungsformung von Interesse. So hat die Identifikation mit Gruppennormen großen Einfluss auf die Einstellung und erfüllt eine mehrfache Funktion: Sie stabilisiert zum einen die Gruppenbindung und erleichtert zum anderen die Orientierung im Hinblick auf zukünftiges Verhalten. Inwieweit der Einzelne in der Auseinandersetzung mit den in der Gruppe vorherrschenden Einstellungen seine mitgebrachte Vor-Einstellung zu revidieren bereit ist, hängt dabei wesentlich von seinem Identifikations- und Bestätigungsbedürfnis ab.[483]

Die Grenzen sind auch oftmals fließend in Bezug auf politische und philosophische Überzeugungen, was zu Fehlinterpretationen bezüglich der Motive eines Stifters führen kann, weil eine außenstehende Person nicht immer weiß, ob ein Verhalten auf eine Meinung oder eine Emotion zurückzuführen ist.

Überzeugungen eines Stifters beziehen sich auf wie auch immer geartete Werte, die diejenigen Zustände des gesellschaftlichen Lebens darstellen, die als erstrebenswert gelten. Inwieweit Stifter und ihre Motivation den Wertewandel in der Gesellschaft widerspiegeln, wird in der Diskussion zu klären sein.

Aufbauend darauf ist die Frage relevant, ob der Stifter Anhänger einer bestimmten Religion, Soziallehre oder Philosophie ist. Damit ist nicht nur angesprochen, ob sich der Stifter einem bestimmten Gedankengut verpflichtet sieht, sondern ebenso, ob er es aktiv vertritt beziehungsweise bestrebt ist, ein solches weiterzugeben und als traditionales Gut zu festigen.

Eine weitere Frage nach dem Orientierungsrahmen betrifft mögliche Vorbilder, die ausschlaggebend für die Stiftungsgründung waren.

Vorbild ist hier zu verstehen als ein Bild im Sinne einer Idee von etwas, das der Nachahmung wert erscheint. Im personalisierten Sinn handelt es sich um eine wegen der ihm eigenen oder ihm zugeschriebenen Vorzüge und Charaktereigenschaften zum persönlichen Leitbild erwählten Menschen. Vorbild im immateriellen Sinne (gelebte Weltanschauung) stellt das Material zum Entwurf und zur Formung der eigenen Persönlichkeit und der eigenen Handlungsmaxime bereit, die sich mit einer Idee identifiziert. Insofern wird auch hier indirekt die Frage nach der Fortführung einer Tradition tangiert.[484]

Wenn nach der Motivation eines Stifters gefragt wird, so können dabei auch Anlässe im Leben des Stifters in Betracht kommen, die ihn bewogen haben, eine Stiftung zu gründen – Anlässe, die zu einer Umbruchsituation führen und/oder eine Krisensituation initiieren.

---

482 Vgl. Schönpflug, Wolfgang, System Mensch, Stuttgart 1980.
483 Vgl. Schäfer, Bernd / Six, Bernd, Sozialpsychologie des Vorurteils, Stuttgart 1978.
484 Vgl. Scheler, Max, Vorbilder und Führer, Schriften aus dem Nachlass, Bd. 1, Berlin 1933.

Eine zugegebenermaßen zwiespältige Frage betrifft die Selbsteinschätzung des Stifters im Hinblick auf seine Selbstlosigkeit beziehungsweise Selbstverwirklichung. Wie in der Diskussion zu zeigen sein wird, kann Egoismus und Altruismus nicht streng abgegrenzt werden, da auch in der Selbstlosigkeit, in der Uneigennützigkeit ein Eigeninteresse verwirklicht werden kann. Eigeninteresse und Altruismus sind also miteinander verschränkt und müssen dialektisch aufeinander bezogen betrachtet werden. Der Anspruch, eine Einschätzung des Stifters im Hinblick auf eine dieser beiden Haltungen zu gewinnen, braucht aber dennoch nicht aufgegeben zu werden.

In dieser Weise sind die weiteren Fragen aufzufassen. Die sich anschließende Frage steht in Verbindung mit der angesprochenen Thematik Eigen- beziehungsweise Uneigennützigkeit des Stifters, das heißt: Will oder wollte der Stifter einen bestimmten Zweck verfolgen, der darauf abzielt, mit der Förderung eigene Interessen zu verwirklichen? Will der Stifter seine Leistung, sein Engagement an eine Gegenleistung gekoppelt wissen? Dies würde bedeuten, die Stiftung für einen über sie hinausgehenden Zweck zu instrumentalisieren. Diese Frage fokussiert wiederum einen weiteren Aspekt der Selbstverwirklichung, nämlich den, ob mit der Gründung der Stiftung die Steigerung des gesellschaftlichen Ansehens verbunden war oder ist; diese Fragestellung bezieht sich implizit auf die von Rassem[485] aufgestellte Hypothese, dass zum einen Stiften nicht ursächlich mit Geld oder Vermögen zu tun hat und zum anderen Stiften auch heißt, dass der Stifter etwas von sich in die Gesellschaft hineinträgt, an sie etwas auch zurückgibt, und somit seine Reputation fördert sowie seine Integrität steigert.

Dieser zweite Fragekomplex mit den Angaben zur Stifterpersönlichkeit wird abgerundet mit der Frage nach über die Stiftungsgründung hinausreichenden Aktivitäten, also nach der Intention, auch in anderen Bereichen wohltätig wirken zu wollen.

Die folgenden zwei Frageabschnitte gehen über den Stifter und dessen Charakterisierung hinaus, sie betreffen die Stiftungsgründung. Dabei interessiert die Rolle des Stifters innerhalb der Stiftungstätigkeit genauso wie das mögliche Engagement bei einer bereits bestehenden anderen Stiftung. Neben der Frage nach eventuellen Wirkungen, aber auch beabsichtigten Folgen der Stiftungsgründung (Nachteile für andere, gesellschaftliches Ansehen, Steuerersparnis) ist von Relevanz, inwieweit der Stifter über sich hinaus wirken wollte oder will, das heißt, ob eine Generativität des Stifters angenommen werden kann. Ebenfalls von Interesse ist schließlich das Verhältnis zwischen Stiftung und Familie des Stifters; auch hier wird die Dialektik von Eigennutz und Gemeinwohl noch einmal angesprochen, indem gefragt wird, ob die Stiftung auch der materiellen Absicherung der Familie, der Nachkommen und Angehörigen, dient.

Abschließend wird die Frage gestellt, inwieweit der Stifter auch zu delegieren bereit ist, das bedeutet, ob er Destinatären Rechte zugesteht und auch dem Vorstand Gestaltungsmöglichkeiten bezüglich der Umsetzung der Stifteridee einräumt.

485 Rassem, Mohammed, Stiftung und Leistung, Mittenwald 1979.

An dieser Stelle muss nun der Unterschied zwischen einer rein quantitativen und einer qualitativen Umfrage angesprochen werden. Gemeinsam sind beiden Arten die Abfrage nach Ja/Nein oder das alternative Ankreuzen. Und selbstverständlich werden die qualitativen Antworten quantitativ ausgewertet.

Eine quantitative Auswertung ist eine einfache Addition der jeweils angegebenen Fragen, ohne dass ein Zusammenhang zwischen den Fragen deutlich wird:
1 – 2 – 3 – 4 – 5 – 6 ...

Eine andere Art der quantitativen Auszählung liegt dann vor, wenn es sich um eine Differenzierung handelt:
1.1. – 1.2. – 1.2.3. – 1.2.3.4. ...

Eine höhere Art der quantitativen Auszählung ist die Kombinatorik einfachster Form:
1 – 2 – 3 – 4 – 5 → 1 – 3 – 1 – 4 – 1 – 5 – 2 – 4 – 2 – 5 ...

In der Folge entwickeln sich vielfältige quantitative Kombinationen. Das kann, muss jedoch nicht zu einer qualitativen Auswertung führen. Die qualitative Wertung beginnt, wenn die Fragen in einer Weise angeordnet werden, dass in der Ordnung der Fragen erstens eine Ausdifferenzierung vorhanden ist, die den Präzisierungsgrad erhöht; zweitens sollte die Abfolge so gestaltet sein, dass sich eine Wechselwirkung einstellt, die Querverbindungen ermöglicht, um so nach den Maßstäben Kohärenz und Stringenz Abweichungen oder Streuungen und Verdichtungen erkennbar werden zu lassen, damit sich drittens Schlüsse ergeben, die nicht unmittelbar in den Fragen enthalten sind.

Im 1. Teil des Fragebogens, den allgemeinen Angaben, gibt es keinen Unterschied zwischen quantitativer und qualitativer Befragung.

Im 2. Teil, den Angaben zur Stifterpersönlichkeit, wird das qualitative Moment in all jenen Fragen deutlich, die auf Erwartungen, Bedeutungen und Denkweisen abzielen.

Im 3. Teil, den Angaben zur Stiftungsgründung, wird das qualitative Moment in all den Fragen sichtbar, die sich auf Möglichkeit, Wunsch und Wollen beziehen.

Im 4. Teil, den Angaben zur Stiftung, steht wieder das quantitative Moment im Vordergrund. Dieses besitzt jedoch eventuell eine qualitative Funktion, wenn etwa ein Stifter eine Stiftung errichtet, obwohl er Erben hat, die dadurch nur den Pflichtteil erben.

Die konstellative Konzeption des Fragebogens zeigt sich somit darin, dass empirische, isolierte Fakten im Zusammenhang, in einer Konstellation, sich in Bedeutungselementen verändern. Die Stiftung dient der Absicherung der Familie, Familienmitglieder sind an der Stiftung beteiligt, der Ermessensspielraum ist gering. Dachte der Stifter im Gegenzug auch an andere Formen der Wohltätigkeit, sollte die Stiftung Ausdruck seiner Selbstlosigkeit sein, und hatte er eine sozial-karitative Überzeugung, so kann eine rein quantitative Umfrage dies nur zur Kenntnis nehmen und tabellarisch auflisten.

Eine qualitative, konstellative Konzeption wird dagegen in einem solchen Fragebogen Unstimmigkeiten entdecken, dergestalt, dass die Stiftung der Versorgung von Familienmitgliedern dient. Aber gleichzeitig nimmt der Stifter mit seiner Stiftung in Anspruch, einen selbstlosen, sozialen oder altruistischen Beitrag für das Gemeinwesen zu leisten.

Erst wenn die einzelnen Fragen in einer Konstellation gesehen werden, können Widersprüche oder Unstimmigkeiten entdeckt werden. Die Stimmigkeit oder Kohärenz der Angaben ergibt den Grad an Evidenz oder Plausibilität.

Nachfolgend ein Faksimile zunächst des Anschreibens an den Stifter beziehungsweise Stiftungsverwalter sowie anschließend des zweiseitigen Fragebogens:

JÖRG E. ALLGÄUER

München, 15. April 2002

Sehr geehrte Damen und Herren,

Informationen über Stiftungen und deren Tätigkeiten werden zwar zunehmend leichter verfügbar; über die Stifterpersönlichkeiten selbst sowie deren persönliche Motive zur Gründung einer Stiftung ist aber nach wie vor vergleichsweise wenig bekannt.

Im Rahmen einer Dissertation bei Professor Dr. Michael Zöller, Lehrstuhl für Soziologie der Universität Bayreuth, möchte ich diese Lücke schließen. Meine Arbeit wird - unter anderem mit Hilfe einer empirischen Untersuchung - die Bandbreite persönlicher Beweggründe und Überlegungen analysieren, die zu einer Stiftungsgründung führen. Beabsichtigt ist die Erstellung eines umfassenden Stifterportraits. Aufgrund der jahrhundertealten Tradition von Stiftungen für soziale Zwecke wird dieser Bereich im Mittelpunkt meines Forschungsvorhabens stehen.

Diesem Schreiben habe ich einen Fragebogen beigelegt, um dessen Beantwortung und Rücksendung ich Sie bitte. Sollten Sie über weitere Unterlagen verfügen, die für meine Arbeit dienlich sein könnten, würde ich mich freuen, wenn Sie mir diese ebenfalls zukommen ließen.

Alle Informationen werden selbstverständlich vertraulich behandelt und im Zuge der Auswertung anonymisiert. Nach Abschluß der Arbeit werden die Fragebögen vernichtet.

Gerne sende ich Ihnen ein Exemplar meiner Arbeit nach Fertigstellung zu; bitte vermerken Sie dies gegebenenfalls auf dem Fragebogen.

Im Interesse der Vollständigkeit meiner Untersuchung bitte ich Sie herzlich um Ihre Teilnahme. Nicht zuletzt hoffe ich, damit einen Beitrag leisten zu können, um das Ansehen der Stifter sowie die Stiftungskultur selbst zu fördern.

Für Ihre Bemühungen danke ich Ihnen und verbleibe

mit freundlichen Grüßen

JÖRG E. ALLGÄUER

München, 15. April 2002

Sehr geehrte Damen und Herren,

Informationen über Stiftungen und deren Tätigkeiten werden zwar zunehmend leichter verfügbar; über die Stifterpersönlichkeiten selbst sowie deren persönliche Motive zur Gründung einer Stiftung ist aber nach wie vor vergleichsweise wenig bekannt.

Im Rahmen einer Dissertation bei Professor Dr. Michael Zöller, Lehrstuhl für Soziologie der Universität Bayreuth, möchte ich diese Lücke schließen. Meine Arbeit wird - unter anderem mit Hilfe einer empirischen Untersuchung - die Bandbreite persönlicher Beweggründe und Überlegungen analysieren, die zu einer Stiftungsgründung führen. Beabsichtigt ist die Erstellung eines umfassenden Stifterportraits. Aufgrund der jahrhundertealten Tradition von Stiftungen für soziale Zwecke wird dieser Bereich im Mittelpunkt meines Forschungsvorhabens stehen.

Diesem Schreiben habe ich ... Fragebögen beigelegt, um deren Beantwortung und Rücksendung ich Sie bitte. Da Sie mehrere Stiftungen verwalten, bitte ich Sie, jeweils einen Fragebogen für jede Stiftung zu benutzen, deren Zweck soziale Aufgaben einschließt. Sollten Sie über weitere Unterlagen verfügen, die für meine Arbeit dienlich sein könnten, würde ich mich freuen, wenn Sie mir diese ebenfalls zukommen ließen. Auch nähere Informationen über Ihre Tätigkeit als Institution der Stiftungsverwaltung und die Beratung von Stiftern wären für mich von Interesse.

Alle Informationen werden selbstverständlich vertraulich behandelt und im Zuge der Auswertung anonymisiert. Nach Abschluß der Arbeit werden die Fragebögen vernichtet.

Gerne sende ich Ihnen ein Exemplar meiner Arbeit nach Fertigstellung zu; bitte vermerken Sie dies gegebenenfalls auf dem Fragebogen.

Im Interesse der Vollständigkeit meiner Untersuchung bitte ich Sie herzlich um Ihre Teilnahme. Nicht zuletzt hoffe ich, damit einen Beitrag leisten zu können, um das Ansehen der Stifter sowie die Stiftungskultur selbst zu fördern.

Für Ihre Bemühungen danke ich Ihnen und verbleibe

mit freundlichen Grüßen

Fragebogen an Stiftungen für soziale Zwecke

Bitte zurücksenden an:
Jörg E. Allgäuer

Allgemeine Angaben:

Name der Stiftung: ....

Name des Stifters: ....

Gründungsjahr der Stiftung: ....

Stiftungsvermögen:

❐ bis 1.000.000 DM bzw. bis 500.000 Euro	❐ bis 5.000.000 DM bzw. bis 2.500.000 Euro	❐ über 5.000.000 DM bzw. über 2.500.000 Euro

Jährliche Gesamtausgaben: .... Euro

Amtsdauer der Organmitglieder: .... Jahre

Angaben zur Stifterpersönlichkeit:

Welche persönlichen Interessen hat/hatte der Stifter?
❐ soziale ❐ religiöse ❐ kulturelle ❐ politische

Welche Überzeugungen will/wollte der Stifter mit der Gründung der Stiftung umsetzen?
❐ sozial-karitative ❐ religiös-weltanschauliche ❐ aufgeklärt-humanistische
❐ philanthropische ❐ gesellschaftspolitische ❐ philosophisch-ethische ❐ sonstige

Ist/War der Stifter Anhänger einer Religion, Soziallehre oder einer Philosophie?
❐ Ja ❐ Nein Wenn ja, welcher?
....

Hat/Hatte der Stifter Vorbilder?
❐ Ja ❐ Nein Wenn ja, welche? ....

Gibt/Gab es ein äußeres Ereignis im Leben des Stifters für die Gründung der Stiftung?
❐ Krankheit ❐ Materielle Not ❐ Sonstiges ❐ Nein

Ist die Stiftung eher Ausdruck von Selbstlosigkeit oder von Selbstverwirklichung des Stifters?
❐ Eher Selbstlosigkeit ❐ Eher Selbstverwirklichung

Erwartet/Erwartete der Stifter vom Begünstigten eine Gegenleistung?
❐ Ja, ideell ❐ Ja, materiell ❐ Nein

Bedeutet/Bedeutete dem Stifter die Pflege seines Ansehens etwas?
❐ Ja ❐ Nein

Denkt/Dachte der Stifter auch an andere Formen der Wohltätigkeit?
❐ Ja ❐ Nein Wenn ja, welche?
....

Fortsetzung auf der Rückseite →

Angaben zur Stiftungsgründung:

Nimmt/Nahm der Stifter selbst eine aktive Rolle bei der Gestaltung der Stiftungstätigkeit ein?
❒ Ja ❒ Nein

Wurde anstelle einer Eigengründung auch erwogen, eine Zustiftung in eine andere, gleich geartete Stiftung einzubringen?
❒ Ja ❒ Nein

Entstehen/Entstanden jemandem aus der Stiftungsgründung Nachteile?
❒ Ja ❒ Nein Wenn ja, wem?
....

Dient/Diente dem Stifter die Stiftungsgründung auch zur Steigerung seines gesellschaftlichen Ansehens?
❒ Ja ❒ Nein

Spielt/Spielte die Steuerersparnis eine Rolle bei der Stiftungsgründung?
❒ Ja ❒ Nein

Will/Wollte der Stifter mit Hilfe der Stiftung sein Lebenswerk sichern?
❒ Ja ❒ Nein

Angaben zum Aufbau der Stiftung:

Dient die Stiftung der materiellen Absicherung der eigenen Familie/Nachkommen?
❒ Ja, im vollen Rahmen des Gesetzes ❒ Ja, in geringem Umfang
❒ Nein ❒ Der Stifter hat/hatte keine Nachkommen

Ist der Stifter bzw. Familienmitglieder/Erben an der Leitung der Stiftung beteiligt?
❒ Ja ❒ Nein

Wird das Einkommen auch zum Unterhalt von Stifter/Angehörigen verwendet?
❒ Ja ❒ Nein

Werden Destinatären in der Satzung Rechte eingeräumt?
❒ Ja ❒ Nein

Wie ist der Ermessensspielraum des Vorstands im Hinblick auf die Verwirklichung der ursprünglichen Stifteridee?
❒ Eher groß ❒ Eher gering

Raum für eventuelle zusätzliche Angaben:

....

....

....

Bitte senden Sie mir Ihre Arbeit nach Fertigstellung zu:
❒ als Datei (kostenfrei) ❒ als gebundenes Exemplar (gegen Kostenerstattung)
E-Mail-Adresse:
....

11.4.1 Vermögen – Ausgaben – Steuern

Vorbemerkung: Die Auswertung der Fragebögen erfolgt in einer beschränkten Reichweite. Gerade die privaten Stiftungen bewegen sich in einem sensiblen Bereich. Wahrscheinlich wurden deshalb einige Fragebögen nicht ausgefüllt und zurückgeschickt. Immer wieder wird bei den beantworteten Fragebögen darauf hingewiesen, dass es sich dabei um vertrauliche Mitteilungen handle, die nicht für die Öffentlichkeit gedacht seien. Aus diesem Grund wurde absolute Anonymität auch dadurch garantiert, dass nur allgemeine Informationen in die Auswertung einfließen, das heißt, die hier zugänglich gemachten Daten werden nicht in einer Weise präsentiert, die es ermöglicht, auf bestimmte einzelne Stiftungen zu schließen. Es ist somit nicht möglich, einzelne Daten so zu verknüpfen, dass damit einzelne Stiftungen zu identifizieren wären.

Gerade weil diese Art der Befragung auch Aspekte der Lebensgeschichte und Familienangelegenheiten beinhaltet, war es erfreulich, mit welcher Offenheit die Fragebögen beantwortet wurden. Weniger Berücksichtigung fand allerdings die Frage, wer die Stiftungen verwaltet und wie dies geschieht.

Von den 417 Fragebögen, die verschickt wurden, kamen 185 beantwortet zurück. Das entspricht somit bei einer Anfragequote von nahezu 100 Prozent aller möglichen Stiftungen einer Antwortquote von 44,4 Prozent. – Die folgenden Darstellungen Nr. 16–49 beruhen auf Daten dieser Erhebung unter Stiftungen für soziale Zwecke vom April 2002.

Über das Stiftungsvermögen wurden folgende Informationen ermittelt; dabei machten von den 185 Stiftungen 147 Stiftungen Angaben über Vermögen und Ausgaben:

67	Stiftungen besitzen ein Vermögen bis 500.000 Euro
51	Stiftungen besitzen ein Vermögen bis 2.500.000 Euro
29	Stiftungen besitzen ein Vermögen von über 2.500.000 Euro

Darst. 16: Vermögen von Stiftungen für soziale Zwecke

Die 67 Stiftungen mit bis zu 500.000 Euro Vermögen gaben als jährliche Ausgaben an:

Bis 5.000 Euro	17
bis 10.000 Euro	17
bis 15.000 Euro	9
bis 20.000 Euro	7
bis 25.000 Euro	5
bis 30.000 Euro	3
bis 35.000 Euro	2
bis 40.000 Euro	1
bis 45.000 Euro	2
bis 50.000 Euro	4

Darst. 17: Ausgaben von Stiftungen für soziale Zwecke mit einem Vermögen bis 500.000 Euro

51 Stiftungen besitzen ein Vermögen von 500.000 bis zu 2.500.000 Euro. Die jährlichen Ausgaben reichen von 13.000 Euro bis 600.000 Euro:

Bis 20.000 Euro	6		bis 100.000 Euro	4
bis 30.000 Euro	9		bis 110.000 Euro	1
bis 40.000 Euro	4		bis 120.000 Euro	2
bis 50.000 Euro	7		bis 150.000 Euro	2
bis 60.000 Euro	0		bis 200.000 Euro	3
bis 70.000 Euro	2		bis 250.000 Euro	3
bis 80.000 Euro	3		bis 300.000 Euro	1
bis 90.000 Euro	3		600.000 Euro	1

Darst. 18: Ausgaben von Stiftungen für soziale Zwecke mit einem Vermögen von 500.000 bis 2.500.000 Euro

29 Stiftungen haben ein Vermögen von über 2.500.000 Euro. Bei ihnen belaufen sich die Ausgaben auf Beträge zwischen 15.000 und 700.000 Euro.

Bis 30.000 Euro	3
bis 50.000 Euro	3
bis 100.000 Euro	5
bis 150.000 Euro	7
bis 200.000 Euro	3
um 300.000 Euro	2
um 350.000 Euro	1
um 400.000 Euro	1
um 500.000 Euro	2
um 600.000 Euro	1
um 700.000 Euro	1

Darst. 19: Ausgaben von Stiftungen für soziale Zwecke mit einem Vermögen über 2.500.000 Euro

Zwischen den Gründungsjahren und den Stiftungsvermögen besteht kein Zusammenhang. Es ist also nicht festzustellen, dass Stiftungen der fünfziger Jahre ein höheres Vermögen als später errichtete Stiftungen ausweisen. Die Anzahl der Stiftungserrichtungen hinsichtlich der Vermögen ist zeitlich gleichmäßig verteilt. Geringere wie höhere Vermögen finden sich in allen Jahren.

Was bedeutet dies für das Stiftungssteuerrecht? Die kritischen Steuerrechtler möchten über die Ertragsausschüttung regulierend den Missbrauch der Stiftungserrichtungen eindämmen. Deshalb schlägt, nach amerikanischem Vorbild, Walz[486] eine jährliche Ertragsausschüttung von 5 Prozent vor.

486 Vgl. Walz, W. Rainer, Stiftungsreform in Deutschland: Stiftungssteuerrecht, Köln 2001.

Diesbezüglich sind drei Fälle zu unterscheiden:

Bei einem Vermögen bis 500.000 Euro ergäbe das eine Ausschüttung von 25.000 Euro; bei einem Vermögen bis 2.500.000 Euro wären 5 Prozent dann mindestens 125.000 Euro; im dritten Fall, bei über 2.500.000 Euro, wäre die unterste Grenze ebenso 125.000 Euro.

Statistisch gesehen bleiben von den 67 Stiftungen, die ein Vermögen bis 500.000 Euro besitzen, 50 Stiftungen unterhalb der 5 Prozent, 17 Stiftungen überschreiten diese Grenze.

Bei den Stiftungen bis 2.500.000 Euro bleiben 41 Stiftungen unterhalb der 5-Prozent-Grenze von 125.000 Euro, 10 Stiftungen überschreiten diese Grenze.

Bei den Stiftungen mit einem Vermögen von über 2.500.000 Euro bleiben 11 Stiftungen unterhalb der Grenze von 125.000 Euro, 18 Stiftungen überschreiten sie.

Diese Vergleiche sind jedoch wenig instruktiv, weil die Streuung der Stiftungsvermögen nicht bekannt ist. Es ist also nicht zu ermitteln, ob die Stiftungen in der Mehrzahl an den jeweiligen Grenzen angesiedelt sind oder ob sie sich gleichmäßig verteilen. Eine gewisse Aussagekraft hat die zweite Kategorie der Stiftungsvermögen, weil hier ein Rahmen gesetzt wird, nämlich von 500.000 Euro bis 2.500.000 Euro; wird hier ebenso ein Ausgaberahmen von 25.000 Euro bis 125.000 Euro veranschlagt, bleiben nur 6 Stiftungen unterhalb der 5-Prozent-Grenze.

Bei der Gruppe der Stiftungen über 2.500.000 Euro mit einer Mindestgrenze von 125.000 Euro gibt es einen Schwerpunkt von 7 Stiftungen, die bis 150.000 Euro ausschütten. 5 Stiftungen bleiben in der Nähe der Grenze, und nur 6 Stiftungen von insgesamt 51 Stiftungen dieser Kategorie schlagen nach unten aus: 3 Stiftungen geben 1,2 Prozent des Vermögens, 3 Stiftungen geben 2 Prozent des Vermögens aus.

Insgesamt kann aufgrund des Verhältnisses zwischen Vermögen und Ausgaben von einer hohen Ertragsausschüttung ausgegangen werden. Bei einer anderen steuerlichen Regelung hätten diese Stiftungen wahrscheinlich keine Schwierigkeiten, sie zu erfüllen.

Zu fragen ist nun, inwieweit sich dies bei jenen Stiftungen, die angeben, dass die Steuerersparnis eine Rolle spielte, auch in den Ausgaben widerspiegelt.

Von den 186 Stiftungen haben 27 Stiftungen die Frage nach der Steuerersparnis bejaht, das sind 14,51 Prozent. Davon sind:

1	Stiftung ohne Angaben
8	Stiftungen mit einem Stiftungsvermögen bis 500.000 Euro
7	Stiftungen mit einem Vermögen bis 2.500.000 Euro und
10	Stiftungen mit einem Vermögen ab 2.500.000 Euro

Darst. 20: Vermögen von Stiftungen, bei deren Gründung die Steuerersparnis eine Rolle spielte

Betrachtet man die Ausgaben dieser Stiftungen, so lässt sich Folgendes festhalten:

Die Ausgaben, soweit angegeben, bei Stiftungen mit einem Vermögen bis 500.000 Euro reichen von 2.500 Euro bis 250.000 Euro.

Die Ausgaben bei Stiftungen mit einem Vermögen bis 2.500.000 Euro reichen von 13.000 Euro bis 200.000 Euro. Die Ausgaben in der Gruppe der Stiftungen mit einem Vermögen von über 2.500.000 Euro reichen von 65.000 Euro bis 500.000 Euro, wobei von den 10 Stiftungen 4 Stiftungen keine Angaben machten.

Daraus ist nun zu ersehen, dass die Stiftungen, für die eine Steuerersparnis relevant war, erstens gering sind und zweitens keine auffällige Gruppe bilden. Sie nehmen keine Sonderstellung ein. An den Ausgaben ist jedenfalls das Motiv der Steuerersparnis nicht zu erkennen, oder anders formuliert: Die Steuerersparnis mag eine Rolle gespielt haben, weist aber bei den Ausgaben keine Signifikanz auf.

11.4.2 Interessen der Stifter

Bei den Angaben über die Interessen des Stifters geben die 185 Stiftungen folgende eindeutige Zuordnungen:

Sozial	181
Religiös	2
ohne Angabe	2

Darst. 21: Persönliche Interessen der Stifter I

Hinzu kommen die Verknüpfungen von

Sozial und religiös	20
sozial und kulturell	15
sozial und nur politisch	2
sozial, religiös, kulturell	4
sozial, religiös, kulturell, politisch	2

Darst. 22: Persönliche Interessen der Stifter II

Bei der Frage nach der Überzeugung gibt es folgende Antworten:

Sozial-karitativ	171
religiös-weltanschaulich	1
aufgeklärt-humanistisch	0
philanthropisch	0
gesellschaftspolitisch	2
philosophisch-ethisch	0
sonstige	1
sozial verknüpft mit philosophisch-ethisch	2

Darst. 23: Überzeugungen der Stifter

Diese Fragen zielten auf individuelle Überzeugungen oder auf die Motive ab, die nicht aus allgemeinen Vorstellungen oder Ideen entspringen. Es sollte mit diesen Fragen die Möglichkeit gegeben werden, den innersten Motivkern anzugeben. Im Ergebnis wird nun deutlich: Die Stifter errichten in der Mehrheit eine wohltätige oder soziale Stiftung aus einer sozial-ethischen Haltung heraus. Die soziale Zweckbindung und das Motiv gehen zusammen, sie sind identisch. Die Stiftungsgründung geschieht ohne religiösen Hintergrund, also nicht als Seelgerät, um das ewige Heil der Seele zu gewinnen. Religiöse und weltliche Motive sind eine Randerscheinung. Die Mehrfachnennungen können vernachlässigt werden.

Die Frage nach der Religionszugehörigkeit oder einer weltlichen Lehre wird mit ja beziehungsweise mit nein beantwortet:

Ja	65
Nein	82

Darst. 24: Zugehörigkeit der Stifter zu einer Religion, Soziallehre oder Philosophie I

Zu einem bestimmten Glauben bekennen sich von den Befragten:

Evangelisch	30
Katholisch	25
Freichristlich	2
Christian Science	1
Freimaurer	1
Aufklärung	1
Mennoniten	1
Deismus	1

Darst. 25: Zugehörigkeit der Stifter zu einer Religion, Soziallehre oder Philosophie II

Zwar sind über 55 Stifter religiös zu nennen oder Mitglied einer Kirche, aber der Antrieb, eine Stiftung zu gründen, ist nicht auf eine religiöse Einstellung zurückzuführen. Auch fallen darüber hinausgehende bestimmte weltanschaulich motivierte Stiftungserrichtungen kaum ins Gewicht.

Zur Frage, ob sich die Stiftung an Vorbildern orientierte, lauteten die Angaben:

Ja	30
Nein	110

Darst. 26: Vorbilder der Stifter I

Als Vorbilder werden genannt:

Nahe Verwandte wie Großeltern, Eltern, der verstorbene Ehemann, Onkel etc.	10
andere Stiftungen	9
Robert Bosch	1
Elly Heuss-Knapp	1
die Pietisten A. H. Francke und Graf Zinsendorf	1
Jesus Christus	3
Pastor Niemöller	1
Albert Schweitzer	1
Mutter Teresa	1
die Bibel	1
Religiöse Literatur	1

Darst. 27: Vorbilder der Stifter II

Bei der Ausrichtung an Vorbildern (Gesamtanteil: 16,21 Prozent) machen die Verwandten 5,40 Prozent aus, andere Stiftungen 4,86 Prozent. Dieses Resultat wird bestätigt von Nielsens Befund in Bezug auf die amerikanischen Stifter: „Typically, donors make no study of the work of other successful and unsuccessful foundations."[487]

Dieses Ergebnis weist auf eine hohe Autonomie des Stifters hin, denn er ist weder ideell an die Verwandtschaft gebunden beziehungsweise ihr verpflichtet noch bestrebt, bereits bestehende Entwürfe nachzuahmen und Traditionslinien anderer aufzugreifen. Der Anteil der Verwandten mag darin begründet sein, dass der Stifter selbst Stiftungsvermögen einbringt, aber wohl auch auf Ererbtes aufbaut. Zum Schritt, aus der erblichen Universalsukzession herauszutreten und das Vermögen unwiederbringlich einer Stiftung zu übergeben, scheint ein Schub seitens der Familie notwendig zu sein, zumal der Stifter selbst sich als sozial engagiert charakterisiert. Fünf Stifter, die im Vater, Onkel, den Eltern Vorbilder sahen, waren zugleich keine Anhänger einer Religion, die anderen waren Anhänger einer Religion, Soziallehre oder einer Philosophie, ohne allerdings dazu nähere Angaben zu machen; das heißt, einer bestimmten Religion anzugehören bedeutet noch nicht, deren Lehren und Grundsätze aktiv zu vertreten beziehungsweise als handlungsleitend zu betrachten.

Der Stifter, der ein pietistisches Vorbild angibt, ist auch selbst Pietist. Dasselbe gilt für die Stiftungen mit christlichen Vorbildern, mit einer Ausnahme: Der Stifter, der Mutter Teresa als Vorbild angibt, ist kein Anhänger irgendeiner Überzeugung. Gleiches gilt auch für den Stifter, der Elly Heuss-Knapp als Vorbild nennt. Der Stifter, der Bosch als Vorbild angibt, repräsentiert zwar damit keine bestimmte Anhängerschaft, wollte aber neben dem sozialen auch aus aufgeklärt-humanistischem Grund

487 Nielsen, Waldemar A., Inside American Philanthropy, Norman / London 1996, S. 16.

eine Stiftung errichten. Andere Stiftungen waren Vorbild für den Freimaurer und für fünf Stifter, die keiner Religion, Weltanschauung oder Glaubensrichtung zugehörig waren. – Entsprechend lässt sich feststellen, dass es nur acht christlich motivierte Stifter gibt.

Auf die Frage, ob es einen äußeren Anlass als Motiv der Stiftungserrichtung gegeben habe, machten die Befragten folgende Angaben:

Nein	75
Unspezifischer äußerer Anlass	41
Materielle Not	5
Krankheit	14

Darst. 28: Äußeres Ereignis als Motiv für die Stiftungsgründung

Bei der Frage, ob die Stiftung ein Ausdruck der Selbstverwirklichung oder der Selbstlosigkeit sei, ergibt sich folgende Verteilung:

Selbstlosigkeit	132
Selbstverwirklichung	33

Darst. 29: Stiftung als Ausdruck von Selbstlosigkeit oder Selbstverwirklichung

Die Frage, inwieweit eine Gegenleistung erwartet wird, wurde wie folgt beantwortet:

Ja, ideell	6
Ja, materiell	0
Nein	176

Darst. 30: Stifter erwartet vom Begünstigten eine Gegenleistung

Zur Frage, ob die Stiftungsgründung mit einem gesteigerten Ansehen verbunden ist, wurde folgendermaßen Stellung genommen:

Ja	48
Nein	107

Darst. 31: Bedeutung der Pflege des Stifteransehens

Besteht ein Zusammenhang von Selbstlosigkeit/Selbstverwirklichung und Gegenleistung?

Die selbstlosen Stifter erwarten in der Regel keine Gegenleistung, mit zwei Ausnahmen. Die beiden selbstlosen Stifter erwarten eine ideelle Gegenleistung.

Bei den Stiftern, die Selbstverwirklichung als Grund für die Stiftungsgründung angegeben hatten, ergab sich, dass drei Selbstverwirklicher jeweils eine ideelle Gegenleistung erwarten.

Zum Verhältnis Selbstlosigkeit, Selbstverwirklichung sowie Pflege des Ansehens machten die Befragten folgende Angaben:

Selbstlosigkeit und Ansehen	24
Selbstverwirklichung und Ansehen	19
Selbstverwirklichung ohne Ansehen	4
Selbstlosigkeit, mit Pflege des Ansehens und Erwartung einer ideellen Gegenleistung	1
Selbstverwirklichung, mit Pflege des Ansehens und Erwartung einer ideellen Gegenleistung	1

Darst. 32: Verhältnis Selbstlosigkeit, Selbstverwirklichung und Pflege des Ansehens

Hierbei ist erstaunlich, dass sogar bei 132 selbstlosen Stiftern immerhin 24 auf ihr Ansehen Wert legen; von jenen 33 Stiftern, welche die Stiftung als Selbstverwirklichung betrachten, setzen 19 das Ansehen als hoch an.

Dieses Ergebnis lässt den Schluss zu, dass die Selbstlosigkeit durchaus auch der Pflege des Ansehens dient. Die Selbstlosigkeit ist nicht nur als eine Attitüde zu bewerten, die sich allein um ihr ewiges Seelenheil kümmert, sondern als eine altruistische Selbstlosigkeit.

Jene Stifter, denen die Selbstverwirklichung wichtig ist, sind offenkundig Menschen, die weniger der Bestätigung anderer bedürfen, sondern die autonom und selbstbewusst ihr kreatives Werk der Gesellschaft zuteil werden lassen. Die Selbstverwirklichung ist nicht als Selbstzweck in dem Sinne misszuverstehen, dass der Stifter sagt: „Ich verwirkliche mich in der Stiftung, und was die anderen meinen, ist mir gleichgültig." Im Gegenteil, das Ansehen ist an der Selbstverwirklichung nicht unerheblich mitbeteiligt; es ist integriertes Moment der Selbstverwirklichung. Auf diesen Aspekt wird in der Diskussion noch ausführlicher eingegangen.

Die Frage, ob noch andere mögliche Formen der Wohltätigkeit in Erwägung gezogen beziehungsweise realisiert wurden, wurde wie folgt bejaht beziehungsweise verneint:

Ja	41
Nein	84

Darst. 33: Stifter dachte auch an andere Formen der Wohltätigkeit I

Als andere Formen der Wohltätigkeit wurden folgende genannt:

Spenden	10
Sponsoring	2
Soziale Tätigkeit	9
Förderung junger Familien	1
Wohnungsbau	2
Kinderheim	1

Studentenwohnheim	1
Soziale Absicherung der Mitarbeiter	2
Miniatur-Sammlung	1
Philanthropie	1

Darst. 34: Stifter dachte auch an andere Formen der Wohltätigkeit II

Aus der Beantwortung dieser Frage geht deutlich hervor, dass bei Stiftern, ob selbstlos oder nicht, der Wille zur Stiftung ausgeprägt und eindeutig ist. Selbst die anderen Formen der Wohltätigkeit bewegen sich in der Perspektive des Stiftungsrahmens, oder sie sind offenbar schon Vorformen oder Elemente der späteren Stiftungserrichtung. Das heißt, die Stifter scheinen nicht plötzlich eine Stiftung zu errichten und entscheiden sich dann für die soziale Zweckbindung. Der Stifter beschäftigt sich lange Zeit vor der Stiftungserrichtung mit sozialen Problemen oder spendet und ist im karitativen Bereich tätig. Die Stiftungserrichtung ist der Schluss- oder Endpunkt der Lebenslinie.

Das Ansehen im Hinblick auf Interessen, Anhängerschaft, Vorbilder ergibt folgenden Sachverhalt:

Das Ansehen war wichtig für alle Stifter, die soziale Interessen hatten, ausgenommen davon ist ein Stifter, der kulturelle Interessen angibt.

Es spielt besonders für jene Stifter eine Rolle, die sozial-karitative Überzeugungen vertreten, mit Ausnahme eines Stifters, der eine aufgeklärt-humanistische Überzeugung angibt.

3	Stifter hatten Vorbilder, aber keine religiösen
5	Stifter sind katholisch
7	Stifter sind evangelisch
10	Stifter sind ohne bestimmte Vorbilder

Darst. 35: Verhältnis Vorbilder und Pflege des Ansehens

Die religiös motivierten Stifter, die auch auf das Ansehen Wert legen, stellen eine Minderheit dar. Gerade bei den weltlichen Stiftern hingegen ist das Ansehen nicht ohne Bedeutung.
Den folgenden Themenbereich bilden die Angaben zur Stiftungsgründung.

Spielte der Stifter eine aktive Rolle bei der Stiftungserrichtung?

Ja	92
Nein	77

Darst. 36: Stifter spielte aktive Rolle bei der Stiftungsgründung

Wurden Teile des Vermögens in eine andere Stiftung eingebracht?

Ja	12
Nein	160

Darst. 37: Erwägung von Zustiftung statt Stiftungsneugründung

Spielten dabei Selbstlosigkeit und Verzicht auf die eigene Stiftung eine Rolle (Verhältnismäßigkeit)?

Ja	10
Nein	2

Darst. 38: Verhältnis Selbstlosigkeit und Erwägung von Stiftungsverzicht

Waren Selbstverwirklichung und Verzicht auf eine eigene Stiftung von Bedeutung (Verhältnismäßigkeit)?

Ja	2
Nein	10

Darst. 39: Verhältnis Selbstverwirklichung und Erwägung von Stiftungsverzicht

Diente die Stiftung der Steigerung des gesellschaftlichen Ansehens?

Ja	12
Nein	160

Darst. 40: Stiftungsgründung diente auch zur Steigerung des gesellschaftlichen Ansehens

Die Stiftung dient nicht der Steigerung des gesellschaftlichen Ansehens (160), aber gleichzeitig wollen nahezu alle auf eine eigene Stiftungserrichtung (160) nicht verzichten. Dieses Resultat lässt darauf schließen, dass die Stifter selbstbewusste Menschen waren, die, als sie entschieden hatten, eine Stiftung zu errichten, von der Stiftungsgründung selbst kein höheres Ansehen mehr erwarteten. Ihr Wunsch nach gesellschaftlichem Ansehen ist personenbezogen, nicht institutionsabhängig. Wichtig war die Entscheidung, der Wille, eine Stiftung zu errichten; aber was dann aus der Stiftung wird, dies war wohl den Stiftern klar, liegt nicht mehr in ihren Händen. Diese Tatsache ist auch daran ersichtlich, dass im Verhältnis von aktiver Rolle (92 zu 77) und dem Willen (160 zu 12), eine Stiftung zu errichten, die Zahlen divergieren. Hierbei spielt sicherlich der juristische Vorgang, dass eine natürliche Person einer juristischen Person ihr Vermögen übergibt, eine nicht zu unterschätzende Rolle.

Dieses Ergebnis bedeutet für die „Tote Hand"-Problematik, dass es für den Stifter nicht so wichtig ist, auf ewig eine Stiftung zu gründen. Von wesentlich größerer Bedeutung ist ihm die Entscheidung, mit einer Handlung etwas zu bewirken, was ihn von den anderen unterscheidet.

Die Frage, ob der Aspekt der Steuerersparnis zum Tragen kam (wie oben schon thematisiert), wurde wie folgt beantwortet:

Ja	27
Nein	140

Darst. 41: Steuerersparnis spielte eine Rolle bei der Stiftungsgründung

Die Steuerersparnis spielt eine geringe Rolle.

Sie ist nicht als entscheidend anzusehen. Diese Erkenntnis bedeutet somit aber auch, dass das Steuerargument für die Stifter kein Lockmittel ist; das grassierende Motto, um für Stiftungserrichtungen zu werben – „Spare Steuern und tue Gutes“ –, zielt in die falsche Richtung. Es könnte sogar kontraproduktiv sein, und zwar in dem Sinne, dass Stifter davon abgehalten werden, eine Stiftung zu errichten, war doch für die befragten Stifter das persönliche Ansehen durchaus wichtig. Durch das Argument der Steuerersparnis wird aber ihr Ansehen beschädigt. Der Stifter gerät in Verruf, nur – unter dem Deckmantel des Sozialen oder des Altruismus – auf seinen Vorteil zu achten.

Wollte der Stifter sein Lebenswerk sichern?

Ja	47
Nein	126

Darst. 42: Stifter will mithilfe der Stiftung sein Lebenswerk sichern

Diese Frage ist in gewisser Weise die Kontrollfrage nach der zur Steigerung des Ansehens durch die Stiftung. Die Antworten bestätigen das Urteil, dass das Gewicht auf dem Willen, der Entscheidungsfreiheit liegt, eine Stiftung zu errichten, nicht auf der Stiftung selbst; sie ist für ihren Gründer gleichsam das Mittel der Selbstverwirklichung. Dieser hat sich nicht erst dann verwirklicht, wenn die Stiftung wie ein festgefügter Bau vollendet ist; er sieht vielmehr sein Lebenswerk vollendet, wenn er die Stiftungsurkunde in den Händen hält.

In diesem Verhalten des Stifters steckt eine gewisse Bescheidenheit, maßt er sich doch nicht an, die Stiftung als sein Imperium anzusehen, über das er auch als „tote Hand“ verfügen kann. Vielmehr errichtet er eine Stiftung und entlässt sie dann in die Wirklichkeit.

11.4.3 Zum Aufbau der Stiftung

Hier geht es um die Verfügungsgewalt des Stifters über seinen Tod hinaus, also um den Fragenbereich, inwieweit der Stifter die Stiftung weiterhin als sein Eigentum betrachtet. Werden die oben genannten Urteile bestätigt, oder ergeben sich Unstimmigkeiten?

Dient die Stiftung der materiellen Absicherung von Angehörigen?

Nein	146
Ja, im vollen Rahmen des Gesetzes	0
Ja, in geringem Umfang	4
Ohne Nachkommen	77

Darst. 43: Stiftung dient der materiellen Absicherung der eigenen Familie / Nachkommen

Sind die Stifter ohne Nachkommen selbstlos oder selbstverwirklichend?

Selbstlos und ohne Nachkommen	63
Selbstverwirklichung und ohne Nachkommen	12

Darst. 44: Verhältnis Stifter ohne Nachkommen und Selbstlosigkeit bzw. Selbstverwirklichung

Sind Stifter / Familienmitglieder / Erben an der Stiftung beteiligt?

Ja	53
Nein	128

Darst. 45: Beteiligung von Familienmitgliedern / Erben an der Stiftung

Da nur in 53 Fällen Stifter, Erben oder Familienmitglieder an der Stiftung beteiligt sind, die materielle Absicherung offensichtlich nur eine minimale Rolle spielt, kann davon ausgegangen werden, dass die Stiftungsgründung aus ideellen Gründen geschieht.

Wird das Einkommen auch zum Unterhalt von Stifter / Angehörigen verwendet?

Ja	6
Nein	175

Darst. 46: Einkommen wird auch zum Unterhalt von Stifter / Angehörigen verwendet

Sind diese sechs Fälle mit jenen der Stiftungsbeteiligung (53) identisch, und stimmen sie mit der materiellen Absicherung in geringem Maße überein (4)? In zwei Fällen ist aktive Beteiligung und materielle Absicherung gegeben, in zwei Fällen nicht.

Wenn Stiftungserträge für den Unterhalt von Stifter / Angehörigen verwendet werden, wozu dienen sie?

Einkommen dient zur materiellen Absicherung ohne aktive Beteiligung am Stiftungsgeschäft	2
Einkommen dient zur materiellen Absicherung mit aktiver Beteiligung am Stiftungsgeschäft	1
Einkommen ohne materielle Absicherung, aber aktive Beteiligung	1
Einkommen ohne materielle Absicherung, ohne aktive Beteiligung	2

Darst. 47: Verhältnis „Einkommen dient zur materiellen Absicherung" und aktive Rolle bei der Gestaltung der Stiftungstätigkeit bei Stiftungen, deren Einkommen auch zum Unterhalt von Stifter / Angehörigen verwendet wird

Im Hinblick auf die Destinatäre: Kommen bestimmte Ausgaben einzelnen, in der Stiftungssatzung festgelegten Empfängern zu?

Ja	4
Nein	170

Darst. 48: Destinatären werden in der Satzung Rechte eingeräumt

Gehören jene vier Destinatäre zu der Unterhaltsgruppe (6) und zu jenen vier der materiellen Absicherung? Das ist in beiden Fällen nicht gegeben.

Wie ist der Ermessensspielraum des Vorstands im Hinblick auf die Verwirklichung der ursprünglichen Stifteridee?

Eher groß	114
Eher gering	57

Darst. 49: Ermessensspielraum des Vorstands im Hinblick auf die Verwirklichung der Stifteridee

Dieses Resultat bedeutet, dass der Stifter der Stiftung relativ freie Hand lässt. Besteht eine Beziehung zwischen der Familienbeteiligung an der Stiftung (53) und dem Ermessensspielraum (57)? Es lässt sich keine eindeutige Beziehung feststellen; nur bei 50 Prozent der Fälle ist eine Stifter- oder Familienbeteiligung vorhanden.

Hängt der Ermessensspielraum von der Selbstverwirklichung ab? Nein, auch hier besteht ein 50:50-Verhältnis. Diese Fallkombination führt zu keiner weiteren Einsicht.

Die Auswertung einer Erhebung ist dann vollständig, wenn sich bei der Kombination der einzelnen Sachverhalte keine Ungleichgewichte mehr einstellen. Das ist nun erreicht. Das Differenzierungspotential ist an sein Ende gekommen, Ausnahmen werden nur noch von einzelnen Stiftungen getragen, die in der Gesamtsumme redundant sind. Gleichzeitig ist ein Differenzierungsgrad erreicht, der zur Erkenntnis eines durchschnittlichen – im Sinne der Verallgemeinerung – Stifterprofils führt. Dies ist nun der Fall.

11.5 Die bisherigen Stiftermotive und die Motive der Stifter im Rahmen der Befragung

Die bisherigen Stiftermotive waren nach den Erkenntnissen Strickrodts von persönlicher, patriotischer, kultureller, sozialer oder reformerischer Art.

Der Geschichte und den Stiftungshandbüchern konnte entnommen werden, dass weitere Motive zurückzuführen sind auf Religiosität, auf ein besonderes Verhältnis zur Natur und Umwelt, auf politische oder wissenschaftliche Interessen beziehungsweise Ambitionen sowie auf eine moralische Haltung. Schließlich waren die drei Gesichtspunkte Ehrgeiz – Ruhm – Memoria als Motive erkennbar.

Für den Bereich des Stiftungswesens mit sozialer Zweckbindung ist in einem ersten Schritt selbstverständlich von sozialen Motiven der Stifter auszugehen.

Daneben kommen weitere Motive zur Geltung: So geben zwei Stifter als Motiv die Wiedervereinigung oder die deutsche Einheit an, diese gehören somit in den Motivkreis des Patriotischen. Bei zwei Stiftern sind philanthropische Motive anzunehmen, und bei wiederum drei Stiftern zählen die Motive zur Memoria: das Andenken an die verstorbene Tochter, ein Denkmal für den im Krieg gefallenen Sohn oder eine Stiftung zu Ehren der Ehefrau.

Bei der in der Tradition des Pietismus errichteten Stiftung gilt das reformerische Motiv, wie es Strickrodt definiert. Den Stiftern, die entweder aufgeklärt-humanistischen Idealen oder keiner Überzeugung anhingen, sind moralische Motive zuzuweisen, weil der Aufklärer als praktisch Handelnder sich an den autonomen Imperativen und Maximen der Moral orientiert.

Die christlich motivierten Stiftungen scheinen verschwunden zu sein. Viele Stifter sind religiös, aber die Religion ist beim Stiftungsgedanken sekundär.

Die Stifter, auch wenn sie einer Religionsgemeinschaft angehören, sind hinsichtlich der Stiftungserrichtung säkular eingestellt. Wenn schon in diesem Zusammenhang auf einen Ursprung in der Geschichte verwiesen werden soll, so kommt das genossenschaftliche Prinzip in Frage, das sich in der Zeit des Zerfalls des mittelalterlichen Kaiserreichs und der staatlichen Ordnung herausbildet. Dieses genossenschaftliche Prinzip des Spital- und Stiftungswesens entfaltet sich mit dem Aufblühen der Städte und des Zunftwesens.

Allerdings ist das gesellschaftliche Umfeld – wie einst die Stadt – nicht mehr genau definiert. Das gesellschaftliche Gegenüber verwandelt sich in das subjektiv wichtige gesellschaftliche Ansehen.

Der Stifter als sozial motiviertes Mitglied einer Gesellschaft stellt sein Eigeninteresse zurück und verwirklicht seine Ziele oder gar Ideale. Wichtig ist das persönliche Ansehen.

Die Stiftung ist Teil der Selbstverwirklichung, der Stifter nicht Teil der Stiftung. Der Stifter sieht sich als Subjekt, das sich objektiviert; er definiert sich nicht durch die Stiftung. Seine soziale Motivation ist mit der sozialen Zweckbindung identisch. Das ursprüngliche Eigeninteresse dient letztlich dem Gemeinwohl, wirkt sich altruistisch aus. Umgekehrt beruht jeder Altruismus auch auf eigennützigen Motiven.

Der Stifter entscheidet sich nicht plötzlich im Alter dazu, eine Stiftung zu errichten, und sucht sich dann eine ihm genehme Zweckbindung aus. Die Stiftung ist kein Hobby für Pensionäre, wie dies bei Morgan und Rockefeller der Fall war. Der moderne Stifter ist schon zu Lebzeiten sozial tätig, von daher ist die Stiftung nur die Konsequenz seiner lebenslangen sozialen Tätigkeit, keine plötzliche Kehrtwendung in Anbetracht sozialen Elends.

Die Stifter gehören der Oberschicht an, sie sind wohlhabend, gebildet, viele besitzen einen akademischen Grad; man könnte sie zumeist als Persönlichkeiten des öffentlichen Lebens bezeichnen, selbstverständlich nicht der Medien- und „Glitzer"-Welt.

Es handelt sich um autarke Persönlichkeiten, die genau wissen, was sie tun. Ihr Vermögen wurde vermutlich über Generationen gebildet. Von daher fühlen sie sich gegenüber der Familientradition verantwortlich; diese Einstellung wird daran erkennbar, dass Vorbilder, die die Stiftungserrichtung fördern, oft innerhalb der eigenen Familien zu finden sind. Die Entscheidung zugunsten der Gründung wird erleichtert, wenn der Stifter ohne Nachkommen ist. Das Vermögen bleibt so zusammen und verschwindet nicht durch Zersplitterung.

Die Vorteile einer Stiftung fallen kaum ins Gewicht. Selten errichtet ein Stifter eine Stiftung aus dem ausschließlichen Grund, Steuervorteile oder gesellschaftliches Ansehen zu gewinnen, denn die wohlhabenden Stifter haben mit dem Steuerrecht schon zu Lebzeiten ihre Erfahrungen gemacht und Probleme erlebt – und dabei wohl auch ihre Steuerberater gefunden. In Bezug auf die gesellschaftliche Anerkennung erreichen sie bereits ein gewisses Ansehen durch den Akt der Stiftungserrichtung, nicht aber erwarten sie Ansehen durch den „sublimen" Glanz der Stiftung. Sie sind es, die der Stiftung Glanz geben, nicht andersherum: Es ist nicht der Glanz der Stiftung, der auf ihren Namen fällt. Diese Einschätzung ist Ausdruck von Selbstbewusstsein und Autarkie.

Insgesamt sind somit die Stifter aus diesem Bereich der sozialen Zwecke gerade jene, die das bürgerliche Grundrecht der Entfaltungsfreiheit der Persönlichkeit mit jenem Grundsatz verbinden, der darin besteht, dass Eigentum verpflichtet. Aus dieser Grundbedingung kann geschlossen werden, dass die Erträge aus dem Stiftungsvermögen höchstwahrscheinlich in voller Höhe für soziale Zwecke ausgeschüttet werden.

Das Stiftungsmotiv begleitet den zukünftigen Stifter als soziale, altruistische Handlungsmaxime sein ganzes Leben hindurch. Der sozial engagierte, aber auch wohlhabende Bürger ist nicht von den vorgegebenen Zweckbindungen abhängig. Er ist altruistisch, weil dies zu seinem Selbstverständnis gehört.

11.6 Stiftermotivation und die sich wandelnde Gesellschaft (Diskussion)

Aus den Ergebnissen der Befragung der Stiftungen ließ sich ein vorläufiges Bild des Stifters und seiner Motivation gewinnen. Den Stifter zeichnet eine sozial-engagierte beziehungsweise sozial-karitative Einstellung aus, die selten von religiösen Beweggründen getragen wird. Der Stifter agiert autonom, Selbstlosigkeit ist ebenso sein Impulsgeber wie – wenn auch weniger häufiger genannt – das Streben nach Selbstverwirklichung.

Ziel der nun folgenden Diskussion ist es, zu klären, inwieweit die Stiftermotive Tendenzen innerhalb der Gesellschaft widerspiegeln oder, anders ausgedrückt, ob den derzeitigen gesellschaftlichen Entwicklungen die Stiftermotive entspringen.

In die Diskussion fließen folgende Leitfragen ein:

- Stifter und Stiftungen als Förderer der Gemeinschaft: Tragen Stiftungen zur Bildung eines kommunitären Netzes bei?
- Stiftungen und Wertewandel: Sprechen Stiftungsgründungen für einen Wertewandel beziehungsweise gibt es bestimmte Werte, die sich im Verhalten von Stiftern manifestieren? Sind Stiftungen auch Werte-Stifter? Wenn ja, was veranlasst sie zu einem wertorientierten Handeln?
- Gründet sich die Stiftermotivation auf eine altruistische Haltung?
- Inwieweit sind Stifter als sich selbst verwirklichende Personen zu charakterisieren?
- Stifter wirken über sich hinaus. Dient das Konzept der Generativität zum Verständnis eines Stifters beziehungsweise von dessen Motiven?

Im öffentlichen Diskurs über die Entwicklungsdynamik der bundesrepublikanischen Gesellschaft hat sich in den vergangenen zehn Jahren ein bemerkenswerter Paradigmenwechsel vollzogen.

Das Leben in postmodernen Gesellschaften bedeutet, dass „verbindliche Normen, eindeutige Lebenskoordinaten und eine Reduktion von Offenheit und Ambivalenzen nicht erwartet" werden kann. Diese Entwicklung, so Heiner Keupp, „erfahren viele Menschen als eine schwere Last, aber in erster Linie ist es eine ungeheure Chance"[488].

Mit einer solchen Entwicklung geht eine Individualisierung einher, die Ulrich Beck charakterisiert als „die Aufzehrung und Entzauberung der gruppenspezifischen Identitäts- und Sinnquellen (ethnische Identität, Klassenbewusstsein, Fortschrittsglaube) der Industriegesellschaft, die bis in die 60er Jahre hinein auch die westlichen Demokratien gestützt haben. Die Folge ist: Alle Definitionsleistungen werden dem Individuum selbst auferlegt. Das eigene wird damit zugleich das globale Leben."[489]

Damit ist der Auslöser gegeben für eine Diskussion über die Frage nach der sozialen Bindekraft, die sich neu herausbildende gesellschaftliche Systeme zusammenhalten könnte. Bisher bestand sie in den Strukturen der Tradition, des Zwangs, der Ab- und Ausgrenzung, in gemeinsamen religiösen Bindungen, in den Regulativen der Moderne. Aber all diese Mechanismen verlieren an Verbindlichkeit und Überzeugungskraft oder sind schlicht in sich zusammengebrochen. Umso mehr gewinnt also die Frage nach den Stiftermotiven angesichts einer solchen Entwicklung an Relevanz, begibt sich doch somit auch der Stifter in die Rolle desjenigen, der in einer entsolidarisierten Gesellschaft gemeinschaftlichen Zusammenhalt fördern kann.

---

488 Keupp, Heiner, Die Suche nach Gemeinschaft zwischen Stammesdenken und kommunitärer Individualität, in: Heitmeyer, Wilhelm (Hg.), Was hält die Gemeinschaft zusammen?, Frankfurt am Main 1997, S. 280.

489 Beck, Ulrich, Solidarischer Individualismus. An sich denken ist die Voraussetzung eines Daseins für andere, in: Süddeutsche Zeitung vom 02.03.1995.

Bevor der Beantwortung dieser Frage vertiefend nachgegangen wird, ist zunächst ein Blick in die politische Arena zu werfen, wo die Solidargemeinschaft als gefährdetes Gut diskutiert wird. Bereits auf dem CDU-Parteitag 1996 hat Wolfgang Schäuble kritisch den Sozialstaat Deutschland zu durchleuchten versucht und in seiner Analyse behauptet, die Bürger würden „ihren Staat wie eine Sozialagentur gebrauchen – als eine Serviceeinrichtung, zu der man sich wie ein Verbraucher verhält, als Automat, in den man oben Münzen einwirft, um unten Berechtigungsscheine aller Art in Empfang zu nehmen“[490]. – Diese Kritik korrespondiert mit der rund 70 Jahre vorher von Ford formulierten Ablehnung der „berufsmäßig ausgeübten Wohltätigkeit“; diese, so Ford, „ist nicht nur gefühllos, sondern verletzt mehr, als sie hilft. Sie erniedrigt die Empfänger und stumpft ihre Selbstachtung ab.“ Die Folgen der sozialen Dienste bestanden für Ford darin, dass „ganze Schichten unserer Bevölkerung (...) in einen Zustand erwartungsvoller, kindergleicher Hilflosigkeit hineingehätschelt“[491] werden. Die Bürger müssten vielmehr zur Eigeninitiative befähigt werden, denn bloße Unterstützung mache sie abhängig, und damit werde nur der „Müßiggang großgezüchtet“[492]. So unpopulär dieser Gedanke ist, so wenig ist er von der Hand zu weisen. Ob Sozialstaat oder Stifter, beide tragen die Verantwortung, mit ihrem Beitrag zur Gemeinnützigkeit Abhängigkeiten zu vermeiden, indem sie ihre Mittel stets als Beitrag zur Selbsthilfe einbringen, um Eigeninitiative zu fördern – denn, um mit Schopenhauer zu sprechen: „Der Mensch will seine Kräfte in Tätigkeit setzen und den Erfolg dieser Tätigkeiten irgendwie wahrnehmen“[493].

Wenn Schäuble auf diese Weise eine Verbindung aus Anspruchshaltung und Apathie kritisiert, so gibt er damit zu verstehen, dass er die Solidarität im Lande vermisst und an die sozialen Pflichten des einzelnen Staatsbürgers für die Gemeinschaft appellieren möchte.

Bezogen auf amerikanische Verhältnisse, sieht auch Robert Wuthnow durch wachsende Selbstbezogenheit und Narzissmus die Bereitschaft zur Wohltätigkeit gefährdet: „Social observers point to the individualism prevalent in our society and question whether religious communities themselves can withstand these pressures (careerist, technical and consumerist agendas in the mass media) let alone promote a more general spirit of giving. If American culture is becoming more narcisstic, people will have neither the motivation to become involved in charitable activities nor the familiarity with needs and opportunities for involvement that has traditionally been fostered by churches, synagogues, and other community organizations.”[494]

---

490 Keupp, Heiner, Die Suche nach Gemeinschaft zwischen Stammesdenken und kommunitärer Individualität, Frankfurt am Main 1997, S. 284.

491 Ford, Henry, Mein Leben und Werk, Leipzig 1923, S. 243.

492 Ibid., S. 246.

493 Schopenhauer, Arthur, Die Kunst, glücklich zu sein. Dargestellt in fünfzig Lebensregeln, hg. von Franco Volpi, München 1999, S. 66.

494 Wuthnow, Robert, Religion and the Voluntary Spirit in the United States: Mapping the Terrain, in: Wuthnow, Robert / Hodgkinson, Virginia A. et al. (Hg.), Faith and Philanthropy in America, San Francisco / Oxford 1990, S. 19.

Aber auch in den Sozialwissenschaften wird hierzulande seit einiger Zeit mit wachsendem Interesse die Frage diskutiert, wie eine Gesellschaft, die sich immer stärker an Werten wie Selbstverwirklichung oder Emanzipation des Individuums orientiert, überhaupt noch einen Zusammenhalt als solidarische Gemeinschaft realisieren könne. Es wird von einer Kultur des Narzissmus[495], einem Ich-Wahn[496] oder von der Egoismus-Falle[497] gesprochen. Viele dieser Diskurse sind sehr stark von Annahmen geprägt, von denen man sich empirische Fundierungen wünschen würde. So konnte die vorliegende Befragung einen Beitrag zur Wertewandelforschung liefern und durch die Angaben, die Gegenleistung und Steigerung des Ansehens in Verbindung mit der Stiftungsgründung gering achten, die häufig thematisierte Tendenz zur Selbstbezogenheit in der gegenwärtigen Gesellschaft nicht bestätigen.

Eine theoretische Auseinandersetzung mit dem Zusammenhang von Individualisierung und Solidarität hat sich in der Kommunitarismus-Debatte entfaltet, die vor allem in der Philosophie und Soziologie geführt wird.

Im Kommunitarismus geht es um die Frage, ob eine Gesellschaft, die sich konsequent auf „atomisierte“, voneinander isolierte und ihrem Eigeninteresse folgende Individuen stützt, nicht letztlich ihre eigenen Grundlagen untergräbt. Die Kommunitarier ziehen in Zweifel, ob das liberalistische Menschenbild, das den bürgerlich-kapitalistischen Gesellschaftsordnungen die philosophisch-ideologische Basis liefert, ausreicht, um den notwendigen inneren Zusammenhalt, den Gemeinsinn und die erforderlichen Solidaritätspotenziale zu stiften. Der Kommunitarismus lässt sich als Reaktion auf einen vorwiegend wirtschaftlich denkenden Liberalismus ansehen; gegen Isolation, Vereinzelung und Konkurrenz wird der Begriff der Gemeinschaft ins Feld geführt. Die Kommunitarier erinnern daran, dass das anfangs befreiende liberalistische Menschenbild inzwischen seine eigene Basis aufgezehrt habe. Es könne für unverzichtbare Bürgertugenden in einer Zivilgesellschaft wie Zivilcourage und Gemeinsinn keine überzeugenden Begründungen mehr liefern.[498]

Was aber ist unter einer Zivilgesellschaft zu verstehen? Zivil- oder Bürgergesellschaft ist ein alter Begriff. Seine moderne Bedeutung erhielt er im 17. und 18. Jahrhundert, vor allem durch Autoren der Aufklärung wie Kant. Zivilgesellschaft, Bürgergesellschaft – das war um 1800 ein positiver Begriff. Er bezeichnete zunächst eine noch zu verwirklichende, utopische Form des Zusammenlebens der Menschen als Bürgerinnen und Bürger, als Citizens/Citoyens, die ohne allzu viel staatliche Gängelung selbstständig, friedlich und gleichberechtigt miteinander umgehen. Dieser Entwurf einer zukünftigen Gesellschaft setzte sich nach drei Seiten hin ab: einerseits vom gängelnden Absolutismus der damaligen Zeit, andererseits von religiöser Orthodoxie

495 Vgl. Lasch, Christopher, Das Zeitalter des Narzißmus, München 1986.

496 Vgl. Keller, Catherine, Der Ich-Wahn. Abkehr von einem lebensfeindlichen Ideal, Stuttgart 1986.

497 Vgl. Nuber, Ursula, Die Egoismus-Falle. Warum Selbstverwirklichung oft so einsam macht, Stuttgart 1993.

498 Vgl. Strasser, Johano, Individualisierung – eine Gefährdung der Solidarität?, in: Die Neue Gesellschaft / Frankfurter Hefte 41 (1994), S. 118-123.

und schließlich von den herkömmlichen Mustern sozialer Ungleichheit der ständischen Gesellschaft.

Im 19. Jahrhundert wirkte dieser Begriff bei einigen Autoren weiter, beispielsweise bei Tocqueville, der in seiner klassischen Beschreibung der amerikanischen Gesellschaft besonders auf deren Fähigkeit zur Selbstorganisation in Form von Vereinen und Genossenschaften hinwies. Doch im Übrigen veränderte sich der Sprachgebrauch. Seit Hegel und Marx wurde aus dem Begriff Bürgergesellschaft der Begriff ‚bürgerliche Gesellschaft', und dieser wurde zunehmend als ein kritischer Begriff gebraucht. Bis dahin hatte sich ‚Bürgergesellschaft' an der Vorstellung vom Bürger als Citizen oder Citoyen orientiert. Nun trat die Bedeutungsschicht nach vorne, die den Bürger als Bourgeois identifizierte. ‚Bürgerliche Gesellschaft' wurde zu einem polemischen Begriff nicht nur bei der marxistischen Linken, sondern auch in vielen anderen politischen Milieus.

Zur ‚Zivilgesellschaft' gehören selbst organisierte Initiativen, Bewegungen, Zirkel, Vereine und Organisationen, die weder der staatlichen Sphäre angehören noch zum Markt zu rechnen sind und auch nicht in der Privatsphäre angesiedelt sind. Es geht um Initiativen, Bewegungen, Netzwerke und Organisationen zwischen Staat, Markt und Privatsphäre. Zivilgesellschaftliches beziehungsweise bürgergesellschaftliches Verhalten zielt also über den Tellerrand des partikularen Interesses und der eigenen Erfahrung hinaus, um sich um allgemeinere Dinge zu kümmern und sich dafür zu engagieren.

Die Institution der Stiftung ist allerdings noch älter als die Idee und Realität der Bürgergesellschaft, und nicht alle Institutionen, die heute Stiftung genannt werden, sind bürgergesellschaftliche Institutionen. Dennoch: Die große Mehrzahl der bestehenden Stiftungen entspricht den definierten Kriterien der Bürgergesellschaft zwischen Staat, Markt und Familie. Es sind selbstständige Institutionen, die private Mittel für öffentliche Zwecke bereitstellen, als gemeinnützig anerkannt und meist sehr individuell sind, zudem aber überindividuelle Absichten und Wirkungen umfassen.

Die Stiftung bringt also in das oftmals sehr temporäre, auch wenig verbindliche, äußerst fluide bürgerschaftliche Engagement der Vereine, Initiativen und NGOs (Nichtregierungsorganisationen) ein Moment der Nachhaltigkeit ein, eine intergenerationelle Perspektive, ein Stück Zukunft – Elemente, die zivilgesellschaftliche Aktionen sonst, anders als die intergenerationell strukturierten Institutionen Familie, Staat und Kirche, nicht so leicht hervorbringen. Darin und in ihrer herausragenden finanziellen Kraft liegt der besondere Beitrag der Stiftungen zur Bürgergesellschaft, die ohne sie sehr viel kurzatmiger, ärmer und schwächer wäre.[499]

Um Innovationsfähigkeit zurückzugewinnen, Wohlstand zu erhalten, der sozialen Gerechtigkeit näher zu kommen und Demokratie zu praktizieren, braucht es mehr, nicht weniger bürgerschaftliches Engagement. So stellt von Stifterseite aus Strachwitz die Forderung: „Unsere der Innovation, der Neuordnung und hierzu des bürgerschaftlichen Engagements so dringend bedürftige Gesellschaft ist auf das freiwillige Stiften

499 Vgl. Kocka, Jürgen, Die Rolle der Stiftungen in der Bürgergesellschaft der Zukunft, in: Aus Politik und Zeitgeschichte, Beilage zu: Das Parlament, Nr. 14/29.03.2004.

von Ideen, Zeit und materiellen Ressourcen angewiesen wie kaum eine Generation vor uns."[500]

Diesbezüglich war auch der von der Körber-Stiftung veranstaltete „100. Bergedorfer Gesprächskreis"[501] zum Thema „Wieviel Gemeinsinn braucht die liberale Gesellschaft?" sehr produktiv in der Schaffung neuer Bilder, um die Situation der Gesellschaft zu skizzieren. Es war die Rede von „innerer Kohäsion" und „sozialem Gewebe" (Kurt Biedenkopf), von „gesellschaftlichem Klebstoff" (Albert O. Hirschmann), vom „Gemeinsinn als Festiger" (Theo Sommer), „Sozialenergie" (Helmut Klages). Es wären darüber hinaus noch viele ausschmückende Formulierungen zu nennen, sie reichen von der „sozialen Ozonschicht" (Klaus Hurrelmann[502]) bis zum „sozialen Kitt" (Jon Elster[503]).

Obwohl nun Stifter eher im Verborgenen wirken, tragen sie zum Erhalt der Gemeinschaft bei. Der Stifter tut dies, indem er den Blick auf die Gesellschaft als Ganzes richtet. Inwieweit, so ist nun von hier aus zu fragen, können Stiftungen als kommunitäre Netze fungieren?

Das grundlegende Steuerungsprinzip des Kapitalismus setzt auf Konkurrenz und individuelle Leistung und fördert gerade dadurch eine ich-zentrierte Vermarktung der Person, die tendenziell zur Ware wird. Gleichzeitig durchzieht die Geschichte der Moderne die Ideologie des autonomen Subjekts, das sich alle Erfolge und Misserfolge als selbst-produziert zurechnet.

Andererseits gibt es Indikatoren für gegenläufige Entwicklungen. In den neuen Beziehungsmustern, so Keupps Überzeugung, steckt „ein hohes Potential an Solidarität und kommunitären Verknüpfungen"[504]. Mit guten Gründen lasse sich also der gesellschaftliche Freisetzungsprozess als „ein potentieller Zugewinn an individueller Entscheidungsfreiheit und an Gestaltbarkeit des eigenen Lebens und als eine Entgrenzung des Möglichkeitssinns"[505] begreifen. Die Entfaltung des Potenzials findet am ehesten in so genannten kommunitären Netzen statt. In ihnen kann das Gefahrenpotenzial der Risikogesellschaft (Beck) bewusst wahrgenommen und bearbeitet werden. Insofern fungieren Stiftungen mit ihren sozial-karitativen Motiven als kommunitäre Netze, denn durch ihr unabhängiges Handeln zeigen sie und fördern sie die Solidarität, die von staatlicher Seite nicht erwartet werden kann.

In dieser Hinsicht können Stiftungen zwei Grundfunktionen erfüllen: Komplementarität und Innovation. Stiftungen arbeiten komplementär zu staatlichen und privat-

500 Strachwitz, Rupert Graf, Ein kritischer Diskurs ist erforderlich, in: Das Parlament, Nr. 33-34/11.08.2003.

501 Vgl. Körber-Stiftung (Hg.), Wieviel Gemeinsinn braucht die liberale Gesellschaft? Bergedorfer Gespräche, 13./14.11.1993, zit. n. Keupp, Heiner, Die Suche nach Gemeinschaft zwischen Stammesdenken und kommunitärer Individualität, Frankfurt am Main 1997, S. 311.

502 Vgl. Hurrelmann, Klaus, Prävention und Gesundheitsförderung im Kindes- und Jugendalter. Einleitungsvortrag für das 2. Gesundheitswissenschaftliche Kolloquium am 28./29.01.1994.

503 Vgl. Elster, Jon, The Cement. A Study of Social Order, Cambridge 1989.

504 Keupp, Heiner, Die Suche nach Gemeinschaft zwischen Stammesdenken und kommunitärer Individualität, Frankfurt am Main 1997, S. 307.

505 Ibid.

wirtschaftlichen Institutionen und greifen entweder spezielle Nachfragen auf oder kompensieren anderweitige Unterversorgung. Im Forschungswesen können Stiftungen Prioritäten jenseits der staatlichen Förderungspolitik setzen und Projekte unterstützen, die außerhalb wirtschaftlicher Interessen, z. B. in der Forschungsförderung, liegen. Außerdem können Stiftungen in dem Sinne innovativ wirken, dass sie Projekte und deren Risiken schneller und flexibler aufgreifen können, als dies für Staat und Wirtschaft möglich wäre. Die Unabhängigkeit der Stiftungen von Vorgaben staatlicher Haushaltspolitik einerseits und von Markterwartungen andererseits macht es möglich, dass sie bestimmte Interessen, die zwischen privaten und öffentlichen Belangen angesiedelt sind, aufgreifen und fördern können. Sie tragen so zur Pluralität und institutionellen Vielfalt moderner Gesellschaften bei.

In zivilgesellschaftlicher Perspektive zieht Anheier folgendes Resümee: Stiftungen stellen eine wesentliche Quelle sozialer Selbstorganisation dar und unterstützen die Zivilgesellschaft dabei, sich von staatlicher Dominanz freizumachen und/oder ihr entgegenzuwirken:

- Stiftungen bieten die Möglichkeit, denjenigen eine Stimme zu geben, die sonst vom gesellschaftlichen Meinungsbild ausgeschlossen wären und deren Anliegen im politischen Prozess unberücksichtigt bleiben würden.
- Stiftungen eröffnen neue politische Möglichkeiten und die Option, andere Ansätze fernab von parteilichen Zwängen als unabhängige Akteure in den Politikprozess einzubringen.
- Stiftungen wirken als unabhängige Bastionen sowohl gegen die Vorherrschaft von Staat und Wirtschaft als auch gegen deren allumfassende Kontrolle über die Zivilgesellschaft. Sie ermöglichen somit Pluralismus und fördern politische Alternativen, etwa in Denkwerkstätten und Nichtregierungsorganisationen.

Stiftungen, in ihrer großen Mehrheit von Privatpersonen gegründet, sind daher auch ein Ausdruck des wachsenden Vertrauens der oberen Mittelschicht und wirtschaftlichen Elite Deutschlands in die Zukunft dieses Landes; diese Tatsache trifft insbesondere auf Unternehmer und Freiberufler zu. In gewisser Hinsicht stellen Stiftungen Investitionen in die gesellschaftliche Zukunft dar.[506]

Ähnlich hebt Nielsen die Bedeutung der Stiftungen in den USA für die Zukunft hervor: „Given the growing problems of American society and the anticipated cutbacks in government-funded social programs, foundations may be far more essential to the national welfare by the end of the century [20. Jahrhundert] than ever before. It is also quite possible – according to economic and political analysis of the American future – that the influx of new resources that philanthropy is expected to receive in the coming two or three decades will be the last such gigantic infusion."[507]

506 Vgl. Anheier, Helmut K., Stiftungen in der Bürgergesellschaft: Grundlegende Fragen zu Möglichkeiten und Grenzen, in: Aus Politik und Zeitgeschichte, Beilage zu: Das Parlament, Nr. 14/29.03.2004.

507 Nielsen, Waldemar A., Inside American Philanthropy, Norman / London 1996, S. 9.

Diese Entwicklungsprognosen sind als exemplarisch anzusehen für gesellschaftliche Veränderungen im Hinblick auf die Schaffung von neuen Werten der Mitmenschlichkeit einerseits und die Emanzipation von staatlichen Einrichtungen andererseits.

In diesem Sinne ergibt sich ein neues Verständnis von gesellschaftlichem Zusammenhalt, der als Solidarität zu verstehen ist. Was aber ist Solidarität? Das *Staatslexikon* definiert Solidarität als „wechselseitige Verbundenheit von mehreren beziehungsweise vielen Menschen, und zwar so, dass sie aufeinander angewiesen sind und ihre Ziele nur im Zusammenwirken erreichen können“[508]. In diesem Sinne hebt auch Zöller die Dynamik einer von Solidarität und Eigeninitiative getragenen Gesellschaft hervor: „Überall, wo den Menschen erlaubt wird, sich freiwillig an gemeinsamen Zielen zu orientieren, beobachten wir den sich selbst verstärkenden Kreislauf von Zusammenarbeit und Vertrauen. Dort, wo die Solidarität verstaatlicht wurde, entsteht dagegen ein Circulus vitiosus aus Abhängigkeit und Misstrauen.“[509]

Gerade angesichts der erodierenden familialen, politischen und ökonomischen Bindungen in einer ‚Multioptionsgesellschaft' besteht das Paradox darin, dass Solidarität nur stärker werden kann, indem die traditionellen Bindungen schwächer werden.

Solidarität zwischen Gemeinschaft und Gesellschaft stellt sozusagen eine freie Art der sozialen Bindung dar. Sie überwindet damit überkommene Sozialbindungen und Hierarchien, wobei sie keine Machtbeziehung darstellt, jedoch der Herstellung einer Kooperation innerhalb der sich frei regulierenden Individuen dienen kann.

Aus den Resultaten der Befragung heraus ist es möglich, die These zu vertreten, dass jene einen sich abzeichnenden Wertewandel bestätigen – einen Wertewandel, der soziales Engagement (wieder) hoch schätzt.

Zunächst ist in diesem Kontext kurz zu erläutern, was unter einem Wert zu verstehen ist.

Werte liefern individuelle und kollektive Orientierungsfaktoren, die einen handlungsleitenden Charakter aufweisen. Sie werden dabei zur Richtschnur und Leitlinie, an der die Menschen ihr Leben in der Gesellschaft orientieren.

Werte stellen also die soziokulturelle Voraussetzung jeglichen Handelns und somit auch der lebensstiltypischen Differenzierung dar.[510]

Konsens besteht darüber, dass Werte diejenigen Zustände des gesellschaftlichen Lebens darstellen, die als erstrebenswert gelten. (Normen hingegen sind Verhaltensweisen, die mehr oder weniger als verpflichtend gelten.)

Einstellungen werden aus den übergeordneten Wertvorstellungen abgeleitet – zum Beispiel Wert Familie und die jeweiligen Einstellungen dazu.

Auf diese Diskussion übertragen heißt das, dass Stifter durch ihr soziales Handeln Werte manifestieren und auch leben. Die zunehmende Zahl an Stiftungen scheint für

508 Rauscher, Anton, >Solidarität<, in: Staatslexikon, Bd. 4, Freiburg i. Br. / Basel / Wien 1988, S. 1191.

509 Zöller, Michael, Der Gemeinsinn in der Politikfalle. Der Liberalismus klammert öffentliche Angelegenheiten nicht aus / Mißverständnisse und Verdrehungen, in: Frankfurter Allgemeine Zeitung vom 20.01.1998.

510 Vgl. Duncker, Christian, Dimensionen des Wertewandels, Frankfurt am Main 1998.

ein gestiegenes Engagement zu sprechen und setzt damit einen Kontrapunkt zu der weit verbreiteten Meinung, es herrsche ein Ego-Kult in der Gesellschaft. Wie kommt ein solches Bild zustande?

Unserer Wahrnehmung zufolge, die immer nur eine soziale Konstruktion der Wirklichkeit sein kann, scheinen gerade keine gesellschaftlichen Verbindlichkeiten und Werte mehr zu existieren. Jeder, so der Eindruck, macht nur noch Dinge zur Steigerung seines individuellen Nutzens.

Auch bei der Betrachtung aktueller Medieninhalte scheinen diese düsteren Diagnosen der Wirklichkeit zu entsprechen: Korrupte Parteipolitiker verfolgen eigene Interessen, Manager führen ihre Unternehmen in den Ruin, Versicherungen werden betrogen, Steuerhinterziehung ist ein weit verbreitetes Phänomen. Hinzu kommen Zumutungen wie zum Beispiel bizarre Selbstenthüllungen in Talkshows und konfuses Gestammel in Fernsehdebatten.

Deshalb, so die Angst vieler, drohen Ehrlichkeit, Unbestechlichkeit, Bescheidenheit, Mitmenschlichkeit und Kultiviertheit unterzugehen. Dieser „Werteverfall", so wird behauptet, führe zu einer akuten Gefährdung der sozialmoralischen Grundlagen des Gemeinwesens und zu einer fortschreitenden Desintegration der Gesellschaft. Zeiterscheinungen wie die nachlassende Geburtenfreudigkeit, ansteigende Scheidungszahlen, der anwachsende Drogenmissbrauch oder die zunehmende Kriminalität scheinen geeignet zu sein, weitere schlüssige Belege für diese Behauptungen zu liefern.

In denselben Topf werden weitere Themen der Gesellschaftskritik geworfen, wie etwa die mangelnde Bereitschaft zum Eintritt in die politischen Parteien.[511] Eine angeblich absinkende Arbeitsfreude bei anwachsendem Freizeit- und Genuss- oder Erlebnisinteresse, eine angeblich fortschreitende Singularisierung und Vereinsamung der Menschen, eine angeblich um sich greifende Neigung zum Egoismus, eine angeblich abnehmende Bereitschaft zur Verantwortungsübernahme sind die Resultate einer – mitunter durch die Medien gefilterten – selektiven Wahrnehmung.

Doch über derartige Phänomene wurde bereits zu verschiedenen anderen Zeiten geklagt. Das Problem also ist alt. Was neu zu sein scheint, ist eine gleichzeitige Degeneration und Regeneration der Moral.

Denn: Es gibt Anzeichen, die gegen einen Ego-Kult sprechen. So etabliert sich eine Kultur der wechselseitigen Achtung; das geschieht im kleinmaschigen Geflecht des Sozialen, in Bürgerprojekten. Außerdem darf nicht darüber hinweggesehen werden, dass durchaus politisches Interesse vorhanden ist, nur eben nicht auf parteipolitischem Gebiet. Dies bestätigen auch die Ergebnisse der vorliegenden Befragung der Stiftungen, die den Stellenwert des Politischen gering ansetzen.

Weiter muss zur Kenntnis genommen werden, dass – ungeachtet des Anwachsens der Einpersonenhaushalte – eine Neigung zu informeller Geselligkeit und Kommunikation besteht; dass Familie und Partnerschaft in den Wertorientierungen der Men-

511 Die Shell Jugendstudie 2002 bestätigt allerdings diesen Trend: Nur 30 Prozent der Jugendlichen interessieren sich für Politik. Vgl. Hurrelmann, Klaus / Albert, Matthias (Hg.), Jugend 2002. 14. Shell Jugendstudie, Frankfurt am Main 2002.

schen nach wie vor oder wieder verankert sind; dass Gewalt von der ganz überwiegenden Mehrzahl der Jugendlichen abgelehnt wird; dass das Interesse an einer erfüllenden Arbeitstätigkeit stärker ausgeprägt ist als das Freizeitinteresse; dass – und das ist besonders beachtenswert – die Bereitschaft zum unbezahlten und freiwilligen ehrenamtlichen Engagement außerhalb der Arbeit zugenommen hat. Jeder dritte Bundesbürger engagiert sich in der Freizeit ehrenamtlich. Es sind also rund 22 Millionen Bürgerinnen und Bürger beziehungsweise 34 Prozent aller in Deutschland lebenden Personen im Alter über 14 Jahre, die in ihrer Freizeit ehrenamtlich in Verbänden, Initiativen oder Projekten aktiv sind.[512]

Eine Veränderung besteht allerdings im Vergleich zu früher darin, dass man sich nicht in erster Linie für andere, sondern eher mit anderen engagieren möchte. So wahren viele der Engagierten immer mehr Distanz zu Großorganisationen – Parteien, Gewerkschaften, Kirchen –, sie sind lieber in selbst initiierten Projekten aktiv.

Insofern ist es angebracht, nicht vom Werteverfall, sondern vom Wertewandel zu sprechen: ein Wandel von Pflicht- und Gehorsamswerten hin zu Werten der Autonomie und Selbstverwirklichung; ein Wandel von Opferbereitschaft und Disziplinierung hin zu hedonistischen Werten; von akquisitiv-extrinsischen Werten wie Einkommen und Karriere hin zu nonakquisitiv-extrinsischen Werten wie Leistungslust, Freude, Bedürfnis nach persönlicher Unabhängigkeit.[513]

All diese Tendenzen sind auch belegt durch Analysen der empirischen Sozialforschung. Ein Beispiel dafür ist die so genannte Gießen-Studie, durchgeführt von Horst-Eberhard Richter und seinem Forscher-Team. Sie hat bereits 1999 für Deutschland gezeigt, dass im Vergleich zu 1994 soziale Werte hoch im Kurs stehen. (Vergleichbare Untersuchungen gab es auch für die USA und die EU.)

Langfristige Verlässlichkeit und Loyalität in sozialen Beziehungen gelten entsprechend als „neue Tugenden“; dazu gehören als Werte persönliche Nähe, Verantwortung, Vertrauen und Wahrhaftigkeit.

Mit dem angesprochenen Wandel einher geht ein stärker werdendes Bedürfnis der Menschen nach einem autonomen und sinnvollen Leben.[514] Sinnvoll kann ein Leben allerdings nur dann sein, wenn der Mensch das Gefühl hat, etwas Sinnvolles zu tun; dabei ist nicht allein ein subjektives Gefühl entscheidend, sinnvoll erscheint das Tun, wenn es auch etwas bewirkt, sei es, dass dadurch eine Veränderung eintritt, sei es, dass eine positive Resonanz ausgelöst wird.

Der Stifter agiert insofern in zweifacher Hinsicht autonom: Er kann zum einen über seinen Beitrag zur Mitgestaltung der Gesellschaft selbst entscheiden. Zum anderen ist er unabhängig von der Anerkennung, von der Stärkung seines Ansehens, denn durch sein Engagement hat er sich bereits selbst bestätigt. Diese Einschätzung entspricht dem Ergebnis der Befragung, aus der hervorgeht, dass die Stiftungsgründung größtenteils losgelöst von zu erwartendem gesellschaftlichem Ansehen geschehen ist.

---

512 Vgl. Fiebig, Johannes (Hg.), Abschied vom Egokult. Die neue soziale Offenheit, Krummwisch 2001.

513 Vgl. Duncker, Christian, Dimensionen des Wertewandels, Frankfurt am Main 1998.

514 Vgl. Fiebig, Johannes (Hg.), Abschied vom Egokult, Krummwisch 2001.

Angesichts dieser bemerkenswerten Ergebnisse der aktuellen empirischen Sozialforschung ist es berechtigt zu fragen, warum ungeachtet einer zunehmenden Zahl von freiwillig Engagierten sehr viele Menschen ihre durchaus vorhandene Bereitschaft zum Engagement faktisch nicht umsetzen. Warum also findet vieles von dem, was auf der Ebene der Wertewandelforschung als Bereitschaftspotenzial erkennbar ist, keinen Niederschlag in faktischem Handeln?

Es lässt sich feststellen, dass Menschen, die sich eigentlich gern freiwillig engagieren wollen, die mit hoher Eigenmotivation einen Beitrag leisten wollen, diesen Wunsch vielfach deshalb nicht in die Tat umsetzen, weil sie beobachten, dass Engagierte relativ unselbstständig als weisungsunterworfene Hilfskräfte im unteren Randbereich hierarchisch strukturierter Bürokratien – auch Wohlfahrtsbürokratien – eingesetzt werden; somit sehen sie ihr Bedürfnis nach Selbstentfaltung gebremst. Analog muss auch der Stifter geeignete Rahmenbedingungen vorfinden, sein Handeln darf daher nicht von staatlicher Seite eingeschränkt werden. Auch in diesem Zusammenhang ist also erkennbar, dass die steigende Zahl der Stiftungen nicht nur für einen Wertewandel in der Gesellschaft spricht, sondern auch für die ihnen zugrunde liegende Motivation.

An der Bereitschaft der Menschen zum Engagement mangelt es offenbar nicht. Es fehlt an der Schaffung von Verantwortungsrollen, die den Menschen ausreichende Chancen bieten, ihre Bedürfnisse nach selbstständiger und selbstverantwortlicher, als sinnvoll empfundener Tätigkeit auszuleben und solcherart eine Verwirklichung von Selbstentfaltungswerten zu erleben. Insofern ist auch die Klage Charles Taylors[515] über einen Verfall von Bürgersinn aus empirischer Sicht keineswegs plausibel. Gerade in den letzten Jahren ist eine starke Zunahme von sozialem Engagement zu beobachten: Es gab und gibt eine Vielzahl von Aktionen, sozialen Bewegungen; viele Bürger erbringen mit hoher Einsatzbereitschaft gesellschaftlich notwendige Sozialleistungen.

Wir leben in einer Zeit der Enttraditionalisierung, in der wir es mit einer Infragestellung des überkommenen Autoritätsglaubens zu tun haben, wie das bereits Max Weber diagnostiziert hatte. Damit verbunden ist eine individualistische Tendenz, die sich im Denken, Fühlen und Wollen bemerkbar macht. So richtet sich der Stifter weniger an Vorbildern aus, sondern an eigenen Ideen und Visionen, die Gesellschaft mitzugestalten.

Traditionen haben für ihn kein Gewicht mehr, auch eine moderne Gesellschaft scheint ihrer entraten zu können, aber, so ist zu fragen: Was macht eine moderne Gesellschaft aus? Die Schlagworte heißen hier: Solidarität, Partizipation, Sinn für gegenseitigen Respekt als gelebte Ethik der Aufmerksamkeit, also all das, was unter Anerkennungsverhältnissen verstanden werden kann.

Der Stifter trägt also auch heute noch – als Bewahrer und Erneuerer – zur Gestaltung einer modernen Gesellschaft bei, denn die Mitglieder einer Gesellschaft definie-

515 Vgl. Taylor, Charles, Aneinander vorbei: Die Debatte zwischen Liberalismus und Kommunitarismus, in: Honneth, Axel (Hg.), Kommunitarismus. Eine Debatte über die moralischen Grundlagen moderner Gesellschaften, Frankfurt am Main 1993, S. 103-130.

ren sich als Beteiligte am gemeinsamen Unternehmen der Wahrung ihrer Bürgerrechte. Der Antrieb dafür kann nur aus einem Gefühl von Solidarität kommen, das die allgemeine Verpflichtung zur Demokratie übersteigt und den Einzelnen mit den anderen verbindet.

Bislang galten Gegensätze, die aber eine neue Synthese eingehen können: Selbstverwirklichung und Engagement in einer Gemeinschaft, Lustprinzip und hohe Leistungsmotivation für eine gemeinsame Sache, zuverlässige persönliche Beziehungen und individuelle Selbstständigkeit müssen sich nicht gegenseitig ausschließen.

So hat das 32. Internationale Management-Symposium in St. Gallen im Mai 2002 festgestellt, dass langfristige Verlässlichkeit, Loyalität in sozialen Beziehungen und Verpflichtungen dem Gemeinwesen gegenüber als „neue Tugenden" gelten; dazu gehören als Werte persönliche Nähe, Verantwortung, Vertrauen und Wahrhaftigkeit. Mit dem einher geht ein stärker werdendes Bedürfnis der Menschen, Subjekt des eigenen Handelns zu sein und somit ein als sinnvoll empfundenes Leben zu führen.[516]

Diese Entwicklung ist darauf zurückzuführen, dass der „neue Kapitalismus" die absolute Flexibilität des Menschen fordert, wobei aber ein Festlegen einer bestimmten Richtung, zum Beispiel der beruflichen Entwicklung wie des Lebenswegs, überhaupt erschwert und eine Bereitschaft zur Hinnahme der Fragmentierung des Lebenslaufes erwartet wird. Diese Bedingungen erzeugen auch die Angst, aus sozialen Kontexten zu fallen, und die Gefahr, durch Arbeit nicht seine Identität zu erlangen.

Insofern trägt der Stifter durch sein Handeln zur (Wieder-)Herstellung der sozialen Kohäsion bei, indem er gemeinschaftliche Projekte fördert, die wiederum als Bezugsinstanzen für Einzelne dienen. Dadurch gibt er Einzelnen das Gefühl, nicht der Anonymität staatlicher Projekte ausgesetzt zu sein.

Was veranlasst einen Stifter zu einem wertorientierten Handeln?

Bisheriges Argumentationsziel war es, deutlich zu machen, dass es auch in einer – scheinbar – enttraditionalisierten und individualisierten Gesellschaft geteilte Wertorientierungen gibt, die dennoch einen Zusammenhalt verbürgen; zu ihnen trägt der Stifter bei, indem er den zweifellos anzutreffenden materiell-egoistischen Zwecksetzungen seine moralisch dem Gemeinwohl verpflichtete und integrierende Leitidee entgegenstellt.

Im Hinblick darauf, also auch auf die Stiftermotivation, ist eine Unabhängigkeit von moralischem Wissen und moralischer Motivation festzustellen. Moralisches Wissen ist inhaltlich: Es bedeutet die früh erworbene Kenntnis einfacher Regeln und die (soziokognitiver Entwicklung und persönlicher Lebenserfahrung geschuldete) differenziell anwachsende Fähigkeit, sie auch in komplexen Situationen angemessen anzuwenden. Moralische Motivation hingegen ist formal, also inhaltsfrei; zugleich aber ist sie intrinsisch, also nicht sanktionsorientiert oder nutzenkalkulatorisch. Der Schluss von der Begründungsstruktur für die Inhalte moralischer Regeln auf die Motivstruktur, die ihre Befolgung anleitet – also etwa auf rein strategisch kostenkalkulatorische

516 Vgl. Chiari, Margarita, Leben mit dem Risiko, in: Süddeutsche Zeitung vom 25./26.05.2002.

Nutzenmaximierung –, ist nicht nur logisch nicht zwingend, sondern auch empirisch falsch.[517]

Diese Tatsache bedeutet: Um sich als Stifter aktiv an der Gestaltung des Gemeinwesens zu beteiligen, bedarf es keineswegs partikularistischer Identifikationen. Wer im moralischen Entscheiden zu dem Ergebnis gelangt, dass ein Einsatz für das Gemeinwohl geboten sei, wird – so er moralische Motivation aufgebaut hat – dazu bereit sein, und dies nicht aufgrund partikularistischer Loyalität, sondern aus Achtung vor der moralischen Verpflichtung gegenüber der Gesellschaft.

Auf der Motivseite also scheint partikularistische Identifikation nicht Bedingung für gesellschaftliches Engagement zu sein; mit anderen Worten: Universalistische und partikularistische Verpflichtungen und Interessen sind vereinbar. Noch weiter zugespitzt lässt sich formulieren: Das Eigeninteresse des Stifters ist mit seinem sozialen beziehungsweise sozialethischen Engagement kompatibel. Deshalb soll nun im Folgenden der Frage nachgegangen werden, inwieweit das Handeln des Stifters, das als altruistisch identifiziert worden ist (vgl. Kap. 11.2), seinem Eigeninteresse folgt und zugleich beziehungsweise gerade deshalb dem Gemeinwohl dient.

Ein Altruismus in „Reinform" ist unter Menschen nicht anzutreffen[518], da der Mensch in der Spannung zwischen Kooperieren und Rivalisieren steht.[519] So vereinseitigt Hobbes den Menschen, wenn er ihn von Natur aus als Egoisten auffasst, der durch den in allen biologischen Wesen wirksamen Selbsterhaltungstrieb bestimmt wird.[520] Ebenso attestiert Mandeville dem Menschen einen egoistischen Naturtrieb, aufgrund dessen wahre Tugend unmöglich sei; deshalb ist für Mandeville das moralische Handeln in der bürgerlichen Gesellschaft infolge von Wohlstand und Macht nichts mehr als sublimierter Egoismus.[521] Aber dennoch sind Formen altruistischer Verhaltensweisen unter Menschen festzustellen.

Wenn nun behauptet wird, die Stiftermotivation sei zum großen Teil von Altruismus getragen, so ist zu klären, welchen Bedeutungsinhalt dieser Begriff umfasst.

Altruismus gilt im Alltagsverständnis als die edle moralische Einstellung, die eigene Interessen zugunsten anderer zurückstellt. Im Gegensatz zum Egoismus ist der Altruismus eine Haltung, in der das Wohl der anderen Vorrang vor dem eigenen Wohl hat. Altruismus steht also für Selbstlosigkeit, Uneigennützigkeit, selbstloses Denken und Handeln.

---

517 Vgl. Nunner-Winkler, Gertrud, Zurück zu Durkheim? Geteilte Werte als Basis gesellschaftlichen Zusammenhalts, in: Heitmeyer, Wilhelm (Hg.), Was hält die Gemeinschaft zusammen?, Frankfurt am Main 1997, S. 367ff.

518 Vgl. dazu: Etzioni, Amitai, Jenseits des Egoismus-Prinzips. Ein neues Bild von Wirtschaft, Politik und Gesellschaft, Stuttgart 1994; Heck, Thomas Leon (Hg.), Das Prinzip Egoismus, Tübingen 1994; Hunt, Morton, Das Rätsel der Nächstenliebe. Der Mensch zwischen Egoismus und Altruismus, Frankfurt am Main 1992; Nagel, Thomas, Die Möglichkeit des Altruismus, Frankfurt am Main 1997; Starobinski, Jean, Gute Gaben, schlimme Gaben. Die Ambivalenz sozialer Gesten, Frankfurt am Main 1994.

519 Vgl. Belwe, Andreas, Ungesellige Geselligkeit. Kant: Warum die Menschen einander nicht wohl leiden, aber auch nicht voneinander lassen können, Würzburg 2000.

520 Vgl. Hobbes, Thomas, Leviathan [1651], Frankfurt am Main 1991.

521 Vgl. Mandeville, Bernard de, Die Bienenfabel [1714], Berlin 1957.

Überdies ist der altruistische Mensch dadurch gekennzeichnet, dass er sich in die Lage anderer Menschen hineinversetzen und damit über subjektive Präferenzen hinaus Entscheidungen zum Wohle anderer treffen kann.

Es war Auguste Comte, der Altruismus zum ersten Mal als eine sittliche Maxime formulierte: „Vivre pour autrui“ (Für den anderen leben)[522]. Comte hielt es allerdings nicht für überzeugend, dass die Natur dem Menschen ein Gattungsinteresse und gleichzeitig ein entgegengesetzt gerichtetes Individualinteresse mitgegeben haben soll. Für ihn haben Gattungsinteresse und Individualinteresse denselben Ursprung und bilden entsprechend eine Einheit, keine einander ausschließenden Pole.

Theoretisch lassen sich hier der deskriptive und der normative Altruismus unterscheiden, wobei der deskriptive Altruismus aus der Beobachtung tatsächlichen altruistischen Verhaltens erwächst, während der normative Altruismus unabhängig davon die Forderung aufstellt, man habe altruistisch zu sein.

Als Haltung unterscheidet man ferner den individualistischen Altruismus, der sich auf das Wohlergehen eines Individuums richtet, und den kollektiven Altruismus, der auf das Wohl eines Kollektivs bedacht ist.

Schließlich nuanciert man einen starken Altruismus, der ausnahmslos dem Wohlergehen anderer Beachtung schenkt, und einen schwachen Altruismus, der eher einer universalistischen Position zuzuordnen ist. Der „schwache Altruist“ lässt seine Interessen nur teilweise außer Betracht, er nimmt eine Beobachterperspektive ein und erachtet die Interessen aller Betroffenen für gleichwertig.[523]

Da der Stifter weder als reiner Altruist zu verstehen ist und schon gar nicht als Egoist, aber dennoch nicht frei ist von eigennützigen Antrieben, kann die Stifterpersönlichkeit als rationaler Altruist charakterisiert werden.

Rationalität wurde bei Aristoteles beispielsweise mit Denkvermögen und Vernunft gleichgesetzt, bei Cicero aber auch mit der Fähigkeit des Kalkulierens assoziiert, so stellt auch Hobbes die Vernunft mit dem Rechnenkönnen gleich.[524]

Wenn wir den Stifter als rationalen Altruisten auffassen, so dient dazu als Grundlage die Definition Karl Homanns; ihr zufolge heißt „Rationalität im ökonomischen Handlungsmodell, dass Menschen den Anreizen folgen, die von der jeweiligen Situation ausgehen. Werden Verhaltenskorrekturen gewünscht, bleibt das Modell der rationalen Verfolgung der Eigeninteressen intakt, und die Korrektur erfolgt über eine Veränderung der Situation und der ihr ausgehenden Handlungsanreize.“[525]

Ausgehend von der Hypothese, der rationale Altruist verbinde Eigeninteresse mit Altruismus, muss das Eigeninteresse als unterschieden von Egoismus betrachtet werden.

Im eigenen Interesse zu handeln ist nicht gleichbedeutend damit, dass man nur in seinem eigenen Interesse handelt. So schließt das Handeln aus Eigeninteresse die Be-

---

522 Vgl. Comte, Auguste, Rede über den Geist des Positivismus [1842], Hamburg 1954.

523 Nagel, Thomas, Die Möglichkeit des Altruismus, Frankfurt am Main 1997.

524 Hobbes, Thomas, Leviathan [1651], Frankfurt am Main 1991, I. 5.

525 Homann, Karl, Vorteile und Anreize. Zur Grundlegung einer Ethik der Zukunft, Tübingen 2002, S. 177.

rücksichtigung anderer Interessen keineswegs aus. Des Weiteren kann die Berücksichtigung anderer Interessen langfristig wiederum im eigenen Interesse liegen; in diesem Sinne handelt der Stifter als sich selbst verwirklichend und dadurch geradezu moralisch.

Die Moral kann nur ein Instrument zur Realisierung der Interessen aller Menschen sein und ist diesen entsprechend nachgeordnet. Moral ist ein normativer Grundrahmen für das Verhalten von Menschen zu sich selbst, zu anderen und zur Natur, der eine Unterscheidung zwischen gut und schlecht ermöglicht. Die Funktion von Moral besteht vor allem darin, Handlungen zu verhindern, die den elementaren Interessen anderer Menschen abträglich sind.[526] Im Hinblick auf die Stiftermotivation ist Moral kein Zweck für sich, sondern soll den Menschen und ihrem Wohlergehen nützen.

Den Maßstab für gut oder schlecht kann man auf viele verschiedene Weisen festlegen. Zieht man die utilitaristische Position heran, so ist der Maßstab für gut der Nutzen für sich und andere, der Maßstab für schlecht entsprechend der Schaden für sich und andere.

Bei dieser Auslegung von Moral ist der Nutzen bringende Gedanke einer moralischen Handlung entscheidend, die Bewertung einer Person als moralisch oder nicht tritt dabei in den Hintergrund.

Ein vollständiges Bild der Stifterpersönlichkeit als moralisch-rational handelnder Altruist kann gewonnen werden, wenn er als – wie oben bereits andeutungsweise beschrieben – autonom handelndes Individuum, somit als sich selbst verwirklichender Mensch verstanden wird.

Um den selbstverwirklichenden Menschen zu konturieren, ist eine Untersuchung von Abraham H. Maslow heranzuziehen.

Die „selbstverwirklichenden Menschen" sind zunächst, so Maslow, auffällig darin, dass sie niemanden, auch nicht sich selbst, in der Weise verurteilen, dass er einem Ideal nicht entspreche: „Sie sind imstande, ihre eigene menschliche Natur in stoischer Art zu akzeptieren, mit allen ihren Unzulänglichkeiten, Diskrepanzen, Abweichungen vom Idealbild. Es würde den falschen Eindruck erwecken, wenn man sagt, dass sie selbstzufrieden sind."[527]

Sie akzeptieren laut Maslow ihr Eigeninteresse und folglich auch das ihrer Mitmenschen; für sie bestehen gewisse Prinzipien, an die sie sich halten, also Werte, denen sie sich verbunden fühlen:

„Feste Grundlagen für ein Wertesystem werden dem Selbstverwirklicher automatisch durch seine philosophische Akzeptierung der Natur seiner selbst, des Menschen, des sozialen Lebens (…) gewährt."[528]

Der Unterschied der Prinzipienverbundenheit von selbstverwirklichenden im Vergleich zu anderen Menschen besteht nicht nur darin, dass die Selbstverwirklicher sich an selbst gewählten Prinzipien unabhängig von gesellschaftlich vorgegebenen Werten

526 Vgl. Gert, Bernard, Morality. Its Nature and Justification, Oxford 1998.
527 Maslow, Abraham H., Motivation und Persönlichkeit, Reinbek b. Hamburg 1987, S. 186.
528 Maslow, Abraham H., Die Psychologie der Persönlichkeit, Reinbek b. Hamburg 1979, S. 208.

orientieren, sondern auch darin, dass sie durch ihr Wirken Werte selbst schaffen. Dies berechtigt, den Stifter als autonome Person zu charakterisieren, denn die qualitativ höchsten Stufen moralischer Urteilsfähigkeit stehen in direktem Zusammenhang mit Autonomie. Stifter als sich selbst verwirklichende Menschen kann man autonom nennen, weil sie von den Gesetzen beherrscht werden, die sich aus ihrem eigenen Charakter ergeben, und nicht nur aus jenen der Gesellschaft.[529] Insofern stimmen das Stifterselbstbild und die in der Psychologie Maslows konzipierte Charakterstruktur eines sich selbst verwirklichenden Menschen überein.

Maßgeblich bei der Befolgung von Prinzipien ist das eigene Urteil, keine von außen auferlegte Konvention. Das eigene Urteil sagt jedoch noch nichts darüber aus, ob es sich dabei auch um ein ethisches Urteil handelt. Allerdings wurde schon bei Jean Piaget[530] und Lawrence Kohlberg[531] deutlich, dass die Autonomie ein Kennzeichen qualitativ hoher Kompetenz moralischer Entscheidungen ist. Ebenso betont Maslow das moralische Bewusstsein bei selbstverwirklichenden Menschen: „Die Selbstverwirklicher sind stark ethisch veranlagt, sie haben definitive moralische Normen, sie tun das Richtige und nicht das Falsche. Man braucht es nicht zu sagen, aber ihre Ansichten über richtig und falsch und über gut und böse sind häufig nicht die konventionellen."[532]

Der Gesichtspunkt, den Maslow in Bezug auf die moralische Gesinnung besonders herausstellt, ist, dass Bedürfnisse auch das Wohl anderer und nicht nur das eigene Wohl zum Inhalt haben können.

Eine solche moralische Gesinnung beinhaltet immer auch das Bewusstsein von anderen Menschen neben der eigenen Person, das Wahrnehmen der Interessen der Allgemeinheit; Maslow verwendet hierfür den Ausdruck „Gemeinschaftsgefühl" von Alfred Adler.[533] Damit geht auch die stark ausgeprägte Fähigkeit einher, die Situation eines anderen aus seiner Sicht zu betrachten, die eigene Perspektive also wechseln zu können und somit einen „impersonalen Standpunkt" einzunehmen.

Indem man diesen theoretischen Hintergrund auf den Stifter bezieht, kann gefolgert werden: Der Stifter fühlt sich der ganzen Menschheit verbunden und nicht nur gesondert einer bestimmten Gruppierung, einer Nation oder einer bestimmten Kultur zugehörig; er fühlt sich im Sinne Kants als Vertreter der menschlichen Gattung. Gerade die ausgeprägte Zweckorientierung hilft dem Stifter, sich mit der gesamten Menschheit zu identifizieren. Das Handeln aus Eigeninteresse als Zweckorientierung des Menschen kann er demnach mit dem Streben nach Allgemeinwohl verbinden.

So bezieht sich Wuthnow nicht ohne Grund ebenfalls auf Maslow. Es geht ihm dabei um die Voraussetzung, als Stifter tätig zu werden: "Abraham Maslow argues, that people are more likely to respond generously to others when their basic needs for security and safety have been met and they are able to concentrate on higher needs for

529 Ibid., S. 205.

530 Vgl. Piaget, Jean, Die Entwicklung des moralischen Urteils bei Kindern, Darmstadt 1981.

531 Vgl. Kohlberg, Lawrence, Die Psychologie der Moralentwicklung, Frankfurt am Main 1991.

532 Maslow, Abraham H., Die Psychologie der Persönlichkeit, Reinbek b. Hamburg 1979, S. 200.

533 Vgl. Adler, Alfred, Menschenkenntnis, Frankfurt am Main 1987.

fulfilment and transcendence."[534] Mit anderen Worten: Es kann erst dann ein Mensch sich für andere einsetzen, wenn er – auf welche Weise auch immer – sich sicher und selbstbestimmt fühlen kann und damit eventuell einen hohen Grad an Zufriedenheit erreicht hat.

Selbstverwirklichung beinhaltet aber noch einen anderen Aspekt der Stifterpersönlichkeit. Sie findet dort und ab dem Moment statt, da ein Mensch ein Lebens-Werk vollbringt, das weiterwirkt. Denn Stiftungen, so Ines Gollnick, wollen selbstverständlich „auch Namen großer Persönlichkeiten konservieren, die durch ihre Initiativen in der Gesellschaft Spuren hinterlassen"[535].

Leben vollzieht sich in der Zeit, wird Geschichte, wobei Geschichte immer zugleich Wirkungsgeschichte[536] meint. So wirkt das Leben und Denken des Stifters weiter, oder genauer: Der Stifter wirkt über sein Leben hinaus. Im Hinblick darauf kann von der Generativität eines Stifters gesprochen werden.

Der Begriff Generativität wurde 1950 von dem Psychoanalytiker Erik H. Erikson geprägt.[537] Erikson definierte Generativität als das Interesse an der Hervorbringung und Erziehung der nächsten Generation, doch das gedankliche Konzept greift tiefer und ist umfassender. Es geht dabei um die Tatsache, dass der Mensch ein Wesen ist, das sich reproduzieren und fruchtbar sein will. Dieser Drang, auch als Drang zur Selbststeigerung zu verstehen, das heißt, sich selbst zur Geltung bringen und das Leben anfüllen zu wollen, stellt eine anthropologische Konstante dar. Reproduktion ist also sowohl in einem physischen als auch psychischen Sinne zu denken, in welchen Rollen und Daseinsweisen auch immer, als Eltern, als Lehrer, als geistige Führer, Wissenschaftler und Künstler, aber eben auch als verantwortungsbewusste Bürger und Menschen, die durch ihr Tun – auch langfristig über das eigene Leben hinaus – etwas bewirken wollen. Es wird demnach ein Vermächtnis gestiftet, in dem Bewusstsein, einen Beitrag geleistet zu haben, die Welt etwas besser zu machen.

Sehen wir uns den Begriff beziehungsweise die Begriffsentwicklung der Generativität genauer an: In den Jahren nach Eriksons Definition der Generativität als Interesse an der Hervorbringung und Erziehung der nächsten Generation haben Psychologen mit neuen Auffassungen des Begriffs neue Varianten eingeführt. Diesen neuen Ansätzen zufolge bedeutet Generativität auch „Vorsorge für die nächste Generation treffen" oder „Verantwortung für andere übernehmen"[538]. John Kotre hat in seinem Werk über acht generative Individuen Generativität beschrieben als das Bedürfnis, die eigene Substanz in Formen von Leben und Werk einzubringen, die das Selbst überleben.[539]

534 Wuthnow, Robert, Religion and the Voluntary Spirit in the United States: Mapping the Terrain, San Francisco / Oxford 1990, S. 9.

535 Gollnick, Ines, Bürgerliche Freiheitskultur, in: Das Parlament, Nr. 33-34/11.08.2003.

536 Vgl. Hans-Georg Gadamer, Gesammelte Werke, Bd. 1.: Hermeneutik: Wahrheit und Methode, 1. Grundzüge einer philosophischen Hermeneutik, Tübingen 1990.

537 Vgl. Erikson, Erik H., Childhood and society, New York 1950; siehe dazu auch: Browning, Don, Generative Man, Philadelphia 1973.

538 Vgl. Kotre, John, Make It Count. How to Generate a Legacy That Gives Meaning to Your Life, New York 1999.

539 Vgl. Kotre, John, Outliving the Self, Baltimore 1984.

Zusammen mit Eriksons Original haben diese Varianten dasselbe Ziel im Auge, wobei manche diesem näher kamen als andere; allen jedoch ging es um einen grundlegenden Trieb des Menschen, nämlich nicht nur körperlich, sondern auch seelisch-geistig „fruchtbar" zu sein. Generativität ist demzufolge die Kraft, die allen menschlichen Formen der Reproduktion immanent ist, von den biologischen bis hin zu den geistigen. Dieser Reproduktion liegt natürlich zugrunde, dass das menschliche Leben endlich ist, dies betrifft sowohl den Pool menschlicher Gene als auch den Pool von Kulturen.

Es werden vier Arten von Generativität unterschieden: die biologische, die elterliche, die technische und die kulturelle.

Die erste, die biologische, meint die Zeugung, das Austragen und Stillen von Kindern – die Weitergabe von Lebenssubstanz von einer Generation zur nächsten. Biologischer Generativität wird sich der Mensche inne, wenn er körperliche Merkmale seiner Eltern an sich selbst gewahrt. Unter der zweiten Art von Generativität ist die elterliche zu verstehen, wobei es darum geht, Kinder großzuziehen und sie für das Familienleben zu initiieren. Die dritte Form der Generativität ist technischer Art. Dabei handelt es sich um die Vermittlung von Fertigkeiten und Verfahrensweisen, sei es, wie man Holz bearbeitet, sei es, wie man schreibt, mit Geld umgeht, einen Computer bedient. Die vierte Art der Generativität schließlich, die kulturelle Generativität, betrifft die Bewahrung, Erneuerung oder Beschaffung eines Bedeutungssystems und dessen Weitergabe an andere. Ein Bedeutungssystem ist der „Geist" eines Gemeinwesens, wie Fertigkeiten sein Körper sind. Man bringt nicht nur jemandem bei, wie Handlungen auszuführen sind (technische Generativität), sondern auch, von welchen Überzeugungen sie geprägt sind, von welchen Werten sie getragen werden, welche Theorie ihnen zugrunde liegt, wofür sie „stehen". Eine Kultur kann religiös geprägt sein oder wissenschaftlich, politisch, ethisch genauso wie künstlerisch – oder einfach in dem Gemeinsinn bestehen, der eine bestimmte Gruppe von Menschen prägt.

Generativität, wie sie im Hinblick auf den Stifter und seine Motivation zum Tragen kommt, kann mit Kotre näher bestimmt werden als Kreativität, die fortdauert[540] – denn Kreativität endet, sobald der Akt der Hervorbringung abgeschlossen ist, der Generativität dagegen ist weiterhin an der Hervorbringung gelegen, indem sie für diese eine unabhängige Existenz anstrebt. Sie sorgt dafür, dass die Hervorbringung das Scheiden ihres Urhebers, des Stifters, überlebt. Wenn man also ein Unternehmen gegründet hat, dann ist man kreativ gewesen. Doch generativ wird man erst, wenn man es an Nachfolger weitergibt.

Vor diesem Hintergrund ist zwischen Generativität und Altruismus, Verantwortlichkeit und Fürsorge zu unterscheiden. Gail Sheely beispielsweise definiert Generativität als eine freiwillig eingegangene Verpflichtung, sich im umfassendsten Sinne um andere zu kümmern.[541] Diese Definition ist zu unpräzise. Um der Klarheit willen sollte man aus dem Geltungsbereich des Begriffes jeden Einfluss verbannen, der sich nicht über die Generationskette vermittelt und letztlich über den Tod hinausreicht.

540 Kotre, John, Make It Count, New York 1999, S. 36.
541 Sheely, Gail, New Passages, New York 1995, S. 412.

Dementsprechend sind Altruismus, Verantwortlichkeit und Fürsorge als solche nicht a priori generativ, denn wie die Wurzel des Begriffes Generativität erkennen lässt, geht es bei ihr um den Einfluss, der sich über die Generationen hinweg fortsetzt.

Auch wenn das Verlangen nach Generativität und nach Unsterblichkeit vieles gemeinsam hat, so sind beide Begriffe deutlich zu unterscheiden. Auf den Stifter bezogen heißt das: Der Stifter ist jemand, der nicht Fähigkeiten oder bloße Einstellungen, geistigen Habitus weitergibt, sondern Möglichkeiten im Sinne der Selbstbefähigung in seinem Auftrag.

In der psychologischen Forschung hat sich Generativität unter verschiedenen Hüllen gezeigt. Nach Erikson haben Forscher in jüngerer Zeit Generativität als Charakterzug einer Persönlichkeit behandelt, wobei der Gedanke zugrunde liegt, dass er bei manchen Menschen unabhängig von ihrem Alter ausgeprägter ist als bei anderen. Generativität ist auch schon als Beweggrund aufgefasst worden, wie etwa in Definitionen, die sie als inneres Verlangen oder Bedürfnis bezeichnen. Diese Unterscheidungen können dazu beitragen, den Verlauf eines bestimmten Lebens zu erhellen und die Möglichkeiten darin zu verdeutlichen.

So kann Generativität als ein Stadium des Lebenszyklus definiert werden, das von langfristiger Verantwortlichkeit für das Wachstum, die Anleitung und das Wohl der Mitmenschen im Einzelnen und der Gesellschaft im Allgemeinen gekennzeichnet ist.

Bei der kulturellen Generativität eines Stifters geht es um die Bewahrung, Erneuerung oder Schaffung eines Bedeutungssystems. Darin spiegelt sich auch eine moralische Beständigkeit wider, welche Fragen und Zweifel überlebt und auch den Schluss nahelegt, dass bei all den Veränderungen, die die Protagonisten in ihrem Leben durchmachen, sich ihre Grundwerte und Überzeugungen nicht sehr verändern, also weitergegeben werden.

Somit kann schließlich festgestellt werden, dass Erkenntnisse über generative Identitäten Einsichten zum Verständnis eines Stifters liefern, dessen Selbsterfüllung sich nicht nur auf das Hier und Jetzt beschränkt, sondern deren Grenzen sich über das eigene Leben hinaus ausdehnen. Somit erinnert die Stiftermotivation an den vermeintlich seltsamen Kunsthandwerker, der, wenn er etwas fertig gestellt hat, es wieder einschmilzt und wieder von vorne anfängt. Auf die Frage, warum er das macht, wird er antworten: „Es ist der Schaffensprozess, auf den es ankommt.“ Indem der Stifter einen Schaffensprozess nicht auf das eigene Leben einengt, wirkt er als generative Persönlichkeit über sich hinaus.

12 Resümee und Ausblick

Um in der vorliegenden Untersuchung der Stiftungen eine klare Darstellung des Stiftungswesens zu erhalten, mussten Unterscheidungen deutlich gemacht und ein Fragebogen ausgewertet werden, aus denen die Kenntnis der Motive zu gewinnen war.

Als Ergebnisse können hervorgehoben werden:

Das Vererben, das Schenken und die Stiftung sind gesondert voneinander zu betrachten, obgleich diese drei Vorgänge zusammengehören, weil die Stiftung als Erbschaft oder als Schenkung gilt und die Schenkung wiederum als vorweggenommene Erbfolge definiert wird. Jeder Stifter ist zugleich ein Erblasser und ein Schenker: Erblasser von Todes wegen und Schenker zu Lebzeiten. Zentral für Stifter, Erblasser und Schenker ist das Erbe in Form von Vermögenswerten, die an die Stiftung, den Erben und den Beschenkten weitergegeben werden.

Hinsichtlich des Verhältnisses von Stiftung und Erbschaft ist zu betonen, dass der Erblasser in seiner Entscheidungsfreiheit nicht eingeschränkt ist. Auch kann er sein Erbe stiftungsähnlich durch Vermächtnis, Auflage und Erbvertrag gestalten.

Eine Schenkung ist eine Zuwendung, durch die jemand aus seinem Vermögen einen anderen bereichert, wenn beide Teile darüber einig sind, dass die Zuwendung unentgeltlich erfolgt, wobei die Schenkung auch mit einer Auflage verknüpft sein kann.

Der Zusammenhang von Stifter, Erblasser und Schenker stellt sich folgendermaßen dar: Der Stifter ist nichts anderes als der Erblasser, der den Willen artikuliert, eine Stiftung zu gründen. Die Stiftung übernimmt damit die Funktion des Erben; das Vermögen, das der Stifter weitergibt, bildet nun das Stiftungsvermögen. Das Stiftungsrecht folgt damit dem Erbrecht. Was im Erbrecht das Verhältnis Erblasser – Vermögen – Erbe ist, wiederholt sich im Stiftungsrecht als Verhältnis Stifter – Vermögen – Stiftung, mit der Erweiterung, dass die Stiftung auch eine Schenkung sein kann.

Es lassen sich öffentliche und private Stiftungen unterscheiden sowie öffentliche Stiftungen von den Stiftungen des öffentlichen Rechts. Des Weiteren sind unselbstständige und selbstständige Stiftungen zu differenzieren; besonders zu beachten sind auch die unternehmensverbundenen Stiftungen; sie werden häufig errichtet, um die Unternehmensnachfolge zu regeln.

Es gibt nicht eine einzige festgelegte, allgemein anerkannte Stiftungsform innerhalb des Stiftungswesens. Über die Vielfalt der Stiftungen und die Art und Weise der Ausgestaltung herrscht Unklarheit. Dieser Umstand resultiert aus der fehlenden umfassenden gesetzlichen Regelung des Stiftungswesens, aus den lückenhaften und veralteten Stiftungsverzeichnissen, vor allem aber daraus, dass die Stiftungen weitgehend nicht bereit sind, Auskünfte zu erteilen. Die Tatsache, dass das „Stiftungswesen in Deutschland bisher weitgehend im Verborgenen geblüht“[542] hat, gilt auch für den Informationsbestand.

Dennoch kristallisieren sich zwei grundlegende Arten von Stiftungen heraus. Die erste Art ist ein Instrument zum Zwecke der Gewinnmaximierung, indem Vorteile ge-

542 Hof, Hagen, Stiftungen im deutschen Recht, Köln 2001, S. 301.

genüber der nicht steuerbefreiten Konkurrenz erreicht werden; hinzu kommen die erwünschten Nebeneffekte, dass die Familienmitglieder unterstützt werden und das Unternehmen, was die Unternehmensnachfolge betrifft, auch für die Zukunft gerüstet ist. Zur Zukunftssicherung gehört auch die günstige Sicherung des Erbes. Zur zweiten Art zählen jene Stiftungen, die ihrer Entfaltungsfreiheit eine metaphysische Bedeutung geben möchten. Bei ihnen ist mehr oder weniger der Gedanke des Seelgeräts noch wach. Die materiellen Gewinne, die die Stifter aus dem Daseinskampf erworben haben, sollen auch einen geistigen Wert erhalten. Hier ist das Moment der Sinngebung der individuellen Existenz gegenwärtig, ob nun aus Gründen des Seelenheils oder aus säkularen moralischen, freigeistigen Motiven.

Das Stiftungsrecht befindet sich in einem desolaten Zustand, die Stiftungsidee droht zu zerfallen. Die Rechtswissenschaftler setzen jedoch nicht auf eine grundlegende Reform, sie setzen auf eine Reform des Steuerrechts. An der gegenwärtigen Situation wird sich erst dann etwas ändern, wenn die Steuererleichterungen und Befreiungen, die eine Stiftung genießt, eine Höhe erreichen, die für den Staat unerträglich ist, wenn die Stiftungen nicht, im Gegenzug dazu, Anstalten treffen, entsprechende Stiftungserträge an die Gesellschaft weiterzugeben. Der Staat wartet auf ein Entgegenkommen, denn sonst ist die Steuerbefreiung kontraproduktiv.

In Kenntnis der Erb-, Schenkungs- und Stiftungsproblematik wurde der Fragebogen entworfen. Er richtete sich an Wohltätigkeitsstiftungen natürlicher Personen, also an Stifter, die eine Stiftung für soziale Zwecke gegründet haben. Es geht dabei um eine qualitative Erhebung, weil im Zentrum der Untersuchung die Stifterpersönlichkeit und mögliche Stiftermotive stehen.

Bei der Charakterisierung der Stifter sind folgende Aspekte zu akzentuieren: Für den Bereich des Stiftungswesens mit sozialer Zweckbindung werden soziale Motive der Stifter als gegeben angenommen. Die christlich motivierten Stiftungen scheinen verschwunden zu sein. Viele Stifter sind religiös, aber die Religion ist beim Stiftungsgedanken sekundär.

Hinsichtlich der den Einstellungen der Erblasser zugrunde liegenden Motive ist festzuhalten: Sie sehen das Erbe als Verpflichtung zur Weitergabe an, und zwar in doppeltem Sinn: Der Familienzusammenhalt soll gestützt und ideelle Werte und Lebenseinstellungen sollen weitergereicht werden; auch die Erblasser und Schenker sehen somit im Vererben eine Zweckbindung für die Erben und Beschenkten. Dagegen ist diese vorgestellte Zweckbindung des Erblassers nur bei 17 Prozent der Erben, dem Erbtyp des pflichtbewussten Bewahrers, wirksam.

Neben diesem sind noch weitere Typen des Erben identifiziert worden: der „Selbstverwirklicher“ (22 Prozent), der die Erbschaft ohne Hemmungen für seine Träume und Zwecke verwendet; der „Managertyp“ (20 Prozent), der in der Erbschaft einen Verwaltungsakt sieht und sie integriert, er plant langfristig, um das Vermögen zu vermehren; der „autonome Zwischenverwalter“ (16 Prozent), der aufgrund der Unabhängigkeit vom Erblasser das Vermögen unangetastet an seine eigenen Nachkommen weitergeben will; schließlich der „Versorgte“ (6 Prozent), der durch die Erbschaft seinen Lebensstandard aufbessert.

Ein Blick auf berühmte amerikanische Stifter, wie John Pierpont Morgan, John D. Rockefeller und Henry Ford sowie auf bedeutende deutsche Stifter, wie Ernst Abbe, Robert Bosch, Amélie Thyssen, Kurt A. Körber und Reinhard Mohn, zeigt, dass jeder Stifter und jede Stifterin individuelle Motive besitzt, die dem Charakter und dem geschichtlichen Zusammenhang entspringen. Ihnen gemeinsam ist die Tatsache, dass sich ihre Stiftermotive nicht einem Damaskuserlebnis, der Bekehrung vom Saulus zum Paulus, zuordnen lassen. Vielmehr ist die Stiftungsgründung eine Fortsetzung der bisherigen Tätigkeit und Geisteshaltung der Stifter.

Bei der Suche nach Stiftermotiven lassen sich trotz aller Verschiedenheit folgende Motive finden: philanthropische Gesinnung, Fortschrittsbewusstsein, Affinität zu Wissenschaft und Forschung, die Frage der Besteuerung, aber auch persönliche, patriotische, kulturelle, soziale, moralische, politische Motive spielen eine Rolle, nicht zu vergessen das christliche Stiftermotiv.

Aufgrund der Vielfalt der Stiftungsformen, Stiftungsersatzformen, unternehmensverbundenen Stiftungen, die alle gemeinnützig sind, ist es allerdings nicht möglich, die gemeinnützigen Motive von den egoistischen zu unterscheiden.

Der Stifter als sozial motiviertes Wesen ist selbstlos oder verwirklicht sich. Wichtig ist dabei gelegentlich das persönliche Ansehen.

Die Stiftung ist Teil der Selbstverwirklichung, der Stifter nicht Teil der Stiftung; er sieht sich als Subjekt, das sich objektiviert. Der Stifter definiert sich nicht durch die Stiftung. Seine soziale Motivation ist mit der sozialen Zweckbindung identisch; seine egoistische Motivation ist altruistisch angelegt.

Das Stiftungsmotiv begleitet den zukünftigen Stifter als soziale, altruistische Handlungsmaxime sein ganzes Leben hindurch. Der sozial engagierte, aber auch wohlhabende Bürger ist nicht von den vorgegebenen Zweckbindungen abhängig. Er ist altruistisch, weil dies zu seinem Selbstverständnis gehört.

Diese Resultate der Befragung bedeuten für die Politik, die die Stiftungen fördern will, weil sie sie als Sozialpartner wünscht, dass sie verschiedene grundlegende Erkenntnisse zu berücksichtigen hat:

Die bestehenden Stiftungen schütten schon maximale Erträge aus.

Stiftungsgründungen werden nicht durch moralische Appelle oder politische Forderungen ermöglicht, da die potenziellen Stifter immer schon sozial engagiert waren. Die Politik und der Gesetzgeber überschätzen sich. Ein Stifter übergibt nicht sein Gesamtvermögen, das wahrscheinlich über Generationen zusammengetragen wurde, einer juristischen Person, nur weil die Politik es für wünschenswert hält. Die Politik unterschätzt den Stifter. Sie kann durch lukrative Rahmenbedingungen Stiftungsgründungen nicht beeinflussen, denn der Stifter ist als mündiger Bürger anzusehen, der autonom entscheidet und handelt.

Die potenziellen Stifter sind autark. Sie lassen sich nicht von außen beeinflussen. Ihre Entscheidung fällt in der Familie. Insofern brauchen sie keine Vorbilder, keine großen oder berühmten Stifter, die ihnen präsentiert werden müssen. Sie sind gebildet, wohlhabend und entscheidungsfreudig genug, um sich für eine Stiftung zu entscheiden. Sie sind freie Bürger und keine „Nachahmungstäter“.

Aus diesen Gründen bleibt der politische Impuls, mit Steuerersparnis und anderen materiellen Anreizen zu werben, unwirksam. Der potenzielle Stifter ist kein kurzfristig kalkulierender oder gar bestechlicher Vorteilsnehmer. Die Einbringung des Familienvermögens in eine Stiftung ist deshalb als ein Akt der Verantwortung gegenüber der Familientradition anzusehen. Dieser wollen die Stifter gerecht werden, nicht den jeweiligen Wünschen und dem Wollen von Parteien und Politikern.

Die sozial engagierten Stifter aufzufordern, sie sollten einen sozialen Beitrag für die Gesellschaft erbringen, indem sie eine Stiftung errichten, zeugt nicht von Kenntnis der Stifterpersönlichkeiten. Denn nicht die Stiftung ist für den Stifter interessant, sondern ihre Zweckbindung; dadurch stellt sich eine Identität von Motiv und Zweck ein. Das innere Motiv wird durch die Zweckbindung zur äußeren Wirklichkeit.

Dieser Sachverhalt bedeutet für die Politik, dass die Aufhebung der Zweckbindung geradezu kontraproduktiv ist. Umgekehrt spielt die Garantie, eine Stiftung auf Dauer einrichten zu können, also die „Tote Hand"-Thematik, im Gegensatz zu den Annahmen der Stiftungsrechtler keine Rolle.

Die Lockerung des Stiftungsrechts – Aufhebung der Zweckbindung, Ausbau der Steuerersparnis, Erhöhung der Versorgungsmöglichkeiten von Familie und Angehörigen, also die Erhöhung des materiellen Eigenbedarfs – wird nicht zu einer Stiftungswelle führen, sondern die Anzahl von Stiftungserrichtungen im sozialen Bereich minimieren. Es mögen zwar viele kleine Stiftungen entstehen, aber diese spielen bei der Finanzierung von sozialen Projekten und bei der Unterstützung von sozial Schwachen keine Rolle, weil ihre Ertragsausschüttung viel zu gering ist. Das heißt, die Steuerersparnis und die mögliche Selbstversorgung werden die Erträge für soziale Zwecke drastisch reduzieren.

Diese Entwicklung würde zur Folge haben, dass sich die sozial engagierten Stifter, die lebenslang sozial tätig sind, aus dem Stiftungswesen zurückziehen. Sie werden sich anderen Modellen zuwenden, damit ebenjene Identität von Motiv, Ansehen und Zweck bestehen bleibt. Das zeigen schon erste Reaktionen von Stiftern. So sagte der christlich motivierte Stifter Heinz-Horst Deichmann, bekannt als Schuhfabrikant und Orthopäde, in einem Radiointerview vom 12. November 2002 mit dem Hessischen Rundfunk, er wolle mit dem neuen Stiftungswesen nichts zu tun haben. Es verkomme zum Stiftungsgeschäft. Da werde doch nur wieder ein Sektor geöffnet, damit ein paar Geschäftemacher schnelles Geld verdienten.

In Zukunft werden sich zwei Stiftungsbereiche entwickeln: zum einen Stiftungen, die das Eigeninteresse mit dem Altruismus in Einklang bringen wollen, und zum anderen solche, die der Optimierung des Eigeninteresses dienen. Die einen entscheiden sich aus freiem Willen für eine Stiftung, die anderen, weil sie sich Vorteile für ihre eigenen Zwecke versprechen. Es wird sicherlich keine Frontstellung innerhalb des Stiftungswesens geben, weil die einen mit den anderen nichts zu tun haben wollen. Wohl aber wollen sich diese Letzteren mit den altruistischen Stiftern schmücken.

Die Gegenwart kennt also ein Problem, das seit der Aufklärung, die am Stiftungswesen dessen gesellschaftliche Ausnahmestellung kritisierte, virulent ist: Braucht ein funktionierendes Gemeinwesen eine Stiftung, welcher Rechte eingeräumt werden, die keiner natürlichen Person zukommen? Ist der Ruf nach Stiftungen in einem Gemeinwesen ein Indiz dafür, dass der Sinn für das Gemeinwesen – also die bürgerlichen Ideale, der Altruismus oder das genossenschaftliche Prinzip –, wie es im Hellenismus der Fall war, verloren geht? Warum sollte gerade die Stiftung als gesellschaftliches Zerfallsprodukt das Gemeinwesen stützen, wenn dadurch dem Gemeinwesen die Mittel zur Aufrechterhaltung des Gemeinwesens entzogen werden?

13 Literatur

Abbe, Ernst, Gesammelte Abhandlungen, Jena 1921

Abelshauser, Werner, Wirtschaftsgeschichte der Bundesrepublik Deutschland (1945-1980), Frankfurt am Main 1983

Achilles, Alexander / Greiff, Joachim / Beitzke, Günther / Godin, Reinhard v. (Hg.), Bürgerliches Gesetzbuch nebst Einführungsgesetz, Jugendwohlfahrtsgesetz, Schiffsrechtsgesetz, Ehegesetz, Testamentsgesetz, Berlin / New York [20]1958

Adler, Alfred, Menschenkenntnis, Frankfurt am Main 1987

Andrews, Frank Emerson, Attitudes Toward Giving, New York 1953

– Philantropic Foundations, New York 1956

– Legal Instruments of Foundations, New York 1958

Anheier, Helmut K. (Hg.), Stiftungen für eine zukunftsfähige Bürgergesellschaft: Gedanken für eine Generation von Erben, München 1998

Anheier, Helmut K., Stiftungen in der Bürgergesellschaft: Grundlegende Fragen zu Möglichkeiten und Grenzen, in: Aus Politik und Zeitgeschichte, Beilage zu: Das Parlament, Nr. 14 / 29.03.2004

Anheier, Helmut K. / Romo, Frank P., Foundations in Germany and the United States, Paris 1993

Anheier, Helmut K. / Toepler, Stefan, Public Funds, Private Purpose, New York 1999

Arbeitsgemeinschaft Deutscher Stiftungen (Hg.), Deutsches Stiftungswesen 1948-1966, Tübingen 1968

– Die Fritz Thyssen Stiftung, 1960-1970, Tübingen 1971

– Entwicklungstendenzen im Stiftungsrecht, Tübingen 1988

Arbeitskreis „Unternehmensnachfolge" (Hg.), Gestaltungen zur Unternehmensfortführung – Die Stiftung, Düsseldorf 1985

Atteslander, Peter / Kneubühler, Hans-Ulrich, Verzerrungen im Interview. Zu einer Fehlertheorie der Befragung, Opladen 1975

Atteslander, Peter / Kopp, Manfred, Befragung, in: Roth, Erwin / Holling, Heinz (Hg.), Sozialwissenschaftliche Methoden. Lehr- und Handbuch für Forschung und Praxis, München / Wien 1999, S. 150 ff.

Bahners, Patrick, Henry Ford (1863-1947), in: Fest, Joachim (Hg.), Die großen Stifter, Berlin 1997, S. 269-296

Beck, Ulrich, Solidarischer Individualismus. An sich denken ist die Voraussetzung eines Daseins für andere, in: Süddeutsche Zeitung vom 02.03.1995

– Mehr Zivilcourage bitte – ein Vorschlag an die Adresse Gerhard Schröders, in: Die Zeit, Nr. 22/2000

Becker, Bettina M., Unternehmen zwischen Sponsoring und Mäzenatentum, Frankfurt am Main / New York 1994

Becker, Joseph (Hg.), Mäzenatentum in Vergangenheit und Gegenwart, München 1988

Behr, Nikolai A., Die Entwicklung des Rheinschutz-Regimes unter besonderer Berücksichtigung des Sandoz-Unfalls vom 1. November 1986, München 2002

Behrens, Eckhard, Anstöße für das Stiftungswesen, in: Fragen der Freiheit, Heft 201, 1989, S. 45-48

Belwe, Andreas, Ungesellige Geselligkeit. Kant: Warum die Menschen einander nicht wohl leiden, aber auch nicht voneinander lassen können, Würzburg 2000

Berkel, Ute / Neuhoff, Klaus / Schindler, Ambros / Steinsdörfer, Erich (Hg.), Stiftungshandbuch, Baden-Baden ^{3}1989

Berndt, Hans, Stiftung und Unternehmen. Rechtsvorschriften, Besteuerung, Zweckmäßigkeit, Herne / Berlin ^{5}1995, ^{6}1998

Bertelsmann Stiftung (Hg.), Handbuch Stiftungen. Ziele – Projekte – Management – Rechtliche Gestaltung, Wiesbaden 1998

Blinkert, Baldo, Methodische Realitätskonstruktionen oder soziale Tatbestände? Eine empirische Untersuchung über die Instrumentenabhängigkeit von Befragungsdaten, in: Soziale Welt 1978, 29, S. 358-372

Bloch, Ernst, Philosophische Aufsätze zur objektiven Phantasie, Frankfurt am Main 1985

Böhme, Helmut, Europäische Wirtschafts- und Sozialgeschichte. Staatsbürokratie, Völkerwanderung und römisch-christliches Reich, Band 1, Frankfurt am Main 1977

Boehmer, Gustav, Grundlagen der bürgerlichen Rechtsordnung, 3 Bände, Tübingen 1950ff.

– Einführung in das Bürgerliche Recht, Tübingen ^{2}1965

Bohnsack, Ralf, Rekonstruktive Sozialforschung, Opladen 2000

Boldt, Hans, Deutsche Verfassungsgeschichte, 2 Bände, München 1990

Bolz, Norbert, Erbrecht und Erbschaftsteuerrecht, Stuttgart / München / Hannover 1999

Boochs, Wolfgang, Steuerhandbuch für Vereine, Verbände und Stiftungen, Neuwied 2001

Borgolte, Michael, Die Stiftungen des Mittelalters in rechts- und sozialhistorischer Sicht, in: Zeitschrift der Rechtsgeschichte 1988, Kanonistische Abteilung, S. 71-94

– „Totale Geschichte" des Mittelalters? Das Beispiel der Stiftungen, Antrittsvorlesung 2. Juni 1992. Humboldt-Universität Berlin, Fachbereich Philosophie und Geschichtswissenschaften, Institut für Geschichtswissenschaften, Heft 4, Berlin 1993

Boulding, Kenneth E., Über eine reine Theorie der Stiftung: „Grants Economy" und Philanthropie, Essen 1973

Brandmüller, Gerhard, Gewerbliche Stiftungen, Unternehmensstiftung, Stiftung & Co., Familienstiftung, Bielefeld 1988

Braudel, Fernand, Das Mittelmeer in der Epoche Philipps II., 3 Bände, Frankfurt am Main 1989

Braun, Reiner, Vermögensbildung privater Haushalte – empirische Auswertungen und Modellrechnungen, Frankfurt am Main 2000

Braun, Reiner / Miegel, Meinhard / Pfeiffer, Ulrich, Vermögensbildung unter neuen Rahmenbedingungen, Bonn / Berlin 2000

Braun, Reiner / Burger, Florian / Miegel, Meinhard / Pfeiffer, Ulrich / Schulte, Karsten, Erben in Deutschland. Volumen, Psychologie und gesamtwirtschaftliche Auswirkungen, Köln 2002

Bremner, Robert H., Giving: Charity and philanthropy in history, New Brunswick 1994

Breuer, Hanni, Zweckumwandlung und Aufhebung von Stiftungen nach deutschem Recht – unter vergleichender Heranziehung entsprechender Einrichtungen im angloamerikanischen Recht, Diss. Köln 1967

Brost, Marc / Niejahr, Elisabeth, Der deutsche Widerspruch. Leistung muss sich lohnen, sagen die Politiker. Doch im Land geht es unfair zu, in: DIE ZEIT vom 03.05.2007

Browning, Don, Generative Man, Philadelphia 1973

Brox, Hans, Erbrecht, Berlin / Bonn / München 1994

Bruck, Eberhard Friedrich, Über römisches Recht im Rahmen der Kulturgeschichte, Berlin / Göttingen / Heidelberg 1954

– Die Schenkung auf den Todesfall im griechischen und römischen Recht, Breslau 1909

– Totenteil und Seelgerät im griechischen Recht. Eine entwicklungsgeschichtliche Untersuchung zum Verhältnis von Recht und Religion mit Beiträgen zur Geschichte des Eigentums und des Erbrechts, München 1926

Brummer, Elisabeth / Ruprecht, Sylvia (Hg.), Statistiken zum deutschen Stiftungswesen, München 1998

Buber, Martin, Die Erzählungen der Chassidim, Zürich 1949

Buchholzer, Josef, Die Säkularisationen katholischer Kirchengüter während des 18. und 19. Jahrhunderts, Luzern 1921

Bundesverband Deutscher Stiftungen e.V. (Hg.), Lebensbilder Deutscher Stiftungen aus Vergangenheit und Gegenwart, 6 Bände, Tübingen / Bonn 1971ff.

– Stiftungen aus Vergangenheit und Gegenwart, Tübingen 1993

– Ratgeber für Stifter, Bonn 1998

– Verzeichnis deutscher Stiftungen 2000, Darmstadt 2000

– StiftungsReport 2007, Berlin 2007

Burckhardt, Jacob, Griechische Kulturgeschichte, 4 Bände, München 1977

Burens, Peter-Claus, Stifter als Anstifter: Vom Nutzen privater Initiativen, Zürich 1987

Campenhausen, Axel Frhr. v. / Kronke, Herbert / Werner, Olaf (Hg.), Stiftungen in Deutschland und Europa, Düsseldorf 1998

Campenhausen, Axel Frhr. v. / Hauer, Rolf / Pölnitz-Egloffstein, Winfrid Frhr v. / Mecking, Christoph (Hg.), Deutsches Stiftungswesen 1988-1998, Tübingen 2000

Carnegie, Andrew, Geschichte meines Lebens, Zürich 1993

– Wealth, in: Boorstin, Daniel J. (Hg.), An American Primer, New York 1985

Carstensen, Carsten, Vermögensverwaltung, Vermögenserhaltung und Rechnungslegung gemeinnütziger Stiftungen, Frankfurt am Main 1994

Chernow, Ron, The House of Morgan. An American Banking Dynasty and the Rise of Modern Finance, New York 1990

– Titan. The Life of John D. Rockefeller, Sr., New York 1998

Chiari, Margarita, Leben mit dem Risiko, in: Süddeutsche Zeitung vom 25/26.05.2002

Cohn Jr., Samuel K., Death and Property in Siena, 1205-1800. Strategies for the Afterlife, Baltimore / London 1988

Coing, Helmut, Das subjektive Recht und der Rechtschutz der Persönlichkeit, Frankfurt am Main / Berlin 1959

– Grundzüge der Rechtsphilosophie, Berlin 1969

– Europäische Grundlagen des modernen Privatrechts, Opladen 1986

Comte, Auguste, Rede über den Geist des Positivismus [1842], hg. von Iring Fetscher, Hamburg 1954

Conviser, Richard James, The modern philanthropic foundation in America and Germany, Diss. Köln 1964

Crezelius, Georg, Erbschaft- und Schenkungsteuer in zivilrechtlicher Sicht, Herne / Berlin 1979

Crome, Carl, System des Deutschen Bürgerlichen Rechts, 5. Bd., Erbrecht, Tübingen 1912

David, Walter, Die Carl-Zeiss-Stiftung, ihre Vergangenheit und ihre gegenwärtige rechtliche Lage, Heidenheim an der Brenz 1954

Degen, Herbert, Fallkommentar zum Erbschaft- und Schenkungsteuerrecht, Herne / Berlin 1983

Deissler, Alfons / Vögtle, Anton / Nützel, Johannes M., Neue Jerusalemer Bibel, Freiburg im Breisgau / Basel / Wien [8]1985.

Delp, Udo A., Die Stiftung & Co. KG. Eine Unternehmensform der rechtsgestaltenden Beratungspraxis, Heidelberg 1991

Dewald, Stephan, Die privatrechtliche Stiftung als Instrument zur Wahrnehmung öffentlicher Zwecke, Frankfurt am Main / Bern / New York / Paris 1990

Diedenhofen, Hans / Troll, Max, Das ABC der Erbschaft- und Schenkungsteuer, Stuttgart 1987

Dodendorff, Wilhelm, Stiftungen als Impulse für gesellschaftspolitische Neuordnungen, Wiesbaden 1970

Dohnanyi, Klaus v., Reinhard Mohn (geb. 29. 6. 1921), in: Fest, Joachim (Hg.), Die großen Stifter, Berlin 1997, S. 467-488

Drewes, Theodor / Hollender, Reiner, Testament und Erbschaft, Niedernhausen 1983

Driesch, Johannes v. d., Geschichte der Wohltätigkeit, Band 1, Die Wohltätigkeit im alten Ägypten, Paderborn 1959

Dülmen, Richard v., Entstehung des frühneuzeitlichen Europa, 1550-1648, Frankfurt am Main 1982

Duncker, Christian, Dimensionen des Wertewandels, Frankfurt am Main 1998

Ebeling, Erich, Stiftungen und Vorschriften für assyrische Tempel, Berlin 1954

Ebenroth, Carsten-Thomas, Erbrecht, München 1992

Ebersbach, Harry, Handbuch des deutschen Stiftungsrechts, Göttingen 1972

Elster, Jon, The Cement. A Study of Social Order, Cambridge 1989

Erb, Gerald, Sammelvermögen und Stiftung, Baden-Baden 1971

Erhardt, Manfred, Mäzene, Stifter und Sponsoren, in: Hopt, Klaus J. / Reuter, Dieter (Hg.), Stiftungsrecht in Europa, Köln 2001, S. 23-26

Erman, Walter, Handkommentar zum Bürgerlichen Gesetzbuch, Münster [9]1993

Erikson, Erik H., Childhood and society, New York 1950

Erler, Adalbert / Kaufmann, Ekkehard, Handwörterbuch zur deutschen Rechtsgeschichte, Band II, Berlin 1978

Esch, Günter / Schulze zur Wiesche, Dieter, Handbuch der Vermögensnachfolge, Berlin 1992

Esser, Hartmut, Können Befragte lügen? Zum Konzept des wahren Wertes im Rahmen der handlungstheoretischen Erklärung von Situationseinflüssen bei der Befragung, in: KZfSS 38, 1986, S. 314-336

Etzioni, Amitai, Jenseits des Egoismus-Prinzips. Ein neues Bild von Wirtschaft, Politik und Gesellschaft, Stuttgart 1994

Fasselt, Theodor, Nachfolge in Familienunternehmen, Stuttgart 1992

Fest, Joachim (Hg.), Die großen Stifter, Berlin 1997

Fiebig, Johannes (Hg.), Abschied vom Egokult. Die neue soziale Offenheit, Krummwisch 2001

Fleishman, Joel L., Stiftungsführung und Unternehmenskontrolle in Deutschland und den Vereinigten Staaten. Die Bedeutung von Unabhängigkeit und Freiheit der Stiftungen für das Gemeinwohl, in: Bertelsmann Stiftung (Hg.), Handbuch Stiftungen. Ziele – Projekte – Management – Rechtliche Gestaltung, Wiesbaden 1998

Flitner, Hugbert, Stiftungsprofile, Baden-Baden 1972

Ford, Henry, Mein Leben und Werk, Leipzig 1923

Franz, Albert K. (Hg.), Deutsches Stiftungswesen: Wissenschaft und Praxis, Tübingen 1977

Freeman, David F., Handbook on Private Foundations, Washington 1991

Friese, Ulrich, Turner setzt Maßstäbe, in: Capital vom 01.11.1997

Frommhold, Georg, Kommentar zum BGB, Tübingen 1899-1900

Frowein, Jochen A., Grundrecht auf Stiftung, Essen 1976

Fry, Roger, The Letters of Roger Fry, New York 1972

Funke, Rainer, Die Stifterfreiheit soll eingeengt werden, in: Die Welt vom 04.02.1998

Gadamer, Hans-Georg, Gesammelte Werke, Bd. 1.: Hermeneutik: Wahrheit und Methode. – 1. Grundzüge einer philosophischen Hermeneutik, Tübingen 1990

Gebel, Dieter, Betriebsvermögen und Unternehmernachfolge, München 1997

Geinitz, Christian, Das großzügige Lächeln des Kapitalismus, in: Frankfurter Allgemeine Zeitung vom 08.07.1997

Gert, Bernard, Morality. Its Nature and Justification, Oxford 1998

Gierke, Otto v., Deutsches Privatrecht, Leipzig 1895

Goerdeler, Reinhard, Unternehmensträgerstiftung im System des Stiftungsrechts, in: Arbeitsgemeinschaft Deutscher Stiftungen (Hg.), Entwicklungstendenzen im Stiftungsrecht, o. O., o. J., S. 112-137

Goerdeler, Reinhard / Ulmer, Peter, Die Besteuerung von Stiftungen, in: Betriebs-Berater 1964, S. 975ff.

Görres-Gesellschaft (Hg.), Staatslexikon, Bd. 4, Freiburg i. Br. / Basel / Wien [7]1985

Gollnick, Ines, Bürgerliche Freiheitskultur, in: Das Parlament, Nr. 33-34/11.08.2003

Grasskamp, Walter / Ullrich, Wolfgang, Mäzene, Stifter und Sponsoren, Stuttgart 2001

Haaß, Dieter (Hg.), Gemeinnützige Stiftungen als unternehmerische Aufgabe, Karlsruhe 1981

Hagemann, Hans Rudolf, Die Stellung der Piae Causae nach Justinianischem Recht, Basel 1953

Handzik, Peter, Erbschaft- und Schenkungsteuer, Gesamtdarstellung mit den Änderungen des Bewertungsgesetzes zum 1. Januar 2002, Bielefeld [5]2002

Harder, Manfred, Zuwendungen unter Lebenden auf den Todesfall, Berlin 1968

Harnack, Adolf v., Carnegies Schrift über die Pflichten der Reichen, in: Adolf v. Harnack als Zeitgenosse. Reden und Schriften aus den Jahren des Kaiserreichs und der Weimarer Republik, hg. und eing. v. Kurt Nowak, Berlin / New York 1996, S. 1340-1344

Hattenhauer, Hans, Europäische Rechtsgeschichte, Heidelberg 1994

Hauer, Rolf (Hg.), Stiftungen aus Vergangenheit und Gegenwart, Tübingen 1982

Heck, Thomas Leon (Hg.), Das Prinzip Egoismus, Tübingen 1994

Hegel, Georg Wilhelm Friedrich, Grundlinien der Philosophie des Rechts, in: ders., Werke. In 20 Bänden und Register. Auf der Grundlage der Werke von 1832-1845 neu ed. Ausg., red. von Eva Moldenhauer und Karl M. Michel, Frankfurt am Main 1986

– Vorlesungen über die Philosophie der Geschichte, in: ders., Werke. In 20 Bänden und Register. Auf der Grundlage der Werke von 1832-1845 neu ed. Ausg., red. von Eva Moldenhauer und Karl M. Michel, Frankfurt am Main 1986

Heigl-Evers, Annelise / Streeck, Ulrich (Hg.), Die Psychologie des 20. Jahrhunderts, Bd. VIII: Lewin und die Folgen. Sozialpsychologie, Gruppendynamik, Gruppentherapie, Zürich 1979

Heitmeyer, Wilhelm (Hg.), Was hält die Gemeinschaft zusammen?, Frankfurt am Main 1997

Helmholz, Richard / Zimmermann, Reinhard, Itinera Fiduciae. Trust and Treuhand in Historical Perspective, Berlin 1998

Hempel, Carl G., Fundamentals of Concept Formation in Empirical Science, Chicago 1952

Henkel-Hoffmann, Martina, Die Stiftung im Umfeld wirtschaftlicher Tätigkeit, insbesondere als geschäftsführender Gesellschafter, Diss. Bayreuth 1988

Hennerkes, Brun-Hagen, Unternehmenshandbuch Familiengesellschaften – Sicherung von Unternehmen, Vermögen und Familie, Köln 1995

Hennerkes, Brun-Hagen / Schiffer, K. Jan, Stiftungsrecht, Frankfurt am Main 1996

Hennerkes, Brun-Hagen / Binz, Mark K. / Sorg, Martin H., Die Stiftung als Rechtsform für Familienunternehmen, in: Der Betrieb 1986, S. 2217ff.

Herfurth, Rudolf / Dehesselles, Thomas, Stiftung – Verein – Verband, Frankfurt am Main 2001

Herrmann, Theo, Methoden als Problemlösungsmittel, in: Roth, Erwin / Holling, Heinz (Hg.), Sozialwissenschaftliche Methoden. Lehr- und Handbuch für Forschung und Praxis, München / Wien 1999

Hinz, Michael, Die Haftung der Stiftung für Verbindlichkeiten des Stifters, Baden-Baden 1996

Hobbes, Thomas, Leviathan [1651], hg. von Max Frischeisen-Köhler und Günter Gawlick, Frankfurt am Main 1991

– Vom Menschen. Vom Bürger [1658/1642], Hamburg 1994

Hösch, Volker, Soziologie, Opladen 1989

Hof, Hagen, Stiftungen im deutschen Recht, in: Hopt, Klaus J. / Reuter, Dieter (Hg.), Stiftungsrecht in Europa, Köln 2001, S. 301-342

Hollender, Reiner / Kussmann, Manfred, Erbfall und Schenkung im Zivil- und Steuerrecht, Köln 1999

Homann, Karl, Vorteile und Anreize. Zur Grundlegung einer Ethik der Zukunft, Tübingen 2002

Honneth, Axel (Hg.), Kommunitarismus. Eine Debatte über die moralischen Grundlagen moderner Gesellschaften, Frankfurt am Main 1993

Hopt, Klaus J. / Reuter, Dieter (Hg.), Stiftungsrecht in Europa, Köln 2001

Horschitz, Harald / Groß, Walter / Schnur, Peter, Bewertungsrecht, Grundsteuer, Erbschaft- und Schenkungsteuer, Stuttgart 1999

Hunt, Morton, Das Rätsel der Nächstenliebe. Der Mensch zwischen Egoismus und Altruismus, Frankfurt am Main 1992

Hurrelmann, Klaus, Prävention und Gesundheitsförderung im Kindes- und Jugendalter. Einleitungsvortrag für das 2. Gesundheitswissenschaftliche Kolloquium am 28./29.01.1994

Hurrelmann, Klaus / Albert, Matthias (Hg.), Jugend 2002. 14. Shell Jugendstudie, Frankfurt am Main 2002

Husserl, Edmund, Cartesianische Meditationen, Hamburg ^{2}1987

– Die Krisis der europäischen Wissenschaften und die transzendentale Phänomenologie, Hamburg 1982

Ipsen, Jörn, Staat und Stiftung – Überlegungen zum verfassungsrechtlichen Standort der Stiftung des privaten Rechts, in: Arbeitsgemeinschaft Deutscher Stiftungen (Hg.), Entwicklungstendenzen im Stiftungsrecht, o. O., o. J., S. 150-164

Jauernig, Othmar (Hg.), Bürgerliches Gesetzbuch mit Gesetz zur Regelung des Rechts der Allgemeinen Geschäftsbedingungen, München ^{5}1990

Josephson, Matthew, The Robber Barons. The Great American Capitalists 1861-1901, New York 1934

Kalb, Werner, Stiftungen und Bildungswesen in den USA, Berlin 1968

Kalteis, Günter, Der Stiftungsgedanke und seine Verwirklichung bei wirtschaftlichen Unternehmungen, Diss. München 1969

Kant, Immanuel, Idee zu einer allgemeinen Geschichte in weltbürgerlicher Absicht [1784], in: ders., Werke in sechs Bänden, hg. von Wilhelm Weischedel, Bd. VI, Schriften zur Anthropologie, Geschichtsphilosophie, Politik und Pädagogik, Darmstadt 1983

Kapp, Reinhard, Kommentar zum Erbschaftsteuer- und Schenkungsgesetz, Berlin 1984

Karpen, Ulrich, Gemeinnützige Stiftungen im pluralistischen Rechtsstaat, Frankfurt am Main 1980

Keller, Catherine, Der Ich-Wahn. Abkehr von einem lebensfeindlichen Ideal, Stuttgart 1986

Keupp, Heiner, Die Suche nach Gemeinschaft zwischen Stammesdenken und kommunitärer Individualität, in: Heitmeyer, Wilhelm (Hg.), Was hält die Gemeinschaft zusammen?, Frankfurt am Main 1997, S. 279-312

Kiefer, Regine, Die Abgrenzung von Vermögensverwaltung und wirtschaftlichem Geschäftsbetrieb, Frankfurt am Main 2000

Kielinger, Thomas, Amélie Thyssen (1877-1965), in: Fest, Joachim (Hg.), Die großen Stifter, Berlin 1997, S. 381-406

Kipp, Theodor / Coing, Helmut, Erbrecht; auf der Grundlage der Bearb. von Theodor Kipp, fortgeführt von Helmut Coing, Tübingen 1990

Kocka, Jürgen, Die Rolle der Stiftungen in der Bürgergesellschaft der Zukunft, in: Aus Politik und Zeitgeschichte, Beilage zu: Das Parlament, Nr. 14/29.03.2004

Körber-Stiftung (Hg.), Wieviel Gemeinsinn braucht die liberale Gesellschaft? Bergedorfer Gesprächskreis 13./14.11.1993, zit. n.: Keupp, Heiner, Die Suche nach Gemeinschaft zwischen Stammesdenken und kommunitärer Individualität, Frankfurt am Main 1997

Kohlberg, Lawrence, Die Psychologie der Moralentwicklung, Frankfurt am Main 1991

Kotre, John, Outliving the Self, Baltimore 1984

– Make It Count. How to Generate a Legacy That Gives Meaning to Your Life, New York 1999

Kromrey, Helmut, Empirische Sozialforschung, Opladen 1990

Kronke, Herbert, Stiftungstypus und Unternehmensträgerstiftung, Tübingen 1988

Krüger, Anja, Geld geben für die Ewigkeit, in: Financial Times Deutschland, Sonderbeilage Stiftungen, vom 23.04.2004

Landsittel, Ralph, Gestaltungsmöglichkeiten von Erbfällen und Schenkungen. Voraussetzungen und Realisierungen nach Bürgerlichem, Gesellschafts- und Steuerrecht, Freiburg / Berlin 2000

Lange, Heinrich / Kuchinke, Kurt, Lehrbuch des Erbrechts, München ^{4}1995

Larenz, Karl, Allgemeiner Teil des Deutschen Bürgerlichen Rechts, München 1989

Lasch, Christopher, Das Zeitalter des Narzißmus, München 1986

Laum, Bernhard, Stiftung in der griechischen und römischen Antike, 2 Bände, Leipzig / Berlin 1914

Layton, Daphne N., Philanthropy and voluntarism, New York 1987

Leipold, Dieter, Erbrecht, Tübingen ^{8}1990

Lewin, Kurt, Die Lösung sozialer Konflikte, Bad Nauheim 1953

Liermann, Hans, Handbuch des Stiftungsrechts, I: Geschichte des Stiftungsrechts, Tübingen 1963

Lippitt, Ronald, Kurt Lewin und die Aktionsforschung, in: Heigl-Evers, Annelise / Streeck, Ulrich (Hg.), Die Psychologie des 20. Jahrhunderts, Bd. VIII: Lewin und die Folgen. Sozialpsychologie, Gruppendynamik, Gruppentherapie, Zürich 1979

Lölhöffel, Helmut, Die deutschen Stiftungen darben, in: Frankfurter Rundschau vom 03.01.1998

Luig, Klaus, Natürliches Privatrecht im 17. und 18. Jahrhundert, in: Schulze, Reiner (Hg.), Europäische Rechts- und Verfassungsgeschichte, Berlin 1991, S. 103-120

Mandeville, Bernard de, Die Bienenfabel [1714], hg. v. Dorothea und Friedrich Bassenge, übers. v. Otto Bobertag, Berlin 1957

Mannheim, Karl, Strukturen des Denkens, Frankfurt am Main 1980

Marx, Friedrich, Zur Geschichte der Barmherzigkeit im Abendlande, Bonn 1917

Maslow, Abraham H., Die Psychologie der Persönlichkeit, Reinbek b. Hamburg 1979

– Motivation und Persönlichkeit, Reinbek b. Hamburg 1987

Maunz, Theodor / Dürig, Günter, Grundgesetz, Loseblattkommentar, 7, München 1993

McCarthy, Kathleen D., Philanthropy and culture: The international foundation perspective, Pennsylvania 1984

Mecking, Christoph, Zur Situation der Stiftungen in Deutschland, in: Hopt, Klaus J. / Reuter, Dieter (Hg.), Stiftungsrecht in Europa, Köln 2001, S. 33-54

Meffert, Heribert, Europa braucht ein eigenes Stiftungswesen. Veraltete Gesetze stehen der Integration im Wege, in: Financial Times Deutschland, Sonderbeilage Stiftungen, vom 23.04.2004

Meincke, Jens Peter / Theodor, Michel, Erbschaftsteuer- und Schenkungsteuergesetz, München ^{7}1981

Meulemann, Heiner, Befragung und Interview: Über soziale und soziologische Situationen der Informationssuche, in: Soziale Welt 1993, 44, S. 98-119

Miller, David (Hg.), Popper Selections, Princeton 1985

Moench, Dietmar, Erbschaft- und Schenkungsteuer. Kommentar, Neuwied / Kriftel (Ts.) / Berlin 1984

Müller, Friedrich, Juristische Methodik, Berlin 1976

Nagel, Thomas, Die Möglichkeit des Altruismus, Frankfurt am Main 1997

Neuhoff, Klaus, Die Bereitstellung von Unternehmerkapital für Stiftungen, Diss. Köln 1964

– Amerikanische Stiftungen, Baden-Baden 1968

– Besteuerung und Philanthropie. Ein deutsch-amerikanischer Vergleich, Essen 1988

– Neuere Entwicklungen im amerikanischen Stiftungswesen, Essen 1975

– Stiftungswesen in den USA. Modellcharakter für Deutschland?, in: ders. (Hg.), Forschung und Lehre, Bonn 1996, S. 297-302

Nielsen, Waldemar A., The Golden Donors. A New Anatomy of the Great Foundations, New York 1989

– Inside American Philanthropy. The Dramas of Donorship, Norman / London 1996

Nuber, Ursula, Die Egoismus-Falle. Warum Selbstverwirklichung oft so einsam macht, Stuttgart 1993

Nunner-Winkler, Gertrud, Zurück zu Durkheim? Geteilte Werte als Basis gesellschaftlichen Zusammenhalts, in: Heitmeyer, Wilhelm (Hg.), Was hält die Gemeinschaft zusammen?, Frankfurt am Main 1997, S. 360-402

O'Connell, Brian, Philanthropy in action, New York 1987

Opp, Karl-Dieter, Methodologie der Sozialwissenschaften, Opladen 1999

Otto, Walter, Priester und Tempel im hellenistischen Ägypten, 2 Bände, Leipzig / Berlin 1905-1908

Paqué, Karl-Heinz, Philanthropie und Steuerpolitik. Eine ökonomische Analyse der Förderung privater Wohltätigkeit, Tübingen 1986

Paul, Ellen Frankel, Philanthropy and the public good beneficence, Oxford 1987

Piaget, Jean, Die Entwicklung des moralischen Urteils bei Kindern, Darmstadt 1981

Plagemann, Jochen, Stiftung als Unternehmensform, Diss. Marburg 1950

Pleimes, Dieter, Weltliches Stiftungsrecht, Weimar 1938

– Irrwege der Dogmatik im Stiftungsrecht, Münster / Köln 1954

Plessner, Helmuth, Die Frage nach der conditio humana, Frankfurt am Main 1976

Pohlmann, Hans-Richard, Erbschaft- und Schenkungsteuer, Bonn 1984

Popper, Karl, The Rationality Principle, in: Miller, David (Hg.), Popper Selections, Princeton 1985, S. 357-365

Pruskowski, Wolfgang, Das Merkmal der Zuwendung im Tatbestand der Schenkung, Diss. Köln 1987

Rainsford, William S., A Preacher's Story of His Work, New York 1903

Ranke, Leopold v., Die römischen Päpste [1834-1836], 2 Bände, Frankfurt am Main 1986

Rassem, Mohammed, Stiftung und Leistung. Essay zur Kultursoziologie, Mittenwald 1979

Rauscher, Anton, Solidarität, in: Görres-Gesellschaft (Hg.), Staatslexikon, Bd. 4, Freiburg i. Br. / Basel / Wien 1988, S. 1191ff.

Rawert, Peter, Die Genehmigungsfähigkeit der unternehmensverbundenen Stiftung, Frankfurt am Main 1990

– Das Stiftungsrecht muß liberalisiert werden, in: Die Welt vom 12.02.1998

– Der Stiftungsbegriff und seine Merkmale, in: Hopt, Klaus J. / Reuter, Dieter (Hg.), Stiftungsrecht in Europa, Köln 2001, S. 109-137

Rawls, John, Eine Theorie der Gerechtigkeit, Frankfurt am Main 1979

Rebmann, Kurt / Säcker, Hans Jürgen (Hg.), Münchener Kommentar zum Bürgerlichen Gesetzbuch, München 1984ff.

Reinhardt, Rudolf / Schultz, Dietrich, Gesellschaftsrecht, Tübingen 1981

Reuter, Dieter, Stiftungsrecht und Vereinsrecht, in: Arbeitsgemeinschaft Deutscher Stiftungen (Hg.), Entwicklungstendenzen im Stiftungsrecht, o. O., o. J., S. 85-111

Riehmer, Klaus, Körperschaften als Stiftungsorganisationen, Baden-Baden 1993

Ritsert, Jürgen, Inhaltsanalyse und Ideologiekritik, Frankfurt am Main 1972

Roth, Erwin / Holling, Heinz (Hg.), Sozialwissenschaftliche Methoden. Lehr- und Handbuch für Forschung und Praxis, München / Wien ^{5}1999

Schäfer, Bernd / Six, Bernd, Sozialpsychologie des Vorurteils, Stuttgart 1978

Schatz, Roland (Hg.), Unternehmen Stiftung, Bonn 1992

Schauhoff, Stephan / Benicke, Christoph (Hg.), Handbuch der Gemeinnützigkeit, München 2000

Scheler, Max, Vorbilder und Führer, Schriften aus dem Nachlass, *hg. von Manfred Frings,* Bd. 1, Berlin 1933

Scherer, Annette (Hg.), Mäzene, Schenker, Stifter, Bonn 1985

Schick, Stefan / Schmidt, Oliver / Ries, Gerhard / Walbröl, Hans-Robert, Praxis-Handbuch Stiftungen, Regensburg / Berlin 2001

Schiller, Theo, Stiftungen im gesellschaftlichen Prozeß, Baden-Baden 1969

Schlinkert, Hans-Jürgen, Unternehmensstiftung und Konzernleitung, Berlin / Baden-Baden 1995

Schlüter, Andreas, Stiftungsrecht zwischen Privatautonomie und Gemeinwohlbindung. Ein Rechtsvergleich Deutschland, Frankreich, Italien, England, USA, Schriften des Rechtszentrums für Europäische und Internationale Zusammenarbeit, Bd. 21, München 2004

Schmid, Karl, Die Sorge der Salier um ihre Memoria, in: Schmid, Karl / Wollasch, Joachim (Hg.), Memoria. Der geschichtliche Zeugniswert des liturgischen Gedenkens im Mittelalter, München 1984, S. 666-726

Schmid, Karl / Wollasch, Joachim (Hg.), Memoria. Der geschichtliche Zeugniswert des liturgischen Gedenkens im Mittelalter, München 1984

Schmidt, Helmut, Kurt A. Körber (1909-1992), in: Fest, Joachim (Hg.), Die großen Stifter, Berlin 1997, S. 457-466

Schmidt, Karsten, Stiftungswesen – Stiftungsrecht – Stiftungspolitik, Bergisch Gladbach / Köln 1987

– Gesellschaftsrecht, Köln / Berlin / Bonn / München ^{2}1991

Schönpflug, Wolfgang, System Mensch, Stuttgart 1980

Scholz, Rupert / Langer, Stefan, Stiftung und Verfassung, Berlin 1990

Schomerus, Friedrich, Werden und Wesen der Carl-Zeiss-Stiftung, Stuttgart 1955

Schopenhauer, Arthur, Die Kunst, glücklich zu sein. Dargestellt in fünfzig Lebensregeln, hg. von Franco Volpi, München 1999

Schröder, Gerhard, Rede zum 60. Jahrestag des Bundesverbands Deutscher Stiftungen in Trier am 14.05.2004, in: Maecenata Actuell, Das Informationsmedium des Maecenata Instituts für Philanthropie und Zivilgesellschaft, Nr. 46/Juni 2004

Schulte, Martin, Staat und Stiftung. Verfassungsrechtliche Grundlagen und Grenzen des Stiftungsrechts und der Stiftungsaufsicht, Heidelberg 1989

Schulze, Reiner (Hg.), Europäische Rechts- und Verfassungsgeschichte, Berlin 1991

– Die Gegenwart des Vergangenen. Zu Stand und Aufgaben der Stiftungsrechtsgeschichte, in: Hopt, Klaus J. / Reuter, Dieter (Hg.), Stiftungsrecht in Europa, Köln 2001, S. 55-72

Schuman, Howard, Artifacts are in the mind of the beholder. Paper read at the thematic session on "Fact or Artifact? Are Surveys Worth Anything?", Annual meeting of the American Sociological Association, New York 1980

Schütz, Alfred / Luckmann, Thomas, Strukturen der Lebenswelt, Frankfurt am Main 1979

Seifart, Werner (Hg.), Handbuch des Stiftungsrechts, München 1987

Seifart, Werner / Campenhausen, Axel Frhr. v. (Hg.), Handbuch des Stiftungsrechts, München 1999

Sheely, Gail, New Passages, New York 1995

Smith, Adam, Theorie der ethischen Gefühle [1759], hg. u. übers. v. Walther Eckstein, Leipzig 1926

Soergel, Hans Theodor (Hg.), Bürgerliches Gesetzbuch mit Einführungsgesetzen und Nebengesetzen, Stuttgart / Berlin / Köln / Mainz 1994

Sorg, Martin H., Die Familienstiftung, Baden-Baden 1984

Spiliotis, Susanne-Sophia, Verantwortung und Rechtsfrieden. Die Stiftungsinitiative der deutschen Wirtschaft, Frankfurt am Main 2003

Starobinski, Jean, Gute Gaben, schlimme Gaben. Die Ambivalenz sozialer Gesten, Frankfurt am Main 1994

Staudinger, Julius v., Kommentar zum Bürgerlichen Gesetzbuch mit Einführungsgesetzen und Nebengesetzen, Berlin ^{12}1978

Stengel, Arndt, Stiftung und Personengesellschaft, Baden-Baden 1993

Steuck, Heinz-Ludwig, Die Stiftung als Rechtsform für wirtschaftliche Unternehmen, Berlin 1967

Stifterverband für die deutsche Wissenschaft (Hg.), Deutsche Stiftungen für Wissenschaft, Bildung und Kultur, Baden-Baden 1969

– Stiftungen in Europa, Baden-Baden 1971

Stölzl, Christoph, Calouste Sarkis Gulbenkian (1869-1955), in: Fest, Joachim (Hg.), Die großen Stifter, Berlin 1997, S. 323-354

Strachwitz, Rupert Graf, Stiftungen, Frankfurt am Main / New York 1994

– Die Idee des Guten – eines der obersten Ziele Platons. Stiftungen in Deutschland. Geschichte und Gegenwart, München 1996

– Ernst Abbe (1840-1905), in: Fest, Joachim (Hg.), Die großen Stifter, Berlin 1997, S. 135-160

– Ein kritischer Diskurs ist erforderlich, in: Das Parlament, Nr. 33-34/11.08.2003

Strasser, Johano, Individualisierung – eine Gefährdung der Solidarität?, in: Die Neue Gesellschaft / Frankfurter Hefte 41 (1994), S. 118-123

Strauss, Anselm L., Grundlagen qualitativer Sozialforschung, München 1991

Strickrodt, Georg, Stiftungsrecht. Geltende Vorschriften und rechtspolitische Vorschläge, Baden-Baden 1977

– Stiftungen als urbildhaftes Geschehen im Gemeinwesen, Baden-Baden 1984

Strouse, Jean, Morgan. American Financier, New York 1999

– John Pierpont Morgan (1837-1913), in: Fest, Joachim (Hg.), Die großen Stifter, Berlin 1997, S. 87-112

Stürmer, Michael, Robert Bosch (1861-1942), in: Fest, Joachim (Hg.), Die großen Stifter, Berlin 1997, S. 249-268

Syrbe, Christoph, Die Doppelstiftung – eine Möglichkeit der Unternehmensnachfolge bei mittelständischen Unternehmen, Frankfurt am Main 1995

Taylor, Charles, Aneinander vorbei: Die Debatte zwischen Liberalismus und Kommunitarismus, in: Honneth, Axel (Hg.), Kommunitarismus. Eine Debatte über die moralischen Grundlagen moderner Gesellschaften, Frankfurt am Main 1993, S. 103-130

Toepke, Utz-Peter, Staatsaufsicht über Stiftungen im deutschen und anglo-amerikanischen Recht, Diss. Hamburg 1967

Toepler, Stefan, Das gemeinnützige Stiftungswesen in der modernen demokratischen Gesellschaft, München 1996

– Myths and Misconceptions? Baltimore 1997

– Foundations and Their Institutional Context, in: Voluntas, Vol. 9, Nr. 2, Juni 1998

Totenhöfer-Just, Gerald, Öffentliche Stiftungen, Diss. Köln 1971

Troeltsch, Ernst, Die Soziallehren der christlichen Kirchen und Gruppen, Aalen 1977

Troll, Max, Erbschaftsteuer- und Schenkungsteuergesetz, München [3]1981

Turner, Nikolaus, Die Stiftung – eine Möglichkeit zukunftsorientierter Vermögensbindung, in: Der Betrieb 1995, S. 413-418

– Die Stiftung – ein selbständig und individuell gestaltbarer Wunscherbe, in: Zeitschrift für Erbrecht und Vermögensnachfolge 1995, S. 206-211

Ungerer, Martin, Unternehmerinitiativen. Vom menschlichen Antlitz der Wirtschaft, Düsseldorf / Wien 1981

Uthmann, Jörg v., John D. Rockefeller (1839-1937), in: Fest, Joachim (Hg.), Die großen Stifter, Berlin 1997, S. 113-134

Van der Ploeg, Tyman J., Supervisory powers relating to foundations, in: Voluntas, Vol. 6, Nr. 3, 1995, S. 255-274

Voß, Andreas, Betteln und Spenden. Eine soziologische Studie über Rituale freiwilliger Armenunterstützung. Ihre historischen und aktuellen Formen sowie ihre sozialen Leistungen, Berlin 1993

Wachenhausen, Manfred, Das neue Erbschaft- und Schenkungsteuerrecht, Bonn 1997

Wachter, Thomas, Stiftungen. Zivil- und Steuerrecht in der Praxis, Köln 2001

Walz, W. Rainer, Stiftungsreform in Deutschland: Stiftungssteuerrecht, in: Hopt, Klaus J. / Reuter, Dieter (Hg.), Stiftungsrecht in Europa, Köln 2001, S. 197-218

Weber, Max, Gesammelte Aufsätze zur Religionssoziologie [1920], Tübingen [7]1978

– Wirtschaft und Gesellschaft [1921], Tübingen [5]1976

Weber, Otto (Hg.), Johannes Calvin, Unterricht in der christlichen Religion, Berlin 1988

Wehler, Hans-Ulrich, Deutsche Gesellschaftsgeschichte, 1849-1914, dritter Band, München 1995

Weimar, Robert / Geitzhaus, Georg / Delp, Udo A., Die Stiftung & Co. KG als Rechtsform der Unternehmung, in: Betriebs-Berater, 1986, S. 1999-2010

Wellhöfer, Peter R., Grundstudium Sozialwissenschaftliche Methoden und Arbeitsweisen, Stuttgart 1997

Werkmüller, Dieter, Klage mit dem toten Mann, in: Erler, Adalbert / Kaufmann, Ekkehard, Handwörterbuch zur deutschen Rechtsgeschichte, Band II, Berlin 1978, S. 846-851

Wesel, Uwe, Juristische Weltkunde, Frankfurt am Main 1984

– Geschichte des Rechts. Von den Frühformen bis zur Gegenwart, München ^{2}2001

Westebbe, Achim, Die Stiftungstreuhand, Baden-Baden 1993

Wiederhold, Johannes, Stiftung und Unternehmen im Spannungsverhältnis, Bern / Frankfurt am Main 1971

Wienold, Hanns, Empirische Sozialforschung. Praxis und Methode, Münster 2000

Wuthnow, Robert, Religion and the Voluntary Spirit in the United States: Mapping the Terrain, in: Wuthnow, Robert / Hodgkinson, Virginia A. et al. (Hg.), Faith and Philanthropy in America, San Francisco / Oxford 1990, S. 3-21

Wuthnow, Robert / Hodgkinson, Virginia A. et al. (Hg.), Faith and Philanthropy in America, San Francisco / Oxford 1990

Zippelius, Reinhold, Juristische Methodenlehre, München ^{6}1994

Zöller, Michael, Der Gemeinsinn in der Politikfalle. Der Liberalismus klammert öffentliche Angelegenheiten nicht aus / Mißverständnisse und Verdrehungen, in: Frankfurter Allgemeine Zeitung vom 20.01.1998

– Vom Parteienkartell zur Repolitisierung der Politik. Plädoyer für die Entstaatlichung des öffentlichen Lebens, in: Frankfurter Allgemeine Zeitung vom 27.03.2000

14 English Abstract

Taking into account both the historical background and current developments of foundations as well as their relationship with state and society, the dissertation draws together pivotal questions leading to the generation of a survey intended to delineate the motivation of founders, thereby closing a gap in research.

Foundations have been an integral component of cultural, social and thus commercial life since antiquity. Whether for educational and medical institutions, or in order to support the conservation and promotion of the arts or sciences, foundations, as institutions independent of the state, have operated self-confidently in many areas to benefit the public. To this extent, they are understood within the framework of the dissertation as an expression of civil engagement and solidarity with a society that does not wish to be dependent in its activities solely on the state.

In view of the 13,000 foundations in Germany today, the dissertation is dedicated to one central question: What is the motivation for establishing a foundation?

In order to be able to answer these questions and to first differentiate terminologically between an inheritance, a donation and a foundation as well as to create a historical outline, the most important works from each thematic area are examined (handbooks on foundation establishment, descriptions of inheritance and gift tax law, as well as economic and social history and profiles of noted founders). Furthermore, in order to observe which information the past provides on the motives of founders, selected German and American founder personalities are analyzed more closely.

The main tool of this work is a survey with the statements of existing foundations concerning their assets, expenditures and taxes as well as information regarding the interests and motives of the founders. In connection with this analysis, the results are discussed against the background of current social developments, with respect to changes in values and generativity.

It turns out that the motivation for foundations is never based on only egoistic or only altruistic interests but rather on the attempt to combine corporate and social benefits. Since foundations are largely successful in this, they must undoubtedly also be accorded political significance.

According to one of the theses, foundations represent a continuation of the previous activities and mentality of the founder. In addition, the following can be considered motives: philanthropy, promoting progress, an affinity to science and research, tax incentives, but also personal, patriotic, cultural, social, moral and political motives play a role. And one should not forget the Christian motive of donation, although religion can be seen as secondary for foundations.

It is suggested that a reform of foundation law – abolishment of specific fund appropriation, expansion of tax savings, increased provision for families and dependants, i.e. increased allocation for personal needs – would not lead to a wave of new foundations but would rather minimize the number of foundations in the social area. The state will be required to create or improve prerequisites for establishing foundations in regard to taxes and legal matters, in order to not only offer suitable options to potential founders, but also to make donating as such seem a wise decision.

Even though many small foundations may arise as a result of a relaxation of foundation law these will not play a role in financing social projects or supporting the disadvantaged because their distribution of revenue would be much too low. In other words, the tax savings and the possible self-sufficiency will drastically reduce the proceeds for social purposes. This development, the dissertation concludes further, would result in the withdrawal of the socially engaged founder from philanthropy and the development of two areas of philanthropy: one that would reconcile self-interest with altruism, and another that would merely serve to optimize self-interest.

FSC
www.fsc.org
MIX
Papier | Fördert gute Waldnutzung
FSC® C083411

Zeitfracht Medien GmbH
Ferdinand-Jühlke-Straße 7
99095 Erfurt, Deutschland
produktsicherheit@kolibri360.de